西安交通大学 本科"十三五"规划教材

普通高校国防教育通识课程系列教材

《孙子兵法》及其应用教程

主　编　问鸿滨
副主编　徐宇春
编　者　李　科　刘玉青　初阔林　闫忠林
　　　　张　赟　赵　欣　张君君　张　昊

西安交通大学出版社
XI'AN JIAOTONG UNIVERSITY PRESS

图书在版编目(CIP)数据

《孙子兵法》及其应用教程/问鸿滨主编. —西安：西安交通大学出版社,2018.9(2023.2重印)

ISBN 978-7-5693-0885-3

Ⅰ.①孙… Ⅱ.①问… Ⅲ.①兵法-中国-春秋时代②《孙子兵法》-教材 Ⅳ.①E892.25

中国版本图书馆CIP数据核字(2018)第217628号

书　　名	《孙子兵法》及其应用教程
主　　编	问鸿滨
责任编辑	雒海宁
出版发行	西安交通大学出版社 (西安市兴庆南路1号　邮政编码 710048)
网　　址	http://www.xjtupress.com
电　　话	(029)82668357　82667874(市场营销中心) (029)82668315(总编办)
传　　真	(029)82668280
印　　刷	西安日报社印务中心
开　　本	720mm×1000mm　1/16　印张 16.375　字数 335千字
版次印次	2019年9月第1版　2023年2月第4次印刷
书　　号	ISBN 978-7-5693-0885-3
定　　价	49.00元

如发现印装质量问题,请与本社市场营销中心联系。

订购热线:(029)82665248　(029)82667874

投稿热线:(029)82668525

版权所有　侵权必究

前言

"要读懂这部五千多字的兵书,必须用中华民族五千年的历史去读",如此充满智慧、历史厚重的一本书,就是《孙子兵法》。《孙子兵法》是一部产生于两千五百多年前,中国现存历史最久远的专门兵书,是中国古代兵学的杰出代表,是中华民族优秀历史文化遗产中最为宝贵的一部分。《孙子兵法》内容博大精深,涉及军事、政治、外交、历史、哲学、天文、地理等各个领域。它的思想精髓、理论精美、语言干练、文辞优美,在中国兵学诞生之初就建构了一个相对完整的思想理论体系。它不仅是一部久负盛名的兵法大典,而且是一部深寓哲理的哲学名篇,也是一部脍炙人口的文学佳作。即使在世界军事史上,《孙子兵法》也占有极为重要的地位,享有"东方兵学鼻祖""世界古代第一兵书""兵学圣典""百代谈兵之祖"等各种美誉,魅力经久不衰。

西安交通大学军事教研室开设"孙子兵法及其应用"选修课已经二十余年,受到了广大学生的喜爱,成为西安交通大学持续时间最长的一门通识类课程,对于大学生综合素质的提升起了很大作用,在学校内具有广泛影响。其间,编写的讲义对辅助大学生学习,起到了一定作用。通过多年的教学,我们深切感受到,青年大学生需要学习这样的经典著作,通过学习,传承中华民族博大精深的历史文化。因此,我们定位了这门课程的目的:弘扬传统文化,学习古代兵法,启发人生智慧,培养战略思维,拓展国防教育。

党的十九大报告指出:"中国特色社会主义文化,源自于中华民族五千多年文明历史所孕育的中华优秀传统文化……要深入挖掘中华优秀传统文化蕴含的思想观念。"作为当代的大学教师,弘扬传统文化并不断创新发展,是我们义不容辞的责任。而作为当代的大学生,要担当历史重任,也应该不断从中华民族的优秀传统文化中汲取营养,为社会主义新时代做出贡献。

2016年7月,学校进行"十三五"教材编写规划,鉴于这门课程开设这么长时间,我们课程组申报了这本教材的选题,承蒙各位专家的厚爱,这本教材获得以立项。当前,在市场上关于《孙子兵法》的书籍很多,鱼龙混杂,但作为高等学校的教材确实非常少。我们在教材编写的时候,结合了授课的经验,进行了认真地筛选,本教材主要体现了以下几个特点。第一,教材体系。首先本书对中国古代军事思想的发展脉络进行概述,并明确其是中华优秀传统文化的重要组成部分,同时对先秦诸子的军事思想进行梳理,使大学生在学习《孙子兵法》文化之前有一定的知识积累，然后再展开其他内容。第二，明确历史背景。介绍《孙子兵法》作者其人及这本巨著成书的历史背景。《孙子兵法》成书既有历史的必然，也与作者生活环境和家族背景的偶然有关，是必然与偶然的结合。第三，尊重原文分析。本书对《孙子兵法》十三篇原文进行阐释是本教材的核心部分，包括主要版本原文、注释、解析、应用事例。应用事例，根据教学经验，分为军事应用事例、政治应用事例、经济应用事例三个类别。这些应用事例之间是互相联系的，都是对兵法的灵活应用。在筛选事例时，每类应用介绍两个事例，对其中一个应用事例进行详细地阐述，涉及发生的时间、前因后果、发展过程等；对另外一个应用事例简洁概括，抓住重点，给学习者广大的学习空间，也可供教师在教学过程中引导学生搜集资料进行讨论，激发学生自主学习的兴趣。第四，重视比较研究。本教材对《武经七书》《三十六计》进行了系统性介绍。这些书籍与《孙子兵法》既具有很大关联，又具有不同特色，使大学生在学习时能够进行比较学习，更好地吸收知识，了解《孙子兵法》精髓之所在。

  本书的编写大纲、前言、目录和第一章由问鸿滨教授编写，第二章由李科副教授编写，第三章由徐宇春副教授、闫忠林副教授、张赟助教、张君君研究生编写，第四章由赵欣研究生张昊助教编写，第五章由刘玉青副教授编写，第六章由初阔林副教授编写，附录的选取、各章节的补充完善、最后统一的定稿由问鸿滨教授完成。另外，本书所有注释参考《孙子兵法新注》(《孙子兵法新注》，中华书局，1977.)

  由于编者水平有限，加之中国古代军事思想内容博大精深，《孙子兵法》的版本和解释有一定争论，所以编者在编写时难免出现疏漏和偏差，敬请各位同行和专家批评指正。

目 录

第一章 中国古代军事思想概述 1
第一节 中国古代军事思想的发展过程 1
第二节 中国古代军事思想的特点 7
第三节 先秦诸子的军事思想 9
第四节 中国历代兵书介绍 12

第二章 《孙子兵法》概述 17
第一节 《孙子兵法》作者简介 17
第二节 《孙子兵法》的影响与流传 18
第三节 《孙子兵法》的成书背景 24
第四节 《孙子兵法》的学习方法 27
第五节 学习《孙子兵法》的意义 33

第三章 《孙子兵法》十三篇读解 39
第一节 计篇 39
第二节 作战篇 50
第三节 谋攻篇 58
第四节 形篇 66
第五节 势篇 73
第六节 虚实篇 82
第七节 军争篇 92
第八节 九变篇 102
第九节 行军篇 109
第十节 地形篇 119
第十一节 九地篇 128
第十二节 火攻篇 137
第十三节 用间篇 145

第四章 《孙子兵法》与《三十六计》 154
第一节 胜战计 154
第二节 敌战计 163
第三节 攻战计 172

第四节　混战计 …………………………………………… 181
　　第五节　并战计 …………………………………………… 190
　　第六节　败战计 …………………………………………… 200
第五章　《孙子兵法》包含的主要军事思想 …………………… 212
　　第一节　《孙子兵法》的战争观 …………………………… 212
　　第二节　《孙子兵法》的战略思想 ………………………… 220
　　第三节　《孙子兵法》的战术思想 ………………………… 225
　　第四节　《孙子兵法》的治军理论 ………………………… 230
第六章　《孙子兵法》的主要应用 ……………………………… 235
　　第一节　《孙子兵法》与现代战争 ………………………… 235
　　第二节　《孙子兵法》与现代商战 ………………………… 239
　　第三节　《孙子兵法》与人生艺术 ………………………… 244
附录一　《孙子兵法》名言警句 ………………………………… 249
附录二　《史记·孙子列传》 …………………………………… 253
参考文献 ………………………………………………………… 255

第一章　中国古代军事思想概述

中华民族是一个具有悠久历史文化传统的民族。所谓"史传浩穰,兵事居半",在中华民族五千年跌宕起伏的历史长河中,军事领域的辉煌成就举世瞩目,经验教训极其深刻,是一笔久而弥新的文化遗产。毛泽东曾经指出:"我们这个民族有数千年的历史,有它的特点,有它的许多珍贵品。"整理和继承这些珍贵品,对于迎接新军事革命的挑战,实现军事理论的新突破,找准中华民族在新时代复兴的历史定位,具有重要的意义。而在军事科学的诸多领域中,最有继承性,最有应用与发展前景的,无疑就是军事思想。

军事思想是关于战争、军队和国防基本问题的理性认识。这种理性认识,在不同的历史时期,不同的阶级、国家或政治集团,有不同的内容和表现形式。如果将战争比喻为巨人之间的搏斗,那么军队就是其强健的体魄,军事科技是其锋利的武器和坚固的护甲,国防建设是其后勤的保障和力量的来源,而军事思想则是其聪明的大脑和敏捷的思维,对智慧的人来说,思维才是最重要的。

在军事思想领域中,中国军事思想占有举足轻重的地位,其中古代军事思想中的《孙子兵法》与毛泽东军事思想更是被世界军事家所推崇,被列入"影响世界的十大军事名著"。中国古代军事思想,与外国古代军事思想相比,自成体系、历史悠久、延绵不绝,是同时期其他国家所不能比拟的。认真学习中国古代军事思想,继承和发扬中国传统文化,为现代战争实践提供有益的启示,也为我们的人生道路提供有益的借鉴。

第一节　中国古代军事思想的发展过程

一、产生与初步形成时期(夏、商、西周)

战争起源于原始社会晚期,它与人类社会发展一样,有数千年的历史。马克思和恩格斯论述,最早的战争是部落之间原始的掠夺,集团的残杀,也就是为了争夺生存条件而进行的暴力行动。在中国的典籍记载中,最早的战争是公元前26世纪至公元前22世纪间进行的神农氏伐斧燧氏的战争,这场战争以神农氏获胜而告终。当时的战争,只是战争的初始形态,没有专门的作战兵器,通常用木棒、石块与对方搏斗,作战方法极其简单。因此,那个时期尚未形成严格意义上的战争概念,战争也不带有阶级的色彩。

原始社会末期,氏族公社迅速发展,各个部落内部的经济发展迅速,奴隶的数量不断增加,阶级分化不断加剧,最终导致了奴隶社会的形成。公元前21世纪,夏朝就是在这样的历史条件下建立起来的。发展到公元前8世纪,这是中国历史上的奴隶社会时期,先后出现了夏、商、周三个奴隶制王朝。

(一)战争形态的演变

1. 军政合一、步战为主的夏朝

夏朝(约公元前2070—约公元前1600年)是中国历史上第一个世袭奴隶制王朝。夏朝的政治体制是政军合一,大权完全掌握在夏王手中。夏王之下设有六个政务官,后世称之为"六卿",平时辅佐夏王管理国家事务,战时则受命领军作战。夏朝的军队基本都装备了专门的兵器,大部分兵器主要是石、木及骨制兵器。夏朝的青铜生产技术有了一定的发展,各级指挥官和主要将领都装备了当时最先进的青铜兵器并穿着皮甲。

根据史料记载,夏朝已经有了战车,但由于当时生产力低下,还不可能大量造出战车。战车难以快速通行,只能在平地平稳行驶,供高级贵族指挥官乘坐,不可能用于冲锋战斗。因此在夏朝,步兵是主要兵种,步战是主要作战形态。但是由于有了战车,因此在战场上不可避免地出现了车战的萌芽。

2. 步车分编、实施阵战的商朝

商朝(约公元前1600—公元前1046年)是中国历史上继夏朝之后的一个王朝。因商人的始祖契被封于商,所以他的后世子孙商汤将自己在亳(今河南商丘)建立的王朝称为"商"。至盘庚,又将国都迁往殷,所以商朝又称为殷商。在商朝,步兵仍是军队的主要兵种,根据甲骨文的记载,大部分是步兵出征进行战斗,较少有战车的记录。但是到了商朝的后期,战车的质量和数量都有所改善和增加,军队的编组较前大为严密。这时候的作战,采取了以严整队形为特征的方阵战术。这种方阵战术,很少机动可言,只能做缓慢的直线运动,进行正面攻击。战车虽然冲击力较大,但是在这样的方阵中,难以发挥优势,主要作用是掩护步兵前进或是撤退。此外战车上的乘员主要是高级将领或贵族,有一定的督战性质。作战时间大部分是约定的,正如"结日定地、各居一面、鸣鼓而战、不想相也"。

3. 车步合编、车战为主的西周

西周(公元前1046—公元前771年)是由周武王灭商后所建立的,定都于镐京和丰京(今陕西西安市西南)。成王五年营建东都成周洛邑(今河南省洛阳市)。周朝的社会经济相当发达,与战争有密切关系的手工业发展尤为突出,因此这个时期已经能制造精良的战车,战车的数量也大大增加。西周的作战方式,虽然和商代后期一样以方阵作战,但是战车被置于步兵之前。最典型的是周武王灭商的牧野之战,姜子牙创造性将三百辆战车及三千名甲士编为密集的车阵实施正面冲击,取得了巨大胜利。为了便于指挥,西周的军队编制,也从步车分编发展为车步合编,即以战车为主体,每车配备一定的步兵,单位称之为"乘"。从此战车成为军中的主要兵种,战争形态真正跨入了车战为主的时代。

(二)军事思想的特征

1. 用天命观指导战争

"天命"即"天时",反映了当时人们的认识水平,成为当时战争观上比较有特征的核心内容。当阶级斗争和民族矛盾发展到一定程度时,战争就要爆发,这是不可避免的。但是任何阶级发动战争都要有理由和理论依据,这就逐渐形成"天命"说。那时,统治阶级要发动战争,总是称战争为"天讨有罪""恭行天之罚",都以"天命"作为发动战争的依据,使"天命"成为占有绝对统治地位的思想。

2. 把军事作为维护奴隶主阶级统治的特殊手段

夏、商、西周三朝都有军事机构,例如《周礼·夏官司马》中就记载:"立夏官司马,使帅其属而掌邦政,以佐王平邦国",明确指出了军事机构和军事长官的职能。首先,军事力量要维系国家统治,确保政权稳定。奴隶主统治阶级把武力镇压当作调节内部关系的主要手段,对诸侯实施征伐是天子的特有权利。这样就保证了王朝有效行使统治权。其次,军事力量用来防御外来侵略,或是对外进行扩张。通过战争,一些国家被征服、合并,变为诸侯国。有的诸侯国势力变强大,通过战争又形成新的国家。第三,军事力量用来镇压奴隶反抗,平息人民起义。由于当时社会的主要矛盾是奴隶阶级和奴隶主阶级的矛盾,人民为了反抗统治阶级,不断抗争。面对这样的情况,统治阶级就将军事的矛头指向了人民。

3. 贞、德、律思想出现在军事领域

贞,就是正义;德,就是德政;律,就是纪律。《尚书》中有几个著名的誓词《甘誓》《汤誓》《牧誓》等,都反映出为正义而战,讨伐有罪的思想。在西周时就形成的兵书《军志》提出"有德不可敌",指出了人心向背是战争胜负决定因素的战争观念。《周易·师》里有几处提到"师出于律,失律凶也",强调了纪律的重要性和纪律是保证作战胜利的思想。

夏、商、西周时的军事思想,虽然带有相当程度的朴素性,还未达到系统化的程度,却反映出一个事实,即中国的军事思想,在西周时已经走向独立发展的道路,为中国古代军事思想的发展奠定了基础。

二、发展与成熟时期(春秋、战国)

春秋战国(公元前770—公元前221年)是中国历史上的一段大分裂时期。春秋战国分为春秋时期和战国时期,在公元前453年,韩、赵、魏三家灭掉智氏,瓜分晋国是一个重要事件。春秋时期,简称春秋,一般指公元前770—公元前476年,是属于东周的一个时期。东周在战国后期（公元前256年）被秦国所灭,所以春秋战国时期在时间上并不全然包含在东周王朝里面。战国时期简称战国,指公元前475年至公元前221年,是中国历史上东周后期至秦统一中原前,各国混战不休的时期故被后世称之为"战国"。

(一)战争形态的演变

1. 车战达到鼎盛和水战出现的春秋时期

西周时期战车已经成为军队中的主要兵种,随着经济、科技和战争的发展,到了春秋时期,车战更是达到了鼎盛时期。首先,战车的数量大为增加。公元前632年的晋楚城濮之战,晋军出动战车七百乘。公元前607年大棘之战,郑国缴获宋国的战车即达到四百六十乘。春秋末期,晋国有"甲车四千乘",楚国、齐国等大的诸侯国具有战车数量与晋国不相上下。其次战车的种类也有所增加。由于战争规模不断扩大,战略战术推陈出新,战场环境日趋复杂,军队机动逐渐加快,战车承担的任务相对增多,从而分工越来越细,种类增加。例如《孙子兵法》将战车分为"驰车"和"革车"两大类,一般认为,驰车是轻型战车,革车是重型战车。春秋二百多年间,有四百多次战争,基本上都是一个战场,一次交战,一天之内就决定了胜负。直到春秋末期,才出现像吴楚柏举之战那样,连续五次交战,追逐几百里,连续很多天的战例。

中国遍布江河湖泊,也有着漫长的海岸线,据考古资料,中国在七千多年前,就已经有了比较成熟的独木舟了,进入夏朝的时候,已经有木板船了。到了春秋时期,水运和船舶技术都已经到了很高水平了,因此随着战争规模的扩大,战争也从陆地上扩展到江河湖海之上了,从而出现了战船和水上作战兵器,至春秋末期,已经形成了一个新的兵种,即水军,也可以认为已经形成了中国的古代海军了。据《左传》和《吴越春秋》记载,吴越、吴楚之间曾经发生过多次水战。

2. 步战为主车骑为辅的战国时期

战国时期是我国封建社会形成和确立时期,在这个阶段,战争也很频繁,规模不断扩大。由于铁的生产技术不断发展,铁兵器普遍开始装备到军队,在物质上提高了步卒的作战能力。步兵的成分发生变化,大量农民被征入伍,还可以因为军功被提拔。井田制破坏导致交通状态也发生变化,则军队的编成和作战方式也发生变化。因此,在战国时期,步兵的作用又重新凸显,步战取代车战逐渐又成为主要的作战形态。

骑兵作为一个兵种出现在战场上,大约在春秋战国之交。公元前307年,赵武灵王进行"胡服骑射"改革,骑兵的作用逐渐发挥出来。但是,在战国时期,战场上的主兵仍然是步兵,其次是车兵,再次是骑兵。车兵虽然不是主兵,但是仍然是一个独立而且有效的兵种,它常与骑兵配合作战,形成一个快速而有效的打击力量。

(二)军事思想的特征

1. 形成了更加完整的战争观

春秋时期,就产生了朴素的唯物论的战争观,并有了初步的辩证法哲学观点。春秋末期出现的《孙子兵法》,是中国古代军事思想成熟的重要标志,奠定了中国的军事思想体系。战国时期,哲学领域的成就更加突出,能够认识到天就是自然或是自然界,自然界的运动规律和存在是不受人的意志转变的,这些理论被兵家所接受,因此形成了更完整的战争观。首先,认为战争不是"皇天降灾",而是社会矛盾激化的产物。其次,对于战争的性质认识更加深刻。"义兵""义战""不义之战"是这一时期战争性质概括性的特点。例如孟子讲:"春秋无义战"。尉缭子讲:"兵者,所以诛暴乱,禁不义也"。第三,进一步提出了决定战争胜负的基本因素。春秋时期经过长期的探索,认识到了客观条件和主观指导是决定战争胜负的基本因素,战国时期进一步将其发展。

2. 提出了更加普遍的战争指导原则

在奴隶制时代的作战指导原则大多是经验性的,层次比较低。春秋时期,对于战争指导原则认识较为深刻,提到了一般方法论的高度,认为战争是有规律可循的。《孙子兵法》在这方面的成就最高,它提出的"知彼知己,百战不殆""未战先算,伐谋伐交"等原则被后世广泛应用。战国中期的《孙膑兵法》进一步发展其思想,将"道"明确而完整地理解为战争指导规律,并提出"料敌计险、批亢捣虚、攻其必救"的战争指导原则;《吴子兵法》提出"审敌虚实、因形用权"等作战指导原则,都是十分深刻的,对于后世以至现代都有重要指导意义。

3. 总结出更加系统的治军之道

治军思想在春秋时期已上升到一个新台阶,到了战国时期通过总结又提出了新的理性认识,使治军的理论更加完整化、系统化。首先,强调军队要有一个编制管理体制。《吴子》说:"兵不在众,以治为胜"。《尉缭子》说:"凡兵,制必先定"。这些都强调军队要有一个合理的编制管理体制。战国时期强调军队领导要一元化,将相分职,以具备指挥才干的专职人员担任将领,独立行使指挥权。其次,发展武器装备结合实战。我国冷兵器发展,经历了夏、商、西周,到了春秋战国时期,基本奠定了冷兵器时代军队装备的基础。这个时期,各个诸侯国都将武器装备的发展作为治军的一个重要内容。第三,把教育训练作为治军的首要任务。《吴子》说:"用兵之当,教诫为先"。《司马法》说:"士不先教,不可用也"。《孟子》说:"不教民而用之,谓之殃民"。这些论述,都反映出这一时期对教育训练的重视程度。

三、充实和提高时期

中国古代军事思想经过春秋战国时期的大发展之后,又经历了秦、汉、晋、隋、唐、宋、元、明、清等几个大的王朝统治和更迭(公元前221年至公元1840年),在漫长的历史发展过程中,中国古代军事思想在前期的基础上,又得到进一步的充实和提高。

(一)战争形态的演变

1.骑战为主的秦汉至隋唐时代

秦朝(公元前221年)统一后,经过两汉、魏晋南北朝到隋唐的一千一百多年时间里,是中国封建社会发展的上升阶段。其中汉唐时期也曾发展到了鼎盛时期,反映在军事上,也是不断"开拓疆土",对外进行战争。因此,这一时期的战争特点,也是最具封建时代战争的典型特点。恩格斯曾说:"骑兵在整个中世纪,是一切军队的主要兵种",中国的情况也不例外。例如,汉朝和匈奴长达百年的战争中使用的大骑兵集团,魏晋南北朝到隋朝使用的重装甲骑兵,唐朝时期的轻骑兵等,都是当时军队主要的打击力量。但是这不能说明在这个时期,骑兵的数量居于多数,只是说明在战场上骑兵起着决定战场胜负的最重要作用。由于我国南方江河湖泊很多,因此在南方,这个时期"水军"比骑兵更为重要,体现出"南船北马"的特征。至于车兵,到了西汉以后,已经基本不担负作战任务,而逐渐成为运输工具。

2.步骑对抗为主的宋辽夏金元时代

宋朝到元朝时期,这是中国封建社会的精神文明及物质文明不断发展提高的重要时期,也是中国各民族不断融合发展的时期。这一时期的战争,主要是以汉族为主体的两宋政权为焦点的国内民族战争。宋朝的军事实力基本上是以步兵为主体的,而其他少数民族的军事实力基本上是以骑兵为主体的,因此反映在作战形态上,就是步骑对抗作战。宋朝时期,有经验的军事将领,实际上都认识到了骑兵的重要性,但是最主要的原因是马匹不能保证的原因导致骑兵不强。尤其到了南宋时期,丧失了陕西,断绝了向西北买马的道路,只能向西南等少数民族买马,但是西南少数民族不仅马匹少,而且马匹体型矮小战斗力差。在这种理性认识和现实矛盾冲突之下,宋朝将领不得不想方设法寻求和创造出步兵抗击骑兵的战法。例如吸取了秦汉以来步兵抗击骑兵成功的经验,强调以弩制骑,同时以弩和车结合抗击骑兵的冲击,也强调充分利用地形的条件抗击骑兵。另一方面,辽、夏、金、蒙都是少数民族,骑马射箭是他们的基本生活技能,组建骑兵部队,具有天然的优越条件。

3.火器应用不断增加的明清时代

明清时代,是中国封建社会的政治、经济、军事、文化发展到了极限,并逐渐走向没落的时代。随着西方科学技术的迅速发展传入中国,在战场上火器的应用不断增加,军队主力部队装备火器的比例越来越高。从明朝中后期开始,军队结构出现了车、步、骑、炮合成部队,战斗的队形更加疏散,战斗形态不再以冲锋代表全过程,而是以火战开始,冲锋结束。对于攻城战斗和水上战斗,更是以火战为主。为了抗击外来势力的入侵,也建立了比较完备的海防体系。明代火器制造技术的发展,在我国历史上是空前的,无论是数量上还是质量上都有了显著提高。火器技术发展虽然很快,但在明清之际还是没有达到完全代替冷兵器的作用,最后的决战往往还是依靠冷兵器的近身搏斗。

(二)军事思想的特征

1. 军事思想研究深入发展

这个阶段的军事思想在前期的基础上,不断充实和提高,尤其到了明清之际,是兵学发展的第二个高潮。首先重视对兵书的收集和整理。虽然在秦代,秦始皇"焚书坑儒",但是在后代发展中,其他朝代基本都重视兵书。例如汉朝时候就对兵书进行了整理,宋朝时朝廷编纂了《武经七书》,明代时的《四库全书提要》对收录的每部兵书都做了简要的介绍。其次,兵书作者阵营不断扩大。讨论研究军事不再是武人的专利,许多文人也在研究军事,著述兵书,兵书数量增多,门类齐全。第三,重视对于前代军事思想的继承。明朝的茅元仪说:"前孙子者,孙子不遗;后孙子者,不能遗孙子",这说明了对于《孙子兵法》的继承与发展。

2. 冷、热兵器并用的军事思想形成

从宋朝开国到清朝末期,我国处于冷热兵器并用时代,前后经历了九百多年的渐变过程。宋元时期火器对于作战的影响比较轻微,明清时期火器数量、种类增加对于军事思想有了很大的影响。作战中,讲究冷热兵器协同配合,发挥最大的作用。将领的主要任务不再是亲自冲杀,而是适应情况变化,进行组织指挥,由此对将帅修养和平时的军事训练也提出了新的要求。

第二节 中国古代军事思想的特点

一、历史悠久,内涵丰富

从《汉书·艺文志》中的《黄帝》和《神农兵法》可以推断,中国的兵法始于黄帝。《孙子兵法·行军篇》中也称:"凡此四军之利,黄帝之所以胜四帝也。"可见,中国军事思想发端于约五千年前的远古时代。我国有史可查的最早的兵书《军志》大约出现于西周,距今已有三千多年。而举世公认的古代兵法名著《孙子兵法》,则出现于两千五百多年前的春秋时期。

我国古代军事思想宏观上纵横联络,言兵而不限于兵,而是将军事与政治、经济、人文、自然、心理等有关因素融合在一起,全方位考察,其中往往充满哲理与智慧。例如,《孙子兵法》归纳的"道、天、地、将、法"五个战争取胜因素,"智、信、仁、勇、严"的将帅五项素质指标，"不战而屈人之兵"的"全胜"目标，"先胜后战"的战争原则，"知彼知己，百战不殆"的著名论断，以及对计与战、力与智、利与害、全与破、数与胜、奇与正、形与隐、虚与实、动与静、迂与直、势与能等范畴的深刻分析，对古今中外的军事思想产生了巨大影响。

二、崇尚道义，追求和平

关于用兵的政治经济背景，受孔孟之道的影响，中国军事思想强调得民心、得人心，重视作为群体的人心，主张弃个人小利，谋长远大利。譬如，孙子把"道"也就是道义作为战争取胜的头一条因素，并告诫人们一定要慎重对待战争。战争关系到国家的"死生""存亡""亡国不可以复存，死者不可以复生。故明君慎之，良将警之，此安国全军之道也。"战国初期的《司马法》也提出"好战必亡"的著名论断。

日本历史学家浅野先生在深入研究中国军事历史之后得出这样的结论：中国军事思想的"第一个特点是以非战主义为原则，尽量通过外交和谋略活动，求得政治解决。第二个特点是在军事上力争把战争控制在局部并在短时间内结束。"

三、注重谋略，力求智取

最早的战略名著《孙子兵法》首篇即明确指出，"兵者，诡道也""上兵伐谋"，主张先计而后战。还在书中提出了旨在"全胜""速胜""巧胜""不战而屈人之兵"等一系列谋略思想。中国军事谋略思想的产生与运用，可以溯源到远古的战争。进入奴隶社会后，较多地运用了计谋。如商朝著名的鸣条之战，就运用了离间计；周朝著名的牧野之战，是"兵家之祖""军事谋略的奠基人"吕望奇计良谋的杰作。此后，从孙膑首创的"围魏救赵"到戚继光精妙的"鸳鸯阵"作战方法，中国古代历史上运用奇妙方略的经典战例举不胜举。

四、居安思危，未雨绸缪

中国军事思想中，有很强的居安思危意识。中国古代的战争相当频繁，因此，做好战争准备，是维护国家安全的重中之重。几乎所有的军事家、军事思想家和政治家都有极强的思危意识，都反复强调要居安思危、未雨绸缪。《左传》的"居安思危，思则有备，有备无患"的著名论断，至今还被人们所反复引用。《司马法》也告诫人们："天下虽安，忘战必危。"战国时代的吴起就提出："夫安国之道，先戒为宝。"甚至连《易经》都有这样的论断："君子安而不忘危，存而不忘亡，治而不忘乱，是以身安国家可保也。"人类奇观万里长城，就是中国古代军事思想中思危意识的最好的例证。

第三节　先秦诸子的军事思想

春秋战国时期,是我国历史上大变革、大动荡、大发展的时代,在这个阶段形成了"诸子百家"和"百家争鸣"的群星灿烂的空前盛况。"诸子",是指春秋战国时期思想领域内反映各阶级、各阶层利益的思想家及其著作。《汉书·艺文志》说:"诸子百八十九家",取其成数叫"诸子百家"。对于"诸子百家",古代的历史学家进行了派别划分。西汉初期的司马谈将"诸子百家"分为六家:阴阳、儒、墨、法、名、道。西汉末年的刘歆和东汉的班固则将"诸子百家"分为十家或九家:儒、道、阴阳、法、名、墨、纵横、杂、农、小说家。其实这样的划分并不全面,例如著名的兵家竟未入流,不能说不是疏漏。

诸子百家中言兵的不仅仅是兵家,其他学派中论述军事的内容很多,并且是从不同的角度、不同的侧面去展开的。在此,选择对现代社会影响比较大的,也为大多数人比较熟悉的"儒家、道家、法家、墨家"四个学派的军事思想进行介绍,而"兵家"作为专门论述军事的学派单独介绍。

一、儒家的军事思想

儒家的代表人物是孔子(公元前 551—公元前 479 年)、孟子(公元前 372—公元前 289 年)、荀子(公元前 313—公元前 238 年),代表著作有《论语》《孟子》《荀子》。列为儒家经典之一的《周易》,所反映的时代远在儒家形成之前,其中一些学说对儒家有较深的影响。《周易》主张国与国之间和平共悦,对外亲善以求无咎,对内紧密团结以求吉利。《周易》认为,军事行动是不可避免的,但侵略别人是不利的,防御敌寇则是有利的。为御敌求利,要注重军资的委积,不断改进兵器和防构设施。

孔子(公元前 551—公元前 479)

早期儒家的战争观,明显继承了《周易》的思想。孔子读《周易》,韦编三绝,《周易》里的一些军事主张成为他学说的基础,这些情况在《论语》里有充分的表现。如孔子论为政,把足食、足兵放在重要地位,这与《周易》的主张一脉相承。孔子把取信于民放在第一位,把人心向背视为估量战争胜败的首要因素,从而发展了《周易》对内紧密团结以求吉利的思想。主张"礼乐征伐自天子出",也就是说用"礼"作为衡量战争正义性的标准。但孔子反对用未经教练的人民去从事战争,主张为将临事要有成惧之心,要善于谋划并能够实现谋略,因而丰富了《周易》彻底求利的思想。

孟子发展了孔子的战争观。他把早期儒家"取信于民"的基本主张发展为"得道者多助,失道者寡助"的著名论断,主张攻伐战取之事是否可行,关键看是否符合仁义,是否符合民意,民悦则取之,民不悦则不取。他以此来判断战争的正义与非正义性质,指出夏桀、商纣是众叛亲离的独夫,成汤放逐夏桀、周武王讨伐商纣是正义的战争。但孟子在强调"仁者无敌"的同时,有忽视兵器作用的倾向,对武器装备的改进也是胜敌的内容之一,也缺乏认识。

孟子(公元前372—公元前289)

荀子根据战国后期的新形势,发展和改造了儒家的战争观。他认为以仁诛暴、以义诛不义出师一定奏凯,主张不战而胜、不攻而得的以仁义服天下的战争。这一点,基本是继承孔、孟的学说。同时,他从实际出发,赞赏开辟土地、充实仓廪、改进器械、募选材士、推行赏罚的霸者的做法。由此可见,荀子的战争观兼容了法家等一些不同学派的思想。

二、道家的军事思想

道家的代表人物是老子(约公元前571—公元前471年)、庄子(约公元前369—公元前286年),代表著作有《道德经》《庄子》。道家强调清静无为,这一主张是其兵学思想的基础。唐代曾有人认为它是一部兵书,清人王夫之也认为它是谈兵者的圭臬。这些都说明《老子》包含着丰富的军事理论。

《老子》对战争基本持反对态度,认为兵器是不吉祥的东西,战争的展开是天下无道的表现,是统治者贪得无厌所造成的。《老子》所向往的是没有战争、不用兵甲的社会。但是,《老子》又看到兵器有不得已而用之的时候,在这种情况下,善于用兵的人不能倚仗兵威,应适可而止,否则物极必反,再强大的军队也会走向衰弱甚至灭亡。

老子(约公元前571—公元前471)

非战和慎战是道家战争观的相辅相成的两个方面,只言道家的非战,不是对道家战争观的全面认识。道家"柔弱胜刚强"的战略战术思想。《老子》认为,天下最柔弱的是水,而攻坚克强却天下无比。在此认识基础上,该书提出了"柔弱胜刚强"的战略战术思想。在战略上,主张不争天下之先,不做主动进攻者,而要做应敌自卫者;不追求攻占敌方一寸土地,而应退守本土,以哀兵胜敌。在战术上,主张用兵出人意料,示敌以弱而诱其深入,只要战胜敌人,先要给他们一点甜头;战场上不能凭武勇办事,不能意气用事,不能轻敌大意,而应贵柔守雌。

道家"柔弱胜刚强"的战略战术思想,核心是示弱诱敌,后发制人,以退为进,以静制动。这些思想对后世兵家有极大的影响。

三、墨家的军事思想

墨家的代表人物是墨子(公元前468—公元前376),代表著作有《墨子》。《墨子》以"兼爱""尚同"为核心,为弱者呼吁,反映社会下层民众的要求。其军事思想,包含着"非攻""救守"两个不可分割的方面,而以注重防御为突出特点。

墨家学派战争观念的核心内容是"非攻"理论。《墨子》一书对当时的战争多有抨击,无情贬斥:"大则攻小也,强则侮弱也,众则贼寡也,诈则欺愚也,贵则傲贱也,富则骄贫也。"认定其基本性质是非正义的,而非正义的判断依据,乃是有害无利,不合"国家百姓人民之利"的根本要求。

墨子(公元前468—公元前376)

墨家学派认为"天下处攻伐久矣",认为天下战乱"其所以起者,以不相爱生也",战争乃是"交相恶"所致的凶事,攻伐实为"天下之巨害"。它批驳攻战有理、有利的观点,指出一旦发起战争,必"夺民之用,废民之利",造成国家和百姓生命财产"不可胜计"的损失。抨击"攻伐无罪之国"的掠夺战争,用自古以来好战而亡的事实,告诫统治者不可恃强攻人,惟有"以义名立于天下,以德求诸侯",则"天下之服可立而待"。以德义服天下,就是以"兼爱"止攻伐,只要"天下兼相爱,国与国不相攻",则天下必治。它以是否"兼爱"为标准,把战争区分为"诛"(诛无道)与"攻"(攻无罪),即正义与非正义两类。"兼爱天下之百姓"的战争,如禹攻三苗、商汤伐桀、武王伐纣,是正义战争;大攻小、强凌弱、众暴寡,"兼恶天下之百姓"的战争,是非正义的。

四、法家的军事思想

法家的代表人物是韩非子(公元前280—公元前233年)、李斯(约公元前284—公元前208年),法家代表著作是《韩非子》,这是战国时代新兴的统治阶级的学派,主张以法治国,富国强兵。其继承了《管子》的思想,包容各家学说,有着丰富的兵学思想。

法家主张富国强兵,实现这一目标的基础是发展国家经济,尤其是发展农业。《管子》指出,守住领土关键在守城,守住城关键在军队,军队的保障在民众,民

韩非子(公元前280—公元前233)

众所依赖的是粮食。所以，富国一定以粮食为基础。发展粮食，搞好经济，是修明内政的重要标志。内政修明，才能保证战争的胜利。《韩非子》高度赞扬商鞅使耕战之士显贵的做法，认为这样能使国君地位更加稳固，使国家逐步走向富强。韩非子指出，不重视农业，不做好战守的准备，使耕战之士困穷，积蓄财物寡少，是治国的征兆。韩非子也主张奖励耕战，但反对机械地以此赏功、赐爵、升官，而认为委任官员主要应看智能、才干。法家重战重农，强调由此而实现富国强兵，是切合当时国情和战争需要的。这些主张对后世兵家的发展有很大影响。

《韩非子》以不务德而务法为治军的基本精神，也强调重刑厚赏。主张用法令教化士兵，反对儒家的礼乐教化。主张以官吏为老师，以斩首杀敌为勇敢。主张依法令程序选拔将领，猛将一定要从基层队伍中选拔。将官要经过逐级考核、升迁，渐至高位。考核的办法，一方面看其实践经验，一方面验证其智慧能力，反对只看军功和以钱谷买官。主张将领以赏罚驭下，反对将帅亲冒矢石、身先士卒。

第四节　中国历代兵书介绍

兵书是中国古代军事著作的统称，一般是指1911年辛亥革命之前形成的有关军事与战争的专门著作。兵书是人类社会一定发展阶段的产物，它随人类社会物质文化活动和战争实践活动的发展而产生和发展。我国专家统计，从先秦到晚清，虽然经历了战乱频繁，年代更迭，但仍然保留了兵书3380部，23503卷。我国兵书萌芽于殷商，形成于西周，成熟于春秋时代。中国自古以来就被誉为"兵法之国"，并且"兵林名家荟萃，将帅群星灿烂"。在所有兵书之中，现存最早的完整兵书是《孙子兵法》，也是最享誉世界的一部兵书。

在北宋宋神宗年间(1078—1085)，著名改革家王安石进行变法，涉及军事改革问题，朝廷专门设立武学，开办军事学校。并且组织力量，编写《武经七书》，要求学武之人必须学习并进行考核。这七本书分别是：《孙子兵法》《吴子兵法》《尉缭子》《司马法》《三略》《六韬》《李卫公问对》，其对后世的影响非常大，简述如下。

一、《吴子兵法》

《吴子兵法》作者为吴起，吴起是继孙武之后，既善于用兵又同时具有高深的军事理论的第一人。历史上，吴起作为军事家与孙武齐名，后世论兵，莫不称"孙吴"。作为政治家、改革家，他与商鞅齐名。吴起出生在卫国，后来辗转在鲁、魏、楚三国出将入相，显示了卓越的军事才能，对后世用兵起了深远的影响。同时，他治军严明，能与士卒同甘共苦，又深得部众之心。但其为博取功名而杀妻求将的做法，一直被后人所不耻。

《汉书·艺文志》兵家权谋论著中记载吴起著有《吴起》四十八篇。现存《吴子兵法》仅有六篇,包括图国、料敌、治兵、论将、应变、励士这些篇目。

在《吴子兵法》中,吴起主张把政治和军事结合起来,对内修明文德,对外做好战备,两者必须并重,不可偏废。在政治、军事并重的前提下,吴起更重视政治教化,用道、义、礼、仁治理军队和民众。吴起还从战争起因上将战争分为义兵、强兵、刚兵、暴兵、逆兵等不同性质,主张对战争要采取慎重的态度,反对穷兵黩武。

吴起主张兵不在多,要建立一支平时守礼法,战时有威势,前进时锐不可当,后退时速不可追的军队。建立这样的军队,要选募良材,重用勇士和志在杀敌立功的人,为他们加官晋爵,厚待他们的家人,让他们作为军队的骨干。对士卒的使用要因人而异,使其发挥各自的特长。要按照同乡同里编组,同什同伍互相联保,对部众严格管理。采取一人教十人,十人教百人⋯⋯万人教三军的教战方法,严格训练。让士兵适应方阵、圆阵的变化以及掌握队列的前、后、左、右、坐、起、进、止等动作,熟悉金、鼓、旗、铃等指挥号令。前进有重赏,后退有重罚,赏罚必信。奖励有功者,勉励无功者,抚恤和慰问牺牲将士的家属。要选拔文武兼备、刚柔并用、安抚士众、威慑敌军、决断疑难的武将作为军队的主将。

吴起主张要根据不同国家不同的地理条件、政治状况、人民习俗、经济实力、军队素质和军阵阵法等特点,制定不同的军事策略,为此他针对六国不同的特点制定了不同的作战方针和战法。吴起还强调要摸清敌人的部署情况,选择其薄弱环节进行打击,为此他列出了八种不需要占卜吉凶就可出击、六种不需占卜不要与敌作战的情况。吴起还主张用兵要随机应变,为此他提出击强、击众、谷战、水战、围城等具体战法。此外,吴起还最早对养马和骑战做了专门的论述。

二、《尉缭子》

《尉缭子》一书,对于它的作者、成书年代以及性质归属历代都颇有争议。一说《尉缭子》的作者是魏惠王时的隐士,一说为秦始皇时的大梁人尉缭。一般署名是尉缭子。最早著录于《汉书·艺文志》,书中杂家类著录《尉缭》二十九篇,兵形势家类著录《尉缭》三十一篇。1972年在山东临沂银雀山汉墓出土了《尉缭子》残简,说明此书在西汉已流行,一般认为成书于战国时代。

《尉缭子》反对迷信鬼神,主张依靠人的智慧,具有朴素的唯物主义的思想。它对政治、经济和军事关系的认识是相当深刻的。在战略、战术上,它主张不打无把握之仗,反对消极防御,主张使用权谋,争取主动,明察敌情,集中兵力,出敌不意,出奇制胜。这些观点即使在今天也仍有值得参考的价值。

《尉缭子》是战国晚期论述军事、政治的一部著作,共五卷二十四篇,南宋刻行的《武经七书》本最早。《汉书·艺文志》杂家收录了《尉缭子》二十九篇。唐朝初年的《群书治要》中节录了《尉缭子》四篇。1972年,山东临沂的银雀山一号汉墓出土的竹简,也有和《尉缭子》相符的竹简书六篇。从这几篇的情况来看,现在流传版本的文字有很多删节和讹误，篇名常和竹书不合，但基本上没有后人增加的内容。

《尉缭子》反对军事上相信"天官时日、阴阳向背"的迷信观念，强调政治、经济对军事的决定性作用，其理论水平很高。后半部《重刑令》以下十二篇，对研究战国时代的军法颇有帮助，所以有人把此书作为兵书来看待研究。

《尉缭子》的思想大体上接近法家，反对孔孟的亲亲原则，主张用严刑峻法治国和治军，某些思想显得非常残暴，全文处处可见"诛杀"这样的词汇，并且大力提倡连坐保甲制度。有意思的是尉缭却非常推崇德、仁义，提出"兵者，凶器也。争者，逆德也。事必有本，故王者伐暴乱，本仁义焉"，告诫君主"杂学不为通儒"，言外之意是他的理论才是最有用的理论。

三、《司马法》

《司马法》是中国古代重要的军事著作之一，大约成书于战国初期。据《史记·司马穰苴列传》记载："齐威王（公元前356—公元前320）使大夫追论古者司马兵法而附穰苴于其中，因号曰《司马穰苴兵法》。"

《司马法》流传至今已两千多年，亡佚很多，现仅残存五篇。但就在这残存的五篇中，也还记载着从殷周到春秋、战国时期的一些古代作战原则和方法，为我们研究那个时期的军事思想，提供了重要的参考资料。

《司马法》提出了"以战止战"的战争观。《司马法》认为，进行战争的目的是为了"讨不义""诛有罪"。因此，对于那些能"安人""爱其民"和制止不义的战争，《司马法》持肯定和支持的态度。从这一基本立场出发，它提出了"以战止战"的思想。《仁本篇》说："古者，以仁为本，以义治之为正。正不获意则权。权出于战，不了同于中人，是故杀人安人，杀之可也；攻其国爱其民，攻之可也；以战止战，虽战可也。"这就是说，只要目的是为了消除战争，借助战争这一手段是完全可以的。这实际是说，为了达到和平的目的，不妨使用武力。

这表明《司马法》并不是简单绝对地反对战争，否定战争，而且还表明了《司马法》已经揭示了战争的实质是用非常的手段来解决政治问题。同时，《司马法》还提出了"天下虽安，忘战必危"的观点。他认为，如果平时忘记了战争的存在，放松战争准备工作，国家就有灭亡的危险。《仁本篇》说："故国虽大，好战必亡。天下虽安，忘战必危。"这就旗帜鲜明地提出了对战争的态度：好战会导致亡国，忘战也会导致危险的局面。这一方面是对穷兵黩武行为的批判，也是对偃武修文，麻痹大意思想的警告。所以，《司马法》不是简单地反对战争或者赞同战争，而是保持着一种比较客观的态度。

四、《三略》

《三略》亦称《黄石公三略》，是中国古代著名的军事著作，属于道家兵书，相传作者为汉初道家隐士黄石公。最早提及此书的是司马迁。《史记·留侯世家》中记载：张良刺杀秦始皇未成，遭追捕，被迫隐姓埋名藏匿于下邳（今江苏邳州市），在这里遇见一自称"谷城山下黄石即我"的老者，授其一部《太公兵法》（也有说是《黄石公三略》），其后此公便不见于史载。张良得书，潜心研究，后帮助刘邦取得天下，建立了西汉政权。但据考证，《黄石公三略》的成书当不早于西汉中期。

《三略》继承了《孙子》以来先秦兵学的优秀传统，又具有突出的时代特色。其兵学内涵十分丰富，军事思想十分深刻。概括起来讲，主要包括深刻的战争观念、系统的战争指导理论、全面的选将用将原则、精辟的治军思想这几大部分。首先，是强调"不得已而用之"和"以义诛不义"的战争观念。从《孙子兵法》以来，中国兵学在战争问题上形成了重战、慎战而又强调义战的思想。《三略》在继承前人思想理论的基础上，在有关战争的诸问题上，包括对于战争的基本态度、对战争目的性质的分析、战争与政治经济的关系、战争与民众的关系、战争与天时地利的关系、战争与主观指导等，都提出了简明扼要而又深刻的判断，形成了系统的战争观念。

在对待战争的基本态度问题上，《三略》深受道家和儒家的影响，形成了强调慎战与义战的战争观念。《三略》认为，战争具有很强的破坏性，会给社会政治秩序和民众生活带来巨大的灾难，因此对待战争的正确态度，是"不得已而用之"，而不能随意发动战争："王者，制人以道，降心服志，设矩备衰，四海会同，王职不废，虽有甲兵之备，而无斗战之患""圣王之用兵，非乐之也"，即使是进行战争，也必须以"恬淡"处之，尽量减少战争对人力物力的破坏，将战争的破坏性减至最低，否则就是"失道"。

五、《六韬》

《六韬》相传为周朝姜太公所著，宋代以后许多学者进行考证认为《六韬》乃后人委托姜太公之名所作。《六韬》分为《文韬》《武韬》《龙韬》《虎韬》《豹韬》《犬韬》，该书向来以"规模阔大，本末兼该"著称，其体系之完整，内容之丰富，均为古代兵书所少见，有的外国学者称之为"像一本军事百科全书"。

《六韬》是一部集先秦黄老道家军事思想之大成的著作，《六韬》的基本理论和范畴，多来自道家，主张柔弱胜刚强、韬晦不露和安静玄默等，同时又引用"黄帝"之书，通过周文王、武王与吕望对话的形式，论述治国、治军和指导战争的理论、原则，对后代的军事思想有很大的影响，被誉为是兵家权谋类的始祖。第一，强调争取人心。在《文韬》中，多次强调收揽人心的重要性，并提出收揽人心的具体方法。如"同天下之利者则得天下，擅天下之利者则失天下"，以及"爱民""惠民""修德"等，尽管这些思想完全形成于春秋战国时代，但其思想渊源则可追溯到西周甚至更早的商代，如商汤和伊尹就已模糊地认识到人心向背对战争的影响。第二，主张政治攻心，瓦解敌人。《六韬》第二篇《武韬》中，有《文伐》一章，所谓"文伐"即今天所说的政治攻势，与"武伐"相对。《文伐》的内容分为十二节，主要是谈如何运用政治攻势来瓦解敌人,达到武伐所不能达到的效果,并为武伐创造有利条件,如"因其所喜,以顺其志""亲其所爱""尊之以名""辅其淫乐""养其乱臣""收其内,问其外"以及"赂以重宝"等等。这些内容虽然多是战国时流行的思想,但就其思想本原而言,与吕尚辅文王时采取的麻痹纣王,分化瓦解商统治集团的种种措施所反映出的思想是一致的。第三,文武并重,谋略为先。《六韬·武韬·发启》中说:"全胜不斗,大兵无创""大智不智,大谋不谋",意为战争在于以智取胜,以最小代价换取最大胜利,而要做到以智取胜。高明的人运用智慧于无形,使人不见其智,运用谋略于作战之前,使人对其意图不能察觉。

六、《李卫公问对》

《李卫公问对》又称《唐太宗李卫公问对》《李靖问对》,或简称《唐李问对》《问对》,是兵家著作。由著名军事家李靖编写,是唐太宗李世民与李靖讨论军事问题的言论辑录。

现存《李卫公问对》共三卷,分为上、中、下三部分,一万余字,记录了唐太宗与李靖问答九十八条次。内容丰富,多联系唐以前战例及太宗、李靖本人的亲身经历,参照历代兵家言论,围绕着夺取主动权、奇正、虚实、主客、攻守、形势等问题进行讨论,阐述其军事思想。清纪昀《四库全书总目提要》说:"其书分别奇正,指画攻守,亦易主客,于兵家微言,时有所得。"这一概括应该说是简明扼要的。《李卫公问对》中多处对《孙子兵法》的命题进行了阐发,丰富和发展了《孙子兵法》的思想,它在中国历史上产生了比较大的影响。

 思考题

1. 中国古代军事思想经历了哪几个发展阶段?
2. 简述先秦儒家、道家、法家、墨家的战争观念。
3. 中国古代军事思想有什么特点?
4. 什么是《武经七书》?

第二章 《孙子兵法》概述

第一节 《孙子兵法》作者简介

要了解《孙子兵法》,必须了解其作者和时代背景。根据《史记》《汉书》记载,《孙子兵法》是春秋末期孙武的著作。我国历史上的春秋时代,是根据鲁国编年史《春秋》而得名。这部编年体裁的史书,记述了鲁国二百四十二年的历史。当时记述的是从周平王四十九年至周敬王三十九年这一时期鲁国的历史。历史学家为了叙事的方便,改为以周平王元年(公元前 770 年)至周敬王四十四年(公元前 477 年)作为春秋的起、止时间,共约二百九十五年。

一、作者生平

孙武,字长卿,春秋末期齐国乐安(今山东省惠民县)人,至今关于孙武的出生地仍然存在着争论。孙武生卒年月,历史无明确记载,我们主要根据他的活动进行了大概的判断,他主要活动在公元前 530 年前后。他的祖先陈完是陈国(今河南淮阳一带)人,因陈国发生内乱,孙武的祖先陈完逃奔到了齐国,受到齐桓公的器重,并做了一个管理手工业生产的官职(工正)。后改姓田,名完,长期在齐国生活,这个家族很快发展起来。

孙武祖先因伐莒(古国名,在今山东日照、沂水等县地区)有功,齐景公赐姓孙。他父亲孙凭也是齐国的高级官员。由于孙武生长在这种世袭的贵族家庭,祖辈都精通军事,使他从小就受到军事的熏陶。

当时的社会环境,也对孙武研究军事十分有利。齐国是历史上大军事家姜子牙的封地,后来又是大政治家、军事家管仲的活动场所,留下了极其丰富的军事遗产。公元前 685 年,齐桓公即位后,任用管仲为相,革新军政,发展生产,终于成为"九合诸侯,一匡天下"的一代春秋霸主。齐桓公称霸以后,齐国一度成为当时中国政治、经济、文化、外交、军事活动中心,成为豪杰荟萃的地方。这样的社会环境,对孙武研究军事,提供了许多便利条件,使他在青年时代就成为学识渊博的军事人才。

孙武(约公元前 545 年左右—?)

后来因齐国爆发内乱,孙武所在的家族受到冲击,孙武出奔吴国(今江苏省苏州一带)。吴国在春秋末期是东南沿海一带崛起的一个新兴诸侯国,其发展迅速又广延人才。孙武刚到吴国,他一面潜心研究兵法、著书立说,一面密切关注着吴国的政治动向。在这段时间里,他结识了好友吴国大将伍子胥。伍子胥因为其父亲、兄长被楚平王杀害,辗转乞食,来到了吴国并且受到吴王阖闾的重用。据《史记》记载,公元前512年经伍子胥的推荐,孙武以兵法十三篇见吴王阖闾。吴王知孙武精通兵法,谋略过人,善于用兵,乃命他为将。从此孙武开始了他在吴国的军事生涯。

伍子胥
(公元前 559—公元前 484)

二、孙武经历

孙武的一生经历了三个阶段,第一阶段,奔吴隐居、研究兵法;第二阶段,吴国为将、显名诸侯;第三阶段,功成名就、飘然归隐。孙武与伍子胥一起,协助吴王阖闾三次伐楚,一次破越,开辟疆域到舒(今安徽舒城)、六(安徽六安)、潜(安徽潜山)和居巢(安徽巢县)一带。在此基础上,经过三年休整,取得柏举之战的胜利(今湖北省麻城市境内有柏山、举水,故名柏举),一度攻入楚国都城郢(在今湖北江陵县西北)。

《史记·伍子胥列传》记载:在这段历史时期,孙武协助吴国"西破强楚,北威齐晋,南服越人",使吴国成为当时强国之一,孙武是有重要贡献的。由此可以看出,孙武不仅是军事理论家,也是富有军事组织才能的军事活动家。

孙武的结局不得而知,历史学家及考古学家至今没有任何线索,学者估计很可能是飘然归隐、老死山林。但他撰写的《孙子兵法》却代代流传,一直闪耀着夺目的光辉。

第二节 《孙子兵法》的影响与流传

一、《孙子兵法》的重要影响

中国自古为思想精英荟萃之地,也是兵学昌盛之国,素有"兵法之国"的美称。产生于两千五百年前的不朽名著《孙子兵法》是中国古代兵学的杰出代表,是中国优秀传统文化的重要组成部分。它那深邃闳廓的军事哲理思想,体大思精的古典军事理论体系,辞如珠玉的文学语言,以及历代雄杰贤俊对其研究的丰硕成果,对后世产生了极其深远的影响,长期被尊为"兵学圣典""百世兵家之师"。其流泽余韵也早已跨越时空,超出国界,在全世界广为流传,荣膺"世界古代第一兵书"的雅誉。

《孙子兵法》的问世,标志着独立的军事理论著作从此诞生,在世界军事史上是一件具有划时代意义的大事。它比色诺芬(公元前403—公元前355年)的号称古希腊第一部军事理论专著的《长征记》要早一百多年。而且,《长征记》着重于作者跟随小居鲁士出征失败后希腊军队向黑海海岸撤退经历的记述,虽然具有很高的史料价值,但非战略理论的概括,因此无法跟《孙子兵法》相提并论。至于古罗马军事理论家弗龙廷(约35—103年)的《谋略例说》、韦格蒂乌斯(4世纪末)的《军事简述》,更是远在其后。

《孙子兵法》不但成书时间早,而且在军事理论和军事学术上已十分成熟、十分完备,几乎涉及了军事科学的各个门类、各个分支学科。它以从战略理论的高度论述战争问题而著称,是一部"舍事而言理"、揭示战争发展规律的杰作,具有高屋建瓴的气势和详备富瞻的内容。书中充满着对睿智聪颖的赞扬,饱含了对昏聩愚昧的鞭挞,显露出对穷兵黩武的警告,贯穿着对军事哲理的探索,充分体现了"一代兵圣"孙武的远见卓识和创造天赋。该书中的许多名言警句揭示了战争发展的普遍规律,有着极其丰富的思想内涵。历史上许多军事家、著名统帅、政治家和思想家都曾得益于这部旷世奇书。兵学家们学习它,得以登堂入室,从而步入军事学的宝库;军事家们学习它,得以领悟制胜之术,成就一代功业;政治家们学习它,得以高瞻远瞩,点燃起智慧的圣光。直到今天,《孙子兵法》的许多合理内核依然闪耀着真理的光芒,对现代军事理论的建设和发展、对现代战略学的奠定都具有重大的借鉴意义。

二、《孙子兵法》在国内的流传

1.《孙子兵法》的评价和引用

《孙子兵法》作为我国古代兵书的集大成之作,是对我国古代军事智慧的高度总结,具有承先启后的重大意义。明代茅元仪在其《武备志·兵诀》中讲:"前孙子者,孙子不遗;后孙子者,不能遗孙子。"此后两千多年里,凡兵学家研究军事问题,军事家指挥军队作战,莫不以此书为鼻祖。

中国历代军事著作中引用《孙子兵法》文句的不可胜数,如战国时期的《吴子》《尉缭子》,汉代的《淮南子》《潜夫论》,唐代的《李卫公问对》,宋代的《虎钤经》,元代的《百战奇法》,明代的《登坛必究》《纪效新书》,清代的《曾胡治兵语录》等等。

军事家直接用《孙子兵法》指导战争的,更是不胜枚举。秦朝末年,项梁曾以《孙子兵法》教过项羽。陈余引用"十则围之,倍则战之"。汉代名将韩信自称其兵法出于孙武,并运用"陷之死地而后生,置之亡地而后存"的理论指挥作战。黥布曾认为"诸侯战其地为散地",语出《孙子兵法》。汉武帝也曾打算以《孙子兵法》教霍去病。东汉名将冯异、班超对孙子书也很精通。三国时期,蜀相诸葛亮认为:"战非孙武之谋,无以出其计远"。意思是说,孙子十三篇所讲的谋略都是高瞻远瞩,从战争全局出发的。

2.《孙子兵法》在先秦时期的流传

自《孙子兵法》诞生以后,兵学立刻成了一门"显学",与儒、道、法、墨诸家并驾齐驱。战国时期,群雄割据,战争频繁,谈兵论战的人很多,大都是从《孙子兵法》中寻找依据。《韩非子·五蠹》讲:"境内皆言兵,藏孙、吴之书者家有之"。《吕氏春秋·上德》中也说到"阖闾之教,孙、吴之兵,不能当矣"。"孙"即孙子,"吴"是吴起,二人都是杰出的军事理论家和将领,所以历来"孙吴"并提。当时齐国的著名军事家孙膑更是继承和发展《孙子兵法》的典范。孙膑是孙子的四世孙,其军事上的天赋和才能得益于家学渊源。他不但在实际指挥作战中功勋卓著、成为一代名将,而且在军事理论上也有突出的建树,著有《孙膑兵法》。《孙膑兵法》和《孙子兵法》在体系和风格上一脉相承,互相辉映,以至后人将孙武和孙膑都称为"孙子",为了区别,将孙武成为"吴孙子",将孙膑称为"齐孙子"。由此可见,《孙子兵法》成书不久就已经广为人知。而且值得注意的是,对《孙子兵法》的原理的运用,在当时已经超出军事范围,应用于政治、经济和医学等方面了。

曹操(155—220)

诸葛亮(181—234)

3.《孙子兵法》在秦以后各朝代的流传

魏武帝曹操也是一位雄才大略的军事家,对历代兵书深有研究。他对《孙子兵法》备极推崇,曾经赞誉道:"吾观兵书战策多矣,孙武所著深矣。……审计重举,明画深图,不可诬也!"也就是说,他虽然读过许多军事著作,但只有《孙子兵法》最为精深。书中详细的计谋、慎战的思想、明智的策略、深远的考虑,都是不容误解的。曹操不但在实践中运用《孙子兵法》克敌制胜,而且十分重视对这部"旷世兵典"的整理研究,成为我国历史上第一个为《孙子兵法》作注释的军事家。

唐太宗深通兵法,在他跟名将李靖的军略问对中,处处提到孙子,对"凡战者,以正合,以奇胜"这一战略思想尤其欣赏,并且把孙子"不战而屈人之兵"的思想推崇为"至精至微,聪明睿智,神武不杀"的最高军事原则。

宋代仁宗、神宗年间,因抵御边患的需要,朝廷设立了"武学"(军校)以培养将才,编订了以《孙子兵法》为首的七部兵书(即《武经七书》)作为必读教材。从此,《孙子兵法》正式成为封建王朝官方军事理论的经典,沿至明清而不衰。宋代学者郑厚曾认为:"孙子十三篇,不惟武人之根本,文士亦当尽心焉。其词约而缛,易而深,畅而可用,《论语》《易》《大》《大学》《传》《左传》之流,孟、荀、杨诸书皆不及也",把《孙子兵法》推到高于儒家经典的地位。当时的著名将领如岳飞、李纲等,都曾从《孙子兵法》中受益。

明朝抗倭名将戚继光对《孙子兵法》中阐述的军事思想也十分钦服,曾说道:"予承乏浙东,乃知孙武之法,纲领精微,为莫加焉。……犹禅家所谓上乘之教也"。著名学者李贽对《孙子兵法》和孙武其人更是佩服五体投地,认为"孙子所以为至圣至神,天下万世无以复加者也"。

4.《孙子兵法》在近现代的流传

到了近代,《孙子兵法》的声誉更隆、影响更大。孙中山曾讲:"就中国历史来考究,两千多年的兵书,有十三篇(即《孙子兵法》),那十三篇兵书,便成立了中国的军事哲学",将这部兵书看作中国军事理论的奠基之作。

在现代历史上,中国人民解放军的统帅和名将们对《孙子兵法》均有深刻地研究。毛泽东对《孙子兵法》的推崇和精通是人所共知的。他对这部兵书作过高度评价,认为"知彼知己,百战不殆"仍是科学的真理。他不但在自己的军事著作中多次提到孙子和《孙子兵法》,而且将这部古代优秀兵典中的许多合理内核创造性地运用于指导中国革命战争的实践。完全可以说,《孙子兵法》中所包含的符合战争一般规律的许多思想,构成了毛泽东军事思想的重要来源。

刘伯承元帅对《孙子兵法》熟读得能够背诵,并且运用奇巧,出敌意外。在担任南京军事学院院长期间,刘伯承元帅亲自为广大学员讲授《孙子兵法》,他手译的《孙子兵法·势篇》至今还保存在历史档案中。陈毅元帅曾经在一首诗里评价刘伯承元帅:论兵新孙吴,守土古范韩。

三、《孙子兵法》在国外的流传

1.《孙子兵法》在日本的流传

在国外,《孙子兵法》最早传入日本,其次传入朝鲜,而传播到西方则是18世纪以后的事。自公元8世纪《孙子兵法》传入日本,就立即引起了空谷传音的不同凡响。它不但构成了日本军事思想的主体结构,而且对日本的历史和日本人的精神产生了深远影响。日本一向推崇《孙子兵法》,极其重视对这部不朽之作的研究,探讨领域之广,流派之多,著述之精,远非其他国家所可比拟。

在日本,孙子被尊为"兵家之祖""兵圣""东方兵学的鼻祖""伟大的战略哲学家"等等,甚至将孙子跟孔子相提并论,认为"孔夫子者,儒圣也;孙夫子者,兵圣也。……后世儒者不能外于孔夫子而他求,兵家不得背于孙夫子而别进矣。是以文武并立,而天地之道始全焉。可谓二圣之功,极大极盛矣"!《孙子兵法》也被推崇为"兵学圣典""韬略之神髓,武经之冠冕""万古不易之名著""科学的战争理论书"等等,认为该书闳廓深远、诡谲奥深、穷幽极渺,"举凡国家经纶之要旨,胜败之秘机,人事之成败,尽在其中矣",是"兵之要枢""居世界兵书之王位"。

《孙子兵法》在日本军事界影响的全盛期是16世纪(即日本历史上的战国时

期)。当时日本涌现出了一批著名的军事将领,如织田信长、丰臣秀吉、德川家康和武田信玄等。他们的共同特点是精通军事经典,对《孙子兵法》的运用得心应手。武田信玄号称日本的"孙子",他酷爱《孙子兵法》中"其疾如风,其徐如林,侵掠如火,不动如山"的警句,并把"风林火山"四字写在军旗上鼓舞士气,号令三军。

明治维新以后,日本军界依然信奉《孙子兵法》,认为古代大师的学说仍可指导现代战争。如在20世纪初的日俄战争中,日本联合舰队司令东乡平八郎元帅和陆军大将乃木希典都深谙《孙子兵法》。对马海战日军全歼俄国远征舰队,其阵法正出自《孙子兵法》。东乡在论及获胜原因时归结为运用了"以逸待劳,以饱待饥"的原则。1941年12月7日,日军偷袭珍珠港更是《孙子兵法》"出其不意,攻其不备"的巧妙运用,是现代战争史上战略突袭的典型。但是,日军既不"慎战"又未"先知",对美国的潜力估计不足,犯了根本性的错误,所以导致在太平洋战争中的失败。

日本的情报工作在世界上首屈一指,不仅在战争中发挥了巨大的效用,而且在各行各业中也产生了很大的影响。日本人的这种特点,追根溯源,与中国的《孙子兵法》有密切的关系。著名的英国作家理查德·迪肯在其所著《日谍秘史》一书中明确指出:"日本人搜集情报的灵感是受中国两千四百五十年前的战略家孙子的影响。"

2.《孙子兵法》在西方的流传

除日本以外,《孙子兵法》在西方世界的流传也很广泛,并且极受推崇。据说,拿破仑在戎马倥偬的战阵中,仍手不释卷地披阅《孙子兵法》。德国伟大的军事学家、《战争论》的作者克劳塞维茨也受到过这部中国古代兵典的影响。德国皇帝威廉二世在第一次世界大战失败后,读到《孙子兵法·火攻篇》中关于"主不可因怒而兴师,将不可以愠而致战"的论述时,不禁叹息:"可惜20多年前没有看到这本书,否则就不会遭受亡国之痛苦了。"

第二次世界大战以后,尽管导弹核武器进入军事领域,生产力和科技的发展日新月异,战争条件的变化和军事理论的更新均非孙子所处的古代所能比拟,但国际上对《孙子兵法》的研究和应用热潮丝毫未减,并且在广度和深度上都有了新的进展。

20世纪50年代中期,苏联的一位著名军事理论家断言:"认真研究中国古代理论家孙子的著作,无疑大有益处。"20世纪60年代初,英国蒙哥马利元帅在访华时曾对毛泽东说:"世界上所有的军事学院都应把《孙子兵法》列为必修课程。"美军新版《作战纲要》开宗明义地引用孙子"攻其无备,出其不意"这句名言作其作战的指导思想。

重视孙子的战略思想,是二战后西方政治家、军事家和战略家们研究和应用《孙子兵法》的新的特点。因为在这一时期,军事战略本身同政治、经济、外交以及社会等因素的结合日益紧密。尤其是在大规模杀伤性核武器出现后,任何国家(即便是超级大国)都不敢贸然发动大规模战争,所以必须建立全新的战略体系。而《孙子兵法》的精华正在于其所包含的丰富的战略思想,它给我们的时代提供了许多有益的启示。

英国著名战略家利德尔·哈特在其所著《战略论》中大量援引了孙子的语录。他认为:"最完美的战略,就是那种不必经过严重战斗而能达到目的的战略——所谓不战而屈人之兵,善之善者也","在导致人类自相残杀、灭绝人性的核武器研制成功以后,就更需要重新而且更加完整地翻译《孙子》这本书了"。在《孙子兵法》英译本序言中说:"两千五百多年前中国这位古代兵法家的思想,对于研究核时代的战争是很有帮助的。"

美国国防大学战略研究所所长约翰·柯林斯称孙子是古代第一个形成战略思想的伟大人物。他在《大战略》一书中指出:"今天没有一个人对战略的相互关系、应考虑的问题和所受的限制比他(孙子)有更深刻的认识,他的大部分观点在我们的当前环境中仍然具有和当时同样重大的意义。"

美国著名的"脑库"斯坦福研究所的战略专家福斯特和日本京都产业大学三好修教授根据《孙子兵法·谋攻篇》中的思想,提出了改善美苏均势的新战略,并称之为"孙子的核战略",对世界战略的调整产生了很大的影响。

此外,美国前总统尼克松、前国家安全助理布热津斯基等西方政治家也都在各自的著作中运用孙子的理论,阐述了对当今时代国际战略的见解。

3.在现代战争和商战中的应用

在现代局部战争和军事行动中,《孙子兵法》同样得到了广泛的运用。如在越南战争中,美军司令威斯特摩兰曾引用孙子"夫兵久而对国有利者,未之有也"的名言,力主结束这场旷日持久、陷美军于泥潭的战争。又如在1971年第三次印巴战争中,印度军队遵循孙子"军有所不击,城有所不攻,地有所不争"的理论,绕过坚城,迂回包抄,直指达卡,迅速击溃了巴基斯坦军队,取得了这场战争的胜利。《印度军史》用《孙子兵法》的观点总结南亚次大陆的战争经验,这是绝无仅有的。

20世纪80年代以来,海外的"孙子热"日趋高涨。《孙子兵法》不但受到军界和战略家们的重视,而且也为其他各界人士所推崇。对《孙子兵法》的研究和运用,已经扩展到军事以外的其他领域,如政治、外交、经济、体育等,其中以在商战和企业管理中应用最引人注目。

日本的企业家们率先把《孙子兵法》运用于企业之间的竞争和改进企业的经营管理,取得了很大的成效。如军人出身的兵法学者兼企业家大桥武夫将《孙子兵法》等军事著作与经营学融为一体,把濒临破产的小石川工厂一举改造成生机勃勃的东洋精密工业公司,历经三十余年而久盛不衰。他还写了一本《用兵法经营》的书,内容新颖,独树一帜,畅销一时。在此基础上,日本出现并形成了"兵法经营管理学派",影响很大。

台湾企业家陈茂榜也首次将《孙子兵法》中的"五事"概括为企业经营的五大要素:"道"是经营目标,"天"是机会,"地"是市场,"将"是人才,"法"是企业规章和组织编制。"五事"并重、统筹管理、上下同欲、灵活经营,使得企业家们财源茂盛、生意兴隆。

由此可见,《孙子兵法》在现代经济生活中同样大有用武之地。随着我们对这部不朽名著了解和运用的不断深入,它的智慧之光必将更加耀眼夺目,也必将给我们带来无穷之益。

第三节 《孙子兵法》的成书背景

毛泽东同志在《人的正确思想是从哪里来的?》一文中指出:"人的正确思想是从哪里来的?是从天上掉下来的吗?不是。是自己头脑里固有的吗?不是。人的正确思想,只能从社会实践中来,只能从社会的生产斗争、阶级斗争和科学实验这三项实践中来。"

一、《孙子兵法》影响于春秋末期动荡的社会环境

孙武生活于春秋末期,正是中国古代社会更替——奴隶社会向封建社会过渡之际,阶级斗争激烈,其主要体现就是战争。在此之前,五伯——齐桓、晋文、秦穆、楚庄、宋襄——争霸,社会动荡不安。据史籍记载,春秋初期共有130多个国家,在战争频繁、相互兼并的过程中,出现了齐、晋、秦、楚、宋(其实宋并不强大)五个强国,它们相互争雄,蹂躏弱小,压迫近邻。在孙武以前的约二百年时间,大小战争共发生了三四百次,有政治斗争(主要表现争霸、尊周等问题上),有经济斗争(主要反映在通商关系以及以经济手段吸取他国财富上),有外交斗争(主要表现在联合、反联合,或保护对方,争取自己的势力范围上),有军事斗争(战场上的兵戎相见,产生了多种多样的作战艺术),《孙子兵法》正是总结这些斗争实践的产物。因而,他的《孙子兵法》在二千多年后的今天来看,其中许多道理、原则仍是不朽的。

我们这样说,似乎还很抽象。下面不妨根据孙武以前历史上所出现的有关战争的各种现象,来有条件地联系他的《孙子兵法》,问题就可明确。当然,我们也不是把《孙子兵法》上的每一条原则,都同历史事件来画等号,而只是举一两个例子来阐明它的中心问题。

二、《孙子兵法》来源于无数战争实践的总结

《孙子兵法》的首篇——《计篇》提出"庙算"在战争中的作用问题:"夫未战而庙算胜者,得算多也;未战而庙算不胜者,得算少也。多算胜,少算不胜,而况于无算乎!吾以此观之,胜负见矣。"所谓"庙算"就是现代战前的最高军事会议(日本称"御前会议")的决策,对敌我有关战争诸因素作细致的分析、判断(多算),有胜利的把握,才进行战争。"庙算"是属于战略决策性的,只是确定带关键性的几个重要问

题。可以说,这完全是根据战前的政治、军事经验、外交、地理等等诸因素的综合分析的结果所下的定论。下面的事例,则足以说明这点。

1. 城濮之战

公元前632年,发生了晋楚城濮(在今山东鄄城西南)之战(见《左传》),这是春秋时期规模颇大的一次战争,也是晋文公取得霸权地位、为晋国以后长期称霸奠定基础的一次战争。战前,晋国君臣十分细致地对双方的有利和不利诸因素进行了分析和判断。《左传》僖公二十七年对这次战争经过记述得十分生动:"冬,楚子及诸侯围宋。宋公孙固如(到)晋告急。先轸(后任晋中军元帅)曰:'报施(晋文公流亡时,曾受到宋国的恩惠)救患,取威定霸,于是乎在矣(在此一举)!'狐偃(晋将)曰:'楚始得曹,而新昏(婚)于卫,若代曹、卫,楚必救之,则齐、宋免矣'(这是'围魏救赵'的最早战例)。"先轸的中心思想,是想趁此机会,发动战争,以奠定霸权。狐偃的策略,认为楚国刚统治曹国,又和卫国有亲戚关系,如果直接进攻曹、卫,则齐、宋可免遭楚国的侵略。晋文公采纳了这一策略。

第二年春天,晋国就出兵进攻曹、卫,并取得胜利,但楚国的大将子玉仍继续围攻宋国。宋又派门尹般到晋军告急。晋文公说:"宋人告急,舍之则绝,告楚不许,我欲战矣。齐秦未可,若之何?"晋文公的意思是,如果不设法解救宋国危急,两国就会断交。但楚国不答应和解,则须诉之战争。考虑当时楚军强大,尚须争取齐、秦两国的援助。如果两国下出兵,怎么办? 先轸说:"使宋舍我而赂齐、秦,藉之告楚。我执(捉住)曹君,而分曹、卫之田以赐宋人。楚爱曹、卫,必不许也。喜赂怒顽(齐、秦喜得贿赂又恨楚之顽固),能无故乎?"先轸的策略,确实高明,不仅把齐、秦争取过来,而且又激怒了楚军,非战不可,这样,就达到了"取威定霸"的目的。晋文公完全按先轸的意见去作,形成了战前非常有利的战略态势,终于取得了城濮之战的空前胜利。

如果晋国在战前没有对战争进程作细致的分析、判断,然后才下决心、定部署,而贸然地应战,那胜负之分,则实难预料。十分明显,孙武把这些(类似事件在《左传》中有不少记述)战前决策归结为"庙算"——战前一定要做——这一原则,只要人类还有战争,这个原则谁都得无条件地遵循。

《孙子兵法》中有"伐谋""伐交"("故不知诸侯之谋者不能预交")以及"不战而屈人之兵"诸原则。这就是说,进行战争,要打谋略仗,打外交仗,达到"不战而屈人之兵"之目的。孙武反对在战场上和敌人硬拼——"其次伐兵,其下攻城",把谋略放在第一位,把外交斗争放在第二位,把伐兵放在第三位,把攻城放在第四位。从孙武的《孙子兵法》十三篇中看,这是他一贯的有系统的思想,不是偶然的论述。从他的逻辑思维来看,也是非常严谨的。这确实是指导战争者的经验之谈。他的结论是:"不战而屈人之兵,善之善者也。"

这是不是孙武随心所欲、一厢情愿的想法呢? 事实绝非如此,因为他总结了历史上的战争实践。

"不战而屈人之兵"所强调的,就是自己的国家要强大,军事、经济实力足以压倒对方,才能在政治上处于主动地位,通过外交途径而达到"不战而屈人之兵"的目的。同时,也要在国际道义上,能够彻底揭露对方进行侵略、掠夺、占领的实质,用以说服天下人。

对"不战而屈人之兵",应从广义上理解:一种是对方确实有实力,我能使之在国际上陷于孤立、世界人民反对的地位,虽有实力,不敢动武。另一种是,我有实力,对方在军事上、政治上均处于被动,对方不得不屈从于和平的目的(或者经过谈判而达到正义的目的)。

《左传》上记述了不少出色的军事外交家,在有实力做后盾或者并无实力做后盾的条件下,凭他们的智慧、胆识、口才和谋略,战胜强敌,达到"不战而屈人之兵"的目的。从孙武以前的历史顺序,有两个有名的战例,来证明"不战而屈人之兵"的原则是有源有本的经验总结。

2. 齐楚争霸

公元前656年,齐桓公联合他的盟国——鲁、宋、陈、卫、郑、许、曹——共同进攻南方强大的楚国(见《左传》)。在大军压境的情况下,楚国虽然较强大,也显然处于劣势。楚王派使者到齐军交涉,对齐桓公提出质问:"君处北海,寡人处南海,唯是风马牛不相及也。不虞君之涉吾地,何故?"齐国大臣管仲却责问楚国为何不给周天子(春秋时各国的共主,当时已成傀儡。齐桓公当时是打着维护周天王的政治旗号)朝贡;同时,还责问周昭王在汉水淹死的往事。楚国使者承认前者是罪过,答应马上恢复朝贡;对于昭王之死,却不负责,齐国不满意,继续进军。

楚国又派使者屈完到齐军继续交涉。齐桓公把他的联军列成阵势,威胁屈完,要他订立有利于齐国的条约。屈完不卑不亢地答复:"君若以德绥(安抚)侯,谁敢不服?君若以力,楚国方城以为城,汉水以为池,虽众,无所用之。"这是理直气壮的外交辞令,齐桓公不得不和楚国订立不是完全有利于己的和约而退兵。这次外交仗打得很有意义,齐国是真有实力为后盾,楚国仅是辞令的强硬,但双方都达到自己的目的。而真正获胜的还是楚国(见《左传》)。

3. 弭兵运动

公元前579年和公元前546年,弱小的宋国军事家华元和向戌的弭兵——非战运动(事见《左传》成公十二年和襄公二十七年),也达到了"不战而屈人之兵"的目的。当时的历史情况是:晋楚二国已成为列强中的"超级大国"。处在二国之间的郑、宋两国经常受其蹂躏。郑国的办法是,"子女玉帛,待于二境"。就是说,把男女奴隶和宝贵的物资摆在南北国境,谁来了就向谁屈膝投降。宋国所受的战祸更惨,在一次被楚军的围困中,到了"易子而食,析骸而爨"的悲惨境地。所以华元和向戌先后发起"弭兵"运动,收到了一定的成效,而以向戌做得更为成功。他们的办法,主要是向各国(包括晋楚)游说,捧出晋楚二国做盟主,订立盟约,其内容有"晋楚无相加戎,好恶同之,同恤灾危,备救凶患。……有渝此盟,明神殛之。"盟约中还规定要为晋楚纳贡。自然,出点财物,比遭受兵戎之灾要好多了。这两次运动后,出现了一时的和平局面,特别是向戌的"弭兵"运动,有三四十年,各国未发生大的战争。

以上的历史,对孙武来说,就等同于我们对近百年的世界战争史同样的熟悉,特别是向戌的"弭兵",则竟同我们对第一、二次世界大战的历史一样地了解。他总结出"不战而屈人之兵,善之善者也"这一原则,并非凭空设想而出。

总的来看,孙武极为重视运用政治、外交、谋略,达到"不战而屈人之兵"的目的,在某种程度上还考虑经济原因。而采取的这种战略:即以自己国家强大的政治、外交能力,强大的经济基础,强大的军事实力,可以不用战争手段,使敌国屈从自己的意志,而又不消耗自己的国力。拿现在国际上通用的语言来表达,叫作实力政策,核威慑战略。在两千多年前孙武就提出这种"不战而屈人之兵"的战略思想,可算是历史上的第一人了。

可以得出这样的结论,《孙子兵法》是总结春秋时期的战争经验的产物,不是凭自己想象力主观杜撰出来的,也不是抄袭前人的原理原则,是他创造性地引申、发挥、归纳、总结出来的。

第四节 《孙子兵法》的学习方法

《孙子兵法》作为"世界第一兵家名书",穿越古今,享誉中外,"引无数英雄竞折腰"。从 20 世纪 50 年代以来,日本的"兵法经营管理学派"横空出世,更吸引了无数非军事领域的人学习它、研究它、运用它。不过,由于它毕竟是一部两千五百多年前的军事名作,年代的久远、文字的隔膜、思想的深奥、领域的特殊,使一般人在文约意丰微言大义中难识其真面目难悟其真精神。古人云"授人以鱼,莫若授人以渔。授人之鱼,只供一餐之需;而给人以渔,终身受用不尽"。推广学习方法的重要性和紧迫性并不亚于内容的普及推广。

学好《孙子兵法》,应首先做到如下几点:一个思想认识;两个心理准备;四个基本步骤。

一、一个思想认识

我们首先要在思想上充分认识到学习《孙子兵法》的主要目的和价值是提高智慧水平、弘扬兵学文化。不解决学习动力这个首要问题,学习热情和效果无从谈起。而这一点,好多人并不在意,问他为什么要学习《孙子兵法》,答案大多是以下两种——一是"现在'国学热'嘛,大家都学,我也就学呗",二是"学点孙子兵法谋略,在社会上就不会吃亏"。这些想法固然不错,只是没有抓住中心点和关键点。

《孙子兵法》绝不是一本普通的国学文化知识读物,更不是"防人之心"的雕虫小技,而是大学问大智慧。

那么,《孙子兵法》究竟有哪些应用价值呢?山东滨州学院的姚振文老师在其力作《大智无疆》中概括为"哲学光辉、战略价值、科学理性、竞争之道、统御之道、思维特征、美学价值、理想主义与现实主义的完美结合"八个方面,应该是比较全面的。而军事科学院战略研究专家洪兵在《孙子兵法与经理人统帅之道》中归纳得更为简练些,现录于下:第一,"《孙子兵法》深刻揭示了竞争规律,是制胜之道,能够帮助我们在当今激烈的竞争中立于不败之地。"第二,"《孙子兵法》充分展示了战略智慧,是统帅之道,能够帮助我们提高战略思维水平。"第三,"《孙子兵法》蕴含有丰富的文化内涵,是一项巨大的文化产业,能够帮助我们在经济发展中形成独特竞争优势。"说到底,"孙子学"是一门获得大智慧的学问。这是我们每一个学习者应该铭记在心的。

二、两个心理准备

我们想要学好《孙子兵法》,除了必须提高思想认识以外,还得从心理上做好两个准备:一个准备要在学习态度上抛弃偏见,尊重元典;另一个准备是在学习意志上克服困难,持之以恒。

1. 抛弃偏见,尊重元典

现实生活中,许多人其实对《孙子兵法》并不了解。更有意思的是,一些激烈的反对者和批判者也不清楚,只是人云亦云想当然,理直气壮地信口雌黄。对这种人,就得采取毛泽东在遵义会议上反问凯丰的做法——"你读过《孙子兵法》没有?你知道《孙子兵法》共有几篇?第一篇的题目叫什么?"大多数情况下对方就得哑口无言。这样的话,我们不难发现需要彻底抛弃的两种对《孙子兵法》的偏见。

第一,要彻底抛弃"《孙子兵法》就是阴谋诡计"的偏见。

其实,谋略本是"双刃剑",关键看你做什么用,是为善还是为恶。并且,谋略通常可分成"阳谋"和"阴谋",或者按著名谋略学家罗志华先生的观点以是否有欺骗因素为标准划分为"正道谋略"和"诡道谋略"。从这一点看,"《孙子兵法》就是阴谋诡计"的结论至少也是不全面的,只要对《孙子兵法》进一步理解后就不难发现,它的制胜之道最主要的并不是"阴谋"而是"阳谋"。试问:"多算胜,少算不胜,而况于无算乎。"的"算胜"思想是阴谋吗?"百战百胜,非善之善者也;不战而屈人之兵,善之善者也。"的"全胜"思想是阴谋吗?"知彼知己,百战不殆;知天知地,用乃不穷。"的"知胜"思想是阴谋吗?……显然不是,因此当今的我们对其想当然的地方太多了,对包括《孙子兵法》在内的国学经典误解太多了。

第二,要彻底抛弃"《孙子兵法》是老古董,过时了,没用了"的偏见。

当然,现在真正持这种观点的学者还是很少了,但在普通群众中依然大有人在,这主要与当今社会的价值取向和思想浮躁有关。现在有的人一切向"钱"看,是否有用都用金钱来衡量,并急功近利。《孙子兵法》《三国演义》《菜根谭》在日本商场纵横制胜大行其道,也不是一蹴而就"直接打通大小周天实施乾坤大挪移"的,也是通过大桥武夫、松下幸之助等企业家不断修炼的结果,一读《孙子兵法》就日进千金是不可能的事情。老子研究专家孙以楷先生说过一番话:"我一向认为中国哲学不是工具,不能教给人以谋生的技巧,不能教给人以生化物电知识。从某种意义上可以说中国哲学是无用的。但是中国哲学给人一种关怀、一种精神、一种境界。从这个意义上说,中国哲学又是无用之大用。"而《孙子兵法》"是古代一部优秀的兵书,也是一部出色的哲学著作"(冯友兰语)。就不仅仅是"无用之大用"了,更是"大用之大用"了。至于"大用"在哪,上文已有交代,就不赘言了。

那么,我们该以一种什么态度来对待《孙子兵法》呢?两个字:尊重!伏尔泰有句名言"我不同意你的观点,但我誓死捍卫你说话的权利。"这是什么精神?尊重而已!因此我们认为,对像《孙子兵法》《周易》《老子》《论语》这样的中华元典,最好的态度应该遵循"仰视——平视——俯视"的顺序,会更合适稳妥些。中国文化经典之中的经典,智慧之上的智慧,历尽千年沧桑依然光芒万丈,无数志士仁人、能人异士、学界精英、社会栋梁为之前赴后继探索不止,我们初学者一上来就目空一切、目无先贤,肯定是不合适的。还是应该以"正心诚意"的心态来面对这些经典,这样,我们就能较快地步入先哲的思想殿堂,真正地亲近聆听其智慧的教诲。

经过长时间的学习研究修炼之后,随着学习者视野的扩大、思考的深入、智慧的增加,才有可能逐渐地接近先哲,发现他们也并非尽善尽美、十全十美,在理解的基础上也就能平和地去指出其不足,提出自己的一得之见、一家之言。如果说"仰视"是视其为老师的话,那么"平视"则更多是视其为朋友了。而"俯视"一般人是达不到的境界,古往今来,俯视孙子者确实无几人。应该说,我们学习者能达到第二个阶段就很不易了。

2.克服困难,持之以恒

毋庸讳言,要真正学懂、弄通、会用《孙子兵法》是非常困难的。这也是学习其他若干国学经典所具有的共性,最主要的原因在于其浓缩性太强。《孙子》五千言、《老子》五千言、《易经》五千言——这三个五千言就是一个比一个玄妙难识。这是我们中国人综合性、模糊性思维特色所致,就是说一般情况下只提供结论、方法和技术,而不加以论证和解释。易经的预测学说、气功的吐纳学说、中医的经络学说、兵法的奇正学说,都是如此。我们学习者,尤其是初学者,不要心存幻想,像学数理化公式定理一样,学一下就掌握了,马上就可以大施拳脚、大展宏图了。恰恰相反,一定要循序渐进地学,多琢磨,经年累月后,终有所成。

三、四个基本步骤

我们学习《孙子兵法》大体上要先后经过四个步骤:择书、解读、解悟和会通,从低到高、从浅到深、从易到难。

1. 择书

所谓择书,就是为了更好更快地学习《孙子兵法》而精心选择较好的版本作为学习教材。严格讲来,这还是属于正式学习之前的准备工作,之所以放在这作为第一步,一是引起初学者的充分重视,二是择书的过程也可以说是一个对《孙子兵法》初步了解的过程。

现在有很多年轻人尤其是对军事感兴趣的男性青年不乏学习热情,就是没有择书的意识,不管三七二十一,到图书馆或书店随便抓本书就读。殊不知,现在图书市场天天都有新书出来。近几年"国学热"的兴起,国学方面的书更是层出不穷,让人眼花缭乱、目不暇接。

那么,择书主要从哪几方面入手呢?

第一,我们要了解一下作者(或注译解说者)的情况。通过读"作者简介""序言""前言"和"后记"等来大致对以下方面作初步了解:是不是在《孙子兵法》领域有所研究、有所专攻,在学术界影响如何,之前出版过什么书,这本书是不是专著,是和别人合著的还是编的,曾获得过什么奖,是军队还是地方的。从而对作者的学术水平做出整体判断。目前,研究《孙子兵法》的知名专家,军队的有郭化若、陶汉章、朱军、吴如嵩、薛国安、陈宇、施芝华、刘庆等,地方的有黄朴民、褚良才、邱复兴、黄葵、陈昆福、张文儒等。

第二,我们看一下是哪家出版社出的。主要是了解该出版社出版过哪些书籍,同类教材有哪些,出版教材是否规范。

第三,我们一定要养成看"版权页"的习惯。主要是了解:这本书是哪一年第几版第几次印刷,初版是哪一年,是不是增订本或修订本,印数是多少,字数有多少等等。一般而言,版次印次表示书的销量如何也就是受读者欢迎程度如何,初版如果很早且没做增订修订就得看内容有没有过时,字数多少代表了内容的丰富程度。

第四,我们要大致了解一下书的结构和内容。通过结合"前言""目录""版权页"和浏览某些章节明确书的内容和结构,属于什么类型的书:是注释翻译"注解"类呢?还是联系实际"应用"类?是阐述思想"论述"类呢?还是白话讲座"普及"类?或者是关于孙子传记、文学、考古等"其他"类的?我们要做到心中有数。

2. 解读

所谓解读,就是逐字逐句逐篇地弄懂文义,通解原著,了解其基本精神。这是学习《孙子兵法》最基本的一步。这一步进行得愈深、愈细、愈扎实,对尔后的学习和应用就愈有用。相反,这一步不走或走不好,应用就成为无本之木、无源之水。因此,初学者千万不要急于求成,忙着读"活学活用"的书。解读过程中要注意以下三点:

第一,要按原著的篇章顺序纵向解读。从全书的结构上来看,第一篇《计篇》到第十三篇《用间篇》依次论述了战略运筹、战争准备、战略计划、作战指挥、特殊战法、战略侦察等方面的问题,层层递进,纵向揭示了战争各个主要阶段的基本原则和原理。这样我们就能有效地把握《孙子兵法》本身的逻辑顺序和思想体系。

第二,要力求详细细致地解读。比如:"兵者,国之大事也。""兵"的本义是"兵器、武器",由拿兵器的人引申为"士兵、战士",再由士兵引申为"军队",这样的辗转引申的结果,是使"兵"有了"兵事",即"战争"的意义,那准备战争的时期的"兵事"又是"国防建设"的意思。

第三,要采取比较阅读的方法解读。《孙子兵法》"舍事而言理",学者们"仁者见仁、智者见智",我们只有在细察多家观点的基础上,才能形成自己的看法:或赞成某家、反对某家,或兼容多家观点,或推陈出新形成自己与前人迥然不同的观点。比如:"将听吾计,用之必胜,留之;将不听吾计,用之必败,去之。"中的"将"(音"浆")。学术界主要有两种解释:一是认为作助动词使用,"将"就是"如果","将听吾计"意为"如果听从我的计谋"。二是认为指"将领",那么,"将听吾计"意为"将领听从我的计谋"。且大多数版本持第一种观点。究竟哪一种解释更有道理呢?进行比较分析、理性思考后,学习者才会形成自己最终的定论。

3.解悟

所谓解悟,就是指通过长期体会和思索而达到深刻的理解且能初步应用。如果说"解读"是指读懂而言,那么"解悟"就是指读通而言了,就是古人"读书破万卷"的"破",也就是所谓"蓦然回首,那人却在灯火阑珊处"的顿悟。因而这一步是学习《孙子兵法》最关键的一步,它不仅是"解读"与"应用"之间必不可少的环节,也是我们大多数人所要追求也能够达到的境界。那我们要解悟哪些内容呢?笔者认为,离不开对以下四个方面的体悟:

第一,解悟《孙子兵法》的重要概念。中国哲人往往是惜墨如金却"一字千金"。例如:"道"的概念,它不仅是《孙子兵法》中最为重要的概念,也是中国哲学中最核心的概念之一。"道者,令民与上同意也。"在"解读"阶段我们了解是"政治主张"的意思,事实上许多版本直译成"政治",那么,这错没错呢?没错——却不够!我们只有把它放置在中国传统文化特别是哲学的背景中,比如联系《易经》的"一阴一阳谓之道"、《道德经》的"道可道,非常道"、《淮南子》的"顺道而为"、《水浒传》的"替天行道",这些经典的论述,从中国古人"天人合一""尊道而行"的东方思维的角度来考察,不难体会出这里所说的"为政之道"只是"人道"之一,进一步也是"宇宙大道"的表现罢了。那么,我们就能完整地理解和把握孙子所说之"道"的深刻内涵,更好地理解为什么把"道"作为"五事"之首的原因了。《孙子兵法》中其他的概念如"全""善""形""势""奇""知"等都是如此。

第二,解悟《孙子兵法》的名言警句。可以毫不夸张地说,《孙子兵法》是言简意赅字字珠玑。"知彼知己,百战不殆"在我国家喻户晓;"攻其无备,出其不意"写进了美军《作战纲要》;"其疾如风,其徐如林,侵掠如火,不动如山"被永远地留在了日本战国名将武田信玄制成的突击旗上;"主不可怒而兴师,将不可愠而致战"更曾使前德皇威廉二世潸然泪下后悔莫及。我们需要深刻理解并记忆《孙子兵法》的名言警句。

第三,解悟《孙子兵法》的重要原理。主要的有以下这些:民国著名军事理论家李浴日先生总结的"十大基本原理":先知原理、计划原理、自然原理、求己原理、全存原理、主动原理、利动原理、迅速原理、秘密原理、变化原理;孙子兵法研究专家薛国安先生归纳的"七胜原则":算胜原则、全胜原则、知胜原则、称胜原则、奇胜原则、战胜原则;台湾战略学家钮先钟先生提出的"孙子四求":求知、求先、求全、求善等等。

第四,解悟《孙子兵法》的军事思想体系。关于《孙子兵法》的军事思想体系的问题,学术界的看法历来不同。有代表性的有:

郭化若认为《孙子兵法》军事思想包括三个方面:在对战争的认识上,反映了新兴地主阶级重视战争,对战争抱慎重态度和要求有备无患的思想以及把政治列为决定战争胜负的首先因素,以"五事""七事"全面考察战争的观点。在军队问题上,主要表现在对将帅和治军两方面的论述中,即以"将帅五德"的标准以及"令文齐武"的治军要求。在作战指导上主张进攻速胜,争取主动,灵活机动等。

陶汉章在《孙子兵法概论》中追述刘伯承元帅曾将其概括为谋略、兵势、正兵和奇兵、虚和实、用兵的主动性和灵活性、用间六个方面。

吴如嵩在《孙子兵法新论》则指出包括十六个方面:安国全军的慎战论、谋深虑远的先胜论、不战而屈人之兵的全胜论、威加于敌的伐交论、纵深奔袭的突袭论、攻虚击弱的易胜论、示形动敌的致人论、因利制权的任势论、兵以诈立的诡道论、奇正相生的阵法论、用兵八法与十围五攻的常法论、令文齐武的治军论、五德兼备的将帅论、因粮于敌的后勤论、九地六形的军事地理论、刚柔皆得的战道论。

著名的孙子兵法研究专家邱复兴在《孙子兵学大典》中提出的"三胜论":未战先胜论、非战全胜论、兴军战胜论。

4. 会通

《易经》说"圣人有以见天下之动,而观其会通。"会通是对客观规律的全面认识、把握和应用。这是学习和研究《孙子兵法》的最高境界,也是最终境界。会通包括对《孙子兵法》的研究,更包括对《孙子兵法》的应用。从研究而言,它是以对《孙子兵法》的"解悟"为基础,探究军事学术能够触类旁通,发表军事见解能够出人意表,臧否人事能够入木三分,对一切带规律性的军事原则都能做到融会贯通。从军事实践而言,达到会通境界的人大多是名帅良将,诸如孙膑、韩信、李靖、岳飞、戚继光等人。他们筹划战争高瞻远瞩,指挥作战出神入化,统驭军队坚如磐石。

怎样读《孙子兵法》、用《孙子兵法》,这是一个很宏大的问题。真正读好它,要靠实践;只有有实践经验的人,才会更深地理解它。请读者注意,要根据自己所处的实际情况,去找到一种研读学习《孙子兵法》的好的途径。

第五节　学习《孙子兵法》的意义

随着对中华优秀传统文化的重视,目前很多学校都有关于《孙子兵法》的相关课程,研究分析这门课程在高校开设的意义是非常必要的,明确其价值,既有利于大学生主动学习这一本经典书籍,也有利于这类课程在高等学校旺盛的生命力,有利于发挥《孙子兵法》在高校人才培养中的作用。

一、开展《孙子兵法》教学是弘扬中华优秀传统文化的需要

习近平说:"中华民族五千年连绵不断的历史,创造了博大精深的中华文化。一个国家、一个民族的强盛,总是以文化兴盛为支撑的,中华民族伟大复兴需要以中华文化发展繁荣为条件。"在高等教育中,弘扬中华优秀传统文化,努力实现优秀传统文化的创造性转化,不断提高文化软实力,是教育者必须重视的问题,也是教育者义不容辞的责任。以《孙子兵法》为代表的兵学文化,正是中华优秀传统文化的重要组成部分,其涵盖了中国古代人文精神的精华,对塑造大学生的人文素养有积极意义。

(一)强调"道"的以人为本精神

以人为本体现在对人的重视上,尤其在军事方面。《孙子兵法》第一篇《计篇》中说:"道者,令民与上同意也。故可以与之死,可以与之生,而不畏危。"这里强调的"道"就是上下一致,众志成城的精神。国家的意志必须和普通民众的意愿统一,才能最终转化为推动力,任何事情没有人民群众的支持是行不通的。在此基础上,又提出:"上下同欲者胜"(《谋攻篇》)、"修道而保法,故能为胜败之政"(《行篇》)、"齐勇若一,政之道也"(《九地篇》),如上内容都强调了普通民众的主体力量,使大学生更易理解"历史是由人民群众创造的"的哲学观点。

更进一步,以人为本还表现为"仁爱情怀",对人民生命财产安全的高度重视上。例如"进不求名,退不避罪,唯人是保,而利合于主,国之宝也。视卒如婴儿,故可与之赴深溪;视卒如爱子,故可与之俱死。(《地形篇》)""主不可以怒而兴师,将不可以愠而致战。合于利而动,不合于利而止。(《火攻篇》)"这些都是将保护民众的生命和利益作为战争行动的最高宗旨。不仅如此,《孙子兵法》还强调保护对方的生命财产,具有朴素的人道主义精神。如《谋攻篇》指出:"凡用兵之法,全国为上,破国次之;全军为上,破军次之;全旅为上,破旅次之;全卒为上,破卒次之;全伍为上,破伍次之。"这是《孙子兵法》中非常重要的全胜思想,具有很高的军事伦理价值。学习这种"以人为本"精神,对于塑造大学生健全的人格,提高思想道德素质是非常必要的。

(二)追求"中"的自然和谐精神

"和谐"是中华优秀传统文化的重要命题,无论是儒家、道家、墨家还是兵家,都对和谐思想有深刻阐发。在《孙子兵法》中,孙子要求一个合格的将领必须把握适度,防止"过犹不及"。例如在《九变篇》中指出将领如果在五个方面做得过分,将可能导致重大失误和灾难。"将有五危:必死,可杀也;必生,可虏也;忿速,可侮也;廉洁,可辱也;爱民,可烦也。凡此五者,将之过也,用兵之灾也。"同时也指出,对待敌人也不能逼迫过度:"归师勿遏,围师必阙,穷寇勿迫"。一些学者认为这是孙子比较机械的思想,而实质上这是追求适度的做法,防止物极必反。如何把握适度,就是要有不断追求"中"的意识和能力。"故备前则后寡,备后则前寡;备左则右寡,备右则左寡;无所不备,则无所不寡。(《虚实篇》)"如果找不到中间点,则会顾此失彼。因此孙子认为,战争的最高境界,就应该像行云流水,顺其自然又变化莫测,指出:"夫兵形象水,水之形,避高而趋下;兵之形,避实而击虚。水因地而制流,兵因敌而制胜。(《虚实篇》)"

《孙子兵法》中重视"天人合一",强调人要遵循自然界的规律,一切要自然和谐。在《计篇》中指出决定战争胜负的五大要素:"一曰道,二曰天,三曰地,四曰将,五曰法。"其中包含了"天时、地利、人和"的"天人合一"思想,而且在其后有《地形篇》《九地篇》《行军篇》,都强调发挥人的主观能动作用,强调人要充分、适合的运用自然环境,最终达到和谐统一的目的。其中的千古名句"知彼知己,百战不殆;知天知地,胜乃不穷。(《地形篇》)"也充分说明了这一点。

二、开展《孙子兵法》教学是普通高校深入进行国防教育的需要

国防教育是国家为增强公民的国防意识,提高公民的国防行为能力而进行的教育,是国防建设和国民教育的重要组成部分。中共十八届三中全会明确提出"深化国防教育改革""设立国家安全委员会,完善国家安全体制和国家安全战略,确保国家安全。"十九大报告再次强调:"我们的军队是人民军队,我们的国防是全民国防。我们要加强全民国防教育,巩固军政军民团结,为实现中国梦强军梦凝聚强大力量。"中央的部署对普通高校国防教育提出了更高的要求,在当前新形势下,加强普通高校国防教育,深入进行改革,是普通高校国防教育工作者面临的一项新课题。将《孙子兵法》教学引入普通高校课堂,既是普通高校国防教育的有益补充,又使大学生能深入理解国防相关内容的内涵,从而激发大学生为国防事业贡献力量的动力。

(一)拓展了普通高校国防教育的内容

目前,我国普通高校对大学生进行国防教育主要有三种形式,一是军事理论教学,二是集中军事训练,三是课外国防教育活动。利用这三种形式互相结合,提高国防教育效果。但是大部分普通高校集中军事训练时间短,所受客观条件限制太多,并不能很好达到国防教育效果。而课外国防教育活动几乎是空白,受众面也

小,也很难达到效果。作为第一课堂的军事理论教学,则成为普通高校国防教育的支柱,其作为普通高校大面积公共课,时间跨度长,更易于进行潜移默化的教育。

按照《普通高等学校军事课教学大纲》(2007年修订),军事理论教学涉及五大部分内容,即中国国防、国际战略、军事思想、军事高技术、信息化战争。其中军事思想明确要求介绍军事思想的形成与发展过程,由于《孙子兵法》在军事思想史上的重要性,因此在普通高校军事课教学中,必然涉及《孙子兵法》。但是目前在普通高校,军事理论教学涉及的内容非常广泛,学时也非常紧张,将《孙子兵法》置于军事理论教学的环节势必影响到教学任务的完成。因此,专门进行《孙子兵法》教学,增加课时,系统讲解其内容,将会是军事理论课堂教学的有益补充,极大丰富普通高校国防教育的内容。

(二)使大学生树立正确的国防观念

普通高校将国防教育作为必修课,就是要使大学生认识到国防的重要性,树立正确的国防观念。《孙子兵法》开宗明义第一句话就讲:"兵者,国之大事,死生之地,存亡之道,不可不察也。"指出战争是关系到国家生死存亡的头等大事,一定要认真慎重地对待。因为"亡国不可以复存,死者不可以复生。故明君慎之,良将警之。(《火攻篇》)"任何军事家、政治家甚至普通人,他对战争首先要有一个基本态度,也就是战争观的问题。在当今和平环境中,"兵"我们可以理解为国防,国防的强大与否,关系到国家的生存和发展。对于大学生,就要树立这种国防观,树立"国家兴亡、匹夫有责"的责任感和担当意识。要认识到和平与发展虽然是时代主题,但"世界并不太平",局部冲突和热点问题此起彼伏。如当前的北约东扩、乌克兰危机、朝核问题、中东巨变都充分给大学生以警示,唯有牢记战争、重视国防,才能真正维系和平、保持发展。

孙子还认为,"故上兵伐谋,其次伐交,其次伐兵,其下攻城。是故百战百胜 非善之善者也,不战而屈人之兵,善之善者也(《谋攻篇》)"可见,《孙子兵法》尽管是一部兵书,但其指导思想是"慎战"和"不战"。要追求一种境界,即"不战而屈人之兵",这不是唯心主义的观点,而是对自身能力的充分认识。对于国家而言必须具备强大的实力;对于个人而言,必须掌握先进的知识。要做到有备无患,"无恃其不来,恃吾有以待也,无恃其不攻,恃吾有所不可攻也。(《九变篇》)"做任何事情,不能把希望寄托在别人身上,要依靠自己的不懈努力,才能够成功。同样,国防的强大也只能依赖国家自身实力的持续发展,而不能依赖别国的保护。

战争依赖经济,理解了这一点,也就理解了我国当前一切以经济建设为中心的战略,国防强大必须建立在经济强大的基础上。孙子在《作战篇》指出:"凡用兵之法,驰车千驷,革车千乘,带甲十万,千里馈粮。则内外之费,宾客之用,胶漆之材,车甲之奉,日费千金,然后十万之师举矣。"一场战争,要耗费巨大的物力财力,因此孙子提倡"兵贵胜,不贵久"的作战方针,认为"兵闻拙速,未睹巧之久也"。

三、开展《孙子兵法》教学是培养大学生战略思维能力的需要

普通高校开展国防教育,无疑会讲战略问题,例如军事战略、国家安全战略、能源战略等等。战略原本就是一个军事术语,指的是为实现一定的军事目标而对战争进行的全局性和长远性谋划。毛泽东指出:"战略问题是研究战争全局的规律性的东西。"而《孙子兵法》的特点就是"舍事而言理",是进行战略谋划的,是从战略的高度分析事物之间的相互关系,因此其不仅用于指导战争,而且用于指导处理任何事物。这样的能力,就是战略思维能力。习近平指出,"战略思维能力,就是高瞻远瞩、统揽全局,善于把握事物总体发展趋势和方向的能力。"在大学开展《孙子兵法》教学,正好为培养大学生战略思维能力提供了良好的空间和平台。按照辩证法的观点,事物是普遍联系的并且是处在不断发展变化中的。具有战略思维是一种综合能力,包括了系统思维能力和创新思维能力,这二者是浑然一体,无法割裂的。

(一)培养大学生的系统思维能力

系统思维简单来说就是对事情全面思考,不只就事论事,也可称为整体观、全局观。事物是错综复杂的,并且相互联系,必须全面考虑。在《孙子兵法》中,如何处理对待"战争"这个复杂事物,提出了考察战争胜负的"七计",即"主孰有道?将孰有能?天地孰得?法令孰行?兵众孰强?士卒孰练?赏罚孰明?吾以此知胜负矣。(《计篇》)"这里涉及了政治、经济、气象、制度、管理等各个方面,根据这些情况进行综合分析,就可判断胜负。"不可胜在己,可胜在敌……故能自保而全胜也。(《行篇》)"不被敌人战胜的主动权在自己,可以战胜敌人则在于敌人有疏漏。我们只能做到先把自己的事情做好,有付出才会有收获,才有机会成功。因此在战争之前一定要认真筹划,"夫未战而庙算胜者,得算多也;未战而庙算不胜者,得算少也。多算胜,少算不胜,而况于无算乎?(《计篇》)"大学生在学习生活中,可以借鉴这种系统思维,及早对未来进行科学谋划。分析"未来社会是什么发展趋势?需要什么样的人才?要具备什么能力?",在走上社会之前,已经具备了这些素质,才能在未来复杂竞争的环境中立足,取得成绩。正如古语所说:"不谋万世者不足以谋一时,不谋全局者不足以谋一域。"

在进行全局考虑的同时,还要重视局部,处理好全局与局部的关系,考察复杂事物的各个方面,透过现象看到本质,这也是一种系统思维能力。《孙子兵法》很好处理了全局与局部的关系,例如如何分析判断敌情,孙子在《行军篇》提出了"相敌三十二法",既根据自然环境的特征、变化来判断,又根据敌方表现出的细微特点来判断。这种观点也要求大学生时刻把握住当今信息时代发展变化的特点,接受新生事物,用发展的观点研究问题。同时,局部之间又是相互联系的、对立统一的,也要用辩证的观点进行分析。《孙子兵法》中充满了原始的辩证法观点,提出了85个对立统一的概念,如"敌我、攻守、胜负、迂直、强弱、勇怯、治乱、奇正、虚实、分合、专

分、久速、利害、上下、死生、轻重、开阖"等。这种辩证思考问题的方法,对大学生系统思维能力的培养无疑有重要借鉴作用。

(二)培养大学生的创新思维能力

人类发展进步的历史,就是一个不断创新和创造的历史,没有创新就没有人类的进步和未来。创新思维就是突破思维定式,在把握事物发展客观规律的基础上实现变革和创新。在目前普通高校的人才培养中,始终把培养具有创新思维的大学生作为重要任务。创新思维包括逆向思维、扩散思维、立体思维等。《孙子兵法》强调在战场上"虚实结合""出奇制胜""善于变化"就是打破常规的创新思维。

孙子在《虚实篇》提出要"出其所不趋,趋其所不意",就是逆向思维。即避开敌人强大的地方,寻找敌人薄弱的环节。古往今来许多战争的胜负,都反复证明"虚而实之,实而虚之"这种逆向思维的重要性。在《势篇》指出:"凡战者,以正合,以奇胜……。战势不过奇正,奇正之变,不可胜穷也。奇正相生,如循环之无端。"在这里追求"奇"就是思维的独特性和新颖性,就要做敌方意想不到的事情。"奇"和"正"是相互转化的,当所做的事情对方认识到了的时候,这就是"正",当对方认识不到的时候,这就是"奇"。这会给我们思维上的一种启示,就是当遇到困难的时候,不能用常规的思维方式,一定要敢于另辟蹊径,敢于尝试新的办法,创造性地完成任务,这就是扩散思维。"奇"和"正"的变化是无穷无尽的,也说明了一个人的创造能力是无限的,只要你善于学习、善于分析,一定会有创造性成果的。在《九变篇》中,孙子提出"故将通于九变之利者,知用兵矣;将不通九变之利,虽知地形,不能得地之利矣;治兵不知九变之术,虽知五利,不能得人之用矣。"在这里强调灵活多变的创新战法,不能因循守旧,要根据复杂多变的战场形势调整思路和方法,这就是立体思维。这要求大学生要不断适应时代的变化,勇于改变,才能有所突破。

在当今激烈竞争的世界中,各个国家都在寻找机遇,不断发展,而如何取得领先,最重要的就是"创新",只有创新,科技才能发展、经济才能腾飞。青年大学生吸收《孙子兵法》的创新思想,具备创新思维,投身于各行各业,这将是一个国家发展的重要驱动力。

四、开展《孙子兵法》教学是提高大学生综合素质的需要

信息化时代的飞速发展对人才提出了很高要求,当前在普通高校,都将培养综合素质高的人才作为一个重要任务。而综合素质是指一个人的知识水平、道德修养以及各种能力等方面的综合素养。《孙子兵法》中的人才观,对普通高校培养高素质人才提供了重要借鉴。

(一)《孙子兵法》的人才观

首先,明确了人才的重要性。孙子指出将帅是决定战争胜负的重要因素之一,在《作战篇》提出"知兵之将,生民之司命,国家安危之主也。"虽然这有些过分夸大

个人作用之嫌,但也能充分说明人才对于国家的重要性。当前世界各国重视教育,将培养高素质人才作为一项战略任务,也充分说明人才的重要性。

其次,对于什么是高素质人才进行分析。孙子在《计篇》指出:"将者,智、信、仁、勇、严也。"一个合格的将领,必须具备"才智、诚信、仁爱、勇敢、严明"等五个方面的基本素质。大学生在学习生活中,不能只重视某一方面而偏废其他方面,要全面发展才能满足未来社会的需要。甚至目前在一些重要企业招聘人才的时候,也借鉴孙子的"人才五要素"观点。

(二)对大学生综合素质的影响

如前所述,通过《孙子兵法》学习,可提高大学生战略思维能力,除此之外,还可培养其他方面的能力。首先,可培养大学生正确面对困难的能力。《九变篇》指出:"是故智者之虑,必杂于利害。杂于利而务可信也;杂于害而患可解也。"指的是考虑问题要兼顾"利、害"两个方面,当处于有利的时候,要想到危害;当处于危险的时候,要想到有利的方面。人的一生非常漫长,必然会遇到各种各样的困难。遇到困难不可怕,可怕的是丧失战胜困难的信心。牢记孙子的"利害"观,会使大学生在逆境中不断探索,寻找必然存在的光明。这与中国古老的哲学思想"福兮祸所伏,祸兮福所倚""塞翁失马,焉知非福"等是一脉相承的。

其次,可培养大学生过硬的心理素质。《孙子兵法》对心理因素影响战争也做了重要分析,例如在《军争篇》指出:"故三军可夺气,将军可夺心。是故朝气锐,昼气惰,暮气归。"战场上,可以打击敌人军队的心理,动摇敌人将领的决心,要努力保证自己的士气,也就是在心理上要处于优势。对于大学生而言,就要塑造良好的个人修养,"胜不骄,败不馁",要克服各种急躁情绪,认真冷静地处理各种事情,绝不因为一时的冲动而有鲁莽之举,做到"泰山崩于前而不变色"。

第三,可培养大学生的主动意识。在《虚实篇》中,孙子提出"致人而不致于人"的重要观点,也就是调动敌人而不被敌人调动的思想,始终把握战场上的主动权。"昔之善战者,先为不可胜,以待敌之可胜。不可胜在己,可胜在敌。(《行篇》)"先要主动创造自己不被敌人打败的基础,再寻找机会取得成功。世界复杂多变,只有你主动应对、主动思考才可能成功,而不能被动应付、随波逐流。

思考题

1. 孙武的一生经历了哪几个阶段?
2. 《孙子兵法》的产生有什么历史背景?
3. 如何学习《孙子兵法》?
4. 学习《孙子兵法》有什么重要意义?

第三章 《孙子兵法》十三篇读解

《孙子》十三篇"计、作战、谋攻、形、势、虚实、军争、九变、行军、地形、九地、火攻、用间"既彼此独立,又前后照应,全书结构严谨,浑然一体,构建了中国乃至世界历史上第一个精美恢宏的兵学体系。尽管人们对这一体系的认识和理解千差万别,但对其本身的存在则殊无二致。事实上,古人很早便认识到了《孙子》十三篇之间的相互联系和该书兵学体系的存在。

日本江户时代的著名学者山鹿素行在《孙子谚义》一书中写道:"愚谓,《始计》之一篇者,兵法之大纲大要也。《作战》《谋攻》者次之,兵争在战与攻也,战攻相通,以形制虚实,是所以《军形》《兵势》《虚实》并次,此三篇本在知己。治己而后可军争,军争有变有行,故《军争》《九变》《行军》次之,是料敌知彼也。知己知彼而可知天知地,故《地形》《九地》《火攻》次之,《地形》《九地》者地也,《火攻》因时日者天也。自《始计》迄修功未尝不先知,是所以序《用间》于篇末,三军所恃而动也。然乃《始计》《用间》二篇,知己知彼知地知天之纲领。军旅之事,件件不可外之。《作战》《谋攻》可通读,《形》《势》《虚实》一串也。《争》《变》《行军》一串也,《地形》《九地》一意也,《火攻》一意。《始计》《用间》在首尾,通篇自有率然之势。文章之奇,不求自有无穷之妙,读者不可忽。"山鹿素行生活的年代,相当于我国历史上明末清初之际,他从知彼、知己、知天、知地的角度来概括《孙子》十三篇的全部内容,虽难免失之偏颇,但他毕竟对孙子兵学体系的研究做了有益的尝试,并为我们相对较形象地描述了各篇的大意和相对之间的关系。

第一节 计 篇

一、题解

《孙子兵法》十三篇,以"计"为首篇,足见"计"的重要性,具有统帅本篇和提挈全书的作用。文中谈到"庙算",所谓"庙算"是古代兴师作战前,首先要在庙堂里举行会议。一方面用筹码来盘算敌我双方胜负条件的数据,另一方面要谋划作战大计。此外,本篇阐述了"能而示之不能"等十二条诡道,它也是《计篇》内容的重要组成部分,如果说庙算属于内谋于庙堂之上,那么,后者则是外谋于战场。综上所述,从宏观来看"计"字,释为"盘算、谋划"比较切合实际。本篇主要论述研究和谋划战争的重要性,阐述了决定战争胜负的基本条件,提出了"攻其无备,出其不意"等军事名言。

二、原文·注释·译文

【原文】

孙子曰:兵①者,国之大事,死生之地,存亡之道,不可不察②也。

【注释】

①兵:兵器、兵士、战法、军事、战争等。此处指战争。
②察:考察、研究。

【译文】

孙子说:战争是国家的头等大事,它关系到军民的生死和国家的存亡,为此,我们必须严肃对待,认真考察。

【原文】

故经之以五事①,校之以计而索其情②:一曰道,二曰天,三曰地,四曰将,五曰法。道者,令民与上同意③也,故可以与之死,可以与之生,而不畏危④。天者,阴阳、寒暑、时制也⑤。地者,远近、险易、广狭、死生⑥也。将者,智、信、仁、勇、严⑦也。法者,曲制、官道、主用⑧也。凡此五者,将莫不闻⑨,知⑩之者胜,不知者不胜。故校之以计而索其情。曰:主孰有道?将孰有能?天地孰得?法令孰行?兵众孰强?士卒孰练?赏罚孰明?吾以此知胜负矣。

【注释】

①经之以五事:经,量度、衡量的意思。意谓要从五个方面分析研究战争胜负的可能性。

②校之以计而索其情:校,通"较",比较。计,指"主孰有道"等"七计"。此句意谓比较分析敌我双方各种条件,从中探求战争胜负的情况。

③令民与上同意:使民众与国君意志统一。

④不畏危:不畏惧危险。银雀山汉墓竹简《孙子兵法》(以下简称汉简本)此句为:"民弗诡也。"

⑤阴阳、寒暑、时制也:阴阳,指昼夜、晴晦等天时气象的变化。寒暑,指寒冷、炎热等气温的差异。时制,指四季时令的更替。

⑥远近、险易、广狭、死生:指路程的远近、地势的险厄或平坦、作战地域的宽广或狭窄、地形是否利于攻守进退。汉简本中,此句为:"地者,高下、广狭、远近、险易、死生也。"多"高下"二字。

⑦智、信、仁、勇、严:指将帅的足智多谋、赏罚有信、爱抚士卒、勇敢果断、军纪严明等基本素质。

⑧曲制、官道、主用:曲制,指军队的组织编制等方面的制度。曹操注:"曲制者,部曲、旌旗、金鼓之制也。"官道,指各级将吏的管理制度。主用,指各类军需物

资的后勤保障制度。

⑨闻：知道，了解。

⑩知：指深切了解之意。

【译文】

如何进行考察呢？要以决定战争胜负的五个基本要素为经（轴心），配以由五事引申出来的七个方面情况（七计）为纬，对敌我双方进行比较，做出估量，从中探索出战争胜负的趋势。五个基本要素：一是人和，二是天时，三是地利，四是将领，五是法制。所谓"人和"，指上下同欲，君民一心，一旦战争爆发，民众就会听从国君的命令，赶赴战场，为国家和君王出生入死，奋勇杀敌。所谓"天时"，指阴晴圆缺，酷暑严寒，节气时令。所谓"地利"，指高山低谷，远途近路，险势易域，地广道狭，军事上的生地、死地。所谓"将领"，指将帅的才智、信念、仁爱、勇武、威严。所谓"法制"，指组织体系的编成、指挥系统与将吏职责的规定和军需供应的管理。作为领兵的将帅对以上五个基本要素都要了如指掌，做到心中有数。因为只有深刻地了解并掌握了它，才能驾驭战争打胜仗；反之，如果不了解不掌握，就会吃败仗。所以，不仅要懂得"五事"，还要根据由"五事"延伸出来的"七计"进一步加以具体分析比较，从而探求战争的胜负。"七计"说的是：哪一方的人和、政治贤明？哪一方的将领才能过人？哪一方占有天时地利？哪一方的法令严格执行，军令如山？哪一方的军队装备精良？哪一方的士兵训练有素？哪一方赏罚分明，令行禁止？然后依据对这些情况的分析对比，就完全能够判明谁胜谁负了。

【原文】

将听吾计①，用之必胜，留之；将不听吾计，用之必败，去之。

【注释】

①将听吾计：一说，"将"作为"听"的助动词解，意为：如果能听从我的计谋；另一说，"将"作一般的将领解释，意为将领们能听从我的计谋。

【译文】

如果将帅听从我的计谋，并能运用它指挥作战，那就必定能取得胜利，所以这样的将帅就一定要留在指挥岗位上，委以重任；如果将帅不听从我的计谋，而按他自己的意图去指挥作战，那就一定失败，所以这样的将帅就让他离开指挥岗位，绝不能留任他。

【原文】

计利以听①，乃为之势，以佐其外。势者，因利而制权②也。

【注释】

①计利以听：以，通"已"。听，听从，采纳。此句意为：计算、分析利害得失的意见已被采纳。

②因利而制权：权，权变、灵活处置之意。意谓根据是否有利而采取适当的对策。

【译文】

如果利害得失估量准确,有利的意见已被采纳,同时又尽力造成实施有利的战争决策态势,那就给顺利作战提供了外在的辅助条件。所谓"势",就是根据利害得失所采取的相应措施。

【原文】

兵者,诡道也①。故能而示之不能②,用而示之不用,近而示之远,远而示之近;利而诱之,乱而取之③,实而备之,强而避之,怒而挠之④,卑而骄之⑤,佚而劳之⑥,亲而离之,攻其无备,出其不意。此兵家之胜⑦,不可先传也⑧。

【注释】

①兵者,诡道也:用兵打仗是一种诡诈行为。诡:诡诈、谲变。曹操注:"兵无常形,以诡诈为道。"

②能而示之不能:示,示形,伪装。意为:能战却装作不能战的样子。此句至"亲而离之"等十二条作战原则,即著名的"诡道十二式"。

③乱而取之:对处于混乱状态的敌人,要乘机攻取它。

④怒而挠之:挠,挑逗。对于易怒的敌人,要设法挑逗激怒他。

⑤卑而骄之:卑,小、怯。敌人谦卑谨慎就要设法骄纵他。

⑥佚而劳之:佚,通"逸"。敌人休整充分就要设法劳累他。

⑦胜:奥妙。

⑧不可先传:不可事先传授,必须根据具体情况灵活处置。

【译文】

指挥作战,实际上是一种欺诈而奇异的行为,它真真假假,虚虚实实,尽量做到迷惑敌人,而不被敌人所迷惑,因此,我们可以说,诡诈是用兵打仗的一项基本原则。例如,本来能打却伪装成不能打;本来要用兵却伪装成不用兵;本来要从近处攻击,却伪装成向远处进攻;本来要从远处袭击,却伪装成向近处进攻。如果敌人贪利,那就用利去引诱它;如果敌营混乱,那就要乘机攻破它;如果敌人力量充实,就要加倍防范它;如果敌人兵力强大,那就设法避开它;如果敌人的将领易于发怒,那就想方设法挑逗他,使他激怒而失去理智,轻举妄动;如果敌人鄙视我方,就要设法使敌人更加骄横,然后寻机打击它;如果敌人休整得充分,那就要设法使敌人疲惫;如果敌人内部团结和睦,那就要设法离间它。总之,千方百计,设法寻找或抓住战机,要在敌人毫无准备的状态下实施攻击,要在敌人意想不到的情况下采取果断行动。这些都是指挥作战的诡道之术,也是军事家取胜的奥秘所在。但是,这些都不是事先加以主观规定并照传照搬的,因为它们总是根据战争中敌我双方的具体情况随机而变的。

【原文】

夫未战而庙算①胜者,得算多②也;未战而庙算不胜者,得算少也。多算胜,少算不胜,而况于无算乎!吾以此观之,胜负见矣。

【注释】

①庙算:古时候兴师作战,要在庙堂上谋划商议,分析利害得失,制定作战方略,此谓"庙算"。

②得多算:指取胜的条件充分。算,计数用的筹码,此处引申为胜利条件。

【译文】

在拉开战争序幕之前,就已"庙算"(古时,战前君主在宗庙里举行仪式,商讨作战计划)周密,充分估量了有利和不利条件,开战之后就往往取得胜利;在拉开战争序幕之前,没能周密"庙算",很少分析有利和不利条件,开战之后就往往很少取得胜利,更何况开战前既无"庙算",又未分析取胜的有利和不利条件呢!根据以上的决定胜负的"五事""七计"分析,作战指挥的"诡道",原则的运用,战前的"庙算"多少,结合敌我双方的实际进行考察,谁胜谁负就显现出来,不言自明了。

三、应用

(一)军事上的应用

将计就计——草船借箭

公元208年7月,曹操率军八十万攻打东吴,东吴的孙权与刘备为抗曹军结成联盟。诸葛亮出使东吴时,周瑜由于不服诸葛亮超人的才华,故设计以除诸葛亮,即所谓的请诸葛亮营造十万支箭。神机妙算的诸葛亮当即立下军令状,并允诺三日后定会如数缴箭,周瑜甚为高兴。但是奇怪的是,立军令状后接连两天,诸葛亮始终按兵不动。直至第三天,诸葛亮借大雾天气,将装满草人的二十只船划向北岸并一字排开,又下令士兵擂鼓呐喊。曹军草木皆兵,纷纷射箭,真是"踏破铁鞋无觅处,得来全不费工夫"。十万支箭轻而易举获得,这即为历史上有名的"草船借箭",就这样

草船借箭

一方面诸葛亮神机妙算实现了诺言,另一方面又使周瑜大为佩服、自叹不如。由此,算能巧取妙胜,不算却只能任意而去。

"五事七计"——淝水之战

公元383年的秦晋淝水之战,是偏安江南东晋政权同北方氐族贵族前秦政权之间进行的一次事关两国命运的大决战。它是我国历史上以弱胜强的一个著名战例,胜方将领使用了《计篇》中的很多谋略,用事实验证了孙子兵法的真理所在。

公元316年,西晋王朝经过了"八王之乱",元气大伤,最后在北方游牧民族的

进攻下,西晋王朝灭亡了。中国历史进入一个长达几百年的大分裂、大混战时期。南方,西晋琅琊王司马睿于公元317年在建康(今江苏南京)称帝,建立了东晋王朝,领土包括有现在汉水、淮河以南大部分地区。北方,匈奴、鲜卑、羌、氐、羯等少数民族也先后称王称帝,互相征战不休,使北方陷入了割据混战状态。

后来,占据陕西关中一带的氐族贵族,以长安为都城建立了历史上的前秦政权。公元357年,苻坚即帝位,非常重用汉族知识分子,他大胆使用汉族知识分子王猛管理朝政,改革政治,发展经济,鼓励文化教育,取得了显著的效果。从而使前秦国力大增,逐渐强大起来。

国力强大之后,前秦政权不断对外用兵,先后灭掉前燕、代、前凉等割据小国,逐渐统一了北方。这使苻坚的野心迅速膨胀起来,妄图灭掉东晋,统一全国。公元373年,前秦军队夺取了东晋的梁(今陕西南部、四川北部的部分地区)、益(今四川的大部分地区)两州,前秦就控制了长江、汉水上游。对东晋极为不利。随后前秦又先后攻占了襄阳、彭城两座重镇,曾一度派军南下,攻占东晋好几个城市。前秦与东晋之间矛盾很是尖锐,一场大战在所难免。

苻坚从与东晋的战争中,尝到了甜头。也错误地以为东晋不堪一击。再加上他急于想吞并南方,统一南北。于是,就积极筹划出兵事宜。公元382年4月,苻坚发布诏令,任命苻融为征南大将军,全面筹划征南事宜。这年8月,又任命裴元略为巴西、梓潼二郡太守,督造战船,训练水兵,准备用水师从巴蜀顺流东下同主力部队会攻建康。10月,苻坚认为灭晋的时机已经成熟了,加上认为自己准备已经很充足了,于是,决定准备统兵九十万大南下灭晋。

但是,前秦内部在对是否应当攻打东晋的问题上意见很不一致。对灭晋的决策议论纷纷,苻坚在太极殿把群臣召集起来,一块商议灭晋事宜。苻坚趾高气扬地对群臣说:"现在我们已经平定了北方,只有江南的东晋还没有平定。我们有大军九十七万,绝对可以一举荡平江南,灭了东晋。朕将御驾亲征。"朝臣中只有少数大臣附和苻坚的意见。秘书监朱肜迎合苻坚说:"陛下亲自率大军,更何况我们准备充分,灭晋的时机已经成熟,东晋实力弱小,连吃败仗,跟我们相比,就如同鸡蛋比石头,必败无疑。现在出兵时机刚刚好。"冠军将军鲜卑族贵族慕容垂怀着个人目的,也大力支持苻坚的主张。但前秦多数大臣都反对出兵,尚书左仆射权翼谈了看法,他认为东晋虽然弱小,但"君臣辑睦,内外同心",现在进攻未必能达到目的。太子左卫率石越反对出兵,他认为东晋据有长江天险,百姓又很拥戴,此时进攻很难取胜。这些大臣们主张现在先不要忙着进攻东晋,待东晋内部出现混乱时,再派兵进攻。可苻坚根本听不进去,狂妄地说:"我有百万大军,把马鞭扔进长江,就可以把水流阻断。东晋的长江天险又算得了什么?"

苻坚看自己的主张得不到朝中大部分大臣的拥护,退朝后就找来自己的弟弟阳平公苻融商议。苻融也不赞成现在出兵,他认为现在伐晋有三大困难:己方人心不齐；而东晋内部团结；秦连年打仗，士卒疲惫，人民厌战。他劝说苻坚放弃灭晋的计划。苻融同时清醒地指出，前秦表面看来很强盛，但背后存在着尖锐的民族矛盾。他不无道理地向苻坚指出："现在的鲜卑、羌、羯等族人民，对我们氐族有灭国亡族之深仇大恨。他们现在就遍布在京郊地区。大军南下之后，国内兵力空虚，一旦在国家腹地发生叛乱，后悔就来不及了。"为了进一步说服苻坚，苻融还抬出了苻坚最信任的已故丞相王猛反对攻晋的临终遗言。但是，苻坚仍然固执己见地认为：灭晋是以强击弱，就如"疾风之扫秋叶"，绝对可以一战而下。

朝中大臣看苻坚意志坚决，为了劝阻他伐晋，采取了很多努力。他们抓住苻坚信佛的心理，请出著名的道安禅师来劝说。道安劝诫苻坚千万莫要攻晋，如果一定坚持攻晋，也不必御驾亲征。应当坐镇洛阳，居中调度，双管齐下，争取最后胜利。甚至苻坚的爱妃张夫人和太子宏、幼子诜也跑来劝阻，可是苻坚已经下了灭晋的决心，什么意见也听不进去。决定一意孤行，发兵灭晋。

公元383年7月，苻坚下达命令，征发国内各民族壮丁从军出征，并狂妄地宣称："等我们获胜了，可以任用抓来的司马昌明（晋孝武帝的号）做我们的尚书左仆射，谢安做我们的吏部尚书，桓冲做我们的侍中。我们取胜之日指日可待，现在我们就可以动工了为他们建造官邸了。"8月，苻坚亲自率领步兵六十多万、骑兵二十多万、羽林郎（禁卫军）三万，约九十万大军南下伐晋。东晋朝野震动，在前秦大军压境的紧急关头，决定奋起抵抗。于是，他们采取措施缓和内部矛盾，积极部署兵力，制定出正确的战略方针，以抵抗前秦军队的进犯。

晋武帝司马曜任命桓冲为江州（今湖北东部和江西西部）刺史，防守长江中游，阻止秦军从由襄阳南下侵犯。任命谢石为征讨大都督，谢玄为前锋都督，率领战斗力较强的"北府兵"八万人沿淮河西上，遏制秦军主力。又派遣胡彬率领水军五千人增援战略要地寿阳（今安徽寿县），决意要与秦军决一死战。

同年10月8日，苻融率领前锋部队攻占了寿阳，活捉了东晋平虏将军徐元喜等人。秦军慕容垂部也攻占了郧城（今湖北安陆市境）。晋军将领胡彬半路上得知寿阳失守后，便退守在硖石（今安徽凤台县西南）。苻融便率军去攻打硖石。苻融的部将梁成率军五万进攻洛涧（今安徽怀远县境内），并在洛口设置木栅，阻断淮河交通，企图遏制从东面赶来增援的晋军。胡彬被围困在硖石，粮草消耗殆尽，危在旦夕，赶忙写信向谢石请援，不想这封信却被秦军截获。苻融得知后迅速向苻坚报告了晋国兵力单薄、粮草缺乏情况，提议快速进兵，防止晋军逃跑。苻坚得到这个消息，非常高兴，决定把大部队先留在坎城，自己则亲率八千骑兵火速赶往寿阳。

苻坚赶到寿阳安下了营寨，立即把原东晋降将朱序叫来，让他到晋军中劝降。朱序到了晋军军营后，不仅没有劝降晋军，相反却向晋军将领谢石等人透露了秦军虚实，同时又向谢石等人提议要乘秦军诸路军队还没有集结起来，要抓住这个时机主动出击，不然等秦军百万大军集结起来就很难战胜了。他分析说，我们只要能够击败秦军的前锋,使他锐气受挫,我们就能瓦解他们。谢石刚开始对百万秦军心存畏惧,本计划采用坚守不战的策略来挫败秦军的锐气,但当他听了朱序的建议之后,便马上更改了作战计划,采取主动出击,掌握战争的主动权。

11月,东晋军前锋都督谢玄派北府兵猛将刘牢之亲率强兵五千人迅速赶往洛涧,迎击秦军将领梁成部。刘牢之派军迂回到秦军背后,断了秦军的后路;自己率兵强渡洛水,迎面猛击梁成的部队。前后夹击,秦军大败,争向度过淮水逃命,五万大军很快就土崩瓦解了,一万五千多人丧生,主将梁成被杀。秦扬州刺史王显等人被晋军活捉,获得了大批辎重、粮草。洛涧之战的胜利,极大鼓舞了晋军战斗意志。谢石率领诸军,水陆齐头并进,开始全线反攻。秦军士气低落。站在寿阳城上苻坚看到晋军勇猛顽强,攻势强劲,误以为晋军部队人数极多,甚至把淝水东面八公山上的草木都误认为是晋兵,苻坚也开始害怕起来。

洛涧战役失败后,秦军不敢贸然进兵,于是就沿着淝水西岸布置部队,想阻止晋军的进攻。谢玄看到秦军这样布置部队,就想出一个激将法,他安排使者对苻融说:"大将军亲自统兵深入我国腹地,但是您却沿着淝水排兵布阵,看来您是想和我们打持久战,并不是想速战速决。我有个建议,您可以让秦军往后撤点儿,为我们腾一点地方,让我们度过淝水,两军痛痛快快地打一场,决个胜负,这岂不更好吗?"秦军众位将领听后纷纷表示表示:"我们有这么多兵,他们兵少,要不然我们把渡口堵住,让他们难以上岸,这么一来我们就可以保证绝对安全。"苻融不同意这种观点,他说:"不然,我们可以后退,让他们渡河,但是不让他们全部渡过来,当他们只渡一般时,我们可以派我们的骑兵冲杀过去,一定可以把他们消灭掉。"于是,苻融就同意了谢玄的提议,命令部队往后撤退。

因为初战失利,秦军士气低落,这时贸然的撤退导致军心混乱。东晋军队趁机抢渡淝水,对秦军展开猛烈攻击。与此同时,东晋降将朱序在秦军阵后大声喊道:"秦军被打败了!秦军被打败了!"秦军后续部队听到后,也不明真相,误以为己方战败了,于是争相逃命。秦军阵势大乱,苻融见状,很是紧张,他本想好好整顿退却士兵,却无法制止,连自己的战马也被乱军冲倒在地,苻融被绊倒在地上,来不及逃跑,被后面追上来的晋军杀死了。秦军全线溃退,将士们四散逃命,完全丧失了战斗力。东晋大将谢玄指挥晋军趁机展开猛烈攻击,一直杀到青冈(在寿阳附近)。秦军人马乱作一团,互相践踏,尸横遍野,大部分被歼灭,连总高统帅苻坚也被乱箭射伤,单身匹马逃回洛阳。

淝水之战以东晋方面的胜利告终,使东晋王朝暂时得以摆脱亡国的危险,政权也得以维系,也遏制住了北方少数民族的南下侵扰,为江南地区经济社会的稳定奠定了基础。另外,淝水之战,也大大削弱了前秦的国力,前秦的失败也使北方再次进入混战时期,慕容垂、姚苌等少数民族的势力得以从前秦政权的压制下解脱出来,举起反抗前秦的大旗,也从根本上瓦解了前秦的统治,苻坚本人也在北方的变乱中被乱军杀死。

我们从这个战例中可以看出，苻坚的失败和东晋的胜利并不是偶然的。从《计篇》上讲，苻坚不按"五事""七计"的原则行事，凭主观意愿行事，终遭兵败身死的下场。东晋方面君臣民上下一心，天时、地利、人和样样占全，完全合乎《孙子兵法·计篇》的要求，获得胜利是必然的。

(二) 政治上的应用

萨达姆激起千层浪

和平与发展是当今世界的主题，而萨达姆却敢冒天下之大不韪。为了实现其狂大的政治野心，发动了对伊朗战争，在伤亡一百五十万人，耗资巨大却仍一无所获的情况下，仍于1990年8月2日凌晨2时发动了科威特战争。这一举动遭到世界各国的反对，美国、西德、日本、捷克、罗马尼亚乃至其盟友苏联纷纷谴责这一行为。与此同时，美、英、法、意、荷等二十多个国家组成联合部队大举反攻伊位克。但是直至1991年9月17日，战争的号角才吹响，海湾战争粉碎了萨达姆的美梦，迫使其不得不撤出科威特，和平再次归来。萨达姆仍未清醒，直至被美国在2003年发动的对伊拉克战争推翻。萨达姆所激起的千层风波终于有所平静。但是留给世人的教训却是极为深刻的。

萨达姆(1937—2006)

"出其不意"——楚庄王一鸣惊人

公元前613年楚庄王即位。此时楚国形势十分危险，外有强敌借庄王刚即位试图进攻楚国，内有权臣妄图篡夺他的国君之位。

宿敌晋国见楚庄王刚即位，楚国又忙于办老王的丧事，晋国趁机又重新召集诸侯会盟，订立新的盟约，将楚国曾经的友好国家陈、郑拉拢到自己的势力范围之下。晋楚矛盾一下子尖锐起来。楚国大臣们全被激怒了，决定要与晋国决战。楚国内部，当时的楚国令尹斗越椒野心勃勃，积极扩充实力，在楚庄王身边派了大量眼线，想要篡位。

可是此时的楚庄王从表面看来，好像什么事情都没有似的。在即位的近三年里，整天游猎，沉迷于酒色之中，一点也不过问政事。甚至在宫门口竖起块大牌，上面写着："进谏者，杀毋赦！"朝中的一些忠政大臣实在看不下去了，于是大夫伍举去进谏楚王。伍举见到楚庄王时，楚庄王手里正拿着酒杯，口中大嚼鹿肉，喝得醉醺醺的，聚精会神地看歌舞。看到伍举，就漫不经心地问道："大夫来此，是想喝酒呢，还是要看歌舞？"伍举心里很痛心，但仍语带双关地问道："现在有人让我猜个谜语，可我猜不出，特来请教您。"楚庄王一边喝酒，一边问："什么谜语，这么难猜？你给我说说。"伍举说:"谜语是'楚京有大鸟,栖上在朝堂,历时三年整,不鸣亦不翔。令人好难解,到底为哪桩?'请您猜猜看,这到底是只什么鸟?"

楚庄王听后,心里明白伍举话意,就微笑着说:"我猜到了。它一定是只非凡的鸟。这只鸟,三年不飞,一飞冲天;三年不鸣,一鸣惊人。你就等瞧吧。"伍举明白了楚庄王的意思,知道庄王胸有大志,只是待机而动。但此后的几个月,楚庄王仍然我行我素,照旧游猎,沉溺于酒色中。大夫苏从实在看不下去了,就去王宫觐见楚庄王。一见到楚庄王,他就大哭起来。庄王问他:"先生,你为何这么伤心呀!"苏从回答道:"我为自己就快要死了而伤心,更为国家即将灭亡而伤心。"

楚庄王很吃惊地问:"你说的什么话,你活得好好的,怎么会死,难道有人害你?楚国也不是好好的,怎么会灭亡?"苏从说:"我今天来劝谏你,按您的规定,您一定会杀了我。您整天沉溺于游猎、声色之中,不理朝政,楚国灭亡是早晚的事。"楚庄王听后勃然大怒,就斥责苏从说:"你想找死吗?我早就说过,谁来进谏,我必杀死谁。你今天是自己找死。实在是傻到极点。"苏从感到很失望,难过地说:"我是很傻,可您比我更傻。假若您真的把我杀了,我死后会得到忠臣的美名。可您如果再这样下去,楚国迟早要灭亡。您成了亡国之君,是不是比我更傻?我要说的话讲完了,您要杀就杀,我无怨无悔。"

楚庄王听后,激动地对苏从说:"大夫的话,句句是忠言,我必定会照办的。"于是,庄王马上传令解散乐队,遣走了舞女,决心干出一番大事业。庄王首先改革内政,选拔人才,把伍举、苏从安排到关键的岗位上去。同时,想方设法分割令尹的权力,派了三个大臣去分担了令尹斗越椒的工作。防止他尾大不掉,犯上作乱。楚庄王励精图治,积极扩军备战,准备和晋国决战,一雪前耻。不久后,他先率军灭掉了庸国(今湖北竹山县一带),接着又战败了宋国(今河南商丘市一带),战败了陆浑(今河南嵩县北部)的戎族。

由于楚国实力强大,楚庄王野心大增,曾问"鼎之轻重",足见楚国国力之盛。正当楚庄王野心勃勃地扩充国力的时候,国内发生了斗越椒叛乱。

公元前 605 年,楚庄王打败陆浑的戎族,班师回国的路上,忽然发现前面有一队人马,拦住了去路。原来是斗越椒趁庄王不在国内,举兵反叛。他控制了都城,又派兵去拦截楚庄王,在半路上消灭楚庄王。

楚庄王面对这种情况,楚庄王考虑到自己刚打完仗,军队很疲敝。不能硬拼,只能智取。便散布消息说:"斗氏一族对国家立有大功,虽然越椒反了,可我会原谅他的,只要他不反,我不会追究的。"并派人去找斗越椒讲和。但斗越椒反心已定,不肯讲和。于是楚庄

楚庄王(?—公元前 591)

王迅速部署兵力,假装退兵。但到了晚上,却悄悄将部队埋伏于漳水东岸,另外又派一支疑兵在河岸活动,引诱斗越椒渡河,自己带着少数士兵,躲在桥的下面。第二日早上,斗越椒看见对岸的楚兵,追过河来。待明白中计时,已经迟了,因为楚庄王已经派人把桥拆毁了。斗越椒害怕极了,急忙命令士兵们渡河。可还没有下水,对岸楚兵开始放箭,斗越椒也派兵还击。在乱箭中,斗越椒被射死。随后,庄王迅速平定了叛乱。

楚庄王平定内乱后,又苦心经营了好几年,决定北上,同晋国争夺中原的霸权。公元前598年,陈国内乱,楚庄王趁机出兵攻打陈国,使陈国臣服。第二年,楚庄王亲自带兵降服了郑国。陈兵黄河岸,楚庄王的霸业得到了晋国的承认。

楚庄王即位初期的作为,只不过是他的韬晦之计,他要暗自观察,寻找突破口,一旦找到机会,就迅速行动,不给对手以还手的机会。

(三)经济上的应用

"擅察者"——汽车大王福特

福特汽车公司至今在国内外享有盛名。其创始人福特充分而正确的市场预测,为其赢得了无限的商机。从研制出999和"箭"两种新型赛车,到创办自己的福特汽车公司。福特摇身成了百万富翁。不断的进取心促使福特不断改进汽车提高其性能,首创"机械化装配系统",远销国内外。

众所周知,科学、人性的经营管理是企业生存的动力,老福特被胜利冲昏头脑,无视这一理念,致使福特汽车产品滞销。接过重任的福特二世重振旗鼓。他广罗人才深入调查研制出倍受青睐的新型汽车"野马",使福特汽车公司重振雄威,发展到今日,仍是汽车王国中的一匹黑马。

善于"庙算"的范蠡

高明的战略家和指挥官,能够"运筹帷幄之中,决胜千里之外"。其成功的关键就是庙算,即事先的谋划筹措、分析研究,从而根据具体的客观现实制定切实可行、行之有效的战略战术。在人生之中,也是如此。

被誉为清代"红顶商人"的胡雪岩曾经有一句名言:"做生意顶要紧的是眼光看得到一省,就能做一省的生意;看得到天下,就能做天下的生意;看得到外国,就能做外国的生意。"被世界各地华裔商人奉为"经营之神"的范蠡便是一位极有眼光的人,他的成功源自他的眼光。范蠡是越国大夫。

范蠡(公元前536—公元前448)

约公元前494年,越国被吴国打败,范蠡辅助越王勾践卧薪尝胆,发愤图强,最终亡吴兴越。恢复越国后,范蠡高瞻远瞩,不为诱人的官位所左右,而是认为"狡兔死,走狗烹,飞鸟尽,良弓藏,敌国破,谋臣亡"。他预见到官场上只可共患难,不能同安乐,便急流勇退,弃官而去。范蠡来到齐国,改名为鸱夷子皮,带领家人,一边在海滨垦荒、种地,养殖五畜,一边看准机会做买卖赚钱。由于范蠡聪慧敏捷,理财有方,时隔不久便积累了巨额资产。齐国国君闻其贤名,欲请他当齐国的丞相。范蠡听到这个消息后,悄然隐退,并将家中财产尽数赠给亲戚朋友。最后,范蠡来到山东定陶。范蠡认为定陶位于天下中心,交通便利,从而定居于此,自号陶朱公。因此,后人更多的只知陶朱公,而不知范蠡。范蠡的成功之处在于,他从不只顾眼前利益,就事论事,而善于用长远的眼光和谋略去指导日常活动,处处比别人棋高一招。

要想成功就必须把眼光放远。成功和失败不是一夜造成的,而是一步一步积累的结果。决定给自己制定更高的追求目标、决定掌握自我而不受制于环境、决定把眼光放远、决定采取何种行动、决定继续坚持下去,决定做得好,你便会成功,做得不好你便会失败。把你的眼光放远大些,没有哪个人是因为短视而成功的。

第二节 作战篇

一、题解

本篇虽以"作战"命名,但它不同于现代语的"作战"。《作战篇》不是论述作战的具体方法,而是论述速战速决的进攻战略及其理论。《孙子兵法》在本篇中主要论述了战争对经济基础的依赖关系,分析了战时物资、财力消耗数量的巨大以及战争对于社会生产和人民生活的破坏,从而提出了"兵贵胜,不贵久"的速胜思想和"因粮于敌"等作战原则。

二、原文·注释·译文

【原文】

孙子曰:凡用兵之法,驰车千驷①,革车千乘②,带甲③十万,千里馈粮;则内外④之费,宾客之用⑤,胶漆之材⑥,车甲之奉⑦,日费千金⑧,然后十万之师举⑨矣。

【注释】

①驰车千驷:战车千辆。驰车,指快速轻捷的战车,古代亦称"攻车""轻车"。驷,原意为一车套四匹马,此处为量词。

②革车千乘:重车千辆。革车,指专门运输粮草、军械的辎重车。乘,原意为一辆四匹马拉的车子,此处为量词,辆。

③带甲:穿戴盔甲、全副武装的士卒。

④内外:指前方、后方。

⑤宾客之用:指招待各诸侯国宾客、使节往来的花费。

⑥胶漆之材：指制作维修弓矢等军用器械的物资材料。
⑦车甲之奉：奉，保养。指武器装备的保养补充。
⑧千金：巨额钱财。
⑨举：出动

【译文】

孙子说，我们所进行的战争乃是以车战为主要作战方式，因此兴兵打仗，一般需要起用装载士卒的轻型战车千辆，运载军械的重型战车千乘，出动穿戴甲胄的兵卒十万，再加上千里运送给养，这是物力。前方和后方消耗的费用，外事交往的开支，购买供弓矢箭戟等器械所需的胶、漆材料的开销，再加上供给和保养战车、盔甲等装备的费用，每天就要耗费万两黄金，这是财力。在具有这样巨大财力和物力之后，十万大军才能启程出征。

【原文】

其用战也胜①，久则钝兵挫锐，攻城则力屈②，久暴师则国用不足③。夫钝兵挫锐、屈力殚货④，则诸侯乘其弊而起，虽有智者，不能善其后矣。故兵闻拙速，未睹巧之久也⑤。夫兵久而国利者，未之有也。故不尽知用兵之害者，则不能尽知用兵之利也。

【注释】

①用战也胜：用兵打仗宜速胜。
②力屈：力量耗尽。
③久暴师则国用不足：军队长期在外作战，就会给国家经济造成困难。
④殚货：经济枯竭。殚（dān 单），枯竭。
⑤兵闻拙速，未睹巧之久也：用兵打仗只听说指挥虽拙，但求速胜，没见过求巧而久拖的。

【译文】

带领这样需要巨大物力财力支撑的庞大军队作战，其进攻策略的立足点应是速战速决，绝不能采取旷日持久的战略，因为，时间拖长就会使军队疲惫，锐气挫伤，再加上攻城夺地，那就更加会使军力消耗殆尽。十分明显，旷日持久地在前方作战，必然使国家财力不支，物力不足。一旦前方军队疲惫，锐气大减，军力耗尽，后方财力物力枯竭，其他诸侯就会乘我方陷入重重困难之际，发起攻击。在这种严峻的态势下，即使再高明的将领，纵有回天之力，也无法妥善地处置这种灾难性的后果。所以，只听说有笨拙的速胜，而没有看到巧妙的久拖，或者说，速胜即或是笨拙的，也比久拖不决的巧妙不知要高明多少倍。因为庞大的军队在前方持久作战，能给国家带来利益的，是从来没有过的。不了解长期用兵打仗所带来的危害，也不会真正懂得兵贵速胜的好处。

【原文】

善用兵者，役不再籍①，粮不三载②；取用于国③，因④粮于敌，故军食可足也。

【注释】

①籍:登记、征集兵员。

②载:运送、运载。

③取用于国:指武器装备等从国内运取。

④因:依靠、凭籍。

【译文】

善于用兵打仗的将帅都清楚速战速决的可贵。他们在指挥作战时,从不进行第二次征集士卒,从不多次运送给养和装备,如果需要补充的话,那就在敌方那里就地解决,尤其军队需要补充的粮草更需要取于敌方,这样,我方的给养就可以得到充足补给供应。

【原文】

国之贫于师者远输,远输则百姓贫。近于师者贵卖,贵卖则百姓财竭,财竭则急于丘役①。力屈、财殚,中原②内虚于家。百姓之费,十去其七;公家之费,破车罢马③,甲胄矢弩,戟楯蔽橹④,丘牛大车⑤,十去其六。

【注释】

①丘役:赋税徭役。丘,古代地方行政单位,一般以丘为单位征收赋役。

②中原:此处指国家。

③罢:(pí 皮),同"疲"。

④戟楯蔽橹:泛指当时各种攻防兵器。戟(jǐ 几),古代戈、矛合一的武器。楯(dùn 盾),同"盾"。蔽橹(lǔ 鲁),用作攻城的大盾牌。

⑤丘牛大车:指辎重车辆。

【译文】

军队长期在前方作战必然使国家处于贫困境地,这是显而易见的道理,因为远途运输必定给百姓带来沉重负担,尤其靠近军队驻扎的地域,物价必然高涨。物价飞涨,必使百姓财物枯竭,随之而来的是国家的征赋徭役不断增加,结果军队战斗力耗损,百姓财富枯竭,这自然导致国库空虚。可见,由于拖延不决的长期作战,对于每户人家来说,百姓的财物十份就会耗去七份;对于公家来说,战车损坏,战马疲病,装备、兵器、战具、辎重车辆受到损耗,国家的资财十份就要耗去六份。

【原文】

故智将务食于敌,食敌一钟①,当吾二十钟;萁秆②一石,当吾二十石③。

【注释】

①钟:古代的容量单位,每钟六十四斗。

②萁秆:(qí 其),饲草;同"萁",豆秸。

③石:(dàn 担),重量单位,每石一百二十斤。

【译文】

所以,凡是明智的将领,在领兵作战中都谋求在敌国那里解决粮秣的补给问题,因为从敌国那里得到一钟(六十四斗)粮食,就抵得上从国内长途运送的二十钟粮食;从敌国那里得到一石(一百二十斤)草料,就等于从国内运送的二十石草料。

【原文】

故杀敌者,怒也;取敌之利者,货也。故车战得车十乘已①上,赏其先得者,而更其旌旗,车杂②而乘之,卒善而养之,是谓胜敌而益强。

【注释】

①已:同"以"。

②杂:混合、掺杂。

【译文】

只有把士卒的士气激发起来,才能保持部队的旺盛斗志,每个兵卒才会勇敢杀敌。如果想要夺取敌人的财物,那就要不吝财物奖赏士卒。如何奖赏呢?其办法是,凡在车战中首缴敌人战车十辆以上者,给予重奖,并把敌人的旗帜更换为我方旗帜,及时把它编为己方战车队列,派自己的士卒同俘虏夹杂乘坐,混合编组;同时还要对俘获的敌方士卒采取优待供养政策。这样,就可以化敌为我,从而削弱、战胜敌方,而使自己日益强大。

【原文】

故兵贵胜,不贵久。

故知兵之将,生民①之司命②,国家安危之主也。

【注释】

①生民:泛指一般民众。《孟子·公孙丑上》:"率其子弟,攻其父母,自有生民以来,未有能济者也。"

②司命:星宿名。此处借喻为命运的主宰。

【译文】

总而言之,兴兵作战必须崇尚兵贵速胜的战略,而不应采取旷日持久的消耗战法。这就是兵法中所提倡的"兵贵胜,不贵久"。

凡深谙用兵的将帅,在战争中都不采用久拖的战法,而是采取速战速决的进攻战略,这是因为他们时时牢记自己肩负的重任:掌握着民众的命运,主宰着国家的安危!

三、应用

(一)军事上的应用

波兰闪击战

时间就是金钱,效率就是生命。军事斗争中更是如此,成败往往在旦夕之间,速战速决,一方面可先发制人,占据优势,另一方面,又可以节约经费减少消耗。波兰闪击战即缘于此。

二战爆发前,英法对德毫无防备,波兰对此更是盲目乐观。只有希特勒一方面与苏签订互不侵犯合约,另一方面加紧扩军备战,1939年9月1日,向波兰发动突然袭击。如此突然,搞得波兰空军措手不及,仓促应战,不足48小时,空军就溃不成军。兵家言,兵贵神速。希特勒抓住时机,迅速向波兰挺进。在希特勒的闪电般的猛攻下,波兰的空陆两军被彻底击溃了。波兰沦陷,二战爆发。

波兰闪击战

速战速决——老山战役

1984年,中越两军在老山作战,我军在这次战争中走的就是速战速决路线,为夺取时间,占得先机,我军连夜赶路,也因为这个战略上的正确决策,我们打了漂亮的一仗,夺回了失地老山,给了越军强烈打击。正符合兵法中提到的"故兵贵胜,不贵久"。

20世纪70年代末,越南侵占了我国的老山和当者阴山,尽管当时,我国政府对越南一再正告,但越南还是无视我们的正告,依旧我行我素,他们越境构筑工事,埋设地雷,企图把整个老山、者阴山地区变成蚕食中国领土和进行军事挑衅的前沿碉堡。此后相继五年的时间里,越军大肆向我国边界的无辜百姓开炮,共计发射各种枪弹四万余发,打死打伤我国边沿军民二百三十五人。农场、村寨以及学校等都受到严重影响,有数据统计:由于越南的种种骚扰行为,致使我国边境31793亩土地难以耕种和管理,数十万亩橡胶无法收割。52所学校被迫停课。因此极大地伤害了中越两国的和平。

边疆各族人民强烈要求边防部队严惩越南侵略者,保卫祖国领土和边疆群众生命财产的安全。为此中国人民解放军边防部队不负人民之望,祖国之托,开始了收复行动。

1984年4月28日,我军正式向老山进攻。为取得胜利,战斗在多个阵地同时展开进行。35207部队向老山主峰进攻,35206部队攻击松毛岭。在对老山主峰进攻时,边防35207部队八连和五连分两路向进攻。值得一提的是,八连是"百团大战"时的"白刃格斗连"。为国家立下汗马功劳,在此次严惩越寇,收复老山的战斗中,上级把收复越军核心阵地1145号高地的艰巨任务交给了他们。

为夺得战斗先机,4月27日晚,八连就乘着夜幕,钻林攀藤,整整用了9个小时,按时爬上了坡度有40多度,高达千余米的冲击出发位置。稍一停息,已是4月28日凌晨6时10分,强大的炮火开始发射。这时,连长彭燕良命令突击排(二排)利用炮火掩护开路,首先攻占56号高地。56号高地是守敌前沿阵地,树高林密,草深坡陡,地雷密布,不能使用开辟通路的爆破器材,带领突击排的副连长李昌林和突击排长任金平毅然拨开草丛,率先开路。三排、一排紧紧尾随突击排前进。连队被敌人火力压在高地凹部,伤亡不断增加,一排见左侧上不去,又从另一侧迂回前进,炸毁1道铁丝网,排除地雷,步兵向主峰逼近,仅用了15分钟就消灭了56号高地上的敌人。全连迅速依托56号阵地向54号高地发起攻击,一举攻克56、53号高地,全歼入侵越军1个加强排,毙敌50名,摧毁27个火力点,缴获八二无后坐力炮2门、重机枪1挺、冲锋枪5支、火箭筒5具、掷弹筒1具、手榴弹200枚、各种炮弹194发,步、机枪弹万余发,还有一批文件资料。这时,作为预备队的七连像一个铁拳头打了出去,在八连炮火的掩护下,向主峰东侧阵地攻击。担任助攻的部队,也从西侧逼近主峰。至此,进攻老山主峰的战斗在九面同时打响。

攻击老山主峰是一场激烈的争夺战。敌人在主峰上构筑了无数大大小小的盖沟、短洞、暗堡和坑道,防御火力很强。但在边防部队英勇顽强的攻击道路上,没有克服不了的困难,没有不可摧毁的阵地。五连一举夺下了21号阵地,紧接着副连长张大权又指挥火力组展开队形,掩护部队乘胜向52号高地发展。火力组向52号高地猛射击,三排和一拓在排长的率领下,密切协同,顺利夺回了52号高地。至此,老山主峰的一只"大腿"已被斩断。张大权登上了52号高地仔细观察老山地形后,他命令一排从右翼穿插到位,二排从正面发起攻击,三排在52号高地转入防御。一排边打边推进至右侧约一百米处,抢占了巡逻道。当一排的十多个战士冲到主峰50号高地之间凹部时,被居高临下的敌人火力压制。一排三面受敌,前进受阻,转眼间二排长杨德明也受了伤。这时张大权指挥在正面猛突,前进不到二十米,又被敌人的炮火、手榴弹阻击,伤亡越来越大。两次受阻,三次负伤的副连长张大权的肠子被打出来了,他盘肠坚持战斗。把一、二排能战斗的二十人组织起来后,再次向敌人发起冲锋。四连的指战员也加入了他们的冲击,两个连队,一个目标,前仆后继,越战越猛。经过几个反复,终于占领了老山主峰。

在松毛岭方面,边防35206部队六连也是经过一夜的强行军,黎明前就隐蔽于接近松毛岭越军的十二个阵地前沿。在炮火的掩护下,从敌人的鼻子底下穿过密林,占领了662.6高地西侧的101号高地。二、三排是突击排,利用炮火的威力,占领了104号高地。此时,他们又分兵两路,首先抢占102高地,又向103号高地发起冲击。为赢得时间,二、三排像两把钢刀直插662.6高地。在前进中被越军设置的雷场挡住了他们前进的道路,工兵立即摆开火箭开辟器点火发射。"轰"的一声,火箭飞向雷区,但是火箭开辟器的尼龙绳被拉断了,导爆索未在雷区爆炸,开辟通路没有成功。这时我方炮火已停,部队发起冲锋的时间眨眼就到,在这紧急关头,二排长、三排长果断命令强行开辟通路。于是五、六、七班战士不顾一切,分三路向雷区划扑去。时间不允许一枚枚地排雷,共产党员、班长马保卫将冲锋枪倒背起,用身体向雷区的"飞机草"压下去,只见他猛力压下去,起来再压下去,战士们沿着他开辟的路迅速地向高地冲杀,战斗进行得十分激烈。我方八二炮、六零炮、重机枪向高地主峰猛烈扫射,紧接着战士猛打猛冲,6时30分,六连占领了松毛岭主要阵地。从炮火准备、停止到收复662.6高地,只用了9分钟的时间。六连胜利完成了战斗任务,创造了一个速战速决的战例。

在这次战役中,正是因为我军不畏艰苦,于夜间强行军,在越军神不知过不觉得情况下就穿越密林,占领高地,才会使战争顺利取得胜利。

(二)政治上的应用

邓小平"务食于敌"

邓小平被称为中国改革开放的总设计师,他是一位充分施展和运用《孙子兵法》的杰出的外交家。

1983年,美国国务卿舒尔茨访华,在邓小平会见他期间,双方就湖广铁路债券案时交换了意见。邓小平指出这一案件无非是某些人用以破坏中美关系的棋子,要求美政府停止这一行为,而舒尔茨却以美国法制度独立,政府无权过问来狡辩。邓小平据理抗争、针锋相对,抓住对方谈话中欠考虑的地方加以驳斥,从横向、纵向分析中美关系的实质,维护了我方的观点,灭他人之威风,长我方之志气,为谈判的顺利进行打下了基础。

林肯智辩得民心

林肯是美国历史上政绩十分显赫的一位总统,而同时他也是最能言善辩的一位总统,是因为他非凡的口才使他在诸多紧要关头机智应变,为他在总统选举时积累了不少人气,也使他在成为总统后获益良多。

林肯(1809—1865)

他杰出的口才得益于他担任总统前当律师的经验。他在几十年的律师生涯中,凭一腔正气和一副伶牙俐齿帮人打赢过许多官司。他的辩护在当时的司法界享有盛誉,并留下了许多佳话。这为他以后竞选议员和总统打下了很好的基础。

1847年,林肯与民主党的卡特莱特对垒,竞争国会众议院席位。卡特莱特是一个有名的旧派巡回牧师,也是一个富有能力的煽动家。他不断散布流言,说林肯只相信上帝,但不承认耶稣,不承认赎罪和报应的基督教教义。他还别有用心地举行了一次宗教集会,特邀林肯参加。在会上,卡特莱特面对台下的听众煽动说:"一切不愿下地狱的人,请站起来!"除林肯之外,所有的人都站了起来。于是,卡特莱特又以挑衅的口气说:"我看到除林肯先生之外,你们所有的人都表示不愿意下地狱。林肯先生,我要问问你,你要到哪里去呢?"林肯慢慢从座位上站起来,沉着地回答:"我认为应该以严肃的态度对待严肃的宗教问题。但我并不感到我必须像其他人一样来回答问题,卡特莱特先生问我要到哪里去,我可以坦率地回答,我要到国会去。"卡特莱特怎么也料不到林肯会这样回答他,一时间张口结舌,说不上来话,只好在一片哄笑声中灰溜溜地离开了会场。台下的民众也因此见识到林肯的才智,这让林肯在民众心中留下一个很好的形象。

1860年,林肯也是用出乎对手意料之外的话,使对手无话可说,取得总统竞选胜利的林肯是共和党总统候选人,他的对手则是民主党的大富翁道格拉斯。这个阔佬每到一个地方,都会这样丑化他的竞争对手:"我要让林肯这个乡下佬闻闻我的贵族味。"他在一列豪华列车上安上一门大炮,每到一站鸣炮30响,并伴以乐队齐鸣。而林肯不但没有专车,就是乘火车也要自己买票。在一次演讲会上他说:"是的,我没有专车,没有财产,但我有妻子和三个儿子,他们都是我的无价之宝。此外,我还有一个办公室,室内有一个大书架,书架上的书值得每人一读,我本人既穷且瘦,不会发福。我实在没有什么可依靠的,唯一可依靠的就是你们。"面对林肯这样的回答,道格拉斯黔驴技穷,无话可说。

林肯却因为这次事件大大增加了民众的支持率,最终取得竞选的胜利,当选为美国总统,林肯凭借他的智慧、口才以及平易近人的气质得到民心,取得胜利,这与孙子在战法中提到的得士兵之心则得胜利是一个道理。

(三)经济上的应用

"因势就利"——可口可乐的光辉历程

可口可乐第二任董事长罗伯特·伍德鲁夫曾经提出这样一个口号:让全世界的人都能喝上可口可乐。这样狂妄的计划如何才能实现呢?伍德鲁夫利用二战时美国出兵各地的这一大好时机让士兵们成了可口可乐的载体。同时,为了满足全世界喝可口可乐的需要,他利用当地的资源、人力优势,在当地办起了所谓的可口可乐"连锁店"。这样,可口可乐因势就利,一方面扩大了可口可乐的知名度,另一方面又节省了成本,获得了丰富的利润。同时,可口可乐公司还用此方法打开了世界市场的大门。可谓是一石三鸟,一举数得。

"以会养会"——尤伯罗斯成功筹办奥运会

"以战养战""就地取材"是古代用兵常采取的一种策略。奥运会最早之前都是赔钱的,没有国家愿意举办,然而美国的尤伯罗斯却看到了无限商机,他利用了"以会养会"的方式,拉赞助、卖播映权,不但成功举办了奥运会,而由此大赚一把。

1984年,第23届奥林匹克运动会在洛杉矶举行,尤伯罗斯就任洛杉矶奥运会组委会主席,主持筹办洛杉矶奥运会。尤伯罗斯应聘经营奥运会不久就公开宣称,政府不掏一分钱的洛杉矶奥运会将是有史以来财政上最成功的一次。尤伯罗斯夸下如此海口,使不少举办过奥运会的国家目瞪口呆。众所周知,举办现代奥运会是财政上的一场灾难。

自从1932年洛杉矶奥运会以来,规模大、奢华和浪费,成为举办奥运会的一种时髦和趋势。举办一次奥运会要几亿美元的投入,已属于见怪不怪的现象了。尤伯罗斯如此说法,难怪人们不敢相信。

其实尤伯罗斯绝不是口出狂言。他已成竹在胸。尤伯罗斯查阅了历届奥运会举办情况的资料,他看到,前几届奥运会之所以耗资巨大、亏损严重,主要是由于必须要负担庞大的建筑设施成本。他看到洛杉矶有现成的各种运动场地,同时,这里三所大学的学生宿舍可以作为选手下榻的奥运村,所有这些基本的大众项目几乎都不必另行建设。剩下的就是如何充实一些必要的设施了。尤伯罗斯决定实行各个项目设施直接由赞助建设的办法。

与经济界的赞助者打交道是尤伯罗斯的拿手好戏。尤伯罗斯亲自谈判一宗赞助合同,运用他的推销才能,挑起同行业之间的竞争。一开始,尤伯罗斯对赞助者提出很高的要求。这些听起来苛刻的要求非但没有吓走赞助者,反而对赞助者具有了更大的诱惑性,结果是赞助者纷纷前来,一时间赞助成了一大热门。其中索斯兰公司最急于加入赞助者的队伍,甚至还没搞清它要赞助的一座室内赛车场是什么模式,便答应了组委会提出的条件。

最后,尤伯罗斯以5个赞助者选1个的比例选定了30家赞助厂商。这些赞助单位都欣然应允将使洛杉矶奥运会拥有最先进的体育设施。数额最大的一笔交易是尤伯罗斯和美国全国广播公司做成的。尤伯罗斯实行了美国三大电视网争夺独家播映权的办法,使得美国全国广播公司出资2.25亿美元夺得播映权。尤伯

彼得·尤伯罗斯(1937—)

罗斯还以7000万美元的价格把奥运会的广播转播权分别卖给了美国、欧洲、澳大利亚等。从洛杉矶奥运会开始,广播电台免费转播体育比赛的惯例被打破了。1984年奥运会是当时奥运史上最成功的一次,这不但表现在财政上有所盈余,更表现于这届奥运会是奥林匹克史上规模最大的一次盛会。尤伯罗斯以经营企业的手法筹办奥运会,取得了巨大成功,以后的历届奥运会也深深地打上了尤伯罗斯的印记。

第三节　谋攻篇

一、题解

谋攻:用计谋攻打敌人,即在战略、策略上战胜敌人。本篇主要论述临战前

进攻的计谋、制胜的方法和作战方法等,强调以谋胜敌,并揭示了"知彼知己,百战不殆"的著名军事规律。此外,还提出了"十则围之,五则攻之,倍则分之,敌则能战之,少则能逃之,不若则能避之"的用兵之法,强调根据敌对双方兵力对比的不同而采取不同的战法。本篇中还提出了"上兵伐谋,其次伐交,其次伐兵,其下攻城"的思想,指出最高明的军事家,不是以武力取胜,以攻城破国为目的,而是通过政治、外交的途径,"不战而屈人之兵"。在这里"屈人"已超越征服或战胜的普通概念,而意味着与对方取得精神上的共识和认同,从而维护一种相对平衡的生存状态。

二、原文・注释・译文

【原文】

孙子曰:凡用兵之法,全国①为上,破国次之;全军为上,破军次之;全旅为上,破旅次之;全卒为上,破卒次之;全伍为上,破伍次之②。是故百战百胜,非善之善者也;不战而屈人之兵,善之善者也。

【注释】

①全国:全,完整、完全,这里作动词,指完全地占有。全国:指完整地占有别国的领土。

②军、旅、卒、伍:古代军队的编制单位。旧说每军为一万二千五百人,每旅为五百人,每卒为一百人,每伍为五人。

【译文】

孙子说:一般来讲,用兵打仗应遵循如下的法则:整个地制服敌国才是上等的策略,而部分地击破敌国则是次等的策略;整个地征服一个军(一万二千五百人为一军)才是上等的策略,而部分地击破一个军则是次等的策略;整个地征服一个旅(五百人为一旅)才是上等的策略,而部分地征服一个旅则是次等的策略;整个地击溃一个卒(百人为卒)才是上等的策略,而部分地击溃一个卒则是次等的策略;整个地击败一个伍(五人为伍)是上等的策略,而部分地击败一个伍则是次等的策略。因此,即使作战一百次取胜一百次,也不是最完善的选择。而要以强大的军事实力为后盾,巧用计谋不用交战而征服敌人,才是好中之好的最佳方案。

【原文】

故上兵伐谋,其次伐交,其次伐兵,其下攻城。攻城之法为不得已。修橹轒辒①,具器械,三月而后成,距闉②,又三月而后已。将不胜其忿而蚁附之,杀士三分之一,而城不拔者,此攻之灾也。

【注释】

①轒辒:(fén wēn 坟温),攻城用的四轮大车,四周用牛皮遮蔽。

②距闉:用以攻城而堆积的土山。闉(yīn 因),通"堙",土山。

【译文】

可见,用兵打仗,上策是以智谋来战胜敌人,即在计谋上胜敌一等,用计谋使做人屈服;其次是从外交上压服敌人,即联合自己的盟友,拆散敌国的同盟,使敌人处于孤立无援的困境;再次便是攻打敌人的军队,以武力战胜敌人,而下策是攻夺敌人的城堡,这是作战中不得已而为之的最下等策略。修造大盾和四轮车,准备器械,三个月才能完成,构筑攻城用的土山,也需要三个月才能完工。如果指挥攻城的将领没等完成以上的攻城准备,就忍不住他的愤怒而驱使士卒像蚂蚁一样爬梯攻城,其结果是士卒被杀三分之一,而城堡仍攻不下来,这就是攻城之法所带来的灾难。

【原文】

故善用兵者,屈人之兵而非战也,拔人之城而非攻也,毁人之国而非久也,必以全争于天下,故兵不顿①而利可全,此谋攻之法也。

【注释】

①顿:通"钝",疲惫、挫折。

【译文】

所以,善于指挥作战的将领,不是采取用武力交战的办法使敌人屈服,夺取敌人的城池,不是用硬拼的办法去占领,吞并敌国,也不是采取久拖不决的消耗战。因此,运用谋略迫使敌国完全地降服,军队不受挫折而取得完全的胜利,以争雄于天下,这就是运用谋略降服敌人的法则。

【原文】

故用兵之法,十则围之①,五则攻之,倍则分之,敌则能战之,少则能逃之,不若则能避之。故小敌之坚,大敌之擒②也。

【注释】

①十则围之:十,这里指的是十倍。围,包围。

②小敌之坚,大敌之擒:力量弱小的军队,如果只知坚守硬拼,势必会沦为强大敌人的俘虏。

【译文】

如果由于各种条件制约必须付诸武力时,使用军队作战的法则是:有十倍于敌的兵力就围歼它,有五倍于敌的兵力就进攻它,有两倍于敌的兵力就设法各个击破它,同敌人兵力相等时要设法战胜敌人。如果我方兵力少于敌人时,那就要尽可能地采取迂回撤退的策略,即能打赢就打,打不赢就走的办法;如果我方各方面都不如敌人,那就要尽可能地避免同敌人交战。千万要记住,力量弱小的军队倘若鲁莽地坚持同强大的敌人拼杀,不注意或不善于保存自己的有生力量,就会成为强大敌人的俘虏。

【原文】

夫将者,国之辅也,辅周则国必强,辅隙则国必弱。

【译文】

作为军队的统帅,要清醒地意识到自己是国家的支柱,君主的助手,同国君的关系是否密切,配合是否协调,往往决定国家的安危兴亡。如果亲密无间,协调一致,国家就会强盛起来;如果离心离德,关系疏远,国家就会衰弱下去,以致败亡。

【原文】

故君之所以患于军者三:不知军之不可以进而谓之进,不知军之不可以退而谓之退,是谓縻军①。不知三军之事而同②三军之政者,则军士惑矣。不知三军之权而同三军之任,则军士疑矣。三军既惑且疑,则诸侯之难至矣,是谓乱军引胜。

【注释】

①縻:縻军(mí),羁縻。指束缚军队的行动。
②同:此处是参与、干涉的意思。

【译文】

作为一国之主的君王,也要注意尊重统领军队的将领的权威,决不能凭主观想象乱加干扰。一般来讲,由于君主不了解军队实际作战情况,而干预作战行动的危害有三种。第一种是国君不了解军队不应进攻而硬性命令进攻,不应退却而硬性命令后退的,这是典型的干扰牵制军队的行动。第二种是国君不了解军队的内部事务(如管理、教育、奖罚等)而乱加干预的,这些必然引起军队上下迷惑不解。第三种是国君不甚懂得军队行动因战斗态势变化而采取的随机应变的用兵权谋而干预军队指挥的,这也必然使军队上下产生各种疑虑。一旦军队上下处于迷惑不解,疑虑重重的境地,其他国家就会乘机制造祸难。以上三种情况就叫做"乱军引胜",即搞乱了自己的队伍,使敌人有了空隙可钻,从而导致了敌人的胜利。

【原文】

故知胜有五:知可以战与不可以战者胜;识众寡之用者胜;上下同欲者胜;以虞①待不虞者胜;将能而君不御者胜。此五者,知胜之道也。

【注释】

①虞:有准备,有戒备。

【译文】

用兵作战是可以预知胜利的,但是必须以熟知下面五种情况为前提:一是对敌我情况了如指掌,知道什么情况下可以打,什么情况下不可以打,具有了这种准确判断力,就会取得胜利;二是既能指挥大部队作战,也能够指挥小部队作战,具有这种应战能力的就会取得胜利;三是全国上下团结一心,军队上下同仇敌忾的,就会取得胜利;四是以有戒备的军队对待防御松弛的军队,具有这样条件的,就会取得胜利;五是将帅具有指挥才能而且国君不干预牵制的就会取得胜利。以上这五个方面就是预测战争胜利的依据。

【原文】

故曰:知彼知己者,百战不殆;不知彼而知己,一胜一负;不知彼,不知己,每战必殆。

【译文】

综上所述,可以得出如下的结论:既了解敌方情况又深知己方情况的,每次作战都不会处于险境,更不会失败;不了解敌方情况,只熟悉己方情况的,打起仗来胜负各半,既可能打胜,也可能打败;既不了解敌方情况,又不熟悉己方情况的,每次作战都会处于险境,一定要吃败仗。

三、应用

(一)军事上的应用

越南战争

越南战争被尼克松称为是美国在错误的地点,错误的时间打的一场错误的战争。尼克松为何会如此评价越战?让我们从约翰逊在越战中的决策来分析一下吧。约翰逊是在一个十分特殊的情况下戏剧性地继任美国总统。上任伊始,由于对越战错误的分析与评估,他采取了错误的策略,在并不了解越战的情况下,盲目地扩大战争,对越南进行狂轰滥炸,使越南战争不断升级。然而事与愿违,由于约翰逊不了解彼方情况,又高估了自己的实力,既不"知己"又不能"知彼"。狂轰滥炸不仅没有打垮越南人民,反而激起了人民更大的斗争勇气。约翰逊在国内的一片唏嘘声中结束了他短暂而又尴尬的总统生涯。

知己知彼的胜利——中途岛之战

在战争过程中,只有充分了解对方的计划、动向,才能因地制宜地采取措施给予回击,这样战争才有取胜的可能。如果只是单纯的狂妄自大,高估自己的实力,看低对方的实力,那最后的结果只有惨败,所以"知己知彼"向来都是兵家取得胜利的不二法门。在中途岛海战中,美、日两军的不同表现以及最后所得到的不同结果都深切地说明了这一点。

日本曾于1941年偷袭了美国太平洋舰队基地珍珠港,那一次的偷袭给了美国海军致命一击,日本海军也因此洋洋得意起来,自此他们开始过于相信自己的能力,以为胜利会一直站在他们这一边。而美国则正反,他们吸取了珍珠港失败的惨痛教训,懂得了比之前更谨慎、更智慧、更有计谋地对待对手。就这样美军的实力在日本的忽视下一天天壮大起来,最终在中途岛海战上被尽情地发挥了出来。

本来中途岛这一战,是日本海军最高决策机构军令部强烈反对的,但日本联合舰队司令长官山本五十六不顾高层反对,于1942年4月,下令展开中途岛作战计划。因为在山本看来,这次战争是胜券在握的。

山本这次的目标是美国海军在珍珠港战争后仅剩的三艘航空母舰,他认为经历了珍珠港事件后,美国人是决不会善罢甘休的,他们一定会瞅准时机,利用仅剩的这三艘航空母舰实施报复。因此,他要除掉心头这个"航母之患",他要凭借日本的海上优势,将美国海军彻底摧毁。所以,他的计划是:佯攻中途岛,引诱美军航空母舰出动,再将其一举歼灭。

山本最得意的就是他们的战略常务密码,是闻名世界的"D密码",这种密码是将电报中使用的三万三千三百个单字,各代入五个数字,再加上五万个五个数字的乱码所组成。山本对他们"D密码"的精确度相当自信,认为它是绝对不会被破译的。

这次战争,美军方面的负责人是名将切斯特·尼米兹,他面对保密性如此之高的"D密码"却并没有惊慌失措,因为他相信密码再难,也是人发明的,只要熟知它的特征,有足够的数据,仍是可以读的。

于是,他手下的作战情报处动用了一百二十名人员组成密码解读组,由约瑟夫·罗彻福特中校领导解读"D密码"。罗彻福特中校聪明绝顶,他所领导的情报人员也个个都是"工作狂"。他们运用IBM电子装备,没日没夜地在珍珠港海军司令部的地下室里工作。最终功夫不负有心人,他们破译了日本海军的"D密码",因此到了5月下旬,美军已经掌握了日军的大量重要情报,包括日期、编制、作战计划等,所知的详细程度甚至与日本舰长所知的程度相当。

但日军在获悉美军的情报方面,却非常不妙,日军主力攻击部队指挥官南云忠一的"状况判断"中写道:"美军缺乏战斗力,也没有察觉到日军的攻击意图,所以只要日军出击,那一定胜券在握,只要美军一出动航空母舰,日军就可以将其歼灭。"

从这里我们可以清楚地看到,他对于美军根本就不了解,他根本就不知道,此时此刻美方名将尼米兹将军正率领他手下那群智勇双全的将领们为战争做着积极的准备。

日军不仅这次获悉的情报甚少,就在反情报方面,也做得很不充分,此次的日军已经完全没有了当年偷袭珍珠港时的严阵以待和谨慎,甚至自己的许多重要情报都成为公开的秘密。在这种松散的状态下,虽未开战,但结局似乎是已定的了。

果然战争一开始,原本打算突袭的日本海军,反而遭到美军航空母舰的机动部队的突然攻击。一战下来,日军惨败,"赤城""加贺""飞龙""苍龙"四艘航母被击沉,约有一百名优秀飞行员战死,损失极其严重。美军在中途岛海战的这一胜也成为太平洋海战扭转局势的关键。

在这一场战争中,日军之所以遭到惨败,就是因为它无论是在获取对方的"情报"方面,还是不让对方获得己方情报的"反情报"方面,都做得很不到位,只是盲目自大,致使军心涣散,大败是必然的结果。

而美军对对手和自身都有非常细致的了解,将双方情况进行了认真的分析,并采取了有效的部署策略,在这样充分"知彼"又"知己"的情况下,才得以重创日本海军,一雪前耻,扭转太平洋海战战局,也充分向世人揭示了"知己知彼"的重要性。

(二)政治上的应用

韩信巧设计——书降燕国

韩信是战国时的军事家,他能征善战,足智多谋。韩信成功攻占魏国,代周之后,又以背水为阵和疑兵之计一举击败了赵军,杀死陈余,俘虏了李左车。他不但没有杀掉李左车,反而十分器重他,向李左车求教。并采用李左车的计谋给燕国君主修书一封,阐明了双方的优劣势与战争的利害关系,与此同时,他又加紧调兵遣将,惶恐万分的燕王不知所措,阅信后立即同意归降,韩信采用谋略不费一兵一卒,轻而易举地降服了燕国。可见谋略胜敌实为兵家之上上策。

料事如神的诸葛亮

三国时期,诸葛亮是一名料事如神,神机妙算的军师,他的锦囊妙计为刘备扩大实力,建立蜀国立下了汗马功劳。

赤壁之战后,孙刘之间开始争夺荆州。东吴的周瑜设计假借将孙权之妹嫁给刘备,试图将刘扣为人质,以逼刘就犯,收复荆州。诸葛亮了解其中隐情,"知己知彼"将计就计,从敌方的意图出发提出了三个锦囊妙计,成功地帮刘备解了围,粉碎了孙权、周瑜的计划。使孙权只落得个"赔了夫人又折兵"下场。

刘备利用周瑜、曹仁厮杀之际,乘虚袭取了南郡、荆州、襄阳,之后又征服了长沙等四郡。周瑜想想十分气恨,正无处报复以夺还荆州。不久,刘备忽然丧偶,周瑜计上心来,对孙权说:"您的妹妹,美丽、刚强,我们以联姻抗曹的名义向刘备招亲,把他骗来南徐幽禁,逼他们拿荆州来换。"孙权大喜,立马派人到荆州说亲。

刘备认为这是骗局,想要拒绝,诸葛亮笑道:"送个好妻子上门何不答应?您只管去东吴,我叫赵云陪您去,自有安排,包您得了夫人又不失荆州。"

接着,诸葛亮暗暗关照赵云道:"我这里有三个锦囊,内藏三条妙计。到南徐时打开第一个,到年底时打开第二个,危急无路时打开第三个。"

赵云贴身藏了,领了五百士兵护卫刘备前去东吴。到了南徐,赵云打开第一个锦囊,心中有数,即令士兵们去商店购买结婚用品,并大肆张扬:"刘备要与孙权妹妹结亲了。"并劝刘备去拜见乔国老。

乔国老将此事告知吴国太。吴国太大怒,召见孙权骂道:"男女婚嫁是大事,怎么我做母亲的不知道?"传令在甘露寺相亲,一见刘备仪表堂堂,就完全同意将女儿嫁给刘备。孝顺的孙权只得依了母亲,结果周瑜安排的假戏变成了真事。孙权让人把消息告诉在柴桑的周瑜,周瑜心里叫苦不迭。

周瑜一计不成,又心生一计,写信给孙权,说:"刘备出身很苦,从没享乐过。现在利用声色犬马迷住他,离间他们上下之间的关系,我们再出兵攻取荆州。"孙权依计而行。

果然,刘备迷恋新婚的甜蜜生活,暂时不想回荆州。赵云劝告也无用,非常焦急,想想到了年底,便打开第二个锦囊,立即心领神会,向刘备报告:"曹操兴兵五十万报赤壁之仇,荆州危急,主公要赶快回去。"

刘备大惊,只得将实情告知夫人。夫人表示愿跟他回去。刘备说:"你哥哥孙权阻止怎么办?"

孙夫人想了一会儿说:"借口到江边祭祖离开此地。"夫妻商议停当,于次日就去江边祭祖,出了城沿江一路朝荆州方向飞奔而去。

等孙权知道真相,刘备他们已走远了。孙权大怒,先后派两起人马追赶。刘备一行人快到柴桑地界,又有周瑜派出的一支军队拦住去路。赵云见形势危急,忙打开第三个锦囊给刘备看。刘备依计向夫人哭诉孙权、周瑜用美人计诱杀自己的阴谋,夫人大怒,命推出坐车,对东吴追赶的几个将军严词斥骂。将军们如何敢得罪孙权的妹妹,便让开大路让刘备他们通行。

刘备一行走到快近荆州地界,东吴追兵又至,诸葛亮把刘备接应上船。忽然,周瑜率战船追来,诸葛亮叫部下弃船上岸,周瑜也上岸汇合陆路士兵一起追赶,却被诸葛亮安排的关云长、黄忠、魏延三支伏兵杀得大败。周瑜急急下船,岸上刘备的士兵齐声喊道:"周郎妙计安天下,赔了夫人又折兵。"

周瑜又羞又恼,大叫一声,伤疤迸裂,昏倒于地。部将将他救醒,开船逃走。

(三)经济上的应用

抓住机遇——"古井"成名记

如今的古井贡酒,声名远播,稳坐"白酒王国"的第三把交椅。可是,你知道它是如何成名的呢?1988年,"古井"抓住名酒放价的机遇,在对自己进行全面评估之后,"反其道而行之",在降低酒度的同时,调低了价格,这样,在知己的情况下做到知彼,一方面满足了消费者的需要,符合消费者的购买力;另一方面,提高了古井的销售量。此外,"古井"还实行保值销售,并且言而有信,对亏损企业进行赔偿,"古井"的这一做法,更大地打开了古井的市场,"古井"发展到今天,仍是蒸蒸日上,充满生机。

欧莱雅的全球战略

1907年,法国化学家欧仁·舒莱尔靠着自己发明的世界上第一支合成染发剂起家,创办了欧莱雅公司。一百年间,欧莱雅由最初名不见经传的小型家庭企业,一步步发展成今天的世界化妆品行业巨头,在全球有五万多名的员工。可以说,欧莱雅缔造了一个传奇。

因为欧莱雅的消费群体是女性,所以公司会根据女性需求变化相对较快的特点制订对策,认为应时刻关注女性最新的兴趣、爱好、消费倾向等,还要对她们的鉴赏能力做出准确的预测,并时常收集这群消费者的意见,如此才能更快地得知她们的诉求,做出相应的策略调整。欧莱雅在进入亚洲市场时发现,东方女性注重美白,于

欧仁·舒莱尔(1881—1957)

是马上调整配方比例,在亚洲的化妆品中增多了美白成分。此后,欧莱雅意识到,在不同国家和地区,美的观念并不全然相同,所以,它针对不同国家的文化及传统,研制出能满足不同地域消费者需求的产品。每当欧莱雅有新产品问世,必然会受到广大消费者的热烈追捧。

如今,欧莱雅已发展了五百多个品牌,其中有十四个品牌享誉世界,并占据了公司销售总额90%的比例。为了有针对性地赢得不同消费群体的"心",欧莱雅仔细地对所有品牌做出不同的市场细分。首先是从产品的种类、价格和包装上进行细分,再根据不同的产品细分设计相应的销售渠道、促销方式与服务模式。例如,美宝莲是欧莱雅旗下的大众品牌,一般在商店、连锁超市里销售;薇姿和理肤泉具有深层调理功能,一般在药店销售;而欧莱雅的专业美发产品则只在专业发廊销售;兰蔻、赫莲娜等欧莱雅的高端产品只在高档百货商店的专柜出售,并且每个专柜都设有美容顾问,这些美容顾问专为消费者提供咨询服务,并给消费者讲解美容护肤知识。

欧莱雅认为所有销售人员和美容顾问都对产品销售至关重要,因此不惜投入大量精力对他们进行培训。欧莱雅这样做的另一个目的也是为了给消费者提供最好的服务,进而赢得他们的"心"。

第四节　形篇

一、题解

"形",《孙子兵法》在本篇解释说:"若决积水于千仞之谿者,形也。"意思是说,所谓形,就像从八千尺高处决开溪中积水一样奔腾直下。孙子运用这个比喻,形象地说明了什么是"形"。根据孙子这样的解说,理解"形",就是看得见的形体之意,指客观物质力量。在军事上的主要表现是众寡、强弱,即兵力数量的多少,军队战斗力的强弱和军事素质的优劣。同时,孙子认为这种客观物质力量不是死的、静止的、孤立的,要把物质力量集中,就像决开积水让它从八千尺陡溪上倾泻而下,这种迅猛的运动速度乘积水的重量以加强其冲击的能量。

本篇还论述了战争的胜败是由客观物质条件为基础而决定的,从而要善于利用这些客观物质条件,使自己立于不败之地,达到"自保而全胜"的目的,不打无把握之仗。

二、原文·注释·译文

【原文】

孙子曰:昔之善战者,先为不可胜,以待敌之可胜。不可胜在己,可胜在敌。故善战者,能为不可胜,不能使敌之可胜。故曰:胜可知而不可为。

【译文】

孙子说：古来善于指挥作战的人首先要创造不被敌人战胜的条件，以此等待可以战胜敌人的有利时机。创造条件不被敌人战胜，主动权在我方，敌人可能被战胜，在于敌人使我方有可乘之机。所以，善于指挥作战的人，能够创造使自己不被敌人战胜的条件，但不能使敌人必定被我战胜。可见，胜利是可以预测的，但不具备战胜敌人的条件下，决不能依据自己的愿望去硬战强攻。

【原文】

不可胜者，守也；可胜者，攻也。守则不足，攻则有余①。善守者，藏于九地之下；善攻者，动于九天②之上。故能自保而全胜也。

【注释】

①守则不足，攻则有余：采取防守是因为取胜条件还不充分，采取进攻是因为战胜敌人条件已具备。汉简本中，此句为："守则有余，攻则不足。"

②九地、九天：九为数之极。九地，极言深不可知。九天，极言高不可测。

【译文】

我方之所以不能被敌人战胜是由于我方防守严密，不给敌人造成可乘之机；敌人可能被我方战胜，是因为敌人有可以被我方利用的漏洞，使我方具备了攻打它的条件。我方之所以采取守势，是因为力量不足；之所以采取攻势是因力量有余。因此，善于防守的军队，像隐藏在深不可测的地下那样使敌人无法窥视其行踪；善于进攻的军队，像行动在高不可攀的天上那样使敌人无法戒备。正因为如此，防守必能保全自己，进攻必能取得全胜。

【原文】

见胜不过众人之所知，非善之善者也；战胜而天下曰善，非善之善者也。故举秋毫不为多力，见日月不为明目，闻雷霆不为聪耳。古之所谓善战者，胜于易胜者也。故善战者之胜也，无智名，无勇功。故其战胜不忒①，不忒者，其所措必胜，胜已败者也。故善战者，立于不败之地，而不失敌之败也。是故胜兵先胜而后求战，败兵先战而后求胜。善用兵者，修道而保法②，故能为胜败之政。

【注释】

①忒：忒（tè 特）差错，失误；不忒：不出差错。

②修道而保法：修明政治，严明法度。

【译文】

对胜利的预见不能超过一般人所知道的，并非高明之举；通过艰苦的作战取得胜利，即便是被天下人称道，也难以称得上是优中之优。这好比是能举起一根毫毛算不上是力气大，能看见太阳和月亮算不上眼睛明亮，能听到惊雷的轰鸣算不上耳朵聪灵一样。古人所说的善于指挥作战的人，总是取胜于容易战胜的敌人，即能够运用计谋,抓住敌人的弱点,发起攻势,就容易取胜,不用来回部署,也用不着大砍大杀,就可轻而易举地取胜。故此,善于作战者,既显不出智谋之名,也看不出勇武之功,他取得的胜利都是必然的、确有把握的。其所以如此,是因为他所采取的作战措施是胜在必然,他所战胜的是实际上已处于必然要失败地位的敌人。所以,善于指挥作战的人,总是设法使自己立于不败之地,同时又不错过打败敌人的良机。由此看来,胜利之军总是先创造取胜的条件,尔后才谋求与敌人交战;而失败之军则是先盲目地首起战端,尔后将胜利寄托于侥幸。善于用兵的人先从各方面修治不可胜之道,确保法令的执行,这样就掌握了战争的主宰,把制胜的决定权掌握在自己手中。

【原文】

兵法:一曰度①,二曰量②,三曰数③,四曰称④,五曰胜。地生度,度生量,量生数,数生称,称生胜。故胜兵若以镒称铢⑤,败兵若以铢称镒。胜者之战民也,若决积水于千仞⑥之谿者,形⑦也。

【注释】

①度:度量土地面积。

②量:计量人力与物资资源。

③数:计算兵力的多寡。

④称:衡量敌我实力。

⑤以镒称铢:镒(yì),古代重量单位,合24两或20两;铢,古代重量单位,24铢为一两。此处指实力悬殊。

⑥仞:古代长度单位,八尺为一仞;千仞,极言其高。

⑦形:喻指军事实力。《势》篇云:"强弱,形也"。

【译文】

用兵之法强调作战要注意五种情况:第一叫做"度",即国土面积的大小;第二叫"量",即国家物产的多寡;第三叫"数",即敌我双方可能征召和供养的兵力数量;第四叫"称",即敌我双方力量对比的权衡;第五叫"胜",即判断胜负的可能性。对双方国土面积大小做出判断形成"度",由此而得出物产多寡的"量",根据物产多寡来确定可能动员和供养的兵力数量,根据双方兵力的数量,进行权衡对比,根据双方力量对比判断战争的胜负。所以,胜败两军相交,实力是相当悬殊的。不妨以一铢和一镒作对比。一镒比一铢重五百多倍。胜军比之败军好比以镒比铢;败军比之胜军好比以铢比镒。胜利之军在指挥士卒作战的时候,就像从八千尺的高处决开溪中的积水一样,其迅猛之势是难以阻挡的,其强大的军事实力是战无不胜的,这就是军事上所谓"形"的生动体现。

三、应用

(一)军事上的应用

"先胜后战"——伍子胥败楚

公元前512年,吴王阖闾,准备攻打楚国,而孙武却认为:楚国地大物博兵多将广,而吴国尚不具备足以战胜敌人的条件,现在的时机尚不成熟。想要打败强大的楚国,需要积聚力量,等待时机。伍子胥也认为十分有道理,为了削弱楚国实力,伍子胥又提出了一个败楚的计划:即把吴军分为三军,分批惊扰楚国的边境,一方面可以使己方军队得到充分的休息,另一方面又可以消耗敌人兵力,使其疲于奔命,无暇顾及。吴王阖闾接受了伍子胥的建议,在接下来

伍子胥(公元前559—公元前484)

的六年间,屡次用此计攻打楚国的属地,使楚国军队的实力大为削弱,与此同时,吴国的国力日盛。公元前506年,吴国趁楚蔡之战,联合全国的兵力,一举攻克了楚国,成就了一番千秋霸业。所谓君子报仇十年不晚,先为不可胜,等待敌之可胜就是这个道理。

"以守为攻"——斯大林格勒战役

想要赢的前提是不输,这句话,虽然有一点的诡辩的意味,但不失为一句真理,正如孙子所说"先为不可胜"再可"以待敌之可胜",在斯大林格勒战役中,苏军就是以守为攻,战胜德军的。

1942年6月28日,斯大林格勒战役打响,战争一开始,希特勒就大手笔地调动一百五十万兵力以及大量的飞机、坦克,向高加索发动猛烈进攻,以夺取丰富的石油资源和粮食,在此之后,德军又北取莫斯科,南出波斯湾。而苏军这边,因为在之前的哈尔科夫会战中失败而受到重大损失,此时无力抵挡德军的进攻,便立即开始后撤,想要采取以退为进的方式对付德军。

希特勒把颇有秩序后撤的苏军误认为是已被打败,就胆大起来,向斯大林格勒(今伏尔加格勒)和高加索两个方向同时发动进攻。为了阻止德军的进攻,苏军于7月12日组成了斯大林格勒方面军,将下辖七个兵种合成集团军和一个空军集团军。尽管苏军竭尽全力想要凑成一只强有力的部队,但兵力还是远远落后德军。德军在该方向上作战的是"B"集团军群,由第四航空队担任空中支援。进攻过程中,又相继投入了德军坦克第四集团军、意大利第八集团军以及罗马尼亚的第三集团军、第六、第七军。所以在战争开始之际,德军兵力是苏军的1.3倍,坦克是苏军的2倍,飞机是苏军的3.6倍。

8月23日，德军第六集团军强渡顿河后，抵达斯大林格勒市区以北的伏尔加河岸，对市区形成严重的威胁。南路进攻的德军坦克第四集团军，于8月29日进抵加夫里洛夫卡地域，威胁着担任斯大林格勒正面防御任务的苏军后方。9月13日，德军第六集团军和坦克第四集团军首先对城市中部和南部发起进攻。守城的苏军第六十二集团军在大量预备队的增援下，进行顽强的抵抗。德军每天出动千架次的飞机，投下一百多万颗炸弹，斯大林格勒被炸成一片废墟。但是，斯大林格勒军民冒着德军的狂轰滥炸，在废墟中与进入市区的敌人展开了殊死的战斗，打退了德军一次又一次的集团冲击。

面对苏军的顽强防守，希特勒见难以攻破，就又加强了兵力，从9月中旬起又在市区先后投入十三个师，约十七万人和五百辆坦克，并调来五个受过专门巷战训练的工兵营，在几百架飞机的掩护下，昼夜不停地强攻。斯大林格勒的军民顽强抗击，不放弃每个街区、每幢楼房甚至每层楼、每间房的争夺，战斗空前激烈。9月14日，德军进攻马也夫高地和一号火车站时，在不到四千米宽的地域里集中了六个师，并有几百架飞机的空中支援。在不到五个小时内，火车站易手四次。德军曾一度推进至距苏军第六十二集团军指挥所仅六百米处，伏尔加河的河面和所有渡口都处于德军的枪炮火力控制下。

10月14日，德军进攻拖拉机厂和街垒工厂区，在五千米宽的地域内集中了三个步兵师和两个坦克师，出动了两千多架次飞机狂轰滥炸。苏军不少师只剩下几十个人，但仍坚守着阵地。

就这样，德军先后向斯大林格勒调来五十个师的兵力，连续进攻了四个月，始终未能拿下。但苏军这边，在靠近莫斯科和乌拉尔后方基地的部队，已经隐蔽地完成了大规模反攻的准备。11月19日两个地方的部队同时袭击了德军突出的翼侧；11月23日全面地包围了斯大林格勒的德军。

到第二年的2月2日，德军第六集团军由于被希特勒禁止突围而遭全军覆没。德军从此永远失去德苏战争以来的优势。斯大林格勒战役成为世界上最著名的战局转折点的战例。

其实，德军会失败，并不是因为德军实力弱，正相反，就是因为德军实力太强，所以好高骛远，一味劲头十足地进攻，致使战线拉得过长，由进攻开始前八百千米的战线变为二千六百千米，兵站线又延长了五百至八百千米，距德国本土（柏林）长达三千千米。而且铁路几乎全是单线，数量也很少。所依赖的汽车运输，由于油料有限也不能满足需要，只好在被破坏的油田地带用牲畜运送石油。在这样的战线交叉状态下。德军战斗力到9月20日前后，第一梯队连人数超过六十名以上的都很少，装甲师的坦克数量已减少到六十至八十辆以下。

另一方面，苏军知道自己实力远不及德军，就以防守作为作战的主要方式，以守为攻，最终拖垮德军，这正是孙子在本篇开头提到的"先为不可胜，以待敌之可胜"。

(二)政治上的应用

以己之长,攻敌之短

1946年12月,国民党军队对华东解放军发动了重点进攻。弱兵胜强队,如果不做好充分的准备与十足的把握,很难取得胜利。

经过认真的分析,我军认为:敌军的战线拉得过长,进攻面过宽,协同配合极为不力,只要避其锋芒,打其弱处,胜利一定会属于我们。陈毅和粟裕两位将军经过比较,认为从宿迁进攻,沭阳一路与其他几路相比,势力最弱,尽管11师实力较强,是蒋军的五大主力之一。但是69师,无论从组成人员,战斗力,团结程度还是从其军队的师长戴之奇来看,先攻打这一路,可以使我军避其主力,轻而易举的取得胜利。"胜于易胜"。

最终,陈毅与粟裕经过认真谋略,集中兵力攻打69师,取得了战争的胜利。

"先为不可胜"——李世民登基称帝

政治争斗是一场你死我活的残酷角逐,要想在这场争斗中胜出,就必须先下手为强。

隋朝末年,太原留守李渊起兵反隋。武德元年,李渊称帝,立长子李建成为太子,李元吉为齐王,李世民为秦王。唐高祖坐镇长安,运筹帷幄,指挥全国战事,扫除隋朝残余势力。李建成稳坐东宫不临战事,李世民则东征西讨,浴血疆场,立下赫赫战功。二人的力量和威望渐渐发生了变化,他们之间的矛盾也越来越尖锐。李渊为此采取了一些制约措施,但无济于事。同时,李元吉也站在了李建成一边,两宫冲突一触即发。正在此时,突厥入侵。李渊令李元吉率军出征,李建成想从秦王府中调兵,借机削弱李世民的势力。而李世民此时又得知李建成想借为李元吉饯行之时杀掉他。李世民知道,骨肉相残已在所难免,这也是他最后一次获得强权的机会。长孙无忌等人劝他立即动手,李世民有些犹豫,最后得知秦府上下同归一心,肯为自己卖命时,马上令长孙无忌密召房玄龄、杜如晦入府议定部署。

次日凌晨,李世民率长孙无忌、尉迟敬德等人领兵伏于玄武门内,天一亮,李建成、李元吉入朝面见李渊,行至临湖殿,感觉有杀气,欲拨马回府。李建成刚刚掉转马头,便被李世民等人一箭射死;李元吉慌忙逃跑,仓皇之下被尉迟敬德射死。至此,李世民为自己登上皇位彻底扫除了障碍。

公元626年,李渊被迫退位,李世民登基称帝,为唐太宗。

李世民在得知大难将至之时,并非真的优柔寡断,而是先试探部属是否齐心协力;然后在保证万无一失的情况下,主动出击,发动政变,为夺得大唐统治权铺平了道路。

(三)经济上的应用

"因利制权"——比尔·盖茨与微软

比尔·盖茨是微软的元老,曾经的世界首富,他的今天与他对计算机的追求执着的坚定的信念是密不可分的。

众所周知,盖茨从小对计算机就有着浓厚的兴趣,出于这个原因,刚在哈佛读完二年级的他毅然放弃了学业,开始了艰辛的计算机创业之路。1957年,比尔盖茨与他的同伴保罗成立了自己的公司——微软公司。1975年7月下旬,两人与罗佰茨达成一个关于8080BASIC使用权的协议,首战告捷,微软公司取得了胜利。微软公司的发展也给他带来了一批极大的商业对手,为了赢得与IBM竞争中的胜利,比尔盖茨"因利制权""先发不可胜",在充分调查的基础上引导市场走向,在竞争中一直处于主动。凭着这股坚定的信念,比尔又成功地研制出了MS－DOS升级版DOS.1,视窗95系统软件和"window98"。微软公司异军突起,比尔盖茨也成为计算机领域中的一匹黑马。

海尔修道而保法

想要企业长远发展,首先要做到企业内部稳固,"修道而保法",内部管理上来了,外部发展也就蓬勃了,如同行军作战,纪律严明,有法可依,兵将一心,才可战胜对手,商场获胜亦是如此。

在企业管理中,对企业文化的经营是很重要的一点,是在企业的长期运营过程中逐渐形成的,为全体成员共同遵守和奉行的价值观念和行为准则,优秀的企业文化能够激发人才的创造热情,形成一种精神振奋、朝气蓬勃、开拓进取的良好风气,培养人才对于企业的认同感以及与企业同呼吸共命运的精神,发挥出其他管理制度所无法比拟的激励力量。海尔集团兼并红星公司的事情就是这样一个经典案例。

一般来说,兼并一个企业,派去的第一个部门是财务,而海尔集团派去的第一个部门是企业文化中心。在兼并红星电器公司时,海尔就是这样做的。张瑞敏描述红星电器公司的那种"休克鱼",硬件条件不错但管理不到位,面对这样处于休克状态的企业。海尔打算靠什么样的方法才能将其催醒激活呢?

海尔靠的是自己的管理和文化。1995年7月4日,32岁的柴永森奉命到红星电器公司更名的海尔洗衣机有限公司就任党委书记兼管理者,担子不轻,但柴永森心里明白,海尔有最大的优势:10年来千锤百炼的企业文化。按照张瑞敏的思路,向"红星"注入海尔的企业文化,以此来统一企业思想,重新筑起企业灵魂,"红星"这条"休克鱼"就会活起来。

柴永森一开始就把海尔的OEC管理模式、"6S"管理等管理理念和文化移植到"红星"。他观察到,鉴于企业文化、企业管理、人才素质等方面的差异,人们对海尔的管理方法,在观念上存在认识的偏差,海尔最讲求"震撼效应",所以他决定抓典型事例,来启迪人们转变观念。

恰巧有一天,洗衣机生产车间里发生了这样一件事:质检员范萍由于责任心不强,造成选择开关插头插错和漏检,被罚款50元。这原本顺理成章,因为过去"红星"企业发生质量问题从来都是只罚一线工人。

但用海尔的管理观念来看这件事,则不该如此简单处理,当事人的管理者们也应当逐级承担责任。柴永森在企业报《海尔人》发表了《范萍的上级负什么责任?!》,对整个事件展开了深入的分析。由此,洗衣机厂开展了一场讨论,干部职工从讨论中找到了感觉,工人承认工人的责任,干不好受罚,心服口服;几位干部勇敢地承担了责任,纷纷自罚,洗衣机公司分管质量的负责人自罚了三百元并做了书面检查。"范萍事件"震撼了洗衣机公司员工的心。此后,海尔 OEC 管理模式在洗衣机公司全面推行起来。

不仅如此,柴永森还抓住这个时机,组织人才参观海尔冰箱公司,使他们目睹海尔科学有序的现场管理,领略 OEC 管理的真谛,寻找自身的差距。接下来,柴永森的管理之路就越来越顺了,他又成功地将海尔文化的其他精髓移植到了"红星",这好比血液和氧气,一经投入到"休克鱼"体内,"休克鱼"不仅活了,而且成了"巨鲸"。

一位人才长期生活、工作在某一组织中,组织价值取向和组织精神不断影响他,慢慢就会内化成为他的一种生存方式。人才不再认为自己的工作是为了挣钱过日子,因为工作占据了他生活中二分之一的时间,他更希望工作本身有意义,希望在工作中实现自己的价值。事实上,企业文化对于人才来说是一种精神薪酬。

就如同为什么很多计算机专业毕业生都希望到 IBM 工作呢?除了优厚的薪酬外,还因为那里有先进的管理经验、技术、思想观念和深厚的文化底蕴。身在其中,自然受益匪浅。人才总有成长的需要,良好的企业文化是一种培育人的文化,促使人才升值的文化。一个良好的企业品牌或企业形象,会给人才带来许多益处。

正是因为海尔就有了这样的企业文化:把人当作主体和目的,一切以人为本,在企业内部塑造了一种尊重人、信任人、关心人、理解人的文化氛围,从而使每一位人才都饱含热情、积极地、富有责任感地从事创造性活动,把外在的管理体制和内在的心理需求完美和谐地结合起来。

这种企业文化完美地贯穿于海尔的管理、经营、服务、科研等领域中,成为海尔不断取得成功的重要保障,这正应了孙子在兵法中提到的修道保法之要,把自身做好,自己做到无懈可击了,离胜利也就不远了。

第五节　势篇

一、题解

《形篇》中的"形",实际上就是人们常说的"运动中的物质"。那么,《势篇》中的"势"是什么呢?孙子说:"激水之疾,至于漂石者,势也。"还说:"势如彉弩"。又说:"如转圆石于千仞之山者,势也。"可见《孙子兵法》中所讲的"势",实质上就是"物质的运动",即物质在急剧运动中的活力和能量,这就是孙子所要求造成的"势"。因此,孙子在本篇要求军队组织严密,部署得宜,纪律严明,纵然敌突然攻击也不至于被动或失败。即所谓"斗乱而不可乱……形圆而不可败。"孙子还要求"以奇胜""善出奇""奇正之变""无穷如天地,不竭如江河"等。

本篇在军事实力(形)的基础上,论述"奇正"之变,以发挥将帅的指挥才能,造成和利用有利的态势,出奇制胜地打击敌人。

二、原文·注释·译文

【原文】

孙子曰:凡治众如治寡,分数①是也;斗众如斗寡,形名②是也;三军之众,可使必受敌而无败者,奇正③是也;兵之所加,如以碫④投卵者,虚实⑤是也。

【注释】

①分数:指军队的组织编制。
②形名:指旌旗和金鼓。
③奇正:古代兵法常用术语,其含义甚广。一般以常法为正,变法为奇。比如:先出为正、后出为奇,正面为正、侧翼为奇等等。
④碫:(duàn),磨刀石。
⑤虚实:古代兵法常用术语。指军事实力的强弱、优劣。此处指以实击虚的意思。

【译文】

孙子说:一般地说,治理人数众多的军队像治理人数少的军队一样,这是军队的组织编制方面的问题;指挥大部队作战像指挥小部队作战一样,这是通信、联络指挥方面的问题;率领三军作战,即使我军遭受敌人突然袭击也不至于失败,这是"奇正"的运用问题。所谓奇,是指灵活运用出敌不意等战法;所谓正,是指正规的正面迎敌等战法。军队的进攻要像以石击卵那样一下子粉碎敌军,所向无敌,这是"虚实"的问题(虚实指战斗力的强弱、优劣)。

【原文】

凡战者,以正合,以奇胜。故善出奇者,无穷如天地,不竭如江河。终而复始,日月是也。死而复生,四时是也。声不过五,五声①之变,不可胜听也。色不过五,五色②之变,不可胜观也。味不过五,五味③之变,不可胜尝也。战势不过奇正,奇正之变,不可胜穷也。奇正相生,如循环之无端,孰能穷之?

【注释】

①五声:中国古代把宫、商、角、徵、羽五个音阶称为五声。
②五色:古代以青、黄、赤、白、黑五种基本色素为五色。
③五味:指酸、咸、辣、苦、甜五种味道。

【译文】

一般地说,作战的方法是,用正兵挡敌,用奇兵取胜。所以善于出奇制胜的将帅,他的战法就像天地变化那样无穷无际,像江河奔流那样不竭不息。周而复始,日月落下去,又再升起,这就像日月运行一样往复无穷;死而复生,这就像春夏秋冬四季更替一样过去了,又再回来。音阶不过五种(古代以宫、商、角、徵、羽为五音),然而五种音阶的配合变化,即会奏出听不胜听的乐曲来。颜色不过五种(古代以青、黄、赤、白、黑为五色),然而五种颜色的配制变化,却会描绘出看不胜看的色彩来。味道不过五种(古代以辣、酸、咸、苦、甘为五味),然而五种味道的搭配变化,却会产生出尝不胜尝的味道来。作战的基本战法不过奇正两种,然而奇正的配合变化,却是无穷无尽的。奇正相辅相生,奇可生正,正可生奇,奇正变化不可穷尽,这就像顺着圆环旋转那样,无头无尾,谁能穷尽它呢?

【原文】

激水之疾,至于漂石者,势也;鸷鸟①之疾,至于毁折者,节也。是故善战者,其势险,其节②短。势如彍弩③,节如发机④。

【注释】

①鸷(zhì)鸟:凶猛的鸟,如鹰、雕之类。

②节:节奏,指在短距离内以俯冲之势杀伤猎物。

③彍(guō 郭)弩(nǔ):张满弩机。

④发机:触发弩机。

【译文】

湍急的流水以飞快的速度奔泻,致使石头漂移,这是由于具有巨大冲击力的水势所造成的;凶猛的鸷鸟,以飞快的速度搏击,以致能捕杀其他鸟兽,这是由于它能控制时机、节奏适度的缘故。因此,善于指挥作战的将帅,他所造成的态势是居高临下,势如破竹,他所掌握的行动节奏是短促猛烈,猝不及防。这种态势,就像张满的弓弩,这种节奏,犹如触发弩机。其爆发力是可以想象的。

【原文】

纷纷纭纭①,斗乱②而不可乱也;浑浑沌沌③,形圆④而不可败也。乱生于治,怯生于勇,弱生于强,治乱,数也;勇怯,势也;强弱,形也。故善动敌者,形之,敌必从之;予之,敌必取之;以利动之,以卒待之。

【注释】

①纷纷纭纭:旌旗混乱的样子。

②斗乱:指在混乱状态中作战。

③浑浑沌沌:指混乱不清。

④形圆:指阵势部署得四面八方都能应付自如。

【译文】

旗帜纷杂,人马众多,在这种混乱状态中作战,必须保持自己部队的镇静而不乱;战车转动,人马奔驰,在这样混沌不清的情况下打仗,必须把部队部署得严整、灵活,四面八方都能应付自如,使敌人无隙可乘,无懈可击。在一定条件下,紊乱可以由严整、条理中产生,怯懦可以由勇敢产生,软弱可以由强大产生。治或乱,是编制、组织、指挥的好坏问题;勇或怯,是态势优劣、气势盛衰的问题;强或弱,是军事力量大小的问题。所以善于调动敌人的将帅,向敌人示形,做出某种姿态即以假象欺骗敌人,敌人就会信以为真而听从调动;给予敌人以利,敌人就会贪占便宜而夺取它。用小利诱动敌人,用重兵设伏等待敌人,掩击消灭它。

【原文】

故善战者,求之于势,不责于人,故能择人而任势。任势者,其战人也,如转木石。木石之性,安则静,危则动,方则止,圆则行。故善战人之势,如转圆石于千仞之山者,势①也。

【注释】

①势:指在"形"(军事实力)的基础上,发挥将帅的主观能动性,从而造成有利的作战态势。

【译文】

所以善于指挥作战的将帅,他的注意力主要放在造成全局有利的态势上寻机战胜敌人,而不放在对下属人员的依赖和苛求上,因而能够选择胜任的部属,充分利用有利的态势去夺取胜利。善于利用有利态势的将帅,指挥士卒作战,就像滚动木石一样运转自如。木头和石头的共同特性是,把它们安放在地势平坦的地方便静止不动,把它们安放在地势陡斜的地方便转动滚移。方形的木石就比较静止稳定,圆形的木石便容易转动滚移。所以善于指挥士卒作战的将帅所造成的有利态势,就好像从八千尺高的山上向下飞滚圆石那样,迅猛不可当,这就是军事上的所谓造"势"的要领。

三、应用

(一)军事上的应用

"乘胜追击"——曹操大胜袁绍

东汉末年,诸侯纷争,形成了袁绍、曹操两军对峙的局面。由于双方实力各有所长,胜负难分,曹军陈兵官渡,双方进入相持阶段。由于袁绍兵多将广,粮草充足,而曹操却出现了粮草危机,因此,曹操预备撤回许昌。他的谋士荀彧认为:现在袁军已经疲惫不堪,正是曹军出奇制胜的大好时机。曹操便安定下来,积聚力量以待时机给袁绍一个措手不及。机会终于来了,曹操从许攸那儿得知袁绍将粮草屯于乌巢。真是天赐良机,曹操连夜率五千人打着袁绍的旗号,在黎明前赶到乌巢,将乌巢化为灰烬,乌巢失事后,袁军实力大为削弱。而曹操却乘胜追击,取得了胜利。

"势险节短"——第三次武装起义

在战场上,往往恋战是不会取得胜利的,相反,集中实力,给敌人迅速一击,反而会赢得战争,就如孙子在本篇中提出的"其势险,其节短",要把自己的"态势"做得险峻逼人,这样发起攻击时,才会短促迅捷,让敌人没有招架之力,成为胜利的一方。周恩来领导上海工人第三次武装起义,就是因恰当运用"势险节短"这一谋略而成功的。

1926到1927年2月期间,上海工人阶级在中国共产党的领导下,共举行了两次反对北洋军阀的武装起义,但这两次起义,都被军阀孙传芳镇压下去了。到了1927年的3月,中共决定由周恩来任特别军委书记、武装起义总指挥举行第三次武装起义。

对于前两次武装起义的失败,周恩来认为有两个主要原因。第一是因为之前没有充分的准备,导致在战争中措手不及。第二是因为武装起义的领导人在事变中缺乏果断,导致在战争中自乱阵脚。所以在组织第三次武装起义时,他针对这两点问题,进行了长足的改善。

那时北伐军已控制了浙、赣两省和安徽大部分地区,前锋从南、西两面直逼苏南。直系军阀孙传芳虽然已经将军队撤离了上海,但奉系军阀张作霖又派鲁军毕庶澄部进驻上海。当时,毕部只有有三千人左右,加上当地二千警察,也总共只有五千人左右,战斗力不强。

在上海工人阶级这边,仅上海总工会的会员有二十八万九千多人,工人纠察队有三千人,自卫团有一百人。论兵力,我们要大大强过军阀部队。虽然兵力占很大的优势,可是已经组织起来的工人武装人数不多,训练不够,武器装备也十分缺乏。不仅如此,北伐军中,以蒋介石为代表的国民党右派已经开始了明目张胆的反共活动,对工人武装起义不仅不会积极呼应,还会予以破坏,这些起义的不利条件让上海工人阶级很是担忧。

1927年3月上海工人第三次武装起义时的上海工人纠察队

周恩来针对这样的情况,做起了一系列准备工作,主要有组织队伍,筹集武器和制定计划这几个方面。他把工人纠察队扩大到五千,自卫团扩大到五百,同时组织特别队。工人武装按区组织成大队、中队,为麻痹敌人,每天夜里进行训练。周恩来还经常到各纠察队去指导训练,并亲自教工人练习射击。为了培养起义骨干,指挥部举办了军事训练班,由具有军事经验的中共党员做教员,讲授枪械使用方法、《暴动须知》和巷战战术,并进行一些军事训练。

此外,周恩来还积极组织筹集武器弹药。他们自行用染料制造炸弹,并在租界购买了二百五十支手枪。当时,上海一些军阀和资本家为了保护自身安全而组织了保卫团,周恩来指示工人骨干参加进去,以掌握武器,分化敌人。就这样,在周恩来的领导下,对进攻目标、力量、方法、时间等作了详尽的规定,对全市和各区都制定了书面作战计划。

一切准备妥当之后,武装起义的领导人们又关于起义的具体时间做起了讨论。因为这次既要与北伐军的军事进展相配合,又要独立行动,避免失去时机。当时陈独秀主张,两个条件具备方可行动,一个是上海没有驻兵,二是北伐军到松江后仍继续前进,或者等它到上海南郊的龙华。但周恩来不这么看,他主张为:"假使松江下,必可动,毕决不致再守上海。苏州下,也必可动,因他也不能枯守上海,同时他的兵队必有一部分溃散。"

相较之陈独秀的看法,会议接受了周恩来的主张,确定:"一、松江下。二、苏州下。三、麦根路与北站兵向苏州退。三条件有一个就决定发动。"3月18日,北伐军到达松江,与军阀部队激战。3月19日,上海区委主席团召开紧急会议,周恩来提出,如果今天十二点以前,有毕部溃退消息,那就下令罢工,看准时机,立刻起义。于是立刻下达了预备动员令并颁布了行动大纲。

第三次工人武装起义

到了12月20日那天北伐军攻克松江,前锋推进到上海龙华。中共当机立断,在3月21日果断做出武装起义的决定。十二时,全市各大工厂汽笛长鸣,八十万工人举行总同盟罢工。下午一时,上海工人第三次武装起义爆发。全市八十万工人实现了总罢工并立即转入武装起义,租界里的中国工人也集合到华界参加起义。随即工人纠察队分别从南市、虹口、浦东、吴淞、沪西、沪东、闸北七个区向反动军警据点发动猛攻,市民群众也主动帮助纠察队筑街垒、运弹药、送食品。工人武装经过三十个小时的浴血奋战,于22日6时许攻克了敌人的全部据点,占领了上海,取得第三次工人武装起义的胜利。

这次起义打击了帝国主义和军阀的反动统治,显示了中国工人阶级的顽强战斗精神和强大的组织力量。这次起义之所以会取得胜利就是因为起义领导人"势险节短",相机而发,不拖泥带水,让军阀没有还手之力。

(二)政治上的应用

刘邦"鸿门宴"上擒韩信

西汉政权建立后,韩信身为楚王,坐拥兵权。刘邦听说韩信图谋造反,十分生

刘邦智擒韩信

气,召集群臣共谋对策,大臣主张即刻发兵讨伐。但是,陈平却极力反对,他从刘韩双方的实力对比向刘邦阐明利害关系,指出刘邦若不避开韩信优势,强行开战,必定会失败。根据这一点,陈平献计:刘邦效仿天子巡视各地会盟诸侯。这样当刘邦在各地会盟诸侯的时候,趁机擒拿韩信。这样,按照陈平的计谋,刘邦不费一兵一卒,轻而易举地捉拿了韩信,避免了一场战争,保存了西汉的力量。可见,避开敌人力量强大的地方,选择适应的时间与地点,是多么的重要,刘邦巧擒韩信不就是这样吗?

曹操"择人任势"

优秀的政治家总是善于创造有利的政治态势,而绝不会一味地对下属求全责备。作为一名掌权者来讲,一定要善于择人任势。

曹操之所以能够成就霸业,与他善于造势和善于用人是分不开的。曹操不受董昭之召,从长安东逃,在陈留结识了孝廉卫兹。卫兹非常有谋略,而且讲究节操,因此深受曹操看重。曹操曾多次登门拜访卫兹,与之共商天下大事。

卫兹动员曹操要及时起兵,成就霸业,他还拿出家财来帮助曹操招兵买马,对曹操起家起了重要的推动作用。这时,曹操在谯县的宗族、宾客、部属也纷纷赶来加盟,其中就有曹仁、曹洪、夏侯惇、夏侯渊等人。后来他们都成了曹操的心腹将领,跟随曹操南征北战,立下了赫赫战功。

曹操(155—220)

后来,曹操欲"挟天子以令诸侯"时,遇到了麻烦,又多亏董昭、钟繇等人的及时帮助才得以渡过难关。看到曹操十分爱惜将才,董昭、钟繇后来也相继加入到曹操的队伍中,他们同样为曹操成就帝王霸业贡献了一分不可或缺的力量。

可以说,如果曹操不注重利用贤才,在那个群雄逐鹿的年代,他肯定是成就不了霸业的。曹操成功的原因是多方面的,但他善于"择人而任势"是其中最重要的原因之一。

三国时期的曹操就是一个知人善用的军事家、谋略家。也正是他能量才用人,所以公元215年曹军与吴军在合肥之战才能取得胜利。

公元215年,曹操亲自带兵出战,以征讨张鲁。一番思考之后,下令张辽、李典、乐进率七千余人守合肥。为何曹操要派他们三人在合肥留守呢？曹操认为三位将军的作战能力、性格和用兵特色各不相同，三人合璧就能将合肥守住。但是，这三位将军之间有隔阂，用兵作战的看法和方法也各不一样，按道理不应该将他们安排在一起。但是曹操早料到他们会有这样的情况，三位将军的军事才能和性格是相互弥补的，只要做好妥当的安排，团结作战不成问题。于是临行前，函封一至交与护军薛悌，并且一面交信一面叮嘱："若是敌人来临就将信交给三位将军。"

不久，孙权率兵十万进围合肥。这时，护军薛悌才拿出曹操留下的密函。函中写道："若孙权至，张、李将军出战，乐将军守城，勿得与战。"开密函后，张辽坚决执行曹操以攻为守的指令，提出自己亲自出击，"决一死战"表现出宽广的胸怀，豪迈的气概。李典起初沉默，后被张辽的行为所感动，表示"愿听指挥"放弃私怨。而乐进本来是模棱两可的角色，他对张辽、李典都不敢得罪，并有点怯战的思想，自然乐于守护军营。由于张辽的积极主动，使三人之间由"素皆不睦"变成了团结对敌。三将军按照既定分工去做：张辽、李典乘东吴军立足未稳，挑选了八百多名勇猛将士，突然冲入孙权所在的军营，杀得吴军措手不及。张辽等杀出重围后，乐进率部分军士坚守合肥，士气高昂。孙权出师不利，锐气大损，围城十余日不能得逞，只好撤退。

曹操远在征途上都能料到将领的决策，并且对战争做好妥当的安排，实为"择人而任"的典范。

(三) 经济上的应用

"以奇胜"——"百事可乐"与"可口可乐"之战

可口可乐自1986年问世以为，一直雄踞饮料市场，几乎没有饮料可以与之抗衡，但是百事可乐却以奇招胜出，与可口可乐共同成为饮料王国中的王牌。

兵家讲求"以奇胜"，在商业经营中也是如此，只有推陈出新，独树一帜才能出奇制胜。百事可乐问世之初，无力与可口可乐相争，他们不是以硬碰硬，而是采用了迂回战术，他们发现可口可乐发展至今，无论以其配方，经营规则还是从他的外包装上，几乎没有

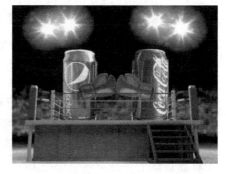

可口可乐 VS 百事可乐

变化，针对这一点，百事改变了包装，推销出一种新型的双份装饮料。由于其量多价廉再加上新颖的包装，可口可乐一时招架不住，只好大幅度调价。百事初战告捷。随后，百事又推行适合大众消费的，价格定位合理的华年汽水，百事的市场占有率日增，深受广大较低层消费者的喜爱。

避实击虚，奇思妙想，百事终于坐上了饮料王国的交椅，与可口可乐平起平坐。

英特尔重"势"获新生

"善战者,求之于势",一个将领想要取得胜利,就是要造成对自己的有利的势态,重视"势"的作用,一个企业想要成功也是这样,要造势而不要被外围环境牵着走,要学会定位企业的业务重心,选定并进入那些具有巨大前景的业务,使企业得以集中力量进行开发和扩展,破除制约企业施展手脚的障碍,真正做到往一个方向使劲,也就增加了经营的弹性,使企业获得更大的优势,从而扭转败局。

20世纪80年代初期,英特尔公司的主要业务是做存储器,但由于受到半导体企业削价竞争的冲击,使得英特尔公司在市场上节节败退。到了1985年,英特尔公司不得不正式宣布退出竞争,先要在芯片行业重振旗鼓,然而,在芯片市场上,却也受到芯片设计新架构的冲击,英特尔公司也处于难以招架的境地之中。

直到1988年,英特尔公司才找准自己的定位,重获新生。可以说1988年是英特尔公司发展过程中的转折点。

在这一年的年度计划中,英特尔公司制定了未来几年的发展目标——"跻身新电脑核心,成为产业领导者"。这为公司长期发展立下了明确的目标,理清了公司在市场中的定位——做产业的领导者。

由此英特尔公司设立了两个支撑点,首先一个就是瞄准网络产品,占领制高点。事实上,占领了制高点,也就是占领了商家必争之地,抢得先机,先发制人。

想要先人一步,就要把目光放长远,要看到未来的趋势走向,因此英特尔公司高薪聘请了一批著名电子专家组成"超前决策智囊团",研究和预测20世纪90年代初世界半导体市场的发展趋势。智囊团的报告指出,20世纪90年代初,计算机将加速微型化。所以价格低廉,安装、使用和携带都方便的微机将广泛运用于办公室和千家万户。

看到这个报告,英特尔公司意识到将来对CPU的性能要求将大大提高,因为CPU的性能体现了电脑先进技术的关键,而同时这也正是英特尔公司的特有专长。为此,英特尔公司先后投资30亿美元用于加速研制微型而高性能的芯片,并将这次着眼于"产业的关键"的产品定位贯穿于其后的经营决策中。

20世纪90年代前期,英特尔公司正式进入网络产品的生产。在网络产品中,主要分为小型工作组织、中型部门级和大型骨干级这几类。在这其中,工作级是所有网络最基本的组成部分。所以英特尔公司决定将其网络产品的聚焦点集中在工作组中,以领导工作组网络市场的发展,从而影响到整个网络市场的发展。在这样正确的经营决策下,到了1995年时,英特尔公司成为世界第二大网卡生产商。网卡市场的44%都由它占领。

其次,英特尔公司力求让自己成为产业标准的建设者,因为在电脑行业,游戏规则之一就是要"符合产业标准"。电脑行业的专业化分工水平高,产品要顺利推入市场,除了性能优越外,获得其他软硬件制造商的支持是最关键的。英特尔公司谙熟此规则，所以它将塑造"产业标准的建设者"作为建立产业领导者形象的核心。

当英特尔公司实力不强时，它要以最好的产品来符合现行标准，以便进入新的领域。例如在英特尔公司研制 286 芯片、争夺 16 位架构市场时，英特尔公司的产品开发概念是要做到"软件的兼容"，即产品要符合市场对 16 位微电脑的要求，让使用者能继续使用原有 8 位软件。这样新的芯片更易于为各种使用者所接受。但当英特尔公司具备一定实力的时候，情况就不一样了。

英特尔公司要从之前的"被领导者"的角色转变为"领导者"的角色，它决心要以"超前决策"和"领先开发"来引导和促进产业标准的发展和更新，成为"产业标准推动者"。

言出必行，1991 年，英特尔公司决定同时开发第五和第六代芯片。两代芯片的产品系列生产出来之后，就以闪电般的速度冲进市场，并逐步成为新型个人电脑的主流，以致电脑使用者拒绝使用非 Intel—Pentium 的电脑。这使得竞争对手不得不联合起来对自己的芯片进行相应的 Pentium 升级，这在无形中就成就了英特尔作为"领导者"的地位。随后，英特尔公司快速出击，在 100Base—x 还没最终确定为国际标准时，就全球第一家推出符合此标准的网卡，并逐步推出相应的集线器，提供建立网络完整的解决方案，促进了 100Base—x 作为产业标准的推广。

英特尔公司

高级工业分析家保勃·爱德尔曾针对英特尔公司交付 PDA 平台方案这一事件说过这样一句话："英特尔公司一旦介入到这个领域，就会吸引其他厂商围绕着英特尔公司芯片实现 PDA 产品的标准化。"可见，在进入新领域时英特尔公司"产品标准建设者"的形象已经被市场承认，所要造就的"产业标准建设者"的势态也已经形成。

一个没有准确定位自己的企业，其发展前途是不清晰的，也因此，容易在发展过程中迷失方向，陷入败势。所以企业一定要找准定位，也就是造成对自己有利的"势"，正如孙子兵法中所说的"故善战人之势，如转圆石于千仞之山者，势也"。

第六节　虚实篇

一、题解

虚实：虚，空虚，指兵力少或弱；实，充实，指兵力多或强，虚实相互依存，在一定条件下是可以转化的。敌军有"实"必有"虚",无论怎样配备,都必然有弱点暴露,而且要设法造成敌人的弱点,然后"避实击虚"。它是《孙子兵法》战略思想中的一条重要原则。

本篇主要论述在作战中要争取主动,避免被动;要造成敌人弱点,迫使或诱使敌人兵力分散疲惫,我方则集中兵力,以逸待劳,一旦发现敌人的弱点就应乘虚而入,攻其无备,"因敌而制胜"。同时,也努力达到"致人而不致于人"的目的。

二、原文·注释·译文

【原文】

孙子曰:凡先处①战地而待敌者佚,后处战地而趋战者劳。故善战者,致人而不致于人。能使敌人自至者,利之也;能使敌人不得至者,害之也。故敌佚能劳之,饱能饥之,安能动之。

【注释】

①处:占据、到达的意思。

【译文】

孙子说:凡是先占据战场而待机歼敌的就可以以逸待劳,获得主动,后到达战场的则因快速急进而仓促应战,势必疲劳被动。所以善于指挥作战的人,能摆布敌人争取主动而不被敌人摆布陷于被动。能促使敌人自动就范、进入我方预设战场,是以利诱骗敌人的结果;能使敌人不能前来进攻我军,是用祸患来威胁敌人的结果。所以,如果敌人得到休整,那就要设法使它疲劳;如果敌人给养充足,那就要使它饥饿;如果敌军坚守不动,那就设法调动它。

【原文】

出其所不趋,趋其所不意。行千里而不劳者,行于无人之地也。攻而必取者,攻其所不守也;守而必固者,守其所不攻也。故善攻者,敌不知其所守;善守者,敌不知其所攻。微乎微乎,至于无形,神乎神乎,至于无声,故能为敌之司命。进而不可御者,冲其虚也;退而不可追者,速而不可及也。故我欲战,敌虽高垒深沟,不得不与我战者,攻其所必救也;我不欲战,画地而守①之,敌不得与我战者,乖其所之②也。

【注释】

①画地而守:指在地上随便画一条界线即可防守,比喻防守非常容易。

②乖其所之:乖,违背、背离,指改变敌人的去向,把其引向别的方向。

【译文】

出兵作战在选择作战方向上,攻击敌人无法急救的地方,攻击敌人兵力空虚而无法救援的地方,快速攻击敌人意想不到的地方。这样就可以做到行军千里而军队不致疲劳,这是因为军队行进在没有敌人或敌人没有设防的地区。要进攻就一定攻得下,这是因为攻打敌人不注意防守或不易守住的地方;要防守就一定守得住,这是因为扼守敌人不敢来攻或不易攻打的地方。可见,善于指挥进攻的将帅,能使敌人不知道应该在什么地方防守;善于组织防守的将帅,能使敌人不知道应当向什么地方进攻。微妙啊,微妙啊!微妙得看不出一点形迹;神奇啊,神奇啊!神奇得听不到一点声息,所以这样的将帅才能成为敌人命运的主宰。进攻时,敌人不能抵御的原因,是因为我军冲向了敌人空虚的地方;退却时敌人不能追赶上的原因,是因为退却速度快而敌人追不上。所以,要想同敌人作战,敌人即使高筑堡垒、深挖战壕,也不得出来跟我军交战,这是因为攻打了敌人必然要救援的要害地区;我军不想和敌人交战,即使是画地而守,敌人也无法跟我军交战,这是因为我军设法把敌人引到了别的方向。

【原文】

故形人而我无形①,则我专而敌分;我专为一,敌分为十,是以十攻其一也,则我众而敌寡;能以众击寡者,则吾之所与战者,约矣。吾所与战之地不可知,不可知,则敌所备者多;敌所备者多,则吾所与战者,寡矣。故备前则后寡,备后则前寡,备左则右寡,备右则左寡,无所不备,则无所不寡。寡者,备人者也;众者,使人备己者也。

【注释】

①形人而我无形:形人,使敌人现形。我无形,即我无形迹。

【译文】

所以,用示形的办法欺骗敌人,诱使敌人暴露企图,而自己却不露形迹,使敌人不知虚实、捉摸不定,这样便能做到我军兵力集中而敌人的兵力分散;我军兵力集中成为一处,敌军的兵力分成为十处。这样,我军就可以用十倍于敌的兵力进攻敌某一处的兵力,便造成我众而敌寡的有利态势;能够造成这种以众击寡的态势,那么与我军直接交战的敌人就有限了。我军预定的与敌人交战的地方,敌人摸不到,判断不准。既然敌方不知道我军向哪里进攻,敌人要设防的地方就要多;敌军设防的地方多,那么跟我军直接交战的兵力就必然相对减少了。因此,敌人前面设防,后面的兵力就少了;后面设防,前面的兵力就少了;左翼设防,右翼的兵力就少了;右翼设防,左翼的兵力就少了;到处都设防,就处处都力量薄弱。兵力薄弱是因为被动地去处处设防的结果;我军兵力雄厚,是由于迫使对方分兵设防的结果。

【原文】

故知战之地,知战之日,则可千里而会战。不知战地,不知战日,则左不能救右,右不能救左,前不能救后,后不能救前,而况远者数十里,近者数里乎?以吾度之,越人之兵虽多,亦奚①益于胜败哉?故曰:胜可为也。敌虽众,可使无斗。

【注释】

①奚:(xī)疑问词,何的意思。

【译文】

所以,如果能预知交战的地点,能预知交战的时间,那么,即使跋涉千里,也可以同敌人会战。如果既不能预知交战的地方,又不能预知交战的日期,那就会左翼不能振动救右翼,右翼不能救左翼,前面不能救援后面,后面不能救援前面,更何况距离远的几十里,近的也有好几里呢? 依我看来,即使敌国军队再多,但不知我军虚实,那对战争的胜败又有什么补益呢? 所以说胜利是可以争取的。敌人兵力虽然多,却可以通过让敌人兵力分散的办法,使它无法全力与我军交战。

【原文】

故策①之而知得失之计,作②之而知动静之理,形之③而知死生之地,角④之而知有余不足之处。故形兵之极,至于无形;无形,则深间不能窥,智者不能谋。因形而错胜于众⑤,众不能知;人皆知我所以胜之形,而莫知吾所以制胜之形。故其战胜不复,而应形于无穷。

【注释】

①策:策度、筹算。
②作:兴起,此处指挑动。
③形之:以伪形示敌。
④角:角量、较量,此处指进行试探性的进攻。
⑤错胜于众:指将胜利摆在人们面前。错,通"措",放置的意思。

【译文】

侦察和判断敌情,应注意以下四点:一、要认真分析判断敌情,以推知敌人作战计划的得失;二、挑动敌人,从而了解敌人行动的规律;三、向敌人示形,诱使敌人暴露形迹,从而了解哪里是死地,哪里是生地;四、派少量部队跟敌人较量,以了解敌人兵力部署,知道它哪里兵力不足,哪里兵力有余。所以,军队作战方式灵活到极妙妙的程度,能达到使敌人看不出它的虚实形迹;看不出虚实形迹,那么即使有深藏的间谍,也不能窥视出我军的虚实,即使有很高明的人,也不能谋划出对付我军的办法来。根据敌情变化而采取相应的措施,即或在众人面前取胜,众人也无从了解怎样取胜的;即或人们都了解我所以取胜的一般作战方法,可是不知道我怎样运用计谋取得胜利的方式方法。所以,作战方式一定要灵活多变,每次取胜的方法都不重复,而是适应敌情的发展而变化无穷。

【原文】

夫兵形①象水,水之形,避高而趋下;兵之形,避实而击虚。水因地而制流,兵因敌而制胜。故兵无常势,水无常形;能因敌变化而取胜者,谓之神。故五行无常胜②,四时无常位③,日有短长,月有死生。

【注释】

①兵形:用兵的规律。

②五行无常胜:意谓金、木、水、火、土五行相生相克无定数。

③四时无常位:指春、夏、秋、冬四季变换更替永无止息。

【译文】

　　用兵作战的原则像水的流动一样。水流的规律,是避开高处而流向低处;用兵的原则,是避开敌人坚实之处而攻击其虚弱的地方。水因为地势的高低而不断改变它的流向,用兵作战要依据敌情而决定其取胜的策略。所以用兵作战没有固定不变的原则,就像水没有固定不变的形态一样,能够根据敌情的变化而取得胜利的,就可以称为用兵如神了。用兵作战的原则,就像自然现象一样,五行(金、木、水、火、土五种物质)相生相克,春、夏、秋、冬四季依次交替,不可能哪一个季节在一年中常在。白天有短有长,月亮有明暗圆缺,永远处于变化之中。

三、应用

(一)军事上的应用

曹操随机应变献宝刀

　　董卓是"董卓之乱"的始作俑者。他在东汉末年,飞扬跋扈,横行朝野。王允等汉朝老臣秘密召集在一起,商议除掉董卓,为国除害。但是却始终找不出万全之策,一时间没有办法,大臣们痛哭不已。

　　曹操见状,主动请战:"我愿拿一把快刀进入老贼居室刺死他。"王允听罢十分高兴,便赠给曹操宝刀一柄,让成其大事。曹操便带刀进入董卓室内,趁董卓回转之际,曹操从怀中抽出宝刀欲谋刺董卓,不料,却被董卓逮个正着,见此情景,曹操深知败局已定,但是,聪明的曹操并没有显现出任何慌张的神情,他灵机一动,连忙跪在地上,双手托刀谦恭地说:臣近日得一宝刀,特来献给丞相。又借试马之机,逃之夭夭,其实,董卓早知自己积怨已深,难免会遭不测,便命人在房中装上了镜子,这样,曹操的举动便一清二楚了。

曹操献刀

　　试想,假若曹操当时不是随机应变,而是强行刺杀,还能免遭杀身之祸吗?还有后来三分天下的一代名君吗?

诸葛亮避实击虚巧借箭

　　在战争过程中,有时"避实击虚",创造性地发挥主观能动性,可以达到"致人而不致于人"的结果。在草船借箭这一战役中,诸葛亮的神机妙算,曹操的混乱惊慌,两军的不同表现以及最终的结果深切地说明了虚实结合的重要性。

公元208年，曹操率领马步军八十三万，讨伐东吴。诸葛亮分析天下形势，建议刘备联合东吴，促使孙、曹形成南北相持局面，然后从中得利。刘备依计而行，当即派诸葛亮去东吴进行游说。诸葛亮奉命来到江东，几经周折，几番"舌战群儒"，终于促使孙权与周瑜下定决心与曹操抗争。然而，诸葛亮屡屡表现出的非凡智慧与才能，遭到东吴都督周瑜的嫉恨，周瑜决心设计除掉诸葛亮，为东吴根除后患。

机会来了，这一天，周瑜在大营中邀请诸葛亮与众将官一起议事，周瑜对诸葛亮说："我们即将与曹军会战，先生以为水上交锋用何种武器为好？"诸葛亮说："江上之战，弓箭是最好的武器。"

于是，周瑜提出让诸葛亮在十日之内赶制十万支箭的要求，诸葛亮却出人意外地说："曹军即日将至，若候十日，必误大事。"他表示："只需三天的时间，就可以办完复命。"周瑜一听大喜，当即与诸葛亮立下了军令状。在周瑜看来，诸葛亮无论如何也不可能在三天之内造出十万支箭，因此，诸葛亮必死无疑。所以，周瑜并不相信诸葛亮在三天内会造出十万支箭。

诸葛亮告辞以后，周瑜就让鲁肃到诸葛亮处查看动静，打探虚实。诸葛亮一见鲁肃就说："三日之内如何能造出十万支箭？还望你救我！"忠厚善良的鲁肃回答说："你自取其祸，叫我如何救你？"诸葛亮说："只望你借给我二十只船，每船配置三十名军卒，船只全用青布为幔，各束草把千余个，分别竖在船的两舷。这一切，我自有妙用，到第三日包管会有十万支箭。但有一条，你千万不能让周瑜知道。如果他知道了，必定从中作梗，我的计划就很难实现了。"鲁肃虽然答应了诸葛亮的请求，但并不明白诸葛亮的意思。他见到周瑜后，不谈借船之事，只说诸葛亮并未准备造箭用的竹、翎毛、胶漆等物品。周瑜听罢也大感不解。

诸葛亮向鲁肃借得船只、兵卒以后，按计划准备停当。第一天，不见诸葛亮有什么动静！第二天，仍然不见诸葛亮有什么动静！直到第三天夜里四更时分，他才秘密地将鲁肃请到船上，并告诉鲁肃要去取箭。鲁肃不解地问："到何处去取？"诸葛亮回答道："子敬不用问，前去便知。"鲁肃被弄得莫名其妙，只得陪伴着诸葛亮去看个究竟。

凌晨，浩浩江面雾气霏霏，漆黑一片。诸葛亮遂命用长索将二十只船连在

诸葛亮草船借箭

一起，起锚向北岸曹军大营进发。时至五更，船队已接近曹操的水寨。这时，诸葛亮又教士卒将船只头西尾东一字摆开，横于曹军寨前。然后，他又命令士卒擂鼓呐喊，故意制造了一种击鼓进兵的声势。鲁肃见状，大惊失色，诸葛亮却心底坦然地

告诉他说:"我料定,在这浓雾低垂的夜里,曹操绝不敢贸然出战。你我尽可放心地饮酒取乐,等到大雾散尽,我们便回。"

曹操闻报后,果然担心重雾迷江,遭到埋伏,不肯轻易出战。他急调旱寨的弓弩手六千人赶到江边,会同水军射手,共约一万人,一齐向江中乱射,企图以此阻止击鼓叫阵的"孙刘联军"。一时间,箭如飞蝗,纷纷射在江心船上的草靶和布幔之上。过了一段时间后,诸葛亮又从容地命令船队调转方向,头东尾西,靠近水寨受箭,并让士卒加劲地擂鼓呐喊。等到日出雾散之时,船上的全部草把密密麻麻地排满了箭支。此时,诸葛亮才下令船队调头返回。他还命令所有士卒一齐高声大喊:"谢谢曹丞相赐箭!"当曹操得知实情时,诸葛亮的取箭船队已经离去二十余里,曹军追之不及,曹操为此懊悔不已。

船队返营后,共得箭十余万支,为时不过三天。鲁肃目睹其事,极称诸葛亮为"神人"。诸葛亮对鲁肃讲,自己不仅通天文,识地利,而且也知奇门,晓阴阳,更擅长行军作战中的布阵和兵势,在三天之前已料定必有大雾可以利用。他最后说:"我的性命系之于天,周公瑾岂能害我!"当周瑜得知这一切以后,大惊失色,自叹不如。

诸葛亮上知天文下知地理,知己又知彼,凭着自己过人的谋略,轻而易举得到了十万支箭。这不仅攻破了周瑜陷害自己的阴谋,而且又可以用曹军的这些箭来射杀曹军,很是合算。诸葛亮之所以能成功,一方面是他能掐会算,懂得借助天时地利,最重要的是他懂得"知己知彼"的作战原则,了解曹操的心理,善于"虚实互用、虚实转化、避实就虚、出其不意、攻其不守",结果,曹军在无备混乱的情况下,比较被动与怯弱,加之曹操见到大雾弥漫,不辨虚实,不敢出兵,命令以乱箭射之,结果诸葛亮轻松拿下十万支箭。因此,虚实原则,是用兵的根本原则之一,是保证战争胜利的法宝。

(二)政治上的应用

"料事如神"——克什米尔公主号事件

克什米尔公主号事件,是指台湾驻香港特务机关,为了阻止周恩来赴印尼万隆参加亚非会议而制造的一起空难事件。

1954年4月,周恩来、陈毅率代表团出席在印尼万隆召开的亚非会议,并且用了"克什米尔号"为专用客机。由于亚非会议是第一次没有帝国主义参加的会议,为了阻挠会议的顺利进行,美国及台湾的特务机关大搞破坏活动。毛泽东同志了解到这一情况后,与周恩来亲切交谈后,"命令"周恩来连夜乘飞机秘密提前出发了。同时,为了不引起破坏者的注意,4月11日克什米尔公主号仍然准时出发。疯狂的破坏者终于发动了空难事件,他们在克什米尔公主号上事先安装了炸弹,在这一事件中,中国代表团、越南代表团及新闻记者等十一人付出了生命的代价。

毛泽东料事如神,使周恩来总理免遭空难,亚非会议顺利召开,亚非会议的成功召开,对于帝国主义不能不说是一次沉重的打击。

"形兵之极,至于无形"——萧规曹随

刚即位的汉惠帝看到曹丞相一天到晚都请人喝酒聊天,好像根本就不用心为他治理国家似的。惠帝感到很纳闷,又想不出个所以然来,只以为是曹相国嫌他太年轻了,看不起他,所以就不愿意尽心尽力来辅佐他。惠帝左想右想总感到心里没底,有些着急。

有一天,惠帝就对在朝廷担任中大夫的曹窋(曹参的儿子)说:"你休假回家时,碰到机会就顺便试着问问你父亲,你就说:'高祖刚死不久,现在的皇上又年轻,还没有治理朝政的经验,正要丞相多加辅佐,共同来把国事处理好。可是现在您身为丞相,却整天与人喝酒闲聊,一不向皇上请示报告政务;二不过问朝廷大事,要是这样长此下去,您怎么能治理好国家和安抚百姓呢?'你问完后,看你父亲怎么回答,回来后你告诉我一声。不过你千万别说是我让你去问他的。"曹窋接受了皇帝的旨意,休假日回家,找了个机会,一边侍候他父亲,一边按照汉惠帝的旨意跟他父亲闲谈,并规劝了曹参一番。曹参听了他儿子的话后,大发脾气,大骂曹窋说:"你小子懂什么朝政,这些事是该你说的呢?还是该你管的呢?你还不赶快给我回宫去侍候皇上。"一边骂一边拿起板子把儿子狠狠地打了一顿。

曹窋遭了父亲的打骂后,垂头丧气地回到宫中,并向汉惠帝大诉委屈。惠帝听了后就更加感到莫明其妙了,不知道曹参为什么会发那么大的火。

曹参(?—公元前190)

第二天下了朝,汉惠帝把曹参留下,责备他说:"你为什么要责打曹窋呢?他说的那些话是我的意思,也是我让他去规劝你的。"曹参听了惠帝的话后,立即摘帽,跪在地下不断叩头谢罪。汉惠帝叫他起来后,又说:"你有什么想法,请照直说吧!"曹参想了一下就大胆地回答惠帝说:"请陛下好好地想想,您跟先帝相比,谁更贤明英武呢?"惠帝立即说:"我怎么敢和先帝相提并论呢?"曹参又问:"陛下看我的德才跟萧何相国相比,谁强呢?"汉惠帝笑着说:"我看你好像是不如萧相国。"

曹参接过惠帝的话说:"陛下说得非常正确。既然您的贤能不如先帝,我的德才又比不上萧相国,那么先帝与萧相国在统一天下以后,陆续制定了许多明确而又完备的法令,在执行中又都是卓有成效的,难道我们还能制定出超过他们的法令规章来吗?"接着他又诚恳地对惠帝说:"现在陛下是继承守业,而不是在创业,因此,我们这些做大臣的,就更应该遵照先帝遗愿,谨慎从事,恪守职责。对已经制定并执行过的法令规章,就更不应该乱加改动,而只能是遵照执行。我现在这样照章办

事不是很好吗?"汉惠帝听了曹参的解释后说:"我明白了,你不必再说了!"

曹参在朝廷任丞相三年,极力主张清静无为不扰民,遵照萧何制定好的法规治理国家,使西汉政治稳定、经济发展、人民生活日渐提高。他死后,百姓们编了一首歌谣称颂他说:"萧何定法律,明白又整齐;曹参接任后,遵守不偏离。施政贵清静,百姓心欢喜。"史称"萧规曹随"。

(二)经济上的应用

"独具慧眼"——特朗普赢得无限商机

特朗普是曼哈顿一位声名远播的大富豪,是房地产中的骄子。特朗普从在沃顿金融学校攻读商业的时候,就十分向往曼哈顿,梦想在曼哈顿拥有一方属于自己的天空。在曼哈顿居住的日子里,特朗普认识了很多人,对于曼哈顿的地产业也有了充分的认识。

1973年,特朗普抓住了他事业中的第一个大商机。那时候,正处于经济大危机时期,许多部门濒于破产,当时,正好有一个名叫康莫多尔的饭店由于经营不善,负债累累,许多人望而却步。特朗普拥有一副善于捕捉商机的大脑,他发现康莫多尔饭店处于一个十分有利的位置上,这样的一个地段孕育着无限商机。在经过一系列的努力之后,特朗普买下了康莫多尔,他将其更名为海特酒店,并对其重新包装。1980年9月,海特酒店开张,一下子给特朗普带来了无限商机。

之后的日子里,特朗普用他独具的慧眼,成功开发了特朗普大厦,他投资了度假村、游乐场,成立了海湾柑西部娱乐集团,特朗普适时捕捉商机,使其在房地产开发中如鱼得水,获得了一个又一个的成功。

"因时随势"——波音及时转向谋出路

兵法中提到"兵无常势,水无常形",此道理运用到市场变化的商业运行中具有很大的实际意义。如今,享誉全球的美国波音公司正处于如日中天的阶段,探究波音公司成功的秘密可以得出,波音公司成就的取得最大法宝就是不断推出新产品,牢牢把握市场需求的新动向,因时随势地改变策略。

美国的波音公司最初是一家小规模的水上飞机工厂,当初创办时取名为"太平洋航空公司"。在公司成立后的第二年,便制造出了第一架飞机,并将公司更名为"波音公司"。从此便开始了"波音"公司的飞黄腾达。

"波音"公司取得的巨大成功源于数十年来,不断地推陈出新,自主创新新产品,牢牢把握市场需求的新动向,这就是波音公司取得如此成就的最大法宝。经历了当初的艰苦奋斗,如今的波音公司牢牢地占领了世界飞机市场,成为全美最大的民航飞机制造公司。几十年来,波音公司在世界航空航天业中一直居于领先地位。公司由最初的几十人发展到现在拥有员工十几万人。业务上主要生产民用和军用飞机、直升机、导弹、航天装备,并提供零件和维修服务等,同时还经营电脑业。

20世纪30年代,波音公司率先推出民航机"飞剪号",名震全球。在第二次世界大战中，为配合打败法西斯，又抢先推出B17、B29等大型轰炸机。由于此两种飞机威力很大，故而人们把B17型称为"空中堡垒"，B29型称为"超级空中堡垒"，由于这批威力极强的飞机加盟，使盟军的力量大增，可谓大长盟军志气、大灭法西斯威风，为战胜德、意、日做出了重大贡献。但是"二战"结束后，美国军方取消了尚未交货的全部订单，使整个美国飞机制造业陷入瘫痪状态。波音公司也不例外地陷入了"死亡飞行"之中。一时间，各个飞机制造公司昔日的风采荡然无存，个个垂头丧气，不知该从何下手。

通过这次沉重的打击，波音公司并未被眼前的困难所吓倒，而是进行了深刻的反思，认为这次的失误自己有不可推卸的责任，公司过分依赖军方的订单，产品过于单一，没有及时考虑到有一天战争停止了，该向什么方向发展的问题。

经过认真分析之后，波音公司果断地调整了经营方向，采取了相应措施。一方面波音公司继续与军方保持密切联系，随时了解军用飞机发展的趋势、军方的需求，以便能及时满足军方需要。这样军方就不会介意，而其他飞机制造商也难以乘虚而入；另一方面，考虑到军方暂时不会有新的订单，完全可以抽出主要人力、财力，开发民用商业飞机。为了保证措施的顺利实现，波音公司非常注重吸收和培养人才，并给予他们充分的权力，把主要力量投入民用飞机的研制，从单一的生产军用飞机的旧壳中脱颖而出。

在激烈的竞争中，1954年7月15日，波音公司的第一架、也是全美第一架喷气式客机飞上了蓝天。其他公司的喷气式客机还在慢慢地研制中，有的甚至还停留在图上作业阶段。他们都没有像波音公司一样迅速地推出新型民用航空飞机。在这一阶段上，波音公司又走在了同行的前面。

波音公司把这架飞机定名为"波音707"，同时开辟了"波音7"系列客机的新纪元。一时间，"波音"几乎成了喷气式客机的同义语。"波音707"一经问世，便引起世界的关注，订单如同雪片般飞来。自此，波音公司走出了单一生产军用飞机的峡谷，冲出了"死亡飞行"。因敌而变的经营原则显示出了其诱人的威力。在这之后，波音公司相继推出了727、737、747、757、767、777型客机，同时替海军、陆军、海军陆战队设计制造了各式教练机、驱逐机、侦察机、鱼雷机、巡逻机、轰炸机和远程重型轰炸机等。波音公司日益发展壮大起来，直至今日，波音公司在航空工业领域依然是执牛耳者。波音公司意识到"兵无常势，水无常形"，没有永远不变的市场，积极面对市场的变化，及时开发出适应市场需求的新产品，才能摆脱困境，最终取得成功。

从美国波音公司的成功事例中，我们可以看出，一个公司要想获得长远的发展就要随时地观察市场，适应市场受众的新需求，制造应对市场变化的新产品。正所谓兵无常势，水无常形，能因市场变化而变化的实际商业运用，才能获得好的商业回报。这正是孙子想要说明的因时随势的作用。

第七节　军争篇

一、题解

军争,就是指两军在战场上争夺制胜于敌的有利条件,即敌对双方战略展开中互相争取先敌到达或占领战略要地,察明敌人弱点在有利地形上布成有利态势,以便出其不意,发起进攻。

本篇主要论述了军队作战如何趋利避害,采取先敌之利的原则和方法,以便掌握战场上的主动权。并提出了"避其锐气,击其惰归"的著名军事原则。

二、原文·注释·译文

【原文】

孙子曰:凡用兵之法,将受命于君,合军聚众,交和而舍①,莫难于军争。军争之难者,以迂为直,以患为利②。故迂其途,而诱之以利,后人发,先人至,此知迂直之计者也。

【注释】

①交和而舍:指两军营垒处于对峙状态。和,通"合",即古代的军门。舍,驻扎。

②以迂为直,以患为利:指把迂回曲折的弯路变为近便的道路,把有害的事情变为有利的事情。

【译文】

孙子说:用兵作战的法则多种多样,它包括从将帅接受国君作战命令起,经过动员民众、集中士卒、组编军队,直到与敌人对阵交锋等全过程。战场情况千变万化,把握好稍纵即逝的战机,全凭将领的审时度势,其中最困难的莫过于军争了。所谓军争,就是掌握主动,争取先机之利,使自己处于优势地位。军争之所以难,就在于:要把迂回绕远的路变成近便之路,把不利条件变为有利条件,出其不意袭击敌人,同时以小利引诱敌人,使其上钩。这样,就可以收到后于敌军出发而先于敌军到达,并及时抢占有利地势,取得先机之利的效果。如此指挥作战的将领,就是领会了"迂直之计"的妙用了。

【原文】

故军争为利,军争为危。举军而争利,则不及;委军①而争利,则辎重捐②。是故卷甲而趋③,日夜不处,倍道④兼行,百里而争利,则擒三将军,劲者先,疲者后,其法十一而至;五十里而争利,则蹶⑤上将军,其法半至;三十里而争利,则三分之二至。是故军无辎重则亡,无粮食则亡,无委积⑥则亡。

【注释】

①委军:指丢弃笨重装备和辎重,轻装前进。
②捐:损失。
③卷甲而趋:指卷起铠甲急速行进。
④倍道:加倍行程的意思。
⑤蹶:(jué 倔),挫败。
⑥委积:指物资储备。

【译文】

军争是为了夺取战场上的先机之利,但是在实施过程中也存在着危险。如果三军携带全部装备和辎重去争有利之地,就会由于运动困难、行军迟缓而不能按时到达;如果三军丢下装备和辎重去争利,虽机动的速度加快了。但情况一旦有变,就有失去补给而无法作战的危险。所以卷起衣甲急速行进,日夜不停,走加倍的路程,赶到百里以外同敌人争利,三军的将领就可能被擒。其原因是,精壮的士卒还可能跟上队伍行进,而疲弱的士卒就往往落伍掉队,结果只能是有十分之一的兵力到达预定战场。如果赶到五十里以外同敌人争利,先头部队的将领可能损伤受挫,因为这只能有半数的兵力到达预定战场参加作战。即便赶到三十里以外同敌人争利,也只能三分之二的兵力到达参战。可见,军队没有辎重就会失败,军队没有粮秣就不能生存,军队没有相应的物资储备就无法坚持作战而导致失败。

【原文】

故不知诸侯之谋者,不能豫交①;不知山林、险阻、沮泽②之形者,不能行军;不用乡导者,不能得地利。故兵以诈立,以利动,以分合为变者也。故其疾如风,其徐如林,侵掠如火,不动如山,难知如阴,动如雷震。掠乡分众,廓③地分利,悬权而动。先知迂直之计者胜,此军争之法也。

【注释】

①豫交:与之结交。
②沮(jǔ 举)泽:沼泽。
③廓:开拓。

【译文】

掌握战场主动,争取先机之利,在战争中的表现是多方面的。应明确以下三点:一是如果不了解各诸侯国的战略企图,就不能轻易同他们结交;二是不熟悉山岭、森林、险阻、沼泽等地形的实际情况,就不要盲目草率行军;三是不用向导就得不到地利。所以,打仗要讲究诡秘奇诈,要使敌人迷惑不解,捉摸不定,自己才能站稳脚跟。而且还要根据是否有利于我采取适当的行动,要适时地分散和集中,从而灵活多变地使用兵力。这样,军队行进,快起来迅猛如疾风,慢起来像森林一样徐徐摆动；军队发起攻击，像烈火那样猛不可当；军队实施防守，像山岳那样巍然屹立；隐蔽起来，像在阴黑天看不见日月星辰那样，使敌人对我军行动茫然无知；动作起来，像雷霆万钧，使敌人惊愕而手足无措。在敌人乡间掠取粮秣，要开拓地盘，要分别利害，择要据守，权衡敌我态势，相机而动。总之，先懂得以迂为直计谋的就能争取战场上的主动，就会取得胜利，这就是军争的法则。

【原文】

《军政》①曰："言不相闻，故为金鼓；视不相见，故为旌旗。"夫金鼓旌旗者，所以一人之耳目也；人既专一，则勇者不得独进，怯者不得独退，此用众之法也。故夜战多火鼓，昼战多旌旗，所以变人之耳目也。

【注释】

①军政：古兵书。

【译文】

《军政》（古代兵书，现已失传）上说："打起仗来用语言指挥听不见，所以使用金鼓联系；用体态联系看不清，所以使用旌旗指挥，统一号令，统一行动。"军队的行动既然一致起来，那么勇敢的将士就不能单独前进，怯懦的士卒也不能单独后退，这是指挥大部队作战的有效方法。一般来讲，夜间作战指挥多用火光和鼓声，白天作战指挥多用旗帜，之所以变换指挥信号，都是为了适应人们的视听能力而设置的。

【原文】

故三军可夺气，将军可夺心。是故朝气锐，昼气惰，暮气归。故善用兵者，避其锐气，击其惰归，此治气者也。以治待乱，以静待哗，此治心者也。以近待远，以佚待劳，以饱待饥，此治力者也。无邀正正之旗，勿击堂堂之陈①，此治变者也。

【注释】

①陈：(zhèn 阵)，同阵。

【译文】

在军争中除了掌握战场主动，争夺先机之外，还必须注意掌握住敌我双方的"气"和"心"。所谓"气"，就是士卒的士气，所谓"心"，就是将帅的决心。军争中就要做到：一、打击敌军的士气，使其低落下来；二、动摇扰乱敌将的决心，使其迷惑疑虑、举棋不定。军队的士气，在初战时往往十分旺盛、锐不可当，所谓"朝气锐"；经过一段时间后，力量大为损耗，往往士气逐渐怠惰消沉，所谓"昼气惰"；到作战后期，士气低落甚至衰竭，所谓"暮气归"。所以善于用兵作战、争得主动的将帅，总是避开敌军的锐气，等到敌人士低落甚至衰竭时再实施攻击，以自己的镇静对待敌军的鼓噪，这是掌握军心的方法，对于敌人来说就是夺其将领之心。以我军靠近战场的有利条件等待长途跋涉的敌军，以我军充分的休整和充足的物资储备来等待敌军的疲惫和饥饿，这是掌握战斗力的方法。在军争中，不要轻易迎击旗帜整齐、部署周密的敌军，不要进攻实力雄厚、阵容严整的敌军，这是掌握作战态势的方法。

【原文】

故用兵之法,高陵勿向,背丘勿逆,佯北勿从,锐卒勿攻,饵兵勿食,归师勿遏,围师必阙①,穷寇勿迫。此用兵之法也。

【注释】

①阙:(què 缺),通"缺"。汉简本为"围师遗阙"。

【译文】

在军争中遇到如下情况要妥善处置:如果敌军占据高地,居高临下,就不要仰攻它;如果敌人背靠高地,就不要正面攻击它;如果敌军佯装败退,就不要跟踪追击它;如果敌军气势锐猛,就避开而不要攻击它;如果敌军用小部队作诱饵,就不要当上;如果敌军撤兵回国,就不要拦阻它;如果合围敌军,就要留个缺口;如果敌军处于穷途末路,就不要追逼它。这些都是用兵作战的重要原则啊!

三、应用

(一)军事上的应用

"避其锐气"——曹刿论战

公元前684年春,齐鲁之战爆发。由于鲁国国小势弱,无力对抗强齐。鲁庄公决定动员全国,选举贤能,以望取得战争的胜利。

曹刿就是这时候茅庐初出的。他主动请战,与鲁庄公同赴战场。在战场上,他不断地下车观看地形。他认为鲁军所处的地理位置对于己方十分有利。因此当敌人发起猛攻时,曹刿不但建议鲁庄公下令士兵按兵不动而且对战争的胜利成竹在胸。鲁庄公听取曹刿的建议最终取得了战争的胜利。

曹刿论战

那么,曹刿为什么会对己方的胜利如此有把握呢?事后,曹刿是这样分析的。当时,齐军擂鼓进攻,士气旺盛,然而,却没有充分地发挥出来,等到接二连三的击鼓后,士兵们早已士气低迷。无心作战了,这就是所谓的"一鼓作气,再而衰,三而竭"。曹刿指挥作战时"避其锐气,击其惰性",一举打败了强大的齐国,取得了胜利。兵家讲求"避其锐气",曹刿就是这么做的。在避开锐气的同时,赢得了胜利的先机。

刘备"以迂为直"胜曹军

两军相对,必定各有优劣之势,这个时候我们一定要扬长避短,化不利之势为有利之势,"以迂为直,以患为利"这样才能获胜,在汉中之战中,刘备就是这样赢得势力强大的曹军的。

公元 215 年,曹操亲率大军进军汉中的张鲁。张鲁自知以汉中一隅之地不足以与曹操对抗,想不战而降,把汉中让给曹操。但张鲁的弟弟张卫不同意降曹,主张出兵抵抗。曹军到达阳平关后,张卫率领一万多人拒关坚守,但可惜寡不敌众,阳平关被曹军攻破。阳平关失守,本来不愿抵抗的张鲁以及巴中地区的土人部落首领,都投降了曹操,曹操基本上控制了汉中及巴中地区。

汉中原属于益州管辖,是刘备的地盘。汉中的战略地位十分重要,是四川东北的门户,是西蜀通往北方的重要途径。当汉中被刘备占据的时候,刘备则进可以攻关中,退可以守益州,但现在曹操占据了汉中,那么益州北方就无险可守,势必对占据

刘备(161—223)

四川不久的刘备形成极大的威胁。虽然经赤壁之战,刘备的势力已经大大加强,与占据黄河流域的曹操、占据江南的孙权形成了三足鼎立的格局。但相对于孙权和曹操,刘备的力量还是相对较为弱小的,本来在三者之后就处于不利地位,现在如果再失去汉中,刘备的处境就将更加危险。

所以刘备无论如何都不能让汉中落于曹操手中,于是争夺汉中的战争就不可避免。刘备首先派部将黄权出兵巴中,击败了曹军在这一地区的守军,重新控制了巴中地区,并积极筹备收复汉中。这时,曹操的军队正在汉中休整,司马懿曾建议曹操抓住时机进攻益州,一举消灭刘备。曹操考虑到自己的后方不稳定,而且西蜀易守不易攻,因而没有采取军事行动,自己领兵回到了中原。只是把原驻守在长安的大将夏侯渊调来驻守汉中。

公元 217 年,刘备把诸葛亮留守成都,在后方负责军需供应。他自己亲自率主力进攻汉中,他将大军推进到攻取汉中的战略要地阳平关,与曹军展开了争夺阳平关的殊死战斗。刘备挑选精兵万余人,轮番发起攻战,无奈曹军能攻善守,阳平关又易守难攻,刘备始终未能得手。双方在阳平关相持一年有余,一直不能分出胜负。他为了改变这种长期相持的局面,准备变换进攻策略。

公元 219 年正月,刘备率军避开地势险要、防守严密的阳平关,南渡汉水,沿南岸山地向东挺进,神不知鬼不觉突然逼近定军山,一举抢占了定军山。定军山是军事要地,它处在汉中西南的门户,地势险要,战略地位相当重要。刘备占领了定军山,就等于打开了直通汉中的道路,并对阳平关曹军侧翼的安全造成了巨大威胁。

夏侯渊为与刘备争夺定军山,被迫将防守阳平关的兵力东移,这样一来,曹军据险固守的阵势被打乱。

为防止刘备北上和继续东进,曹军在汉水南岸和定军山东侧建营垒、修围寨、

设鹿砦(一种栅栏式的防御工事),加强战略防御。刘备乘虚夜攻曹营,火烧南围鹿砦。夏侯渊命张郃留守东围,自率轻骑前去救南围。这时刘备又急速调兵奔袭东围,并派黄忠率精兵埋伏在东围、南围之间的险要地段。张郃抵不住刘军的猛攻,快要输掉,夏侯渊又急忙率军回援东围。此时,黄忠以逸待劳,居高临下,见夏侯渊率军进入伏击圈,立即向行进中的夏侯渊发起突然攻击。夏侯渊毫无防备,仓促应战,很快就溃不成军,夏侯渊本人也被黄忠斩杀,曹军四散而逃,死伤惨重。张郃拼死突出重围,率领残部退守阳平关。刘备夺取并保住了定军山,改变了战略上的被动局面。

曹操得知汉中战场失利,亲率主力从长安出斜谷,迅速赶赴阳平关前线救援。这时,得胜以后的蜀军士气旺盛,对战局也信心十足。刘备得到曹操增援的消息,并不畏惧,他对随从的部将说:"曹操虽然再来,也将是无能为力了,汉中必定归我所有。"

曹操到达汉中,便急于收复定军山,以稳定汉中局势。而刘备因为利用有利地形,此时却不慌不忙,他据险而守,以逸待劳,无论曹军如何叫阵挑衅,就是不与曹操决战。但私下里,刘备派遣多股游兵深入曹军后方进行扰袭,断其交通,劫其粮草。

刘备的寻机扰敌策略,使得曹军前方求战不得,攻险不胜,后方又屡遭骚扰,补给困难,粮食缺乏,军心恐慌,很快便兵无斗志,临阵脱逃者日益增加。就这样僵持一个多月,曹操见毫无胜机,不得不放弃汉中,全军撤出汉中退回关中。刘备夺得汉中,势力得到了扩大与巩固。

在这一战中,刘备采取长途迂回、守险不战,以游兵扰其后方、在运动中设伏歼敌等策略,"以迂为直,以患为利",不仅变被动为主动,而且进一步取得了汉中争夺战的全面胜利,使自己的势力得到巩固。

(二)政治上的应用

赫鲁晓夫出局

赫鲁晓夫是继斯大林之后苏联党和国家的最高领导人,1964年10月14日在"反赫联盟"的推动下,赫鲁晓夫黯然下台,结束了其对苏联十多年的统治。

赫鲁晓夫是一位极具争议性的苏联领导人物。他反对前任斯大林时期盛行的个人崇拜,但是他对军政大权的掌控丝毫不逊于前者,独断专横、一意孤行的行事风格引发了苏联许多党政要员的不满。以勃列日涅夫为首的一批人秘密结成"反赫联盟",准备伺机推翻赫鲁晓夫,掌控国家政权。赫鲁晓夫在位期间,热衷于外出考察,一年当中有三分之二的时间用在了出访上,给国内、党内政治留下了诸多空白,"反赫联盟"趁机不断发展壮大。1964年10月13日,以勃列日涅夫为首的"反赫联盟"筹划完备后,突然发难,借召开全会讨论农业问题,将远在黑海度假的赫鲁晓夫召回莫斯科,准备在会上将赫鲁晓夫开除出苏联的政坛。赫鲁晓夫对此一无

赫鲁晓夫(1894—1971)

所知,在其主持下,苏共中央主席团会议正式召开,除赫氏外与会者共有二十一人,但是除了米高扬一人支持他之外,其余二十人皆投了反对票,他们极力抨击赫鲁晓夫在农业上的失误,力劝赫鲁晓夫退出苏联政坛。最后,赫鲁晓夫被免除了一切职务,强迫"退休",成为"特殊养老金领取者",隐居乡间,自此从公众视野中消失。赫鲁晓夫也为其大意断送了政治生命。

"以治待乱,以静待哗"——平益州之乱

四川益州自古是兵家必争之地,历朝历代都派能人去镇守。北宋时,张方平曾奉朝廷之命调任益州太守。正准备起程上任时,突然传来一个很坏的消息:西南少数民族中的依部川的首领四处散播谣言,说壮族首领侬智高在南诏正蓄积粮草,大队人马马上就要来侵犯四川。益州城内人心惶惶,一片混乱。

朝廷接到益州的急报,火速派兵前去支援。与此同时,朝廷又命令张方平尽快赴任,主持四川地区防御事务,张方平接到命令后,便连夜赶往四川。途中,他仔细打探消息,又经过几日仔细思考,总觉得事情有点蹊跷。众侍从忙问原因。张方平说道:"南诏离四川有两千余里,道路艰险,自古飞鸟难逾。并且南诏各族之间语言不通,又没有隶属关系,难以统一指挥。如此看来,定是有人在散布谣言。"侍从们都认同此理。

在考虑妥当后,张方平遣回了援军。进入四川境内后,他又发出命令告诉四川的少数民族:"如果南诏的侬智高来犯,我定会派兵抵制的。只要是良民,朝

张方平(1007—1091)

廷都会给予保护,但若要胡说八道、乱造谣言,不论是谁,一律杀头!"接着,张方平把正在修筑城墙的士兵们全部遣回,然后秘密派人去邛部的少数民族里找一个能说汉文的人。恰好当地正逢上元节,张方平下令益州城四门大开,通宵不闭,任人自由进出,观看彩灯,不受任何盘查。百姓们见此情景渐渐没有了当初的恐惧,安下心来,四川重又安定下来。

不久,派到邛部少数民族的人找到了一个懂汉语的良民。张方平向其问明原因,果然是有人故意制造混乱。于是下令将最先散布谣言的人处斩。至此,益州之乱得到圆满解决。

从张方平处理事情的整个过程来看,他在听到那个坏消息后,并没有自乱阵

脚,而是"以治待乱,以静待哗",认真分析事情的原委,并遣回援军,大开城门,最终稳定了民心,平息了混乱局势。

(三)经济上的应用

战术实例——"精工表"VS"瑞士表"

长期以来,以精密著称"瑞士表"一直都是制表业的龙头,享誉全世界,受到全球各地民众的追捧。但是,1967年后,一大劲敌——日本第二精工舍生产的"石英"表的出现,使得瑞士表业的发展遭遇了前所未有的挑战。

时任精工舍社长的服部一郎在制造表业决定另辟蹊径,以期战胜瑞士企业生产的机械表。就必须开拓一条不同于"瑞士"的发展道路。为了在与瑞士的竞争中赢得主动。服部一郎及其团队耗时10年,终于攻克巨大的技术难关,将体积庞大的真空电子管式石英钟实现小型化,变成了可以戴在手腕上的"石英表"。为了在市场上推广精工牌石英表,服部一郎决定避开了瑞士表的锋芒,采取迂回战术,在日本国内以及瑞士之外的国家大力拓展市场,最终成为激烈市场竞争中的赢家。1990年,"精工表"的产量已经跃居世界第一,并且向高端市场迈进,相继开发出了以实用为主的中高档手表,以钻石、宝石装饰的超高档手表和以黄金装饰的新型超级手表。这样,在之前"瑞士表"一统天下的局面下,服部一郎巧妙的制造和营销战术为其赢得了一片广阔的天地,使对手不断遭遇"滑铁卢"。

"善于把握时机"——金奖白兰地

1915年,巴拿马万国商品博览会上,中国张裕酿酒公司的白兰地享誉世界。从此以后,中国的酿酒公司,中国的白兰地,中国的张振勋,给了世界人们一个不同于以往的印象。而这一美名的由来,这一成绩的取得,其背后不知凝结了张振勋这一品牌创始人多少艰辛与努力。

19世纪正是中华民族处于内忧外患的时期,中国除了遭遇列强的搜刮与压迫之外,在世界之林上却罕有作为。中国酿酒业的带头人张振勋就出生在这个年代。1840年,张振勋出生在广东一个贫困的私塾家庭。张振勋的童年同许多人的童年一样,饱受了各种不幸与苦难。虽然出生在私塾家庭,但由于家庭条件贫困,十三四岁张振勋便不得不辍学,跟随哥哥姐姐做一些力所能及的事补贴家用。在他十六岁那年,家乡发生了罕见的大旱灾,原本不富裕的家庭更是雪上加霜。街头巷尾到处都是饿死的人,小振勋每天和哥哥、弟弟一起上山挖草根,剥树皮,勉强供一家人充饥艰难度日。正在这时,张振勋生命中第一个帮助他的人出现了。来自印尼的华侨看见小张振勋聪明好学,手脚灵活,便答应带着他去印尼谋生。到了印尼之后,虽然张振勋的生活并没有很快发生巨大的变化,但却逐步改善,以至于最后成就了张振勋的事业。

张振勋首先在一个福建华侨所开设的纸行里当佣工。虽然只是帮用户,但是张振勋的工作态度却得到了老板的肯定,随后任命他当推销员,后来又提拔他当账房先生,把全店账务管理和银钱进出都托付给他。他勤勤恳恳地工作,为人认真老实,在经过自己的努力为纸行赢得了5万多利润之后,他并没有受其他人鼓动对这些钱起不义之心。在纸行老板得知这一事情之后,更是对张振勋的为人倍加信任,把纸行的工作委任于他并且还将自己的爱女嫁给了张振勋。

在纸行老板去世之后,张振勋安排妥当老人的后事便对当前的事业进行了新的考虑。当前纸行的生意已经并不像先前那样风生水起,所以张振勋积极开拓思路,瞄准当前市场的热点——酿酒业。因为当地的荷兰殖民者酷爱喝酒,所以,张振勋毅然决然地将纸行改开为酒行。

张振勋是个有心人,在接待顾客时很注意了解当地的风土民情,结交各方面的朋友,这些对张振勋巩固

张振勋(1841—1916)

酒行都非常的有益。如当年他在进行巴城酒税和典当捐务承办权的投标竞争时,在他的荷兰籍好朋友、当地最高长官亨利的帮助下,取得了竞标的胜利。几年之后,张振勋的酒行已经在当地小有名气,财富与地位也与日俱增,成了当地有名的大富翁。

虽然张振勋的酒行已经有了一定的基础,但是张振勋并不满足这些既得的成就,一直在积极进取,开拓市场。1866年,当地政府为了开发附近的岛屿,号召华侨投资进行垦殖。张振勋审时度势,认为新的创业时机到来了。他看准了当地的气候非常适宜开发垦殖业,所以他亲自前往葛罗巴埠,创办了一个裕和垦殖公司。种植咖啡等作物,也使自己的产业越做越大,收入逐渐增加。之后,张振勋又去苏门答腊经营垦荒事业,开办了亚齐垦殖公司,先后办起了橡胶园、茶园、鱼池和银行,成为资财累累的"苏岛富翁"。在垦殖业也有了基础之后,张振勋更加奋进努力,争取新的市场点。

1894年9月,我国近代第一家同时也是当时远东地区最大的一家新式酿酒公司——烟台张裕酿酒公司的正式成立,恰是张振勋争取新的市场点的典型案例。该公司不仅得到了政府的正式批准,同时还获得了在直隶(今河北)、奉天(今辽宁)、山东三省的15年专利和免税3年的政策优待。这样的成功其实也是缘于一次偶然的商业活动。

1891年夏,张振勋应清政府督办铁路大臣盛宣怀之邀到山东烟台商议投资事宜。张振勋与盛宣怀谈及往事时,不经意间提及曾有法国故人考察过中国的天津、烟台一带地区,认为两地气候环境适宜葡萄生长,而且长出来的葡萄是酿造出优质葡萄酒的最佳材料。于是两人均对此地葡萄酒的商机表现出了浓厚的兴趣,烟台

张裕酿酒公司于此成立。

鉴于张振勋曾经经营过酒行，对于各国名酒有一个大致的了解，同时他又经营过垦殖公司，对原料基地葡萄品种优劣的选择也有独到的眼光，所以，烟台张裕酿酒公司开始走上了运营轨道。但是，在实际的操作中也出现了相应的问题。因为我国的酿酒业始终以粮食酒为主，关于葡萄酒酿造技术的记载几乎是空白。在技术手段缺乏的情况之下，张振勋只能将眼光放于国外，寄希望于外国酿酒师。终于在1892年春天，张振勋以重金聘请到了英国有名的酿酒师俄磷，两人合作得比较愉快。但是可惜好景不长，两年之后，也正是酒厂筹建的紧要关头之际，酿酒师俄磷不幸身亡，张振勋不得不重新聘请酿酒师。不料在数日后经人介绍的荷兰人雷德弗，竟是个骗子，而不是技术精湛的酿酒师。雷德弗向张振勋夸下海口，谎称自己酿造技术如何了得，但当将酒样拿去化验之后，雷德弗的真实面目便不攻自破。就这样，酿造技术又成了此时制约张振勋的事业继续向前发展的瓶颈。终于在张振勋的努力下，烟台张裕酿酒公司又重新迎来了一位新的酿酒师——哇务，来自奥地利。经过一段时期的考察之后，哇务精湛的酿酒技术以及忠诚的人品深得张振勋的赏识，放心将此大局交由哇务控制。但是，又因为哇务的个人年龄问题，只得在短暂的工作之后便提出了辞职。在三请酿酒师之后，张振勋再次踏上了找寻酿酒师之路。

有的时候，人们越在意某些东西，就偏偏的不容易得到，但当你不经意间的时候，反而又会得来的全不费功夫。1896年的某一天，张振勋在与奥地利驻烟台领事拨保爵士在谈话时无意间向其诉说了三请酿酒师而最终落空的事情，却意外得知拨保爵士本人就是一位十分出色的酿酒师。谈话中得知，原来拨保家世代从事酿酒行业，他父亲是奥地利著名的酿酒师，拨保从小就喜爱酿酒，一直跟着父亲学习酿酒工艺技术，并且在酒厂干过，有丰富的实战经验。鉴于两人之间的关系，再加上张振勋本人对葡萄酒事业的热衷精神感动了拨保爵士，于是，两人一拍即合，张振勋的酿酒公司在拨保的辅助下走上了蓬勃的发展道路。

在经过十几年的苦心经营之后，烟台张裕酿酒公司终于初具规模：两片作为原料生产基地的葡萄园，占地近千亩，葡萄种植品种达一百二十四种；三层楼的厂房，占地1976平方米的酒窖和一座玻璃制造厂；购置了进口的压榨机、发酵机、白橡木贮酒桶等设备。

张裕酿酒公司在设备齐全、技术精湛的环境中终于向世界证明了自身的价值。1915年4月，适逢三藩市举办巴拿马万国商品博览会，张振勋就派人将张裕葡萄酒送去参加比赛。比赛揭晓，张裕白兰地荣获国际金牌奖章。"金奖白兰地"的名号至此实至名归。

从张振勋经营张裕葡萄酒公司的这一系列过程，我们可以看到，张振勋的成功不是在于我们常说的"运气"，而是在于张振勋善于把握时机的精神。因为在商场上,运气只是用来安慰人的宽心丸,最重要的是只有凭借努力排除不利因素,善于把握良机,才能拉近自己与成功的距离,成为相关领域的带头人。

第八节　九变篇

一、题解

九变是指多变的意思。古有"九者,数之极"之说。用现代语言表述就是根据具体情况多次采取应变措施,以求克敌制胜。九,泛指多,不是实数。变,指不按正常原则处置,而是根据特殊情况和具体形势而采取灵活应变的机断措施。

本篇主要论述用兵打仗要根据不同情况灵活运用作战原则的问题,强调考虑问题要兼顾利害两个方面,并提出了有备无患的备战思想。

二、原文·注释·译文

【原文】

孙子曰:凡用兵之法,将受命于君,合军聚众,圮地①无舍②,衢地③交合,绝地④无留,围地⑤则谋,死地⑥则战;途⑦有所不由,军有所不击,城有所不攻,地有所不争,君命有所不受。故将通于九变之地利者,知用兵矣;将不通于九变之利者,虽知地形,不能得地之利矣。治兵不知九变之术,虽知五利,不能得人之用矣。

【注释】

①圮地:圮,(pǐ痞),倒塌、毁坏。圮地,指山林、险阻、沮泽之地。

②舍:住舍,这里指的是部队宿营。

③衢地:指四通八达之地。

④绝地:绝地,缺乏生存条件或地形十分险恶的地方。

⑤围地:围,包围,是指四面地形险恶,出入通路狭窄的地区。

⑥死地:死地,前无进路、后有追兵,必得死战之地。

⑦途:通"途",道路。

【译文】

孙子说:用兵作战应随机应变,灵活处置。主将在受领国君命令后,就要征集兵员、组编军队、出征作战。在征途中可能遇到"圮地""衢地""绝地""围地""死地"等各种地域,因此要针对不同地域和敌军的实际情况采取不同对策。遇到"圮地"(难于通行的地区),不可宿营;行至"衢地"(交通便利,四通八达的地区),要联络诸侯,结交朋友;遇到"绝地"(交通不便,水草皆无,难于生存的地区),决不可停留；行至"围地"（进退两难，易被包围的地区），就要防敌袭击，巧设奇谋；当陷入"死地"（前不得出，后不得退，非死战就难以生存的地区），要坚决果断，拼死搏斗，置之死地而后生。在战场上遇有错综复杂的情况，要灵活处置。有的道路不要通过，有的敌军不要攻击，有的城邑不要攻占，有的土地不要争夺，国君的某些命令也不可接受（这就是被历代将帅所推崇的"将在外，君命有所不受"的思想）。可见，如果将帅能精通各种地区的灵活处置，就是懂得用兵的法则了；如果不通晓各种地形的灵活利用，虽然了解地形，但也不能得到地利为我军所用。指挥作战，不善于随机应变、灵活处置，即或知道"五利"（涂有所不由，军有所不击，城有所不攻，地有所不争，君命有所不受），也不能使军队的战斗力充分发挥出来。

【原文】

是故智者之虑，必杂于利害。杂于利而务可信①也；杂于害而患可解也。

【注释】

①务可信：务，任务。信，通"伸"，这里引申为完成、成功。务可信，这里指任务可以成功。

【译文】

聪明的将领在考虑问题、制定战略的时候，一定要兼顾利与害这两个方面。既要充分考虑到有利的方面，从而坚定取胜的信心和勇气，即或在困难的情况下也要看到有利的因素；同时也要考虑到不利的一面，从而保持清醒的头脑，多发现些困难和可能遭受的挫折，把可能发生的祸患尽早消除。这也就是所谓的"人无远虑，必有近忧"。

【原文】

是故屈诸侯者以害；役诸侯者以业；趋诸侯者以利。

【注释】

【译文】

所以，要使列国诸侯屈服，就要用他们最害怕、最忌讳的手段去扰害和威胁它；要使诸侯列国疲于应付，就要让他做不得不做的事情，繁忙不止而陷于烦劳；要使诸侯列国被动奔走，就要用小利引诱它。

【原文】

故用兵之法，无恃其不来，恃吾有以待也；无恃其不攻，恃吾有所不可攻也。

【译文】

另外，用兵作战的法则还有：两军对垒，不要指望敌军不会来犯，而要依靠自己做好充分准备，严阵以待；不要指望敌军不会进攻，而要依靠自己的军队具有使敌军无法攻破的足够力量。任何时候、任何情况都要做好充分准备，使进攻之敌无隙可乘。

【原文】

故将有五危：必死，可杀也；必生，可虏也；忿速①，可侮也；廉洁，可辱也；爱民，可烦也。凡此五者，将之过也，用兵之灾也。覆军杀将，必以五危，不可不察也。

【注释】

①忿速：指急躁易怒，一触即跳。

【译文】

用兵作战的将帅要禁忌五种造成危险的缺点：一是有勇无谋，只知硬拼，这就可能被敌诱杀；二是贪生怕死，临阵畏怯，这就可能被敌俘获；三是暴躁易怒，经不起敌军挑逗、凌辱，这就可能被敌欺骗；四是廉洁好名，过于自尊，这就可能因敌羞辱而失去理智；五是过分地爱惜民众，这就可能使我军烦劳陷入被动。以上五点，是将帅易犯的过失，其中也反映了将帅性格上的缺陷，它是指挥作战的灾害啊！有时全军覆灭，将领被杀，就是由这五种危害所引发的，因此，作为军队的将帅不能不警惕，不可不认真加以考虑啊！

三、应用

（一）军事上的应用

日本偷袭珍珠港

1939年5月至9月，日军在对苏联的诺门坎战役中失利，"北上"作战计划受挫。于是，日本将作战重心转为"南下"，美国则成为其战略冒进道路上的最大绊脚石，对美开战方案逐渐浮出水面，一时间太平洋上空战云密布。

夏威夷的珍珠港是美军重要海军基地，是美军太平洋舰队的驻地。为了解除美国太平洋舰队对日本"南下"战略的羁绊，日本决定派遣帝国联合舰队偷袭珍珠港，企图一战歼灭美军太平洋舰队主力。为了确保偷袭珍珠港成功，日本煞费苦心，做了精心的计划和筹备，战略上制造假象，摆出准备继续北上与纳粹德国会师苏联的姿态，同时通过和平谈判的形式，迷惑美国，掩盖联合舰队秘密集结鹿儿岛湾，积极训练、备战的真相。等一切准备就绪后，偷袭珍珠港的Z计划启动。日本联合舰队隐蔽出发，一路上保持无线电静默，于1941年12月8日对美军珍珠港基地发动了突然袭击。日本6艘航母上起飞的350余架飞机分两个波次，对珍珠港实施了狂轰滥炸。毫无防备的美军仓促应战，损失惨重。最终日本以轻微的代价，取得了这次突袭的胜利。日本偷袭珍珠港，虽重创了美国太平洋舰队，却将一个沉睡的巨人唤醒了，日本从此走上了一条败亡之路。

"通于九变之利"——结盟化干戈

在战场上什么情况都可能发生，我们会遇到很多意想不到的事情，面对这些意外情况，将领必须灵活应对，做到"通于九变之利"，才能取得胜利。

在长征途中，红军要经过大凉山区的一段彝族聚居区。那时彝族人还不知道红军,以为又是"汉兵"入境抢掠杀戮。因此,他们以看见山下的红军,就成群结队涌出寨门,一边呐喊,一边挥动着土枪、长矛、弓箭攻击红军,企图阻止红军进山。

刘伯承赶忙命令先遣部队停止前进,与几位指导员商量对策。刘伯承认为切不可采取强攻,否则会有损红军在群众中的威望,更会破坏民族团结,而且一旦双方起争执,会耽误行军日程,破坏整个红军的北上计划。要解决问题,就要抓事物的主要矛盾,要想顺利通过,就要做好彝族头人的工作,求得他们的理解,除此之外,别无良策。

刘伯承先派人找来一个翻译,对山寨进行了详细的调查,知己知彼方可百战百胜,刘伯承得知大凉山上有两个彝族部落,一个叫"沽基",一个叫"罗洪",山上还有两个"孔明寨",相传此处就是三国蜀相诸葛亮七擒孟获的古战场,而这个孔明寨,就是当年屯兵的营寨。这说明这里的彝人对诸葛亮有一定的感情。刘伯承认为一个这是争取头人的有利因素,于是就和几位指导员商定出了对策。

一切安排妥当之后,刘伯承便派出代表进山与头人对话,宣传红军与彝族亲如一家,共产党主张民族平等的道理。反复说明红军这次进山,只是借道北上,并不在寨子住宿,更不会拿人民一针一线。经过反复谈判,彝族"沽基"头人小叶丹被说动了。但当他从寨子里走出来,一看到山下的红军,还是不放心,生怕这些"汉人"进寨后会闹腾得鸡犬不宁。

看到小叶丹犹犹豫豫,红军代表根据少数民族重义气的特点,灵机一动,提出刘司令员愿与他结为兄弟,并"歃血为盟"。果然,小叶丹一听到这个提议立刻高兴了。为了表示诚意,红军代表把一只手枪送给小叶丹,小叶丹也把一匹黑骡子作为回赠的礼品。

拜盟的仪式马上举行。刘伯承和小叶丹双双跪下,一个彝民长者舀了两碗清水,捉来一只大公鸡,高声念道:"X月X日X时,红军刘司令,与沽基小叶丹结为兄弟,如有反悔如同此鸡。"念完,用刀将鸡脖子一抹,把鲜血滴进碗里,然后,恭恭敬敬地把碗放在并排跪着的这一对汉彝兄弟面前。刘伯承端起碗,对天发誓:"我刘伯承愿与小叶丹结为兄弟,如有反悔,天诛地灭!"说完将鸡血一饮而尽。小叶丹看到刘伯承如此豪爽连连说好,也端起大碗把鸡血喝掉。

当晚,刘伯承把小叶丹迎到红军驻地,在汉族寨子里摆上好酒,与这位彝族兄弟开怀痛饮。接着,刘伯承又与"罗洪"头人进行了交往,交往也非常顺利。此后,寨子里的彝族人与当地汉人的关系变得非常好。

这条横在长征路上的"关隘",就这样在党的民族政策感召下,用民间常用的"结盟"方式,顺利地打通了,加强了民族团结,加深了各民族一家亲的关系。这正是刘伯承等人的灵活处事,擅长"九变"的结果。

(二)政治上的应用

张学良智勇双全稳政局

一个合格的将领必须要学会克制自己的情感,不可大喜,也不可震怒,即使有了这些情感,也要放在心里,不能让敌人看出来,否则给敌人可乘之机,正所谓"将有五危"这五危的其中一个就是"忿速,可侮也",如果太刚烈,太意气用事,就容易受敌人的挑衅而失去理智,引起战争失败,所以将领必须镇定、冷静,才能成为最后的赢家。少帅张学良就是这样一个清醒理智的人。

1928年,张作霖在直奉战争中作战失败,由北京乘火车退往东北沈阳。由于当时张作霖未能满足日本侵占满蒙的全部要求,日本帝国主义对张作霖极为不满,决心除掉他。6月4日清晨,张作霖乘专列经过京奉路和南满路交叉处的皇姑屯车站时,被日本关东军预埋的炸弹炸死。

然而天意弄人,这一天,恰巧是张学良的生日。当时张学良正和杨宇霆、孙传芳及军团部高级幕僚们在北京的寓所万宇廊聚会,当他接到奉天密电,得知父亲被炸的消息后,悲痛欲绝。但他深知事关重大,绝对不能慌乱,所以在此后的十几天里他都表现得十分镇定,将处变不惊的大将之气表现得淋漓尽致。

张学良首先同杨宇霆等人进行秘密商议,将所辖部队的撤退细节一一作了妥善安排,并把自己的军团部安全撤退到滦县。然后,他把军团的指挥权交给杨宇霆,自己则秘密地从滦县乘车,启程返回奉天。为了防止日本人再搞阴谋加害自己,他特地剃了发,换上灰色的士兵服装,化装成伙夫模样,以此掩人耳目,最后乘坐普通的闷罐军车,安全回到奉天帅府。回到奉天后,张学良见到父亲被炸的惨状,悲痛至极,号啕大哭。

但他知道,自己刚到东北,一切事情均未安排妥当,如果父亲被谋害的消息外露,肯定会引起动荡和混乱,这样更加给了日本人浑水摸鱼的机会,决不能让日本人的奸计再得逞了。张学良忍住悲痛,决定密不发丧,对外只是谎称张作霖只是被炸受伤,并无生命危险。他每天仍令厨房给张作霖"开饭",令医生给张作霖"换药",为确保信息保密,他严禁闲杂人员进入张作霖卧室。这样做的滴水不漏,没出一点破绽。

日本人多次派人设法打听张作霖的消息,但都被张学良巧妙应付过去了。在此期间,张学良抓紧时间将各方面的事情作了精密安排,直到所有事情都走上正轨以后,张学良才正式给父亲发丧。此时已是6月21日,离张作霖真正去世的时间已经过去半个多月了。7月4日张学良顺利继承父业,任东北保安司令。

本来,日本人本想通过制造皇姑屯事件,除掉对其已无大用处的张作霖,趁年轻气盛的张学良为父报仇,导致东北混乱之际,日本就可趁火打劫,出兵东北,用武力彻底解决问题,攫取更大更多的利益。哪知张学良竟能如此处变不惊,冷静地处理了这一突发事变,稳定了东北局势。

临变有制,通达权变,这是大智之人才能为之的事情。张学良就是运用自己的智慧挫败了日军的阴谋,使东北摆脱危机的。在战场上,难免会遇到一些对自己不利的突发事件。变乱临头,惊慌失措,绝对不是改变乱局应有的态度。面对变乱,首先要镇定下来,接受这种局面,然后再想办法扭转它。

(三)经济上的应用

商海"伯乐"金宇中

金宇中是韩国著名的企业家,在韩国企业界素有"出口大王"的美称。金宇中经营的大宇公司业务遍及国内外,是一家世界知名的企业。而这些业绩的取得,与金宇中独具的商业慧眼是密不可分的。

20世纪70年代,以日本、韩国等为代表的亚洲新兴国家迅速崛起,其产品以低廉的价格、高品质的质量冲击着海外市场,与之相关的贸易摩擦愈演愈烈。1974年,深受亚洲新兴国家商品倾销之苦的美国决定采取措施,维护美国工商业的权益,率先对纺织品的进口实行配额制度。配额比例是根据上一年度输美业绩为基准指定的,即上一年度对美输出多,那么这一年度获得的配额数量或比例也就多或高。但是,之前由于残酷的价格战压缩了利润空间,加之嗅到美国政策打压的气息,许多韩国的纺织品出口商在上一年度就压缩了对美纺织出口规模。然而,当时的金宇中却反其道而行之,趁对手撤出之际,扩大规模,增加公司纺织品的输出量,从而在这一年度的配额中获得较大比例,可谓大获全胜,成为该年度韩国对美纺织业品输出上的唯一的赢家。

灵巧经营占商机

企业的发展仰仗于整个世界的大环境,世界经济发展状况良好,企业的收益也会随之增加,反之世界经济不景气,企业的发展也会受影响,但要如何应对大环境的变更,不会随波逐流仰人鼻息呢,这就需要我们在竞争中"通于九变之利"灵活把握市场需求,及时调整投资策略,才能使企业获得好的发展。

德士古石油公司是一个实行纵向一体化经营的综合性大公司,它在世界石油工业中都具有重要的影响,其业务范围包括从石油勘探、生产一直到加工、销售。石油化工业务在整个业务中也占有一定比重。1991年时的固定资产就达261.82亿美元,股东资金总额达98.28亿美元。

因为德士古的原油主要在国外生产,所以德士古在国内外的分公司、子公司非常多。为了便于管理公司根据集中控制和分散经营的管理原则,对组织机构进行了调整,新设了德士古美国公司、德士古拉丁美洲—西非公司、德士古欧洲公司、德士古化学公司和德士古国际勘探公司5个部分。而且每个部分都有明确的分工,德士古美国公司负责在美国境内的勘探、生产、提炼和远销业务。德士古拉丁美洲—西非公司负责中南美洲、加勒比地区以及西非国家的各项业务。德士古欧洲公司负责在欧洲的勘探、生产、提炼和销售业务。德士古加拿大公司是加拿大石油产品的主要制造者和销售者。德士古化学公司负责在世界各个地区的石油化工产品的生产和销售业务。德士古国际勘探公司主要负责寻找新的油源。加上原来的德士古加拿大公司、石油经营部、中东—远东部、替代能源部,共有9个主要分部。

德士古公司在投资方面奉行灵活的政策。除了在国外投资新建和扩大拥有全部股权的企业外,也搞合资经营。1991年,世界原油和天然气价格疲软,德士古仍然占先自己全球化经营和多功能经营的原则,加强了在欧洲、拉丁美洲和太平洋边缘国家深加工产品的生产和销售,使国际范围内的下游收入有所增长,补偿了美国下游经营的亏损。有效地减弱了美国经济的不景气和原油价格疲软给公司带来的影响。仅这一年的纯利润就达将近13亿美元,每股达4.61美元,每股普通股息达到目的20美元,固定资产超过26亿美元,基本建设和勘探投资达36亿美元。激烈的石油竞争市场,并没有让德士古吃不消,反而在德士古公司在灵活的投资下避免了占有市场的萎缩,还将自己经营活动在继续扩大,进一步巩固了自己的地位。

1991年初,德士古采取一系列措施,更加严格地控制成本和各项费用的增长,来应对西方经济的不景气和世界范围内经济发展不稳定的局面,公司在国内外各公司开展"全面提高质量程序,"进一步提高生产率,从管理人员到工人全力投入提高生产能力和改进经营策略的工作中。各管理部门经理都在各自部门内对投资项目进行同样的考察,用自己的知识和经验对初期投资效益作出判断。

德士古董事会为了"提高效率"这一倡议的顺利进行,除了继续对公司的经营活动进行全面管理和监督以外,不定时对前期投资状况进行检验,以便从中了解投资效益并靠了解的结果对未来进一步的投资做出初步决定。在近两年的时间里,董事会对四十个工程项目进行了考察,总投资额达三十八亿美元,这些项目的发展状况和收益达到了预定的目标。此外,完善的生产系统是让公司领导人最得意的地方,德士古的这套生产系统,能够向用户提供高质量的燃油。德士古还在亚瑟港建成一座日产四万吨的炼油厂,这座炼油厂不仅能提高产量而且能够降低原材料成本,使公司的炼油系统将进一步完善。竞争能力也同时进一步增强。

德士古历来重视以技术来提高产品质量,1992年,德士古用于研究与开发方面的费用高达2.5亿美元。德士古充分运用了这笔资金,并加强公司研究所科学家和管理人员以及实际操作人员之间的配合。所做的努力都没有白费,德士古生产的3号系列汽车和好威获利方式汽车用油为石油工业界建立了新的燃油标准,尽管美国燃油市场仍然疲软,但是带"德士古"商标的石油产品却十分畅销,在市场上仍占有相当大的比例。德士古的产品能够满足国际市场上最挑剔的用户的需求。

除此之外,德士古在产品销售方面的新招也层出不穷,领导着销售服务的潮流,公司在每个加油站旁都建有"方便商店",汽车在加油时,驾驶员可以购买各种食品、饮料和办理其他各种事情。现在,在世界各地,该公司共建有七千多家这类"方便商店"。

德士古之所以会发展得这么迅速,就是因为其领导策略灵活多变。商业斗争,总是存在着,要想在商界立足,就必须要灵活应对所遇到的一切情况,德士古就是做到了这一点,所以有了今天令人瞩目的成绩。

第九节 行军篇

一、题解

本篇主要论述了军队行动在各种地形上的处置,观察判断敌情的方法和对军队的教育管理问题。并提出了"令之以文,齐之以武"的治军名言。

"处军",即军队的布置,主要讲如何根据地形来部署军队的驻扎、行动和战斗,以利于作战取胜。"相敌",即判断敌情,孙子讲了种种观察的方法及其意义,要人们通过现象看本质,通过感性认识进入理性判断。

二、原文·注释·译文

【原文】

孙子曰:凡处军相敌①:绝②山依谷,视生处高③,战隆无登④,此处山之军也。绝水必远水;客绝水而来,勿迎之于水内,令半济而击之,利;欲战者,无附⑤于水而迎客;视生处高,无迎水流,此处水上之军也。绝斥泽⑥,惟亟去⑦无留;若交军于斥泽之中,必依水草而背众树,此处斥泽之军也。平陆处易⑧而右背高⑨,前死后生⑩,此处平陆之军也。凡此四军之利,黄帝之所以胜四帝也。

【注释】

①处军相敌:处军,处置军队,指带领军队行军、扎营、作战等。

②绝:横渡、穿越,此处是通过的意思。

③视生处高:居高向阳。视生,向阳的意思。生,生动、生机,这里引申为开阔。视生处高,要把军队驻营于地势高、视野开阔的地方。

④战隆无登:敌人占据高地,不可仰攻。隆,指高地。

⑤附:靠近。

⑥斥泽:指盐碱沼泽地带。

⑦惟亟去:指应该迅速离开。惟,宜。亟,急。

⑧平陆处易:在平原地带驻军,要选择地势平坦、便于车战的地方。

⑨右背高:一说,以背靠高地为上。另一说,指右翼要依靠高处。

⑩前死后生:前低后高。

【译文】

孙子说:军队在有敌情背景下和在不同地形条件下行进,要注意"处军、相敌"。

所谓"处军",是指在掌握军队行动时遇到各种地形的处置;所谓"相敌",是指观察与判断敌情。"处军""相敌"的要领和方法一般是:通过山地,必须沿着低谷行进,驻军扎营时,要居高向阳;如果敌人占领高地,切忌仰攻。这是在山地行军时的处置方法。横渡江河之后,应推进到距河岸较远的地域驻扎;如果敌军渡河前来进攻,不应在河滨迎击它,而要乘敌军半渡之际,给予迎头痛击,这样最为有利;如果想同敌军决战,就要扼守岸边,而要把我军配置在居高向阳的有利地带;如果在水上扎营,就要驻在河流上游,切忌逆着水流驻军。这是行军在河流地域的处置方法。通过盐碱、沼泽地带时,应赶快离开,绝不能停留;如果在此同敌军不期而遇进行交战时,我军就必须靠近水草而背倚森林。这是在盐碱沼泽地带行军的处置方法。在平原地带驻军,应选择平坦的地域,最好背靠高处,前低后高。这是在平原地带行军的处置方法。以上四种就是实际应用和正确处置的行军原则,黄帝之所以能够战胜"四帝"(按出土汉简,帝这、青帝、白帝、黑帝,指当时的四方部族首领)正是灵活"处军"的结果。

【原文】

凡军好高而恶下,贵阳而贱阴,养生而处实①,军无百疾,是谓必胜。丘陵堤防,必处其阳而右背之。此兵之利,地之助也。上雨,水沫至,欲涉者,待其定也。凡地有绝涧②、天井③、天牢④、天罗⑤、天陷⑥、天隙⑦,必亟去之,勿近也。吾远之,敌近之;吾迎之,敌背之。军行有险阻、潢井⑧葭苇⑨、山林翳荟⑩者,必谨复索之,此伏奸之所处也。

【注释】

①养生而处实:军队要驻扎在便于生活和地势较高的地方。养生,指物产丰富、便于生活的地方。实,坚实,这里指地势高的地方。

②绝涧:指溪谷深峻、水流其间的地形。

③天井:指四周高峻、中间低洼的地形。

④天牢:指高山环绕、易进难出的地形。

⑤天罗:指荆棘丛生、难于通过的地带。

⑥天陷:指地势低洼、泥泞易陷的地带。

⑦天隙:指两山相向、涧道狭窄的地形。

⑧潢井:地势低陷、积水很多的地方。潢(huáng黄)。

⑨葭苇:芦苇,泛指水草。这里指水草丛生的地方。

⑩翳荟:草木茂盛,这里指草木茂密多障碍。

【译文】

军队最好驻扎在高阳之地,不宜驻扎在低洼之处;最好正面向阳,背靠阴湿之地;最好驻扎在物产丰富便于生存之地,这样,士卒就不会受到任何疾病的侵扰,这是取得胜利的重要依据。在丘陵、堤防等地域驻军,应使主力部队背倚高地,把军队安置在向阳的一面。这些都是部队行军如何利用地形并把它作为争取胜利的辅助条件。上游有雨,水沫涌来,洪水将至,如果想要蹚水过河,就应等待水流平稳之后再行进。进军途中遇到有"绝涧""天井""天牢""天罗""天陷""天隙"等地形时,必须迅速离开,绝不能靠近。所谓"绝涧",是指前后险峻,中间横水,不得超越的溪谷;所谓"天井",是指四面陡峭,中间汇积溪水,像天然的大井;所谓"天牢",是指三面绝壁,易进难出,像天然的牢狱;所谓"天罗",是指草深林密,荆棘丛生,行动极其困难,像天然的罗网;所谓"天隙",是指坑沟交错,又深又长,难以通过,像天然的地缝。以上这六种地形是行军的险地绝境。因此,我军一定要远离它,而让敌军靠近它,我军设法面向着它,而让敌军背倚着它。进军途中遇有险要的隘路,芦苇丛生的低洼地及草木繁茂的山林地区,必须反复搜索,因为这种区域都是敌奸、伏兵容易隐藏的地方。

【原文】

敌近而静者,恃其险也;远而挑战者,欲人之进也;其所居易者,利也;众树动者,来也;众草多障者,疑也;鸟起者,伏也;兽骇者,覆也。尘高而锐者,车来也;卑而广者,徒来也;散而条达者,樵采也;少而往来者,营军也。辞卑而益备者,进也;辞强而进驱者,退也;轻车先出居其侧者,陈也;无约而请和者,谋也;奔走而陈兵车者,期也;半进半退者,诱也。杖而立者,饥也;汲而先饮者,渴也;见利而不进者,劳也。鸟集者,虚也;夜呼者,恐也;军扰者,将不重也;旌旗动者,乱也;吏怒者,倦也;粟马肉食,军无悬甀①,不返其舍者,穷寇也。谆谆翕翕②,徐与人言者,失众也;数赏者,窘也;数罚者,困也;先暴而后畏其众者,不精之至也;来委谢者,欲休息也。兵怒而相迎,久而不合,又不相去,必谨察之。

【注释】

①军无悬甀:指军队收拾炊具。甀(fǒu 否),同"缶",泛指饮具。

②谆谆翕翕:士卒聚集在一起低声议论。谆谆,叮咛。翕翕(xī 希),聚合。

【译文】

敌军离我军很近而又能保持镇静的,是仗着它具有险要地势;敌军离我很远而主动派兵来挑战的,是妄图引诱我军冒进;敌军放弃险要地势而进驻平坦之地,是企图诱惑我军进入险地,有利于同我军决战。进军途中要注意观察,仔细分析,做出判断,千万不要被现象所迷惑。许多树木摇摆,可能是敌军向我军袭来;草丛中设有许多遮障,可能敌军已布下疑阵;鸟雀飞起,围绕不集,可能下面设有伏兵;野兽惊恐猛跑不归,可能有大批伏兵在准备进攻;尘土飞扬而呈尖状,可能敌军战车驰来;飞尘低平而面广,可能敌军步兵在开进;飞尘散乱纵横而断断续续,可能是少数敌兵在砍柴拽树;飞尘稀少而时起时伏,可能是敌军在安营扎寨。在两军交战过程中,如果敌军派来的使者言辞谦恭,其背后可能在加紧战备;如果敌军派来的使者措辞强硬而摆出进攻架势,其背后可能在准备撤退。敌军轻车先出动,部署在侧翼,可能在列阵;敌军没有约会而突来议和的,可能另有阴谋;敌军调动频繁往来奔走,兵车已经展开,可能企图同我军决战;敌军半进半退伪装混乱,可能想引诱我军冒进。敌兵倚着兵器站立,这是敌军缺粮而饥饿的表现;敌兵打来水而自己先喝的,这是敌军缺水而干渴的表现;敌兵见利而不进取,这是敌军疲惫已极的表现;敌军营寨上空集聚着鸟雀,表明敌营已空虚少人;敌营中夜间有人惊呼的,表明敌军心理恐慌;敌营内纷扰无序,表明敌军将领缺少威严;敌营上空旌旗乱动,表明敌军战阵已经混乱;敌军官吏经常发怒打骂士卒,表明敌军士卒疲惫已经厌战,敌军用粮食阵马、杀牲口吃肉,又把炊具收起,部队不返营房的,表明敌军已成穷寇在准备拼死突围;敌将低声下气慢慢地同部下谈话,表明敌军将领已失去军心;敌军频频悬赏,表明敌军已无计可施;不断惩罚部下,表明敌军已陷入困境;敌将对待士卒先粗暴,然后又惧怕部下的,表明敌将极不精明;敌军派使者前来委婉请罪,表明敌军想要休兵息战。敌军怒气冲冲向我军开进,但不久既不交战也不后撤,遇到这种情况,必须谨慎地察明它的真实意图。

【原文】

兵非益多也。惟无武进,足以并力、料敌、取人而已。夫惟无虑而易敌者,必擒于人。

【译文】

行军作战的兵力不是越多越好,只要不轻敌冒进,并能集中兵力,判明敌情,也就足以战胜敌军队;只有那种既无深谋远虑而又轻敌妄动的人,才往往成为敌军的俘虏。

【原文】

卒未亲附而罚之则不服,不服则难用也;卒已亲附而罚不行,则不可用也。故令之以文,齐之以武①,是谓必取。令素行以教其民,则民服;令不素行以教其民,则民不服。令素行者,与众相得也。

【注释】

①令之以文,齐之以武:文,指政治、道义。武,指军纪、军法。全句是指用政治、道义来教育士卒,用军纪、军法来约束、整饬部队。

【译文】

在行军中必须注意以恰当的奖惩和严明的军纪来提高部队和士卒的战斗力。将领在实施奖惩的时候,如果士卒尚未亲近依附自己,就贸然处罚他们,那士卒一定不服,心存怨恨,这样的士卒在作战中就难以使用;虽然士卒已经亲近依附自己,但将领一味迁就,应罚不罚,这样的士卒在作战中也是难以指挥的。因此,对待士卒既要用政治道义训导他们,又要用军纪军法整治他们,从而统一指挥,统一步调,这样的军队打起仗来必定取得胜利,这就是兵书中所说的"令之以文,齐之以武"的含义。平时教育部队严格执行命令,遵纪守法,树立良好的纪律观念和法制观念,战时他们就会服从命令,听从指挥;平时法令不认真严格执行,不教育士卒,战时他们就不会自觉地服从命令,听从指挥。当然,这样的军队在作战中就不会取得胜利。无论平时还是战时,命令之所以得到贯彻执行这都是由于将帅与士卒之间已建立起相互信赖关系的缘故啊。

三、应用

(一)军事上的应用

戚继光严明治军

戚继光是明朝时期的一位民族英雄,抗倭名将,其创建的"戚家军"军纪严明,作战英勇,堪称治军的典范。

戚继光练兵时,因材施教,不同的士兵按照其不同的体质和特长,教授不同的兵器及用法。针对倭寇的战术、战法,他相应的创建了鸳鸯阵法、两仪阵法、小三才阵法和三才阵法等,有效的克制了倭寇战力的发挥,显现了巨大的阵法威力,使得倭寇闻风丧胆。戚继光治军以严著称,恩威并用,戚家军执行者铁一般的纪律,"冻死不拆屋,饿死不掳掠",因

抗倭名将戚继光

而受到沿海百姓的拥戴。在作战中,戚继光奖罚分明,对于违反军规、军纪的官兵,严惩不贷;对于作战英勇,战功卓著的将士则大加褒奖。正是由于以上措施的实行,"戚家军"连战告捷,接连重创倭寇,维护了沿海人民的生命与财产安全,为明朝边境的安定立下了赫赫战功。

"处军料敌"——虎牢之战

隋朝末年,统治残暴,人民忍无可忍,为了反抗腐朽的朝廷,各地农民起义风起云涌爆发起来。到公元617年初,河北一带的窦建德起义军,河南一带的李密起义军,江淮一带的杜伏威起义军,成为当时三支规模较大、实力最强的农民起义军。他们各据地盘,各自为战,歼灭了大量隋军。与此同时,一些贵族和地方官吏也纷纷起兵反隋,企图以自己为中心重建封建统治秩序,其中以太原起兵的李渊父子实力最为强大,这些地方起义使隋王朝濒临彻底崩溃的边缘。

李渊父子是富有政治远见和军事才能的封建贵族官僚,李渊本人是隋朝太原留守,他与儿子在太原于公元617年5月起兵反隋。起兵之后,他们采取高明的战略、策略,在军事方面不断地取得进展,同时实施争取人心的政治、经济措施,赢得了政治上的主动。在不到半年的时间里,李渊军攻下隋都长安,占据了关中和河东广大地区,并迅速把占领地拓展到包括秦、晋、蜀等在内的广大地区,成为当时举足轻重的一支强大力量。公元618年,李渊在长安称帝,建立了唐朝。

唐朝成立后，李渊父子继续引兵向东扩展，筹划伺机统一全国。在不长的时间里相继击败了薛举、梁师都、刘武周等地方割据势力，势力进一步扩大。当时，李密领导的瓦岗寨起义军已经解体，而控制着江淮地区的杜伏威起义军，控制着长江中游及粤、桂等地的隋朝残余萧铣集团力量较弱。最有实力的军事集团是河北窦建德起义军和占据洛阳的王世充集团，因此他们成了李唐军事扩张的主要对手。

李渊集团针对具体情况，制定了各个击破、先王后窦、远交近攻的战略。他先派遣使者稳住窦建德的同时，由李世民率唐军出潼关进攻东都洛阳，实施消灭王世充集团的战略计划。李世民大军在洛阳城下与王世充大军进行了历时半年的激烈交战，排除了洛阳城外王世充军的据点，形成了对洛阳城的包围。王世充困守孤城，处境险恶，连连向窦建德告急求援。

窦建德知道"唇亡齿寒"的道理，王世充若被消灭，自己就会成为唐军的下一个进攻目标，所以不能坐视不救。公元621年3月，窦建德在兼并了山东的孟海公起义军之后，亲自率领10万大军救援洛阳。窦建德挥军连下管州、荥阳、阳翟等地，很快推进到虎牢以东的东原一带。李唐将军在王君廓内应的协助下，已经于2月30日夜，偷袭占领了虎牢。虎牢是洛阳东面的战略要地。

李世民对洛阳坚城是久攻不下，此时窦建德援军又骤然而至。李世民面对两面受敌的紧急形势，在青城宫召开前线指挥会议，研究破敌之策。唐宋州刺史郭孝属、记史薛收等人认为：王世充固守洛阳坚城已久，粮草势必早就匮乏了，而窦建德远道前来增援，如果让王、窦联兵，窦建德用河北的粮食供应王世充，那么王世充的军队士气就会大大提高，再加上窦建德兵将众多且骁勇精锐。就会对唐军造成极大的不利，必定使统一大业受挫。若能尽快消灭窦建德军，那么，洛阳城就能不攻自下。因此，主张在分兵围困洛阳的同时，由李世民率主力进据虎牢，阻止窦军西进。

李世民认为有道理就立即将唐军一分为二：令李元吉、屈突通诸将继续围攻洛阳；自己率精兵三千五百人，立刻向虎牢进军。到了虎牢的次日，李世民就率领精锐骑兵五百人东行二十里，靠近窦建德军营侦察情况。他自己与尉迟敬德仅带数骑人马，到距窦军军营三里的地方，李世民有意暴露自己，引向窦建德追击，果然，窦建德一看见李世民就立即出动五六千骑兵追击，哪知李世民早已派遣秦叔宝、程知节等率兵埋伏在道路两旁。待窦军骑兵进入埋伏地点后，唐军突然发起攻击，歼灭窦军三百余人。窦军在虎牢东受到阻击，一个多月不能向西推进。4月30日，窦军粮道又被唐军抄袭，大将军张青特也被唐军俘虏，窦军的处境更为不利。几次小战又都失利，士气开始低落。

此时，窦建德的部将凌敬提出主力渡过黄河，攻取怀州、河阳，然后翻越太行山，进入上党地区，迅速攻占汾阳、太原的建议。凌敬指出这样做第一，入无人之境，取胜可以万无一失；第二，拓展地盘扩充部队，增强自己的实力；第三，震骇威慑关中，以解洛阳之围。窦建德原本准备采纳凌敬的计策，但窦军不少部将受了王世充使者的贿赂,积极主张直接救援洛阳,王世充又频繁派遣使臣告急求援,凌敬的合理建议没能实行。

窦建德决定利用唐军饲料用尽,到河北岸放牧战马的机会,袭击虎牢。但李世民在此次之前就获悉了他的计划,决定将计就计,遂率领一支部队过河,南临广武观察窦军情况,并故意在河滩、草地留下战马千余匹,引诱窦建德军出战。第二天,窦军果然南连鹊山、北依大河,正面阵地宽达二十余里,摆出全力进攻虎牢的架势。全军出动,在汜水东岸布开战阵。

李世民一方面严阵以待,使窦军无隙可乘;一方面紧急召回留在河北的诱兵,随时准备出击。因为他知道窦军没有经历过大战,现在又进入险境作战,逼近敌城列开阵势,有轻视唐军之意。决定唐军暂时按兵不动,待窦军疲急松懈之时,再行出击,以保克敌制胜。

窦建德的确没把唐军放在眼里,只派遣三百骑兵渡过汜水向唐军挑战,李世民也派部将王君廓只率长矛兵二百出战。两军往来冲击交锋数次,未分胜负,便各自退回本阵。窦军沿汜水列阵,从清晨到中午,士卒已饥渴疲乏不堪,都坐在了地上,争着抢水喝,纷纷要求返回军营,阵形秩序混乱。

李世民察觉到窦军出现混乱的迹象,立即派遣宇文士前去调查,并嘱咐他说:"如果窦军严整不动,就立刻撤军返回阵地。如果阵势有动摇,就可以引兵继续向东进军。"宇文士得令就率领三百骑兵,从窦军阵前由西向南,进行试探性攻击,他们一行人马一来到窦军阵前,窦军阵势立刻出现了动摇。宇文士看到这个情况立刻下令全军出战,并亲自带骑兵冲杀最前边。窦军根本不是唐军的对手,很快败下阵来。

唐军渡过汜水后,直扑窦建德军的大本营。窦建德正准备召群臣商议战事,唐军骤然而至。群臣纷纷逃向窦建德处躲避,虽然窦建德急忙命令群臣退出,为骑兵让路,但为时已晚,四散的群臣一时堵塞了通道,致使奉命出营抵抗的战骑无法通过。唐军瞬间冲入窦军大本营。

窦建德看唐军来势汹汹,想要向东撤退,但唐军在后紧追不舍。接着,李世民率领骑兵也冲进了窦军大营,双方展开激战。李世民还命令程知节、秦叔宝、宇文歆等部,迂回到窦军后方,对窦军形成了夹击之势。窦军纷纷四散溃逃。唐军乘胜追击三十余里,窦建德负伤坠马,被唐军活捉。窦军共五万余人被俘虏,其余军卒大部分溃散。虽然窦建德之妻率数百骑逃回了河北,但元气大伤,根本无力重振旗鼓,窦建德军事集团就这样被消灭。

唐军取得了虎牢之战的胜利后,主力回师继续围攻洛阳。王世充见窦军被全歼,在内外交困、走投无路之时,绝望地献城投降。虎牢之战中,李世民大获全胜。

(二)政治上的应用

商鞅变法始于信

在春秋时期,群雄逐鹿,诸侯争霸。地处西陲的秦国一直被强邻打压着,变法强秦成为秦孝公的平生夙愿。法家商鞅的到来及之后推行的一系列变法措施,为秦国由弱到强实现华丽的转身奠定了坚实的基础。但是,万事开头难,如何取信于民成为商鞅变法施行的首要难题。

商鞅(公元前394—公元前337)

商鞅是我国春秋时期著名的法家、改革家和政治家。公元前365年,秦孝公任用商鞅变法,内容包括:废井田、开阡陌、承认土地私有、奖励耕织、建立县制等。为了对抗顽固的既得利益者——旧贵族阶层,商鞅需要得到普通大众的支持,这样新法才能在全国施行。对于深埋民众心灵底处的对政府不信任感,商鞅觉得变法的首要之处,便是取信于民。

为了树立法令的威信,同时也为了引起广大民众、官吏对新法的重视,商鞅想了个办法,他让人在咸阳南门口竖起一根三丈长的木头,旁边贴一告示,说谁能把这根木头扛到北门口,赏黄金十斤。黄金十斤对一般百姓来说,实是一笔大财富啊!扛一根木头穿城走一趟,就能得到十斤黄金,这真是闻所未闻的事!因而围观的人越来越多,谁也不相信天下竟有这等好事?这葫芦里卖的究竟是什么药,谁也弄不清,因此,尽管围观的、指指点点议论的人越来越多,就是没有一个人敢上去扛这根木头。

商鞅见无人响应,又出了个告示,将赏金翻五倍:谁能将这根木头扛到北门口,赏黄金五十斤!这下,人们更加生疑了,议论得更加热烈了。但是议论归议论,还是无人敢上去扛木头。终于,有一个人熬不住了,站出来说:"不管这告示是真是假,我就当回冤大头吧!"说罢,扛起木头就走。

围观的百姓想看个究竟,纷纷簇拥着他一同向北门口走去。咸阳城不大,不多一会工夫,就从南门走到了北门。看守告示的官吏急忙奔来报告商鞅,商鞅二话不说,即下令将扛木头的人带来,当着大众的面表扬他遵令守法,将早已准备好的五十斤黄金奖给了他。众人顿时看得目瞪口呆,还真有这样的好事!告示上怎么说,官府就怎么做,官府真是执法如山啊!

遵守法令得奖的消息不胫而走,很快传遍了整个秦国。同时,所有的变法新政,也随之公布,传遍秦国所有的城市乡邑,深入了人心。

(三)经济上的应用

丰田公司发扬"跳海"精神重新崛起

丰田公司是世界知名的汽车制造商,世界各地均可见到丰田商标的汽车行驶在道路上,正应了其一句广告语,即"有路就有丰田车"。但是,今日风光无限的丰田公司也曾有一段不堪回首的痛苦经历,正是凭借其"跳海"精神使得公司走出了阴霾,得以重新崛起。

　　第二次世界大战结束后,战败的日本经济一度萧条,丰田一度濒临破产。为了扭转局势,丰田公司不得不宣布裁员,丰田英二则号召剩余员工要具有"跳海"的勇气。从此之后,丰田英二的这种"跳海"精神成为丰田崛起的强心剂,也成为丰田企业内聚力的核心,帮助公司熬过了最艰难的那段时光,迎来了朝鲜战争军需订货的发展契机。之后,丰田公司以"皇冠"家庭轿车为突破口,实现了重新崛起,相继在世界各地投资设厂,业务扩展至全世界。1974年后,丰田公司积极投身教育,实现了"产一学一研"的良性互动,为丰田的发展注入了源源不断的新的活力,使得公司长久以来一直保持着勃勃生机。

丰田英二(1913—2013)

詹姆斯详解"处军"方式

　　美国人詹姆斯·林所拥有庞大的林氏集团,能做到如此巨大的规模,就是因为詹姆斯·林本人是一个善于协调与股东关系的高手,他认准要在股东们身上做文章这一点,并将这一点发挥得淋漓尽致,因而成就了今天的林氏集团。

　　1955年,詹姆斯·林还是一个只拥有一间电机工程行的证券公司小老板,他向证券经营商和投资银行申请成立股份制公司。但大家都觉得詹姆斯·林的申请是异想天开,他们认为一个小小的电机工程行是不可能公开发行股票的,根本瞧不起这个毫无背景的小人物。

　　早年流浪生涯造就了詹姆斯·林的坚强意志,他不顾别人看不起的眼光,依然坚持自己的想法,独自一人动手干起了这一些,他办妥了一切法律手续,把电机行改为林氏电机工程股份有限公司,获准发行80万股普通股票。随后詹姆斯·林立刻开始了紧张的工作。但尽管如此,那个时候金融商们仍不相信这位名不见经传的小商人能获得成功。

　　根据股份公司内部股权的规定,詹姆斯·林个人持有一半的股份,其余的一半以每股2.5美元公开上市,有40万股,也就是说,如果股票全部售出,就可获得100万美元的现金收入。

　　证券商们平时总是以电话和挨家挨户推销的方式发行股票。而詹姆斯·林并没有按他们的一贯方法行事,却找了一帮朋友替他做口头宣传,这使得这些自鸣得意的证券商们搞不懂了,因此,证券商们断定詹姆斯·林必将失败。在他们看来,没有他们出马,股票发行将无法进行。的确,谁会把赌注压在一个小商人身上,去购买前景渺茫的股票呢?

　　其实,这是詹姆斯经过充分比较之后做出的决定。他认为打电话及上门推销的方式虽然有效,但开销太大,进展缓慢。思维独特的他想出了一个方便有效、费用低廉的推销方法。这天,他和他的朋友们出乎意料地出现在工业品博览会上,向来宾散发公司发行股票的传单。

此举果然奏效,在这一独特而又大胆的策略运用下,短时间内,他的股票全部售完,他不仅拥有了大量的发展资金,而且还为其公司及个人拥有的股权建立起高水准的市场信誉。令那些保守的证券商们大吃一惊。

虽然初战告捷,但美国的市场竞争十分激烈,中小型公司时时面临着倒闭的危险,想扩大自身经营尚且困难,更不用说在短时期内迅速崛起了,所以小企业通向企业王国的道路是很难走的。面对风云变幻的市场竞争中,詹姆斯·林又独辟蹊径,与在其他中小型公司互相拼搏,苦苦挣扎不同。詹姆斯·林选择收购公司这条路。收购公司是需要大量现金的,詹姆斯·林个人当然不可能拥有这样多的资金,资金的来源主要是向股东增发或配售新股。由于收购能刺激公司股票上涨,股票上涨之后,不但会引来众多的投资者,还使增发或配售的新股价格增高,现金来源也就越来越充裕,有了足够的现金又能支持收购行动。这样在短短几年间詹姆斯·林一举买下了3家公司,资产总额扶摇直上,到1960年已达数千万美元,林氏公司脱颖而出。

现在的詹姆斯·林不再是个小生意人了,林氏公司的规模不断扩大,企业王国初具雏形,詹姆斯·林也成为商业界的风云人物。1961年春,他又兼并了一家公司,并变更公司的名称为林—迪姆斯——伏特股份有限公司,简称为LTV公司。如果按照常规模式发展,要达到这种规模非得用几十年时间不可。詹姆斯·林却将速度大大加快,在几年内就做到了。他离自己的梦想越来越近了。

在激烈的竞争中,他又用种种吞并、购买的手法又控制了好几家公司,他的每一次收购行动都是用别人的钱完成的。当这些被吞并的公司并入LTV公司之后,他们的旧股东把原来的股票交回,换发了LTV母公司的股票。这样,在股市上只能买到LTV公司一家的股票,已买不到原来公司的股票了。这些曾是各自独立的公司,而今变成了LTV公司的财务报表中所谓的"账面资产总额"的一部分。

除此之外,组建股份公司的经验还告诉詹姆斯·林,发行股票后随着股价上涨,他的财富便大大增加了,现在他为什么不可以用LTV公司的子公司,也如法炮制一番,用以增加公司的市场资产呢?于是,他通过子公司收购更多的小公司,这样大鱼吃小鱼,林氏集团的规模越来越大,成为名副其实的企业王国。

孙子在本篇中,根据不同的地势详解了不同的"处军"方式,其根本目的也是在告诉世人,遇事要看透彻,找到有利于自我发展的地方,才能取得成功。詹姆斯·林之所以可以在短时间内找到一条增加财富的捷径,就是因为他选择了一个对自己的有利的环境生存。

第十节 地形篇

一、题解

地形：地面起伏的形状。一般地形包括平原、山地、丘陵、盆地、高原等。此处"地形"指军事地理形势。

本篇主要论述军队在不同地形条件下的行动原则，强调将帅要重视地形的研究和利用。

二、原文·注释·译文

【原文】

孙子曰：地形有通者，有挂者，有支者，有隘者，有险者，有远者。我可以往，彼可以来，曰通；通形①者，先居高阳，利粮道，以战则利。可以往，难以返，曰挂；挂形②者，敌无备，出而胜之；敌若有备，出而不胜，难以返，不利。我出而不利，彼出而不利，曰支；支形③者，敌虽利我，我无出也；引而去之，令敌半出而击之，利。隘形者，我先居之，必盈之以待敌；若敌先居之，盈而勿从，不盈而从之。险形者，我先居之，必居高阳以待敌；若敌先居之，引而去之，勿从也。远形者，势均，难以挑战，战而不利。凡此六者，地之道也；将之至任，不可不察也。

【注释】

①通形：指地形平坦，四通八达的地形。
②挂形：指地形复杂，易进难退的地形。
③支形：指敌我双方据险对峙，谁先出战就对谁不利的地形。

【译文】

孙子说：地形可分为"通""挂""支""隘""险""远"六类。地势平坦，我军可以顺利开往敌占区，敌人也可以顺利来到我军营地，这种地方叫作"通"地；在"通形"地域作战，应掌握主动，先占领视野开阔的高地，还要沟通本国与战场的联系，保证粮草运输畅通无阻，以防敌人利用平坦的地势断我军后方供给。如此用兵作战才对我军有利。部队可以顺利而去却不易撤回的地方，叫作"挂"地；在"挂形"地域作战的原则是：如果敌军没有防备，我军就要立即出击，战胜它们；如果敌军已经设防，我军出击而不能获胜，又难以返回，对我军是不利的。那种我军出击不利，敌人出击也不利，两军相持不下的地方叫作"支"地；在"支形"地域作战，哪一方离开阵地依托，都有被击败的危险，所以即便敌人利诱我军，我军也不能贸然出击；相反，可以带领部队脱离阵地，佯做撤退，诱使敌人向我追击，待敌开始脱离其阵地而又没全部离开时，我军再调头发起攻击，这种战法对我军是有利的。两山之间狭谷地带叫作"隘"地;在"隘形"地域作战的原则:如果我军能先敌到达,就应以足够的兵力布置到隘口,严阵待敌;如果是敌人先机到达,并以重兵据守隘口,那么我军就不要同它交战;如果敌虽先我到达但还没有用重兵据守隘口,则可以迅速攻打它。坑坷纵横、崎岖不平的地域叫作"险地";在险"形"地域作战的原则是:我军如能先敌占领,务必在地势高而向阳的地方布阵待敌;如果敌人先期占领,就应引兵撤离,不同它交战。敌我相距遥远,行军、运输都不便利的地域叫作"远"地;在"远形"地域作战应注意的是:如果势均力敌,不宜长途迎敌,否则勉强求战,必定对我军不利。这六条,是利用地形作战的原则,也是将帅的重大责任,是不能不认真加以考察研究的。

【原文】
故兵有走者,有弛者,有陷者,有崩者,有乱者,有北者。凡此六者,非天之灾,将之过也。夫势均,以一击十,曰走。卒强吏弱,曰弛。吏强卒弱,曰陷。大吏怒而不服,遇敌怼①而自战,将不知其能,曰崩。将弱不严,教道不明,吏卒无常,陈兵纵横,曰乱。将不能料敌,以少合众,经弱击强,兵无选锋②,曰北。凡此六者,败之道也;将之至任,不可不察也。

【注释】
①怼:(duì 队),怨恨。
②选锋:挑选勇敢善战的士卒组成的精锐部队。

【译文】
用兵作战遭到失败的情况有"走""弛""陷""崩""乱""北"等六种。这六种情况,都不是由于天时地利方面的原因所造成的灾难,而是由于将帅的过错造成的。在敌我条件大体相当的情况下,盲目硬拼,攻击十倍于我的敌人,必因寡不敌众而败北,这种败兵叫作"走"兵(古时"走"字意为跑)。士卒强悍而将吏懦弱,约束不力,管理松弛,这种军队叫作"弛"兵。将吏蛮横而士卒懦弱,以致畏缩不前,临战退避,一投入战斗就像陷没地下,这种军队叫作"陷"兵。偏将对主将怀有怨怒而不服从主将指挥,遇到敌军就不顾大局,奋然出战,主将又不了解他的能力而加以控制,致使部队溃败,这种军队叫作"崩"兵。主将软弱无能,缺乏威严,教育训练方法不当,将吏和士卒不守规矩,排兵布阵时横冲直撞,混乱不堪,这种军队叫作"乱"兵。主将不能准确地判断敌情,以少击多,以弱击强,又不选择精锐战斗队作为前锋,这种军队每战必败,因此叫作"北"兵。总之,具有上述六种情况的军队,是必然要遭到失败的,这是将帅的重大责任,是不可不认真考察的。

【原文】
夫地形者,兵之助也。料敌制胜,计险阨远近,上将之道也。知此而用战者必胜,不知此而用战者必败。故战道必胜,主曰无战,必战可也;战道不胜,主曰必战,无战可也。故进不求名,退不避罪,唯人是保,而利合于主,国之宝也。

【译文】

可见，正确运用地形，只是用兵作战的辅助条件。能判明敌军的虚实和作战意图，研究地形的险易，计算路途的远近，以夺取胜利，这都是主将应懂得的道理。懂得这些道理并用来指挥作战，就必然会取得胜利；相反，不懂得这些道理，不用这些道理去指挥作战，那就必败无疑了。如果符合作战原则，打则必胜，那么就是君主命令免战，主将也应从实际出发，坚持作战；如果不符合作战原则，打也不能取胜，即使君主命令必须作战，主将拒绝作战也是应该的。所以，作为将帅，一定做到：进军不是为了寻求个人的功名，退军也不要怕提当罪责，只是为了保全民众和士卒，符合君主和国家的根本利益。只有具备这样素质的将帅，才是国家的宝贵财富。

【原文】

视卒如婴儿，故可与之赴深豀；视卒如爱子，故可与之俱死。厚而不能使，爱而不能令，乱而不能治，譬若骄子，不可用也。

【译文】

将帅如果能像对待自己的婴儿那样对待士卒，那么士卒就能同将帅共赴艰险；如果能像对待自己爱子那样对待士卒，那么士卒就能同将帅一起殊死战斗。不过，只知道给士卒以优厚待遇而不善于指挥他们，只知道抚爱他们而不严格约束，做到令行禁止，出现混乱而不能严加管理，这就如同溺爱娇惯的子女一样，是不能用来打仗的。

【原文】

知吾卒之可以击，而不知敌之不可击，胜之半也；知敌之可击，而不知吾卒之不可以击，胜之半也；知敌之可击，知吾卒之可以击，而不知地形之不可以战，胜之半也。故知兵者，动而不迷，举而不穷。故曰：知彼知己，胜乃不殆；知天知地，胜乃不穷。

【译文】

只知自己的军队具备了作战的攻击条件，而不了解敌人尚不可战胜，这样胜利的把握只有一半；只知道敌人可以击败，而不了解我军尚不具备攻击的条件，胜利的把握也只有一半；知道敌军可以击败，又知道我军也具备击败敌人的条件，但不知道地形对我军不利而不应发起攻击，其胜利的可能也只有一半。真正善于用兵作战的将帅，在排兵布阵时总是保持清醒的头脑，指挥作战从不迷惑，作战措施变化无穷，使敌人难以捉摸。所以说，了解敌人，又了解自己，胜利才有把握，如果再了解天时地利，那就可以大获全胜，或者说是胜利不可穷尽了。

三、应用

（一）军事上的应用

年羹尧巧过沼泽平叛

年羹尧是清朝康熙后期和雍正年间一位能征善战的军事将领。他有勇有谋，

年羹尧(1679—1726)

因势利导,屡立奇功。一次,年羹尧奉命率军征讨青海叛乱的蒙古王公,但是一片难以通过的沼泽地挡住了进军之路。叛军凭着这道天然防线,与清军展开对峙,并且认为高枕无忧,清军难以逾越,故疏于防守。

面对军事上的"死地",年羹尧一面传令清军安营扎寨,一面带领卫队亲往沼泽地实地查看,期间一条妙计涌上心头。回营后,他传令全军将士,要求每人准备一块木板和一束干草以备次日进攻之需。第二天凌晨,年羹尧率领清军进至沼泽地边沿,指挥将士们先把草束抛到淤泥中,上铺木板,不多时,一条浮桥建成了,大队人马顺利通过,扑向睡梦中的叛军营寨。叛军们怎么也没有想到,清军能通过沼泽地。这一出乎意料之举,将叛军打得措手不及,乱作一团,很快溃散而去,清军大获全胜。纵观这次战斗,正是年羹尧巧妙地将不利地形转化为有利地形,才取得了战争的胜利。

朱元璋灵活用兵

"故知兵者,动而不迷,举而不穷"因为军情永远处于变化之中,所以指挥战争,本无常规,千变万化,敌才莫能知。在我们变换战术时,要有取得最后胜利的目的。灵活作战本身不是目的,只是达到胜利目的手段。消灭敌人的武装力量,取得胜利才是战争的目的。徐达北上灭元之战是中国古代战争史上,巧妙运用战法的典型战例。战法多变是这次战争的精彩体现。

公元 1367 年,朱元璋提出了先取山东,再取河南,然后进兵元都,再挥军西向,攻下太原以及关陇的战略决策,于是征讨大将军徐达和副将常遇春,按照这个战略决策,先率军 25 万,沿淮河、运河、黄河北上进取山东、河南等地。当时元军在山东分为东平、东昌、洛宁、益都、济南、殷阳等路,虽然各路兵力较弱,战备松弛,但据有山东,却可屏障元朝的京畿重地。面对徐达和常遇春的大军压境,山东东西道宣抚使普颜不花坐镇益都指挥。

朱元璋(1328—1398)

益都向为兵家必争之要地,居于鲁山之北,南有大岘山,古称济水以南之天险。又有沂州南连淮泗,北通青齐。益都之西,有南依泰山、北临黄河的济南为门户。

朱军想要攻取山东,有两条进军的路线:第一条是从江淮北经沂州直取益都,第二条是由徐州北攻济宁、济南,再东取益都。徐达觉得沂州守将王宣可以争取过来,为我军所用,于是就率主力由沂州北进,发小股兵力出徐州,一方面掩护主力的翼侧,一方面消灭鲁西南之敌。

公元1367年12月24日,徐达、常遇春率军由淮安北上,沂州王宣、王信父子两人果然投降,可哪知随后又复叛。为攻克沂州,徐达只好率军与元军强硬相碰,最后朱军取得胜利,王宣、王信父子两人也被朱军杀掉。之后徐达又攻下峄州,莒、密、海等诸州县相继归降。徐达即令韩政率兵一部扼守黄河要冲,阻敌增援,令张兴祖率兵一部由徐州沿大运河攻取东平、济宁,自率主力继续北进。

因为战事顺利,29日,徐达军就攻到了益都,元宣抚使普颜不花虽奋力抗战,可是不敌朱军,最后战死。朱军乘胜又攻占寿光、临淄、昌乐、高苑等地。12月初8攻占济南。22日至24日攻占登州、莱阳等州县。与此同时,12月初5至初8,张兴祖部也连下东平、东阿、济宁等地。至此朱军已完成了北取中原第一个目标——夺取山东,朱军仅用三个月的时间就完成了这第一个目标,扫除了元大都屏蔽的作战任务。

元朝廷看到这一切甚为恐惧,但此时王保保正在同元廷火并,双方互不相让,即使朱军如此一路顺风顺水地打下来,元军还是无暇顾及朱军。

公元1368年2月,徐达按原定计划,开始执行剪除元大都羽翼的作战任务——旋师河南。徐达率主力由山东济宁溯黄河西攻汴梁,进取河南。3月26日,邓愈率襄阳、安陆、江陵各地驻军向南阳进攻,配合徐达军的行动。另一队人马也为了策应徐达夺取汴梁,攻占永城、归德,西攻许昌。

邓军的进攻很顺利,很快攻占了唐州及南阳等地。由于三方兵马配合良好,3月29日,徐达军顺利迫降汴梁,元军左君弼部,元将李克彝率部乘夜西逃。4月初8,徐达军自虎牢西进,攻打洛水北塔儿湾,此处由王保保之弟脱音帖木儿镇守,而当时王保保在山西太原,相隔甚远,无法给弟弟派去援兵,因此徐达军又不费力气的大败了脱音帖木儿的五万人马,元梁王阿鲁温投降。徐军攻占洛阳后,接着又攻取嵩、陕、陈、汝诸州,并派冯国胜攻取潼关。元将李思齐、张思道闻风弃潼关逃入关中。4月26日,冯国胜率兵进驻潼关,并西进占领了华州。至此潼关以东已全被朱军拿下。5月初1,徐达又增兵扼守潼关。此时的元大都已处于四面楚歌的绝境。

7月29日,徐达命益都、徐州、济宁各地的统兵将领,各率所部向东昌集结,并分别渡河。之后徐达师出汴梁,自中滦渡黄河,连下卫辉、彰德、磁州、邯郸,11日转向临清。临清地处卫河人运河之口,为北上船只的集结处,徐达在此会合山东各军,完成水陆进军的准备后,于15日由临清北上。23日,朱军已在攻取德州、长芦后进抵直沽,控制出海口,并沿北运河分水陆两路继续推进。25日,朱军大败元军于河西务。两天后,朱军直逼元大都。

元大都地处雄要,北倚山险,南压区夏,东西千里,险峻相连,本来易守难攻。但当时,元朝气数将近,民生丧乱,守备多不固,元顺帝也没有率兵挽力抵抗,公元

1368年8月初2,徐达率朱军自东面齐化门进入大都,元朝宣告灭亡。

朱军一共用了9个多月的时间,就完成了北上灭元的作战任务。究其原因,主要在于徐达用兵持重,注意军纪,尤其是不仅能够忠实地贯彻朱元璋的战略意图,在指挥上也能因敌制胜,战法多变。因事、因人、因时、因地,采取灵活机动的战术,在不同情况下采取分进合击、钳形攻击、批亢捣虚等战法,彻底消灭了元朝,夺取了最后的胜利。

(二)政治上的应用

依托地理优势,创建沿海经济特区

近代以来,随着地理大发现和航海技术的发展,海上贸易在全球经济中的比重越来越大,而相关的沿海区位也成为各国经济发展的重点或中心地带。同样,在中国沿海地区在国家经济中有着不可替代的作用,是我国经济的桥头堡。沿海地区的优势主要体现在:它交通便利,资源丰富,有着雄厚的技术力量;是"技术的窗口,管理的窗口,知识的窗口和对外政策的窗口"。改革开放之初,我们首先开放沿海地区,有利于充分发挥这些地区的区位优势,拉动内地经济的发展。

中国改革开放的总设计师邓小平同志高瞻远瞩,充分认识到了这一地理优势,率先设立了深圳、珠海、汕头、厦门四个经济特区,后又于1984年开放了14个沿海港口,之后又陆续开放了沿海城市,建立了沿海经济开发区。事实证明,这些沿海的经济开发区起到了预想的作用:吸引了大量的外资,创造了许多就业岗位,引进了不少先进技术,促进了我国经济的腾飞。

郑成功收复台湾

郑成功,是我国明末清初著名的民族英雄,原名福松、本名森,号大木,福建南安县石井村人。其父郑芝龙,是南明隆武朝"建安伯",曾组织向台湾移民,积极开发台湾岛。1645年(南明弘光元年),21岁的郑成功在福州受到隆武帝朱聿键的召见,颇多赏识,被认为本家,赐他国姓(朱),改名成功,因此中外尊称之为"国姓爷"。1653年(南明永历七年),南明永历帝(朱由榔)又封他为"延平郡王"。

南明隆武二年,郑芝龙降清。郑成功曾苦苦劝阻,未能阻止,遂率部至南澳(今属广东),起兵抗清。郑成功感到,收复台湾已不容踌躇,于是召集文武官员,讨论进军台湾问题。他认为,形势紧迫,"附近无可措足,惟台湾一地离此不远,暂取之,并可以连金、厦而抚诸岛"。然后,"广通外国,训练士卒,进则可战而复中原之地,退则可守而无内顾之忧"。于是,郑成功做出"亲征"台湾的重大决策。这是郑成功战略上的一次根本性转变,也是一个十分英明而大胆的决策。这对结束祖国的分裂局面,维护祖国的神圣主权和领土完整,具有极其重要的意义。

郑成功在酝酿、讨论收复台湾的过程中,储备粮饷,练兵造船,侦察敌情,在物资上、精神上作了周密充分的准备。其作战方针是:首先收复澎湖,作为前进基地,然后乘涨潮之机,通过鹿耳门港,于台江实施登陆作战,并切断台湾城与赤崁城两地荷军的联系,分别予以围歼,再收复台湾全岛。

1662年2月1日,我国明末清初的民族英雄郑成功率领军队驱逐荷兰侵略者,收复了台湾。郑成功是福建南安县人,他自幼善于思考,英勇有为。父亲郑芝龙是明末福建总兵官。他的少年时代正处于中国的大动乱时期,所以,救国救民的思想在心底里打下了深深的烙印。

1646年,清军渡过了钱塘江,占领浙江。掌握隆武朝政大权的郑芝龙降清。郑成功痛心于国破家亡和人民苦难,拒父劝降,焚衣招贤,募兵抗清。经过浴血奋战,取得了厦门作为抗清根据地。郑成功第三次北伐失败后,兵力大伤。他考虑了全局形势,感到只靠厦门和金门作为根据地,势单力孤,不可能实现恢复中原的大业。如果赶走荷兰侵略者,收复国土台湾,扩大抗清根据地,壮大自己的力量,形势就

郑成功(1624—1662)

会好得多。而且台湾人民不堪忍受荷兰侵略者的暴行,切盼解放。于是郑成功决定挥戈东征,收复台湾。

台湾自古以来就是我国的神圣领土。"台湾者,中国之土地也,……今余即来索,则地当归我。"这是郑成功正告荷兰殖民者的庄严誓词,也是他"十年始克复先基"的意愿。

荷兰殖民者于1624年侵占了台湾,对台湾人民进行了长达三十八年殖民统治与掠夺,台湾人民灾难深重,盼望祖国收复台湾。1661年4月21日郑成功披甲执剑,率领大军浩浩荡荡从金门料逻湾扬帆出发,凌波越海去收复台湾。

郑成功的军队在进军中遇东南逆风,白浪滔天,船队不能行进,只得返回,停泊在澎湖36屿中间,一连几天不能行进。军粮告急,必须采取紧急行动。郑成功发布了一道命令,庄严宣告:我率领大军,冒着风险东征,是为了收复被侵占的国土,绝不是为了到海外去贪图安逸。他激励将士们,不要怕惊涛骇浪,不要怕敌人的大船大炮,只要听从指挥,万众一心,就一定能够战胜困难,夺回台湾。于是全军将士齐心协力,顶逆风,冒急雨,排巨浪,船队继续向东南进发。4月29日黎明直抵台湾海岸线外。船队避开了赤崁城海岸,绕道从鹿耳门登陆。登陆后,立即包围了军事据点赤崁城(今台南),与荷兰殖民军展开了激战,打得侵略军溃不成军,收复了赤崁城。荷兰总督揆一见势不妙,便玩弄缓兵之计,表示愿意年年纳贡。郑成功斩钉截铁地对来使说,除非你们投降,把台湾交还中国,别的没有第二条路好走。郑成功下令立即进攻,攻打揆一盘踞的台湾城(今安平)。经过九个月的围攻,荷兰人弹尽粮绝,最后不得不挂白旗投降,派人送出了投降书。1662年2月1日,举行了

受降仪式。这一天,荷兰侵略者在中国人民面前低下了头。

(三)经济上的应用

汤森与克赖斯勒运筹不善的悲剧

克赖斯勒汽车公司始建于1923年,曾是美国最大的三家汽车公司之一,驰名全球,享誉世界。但是,进入20世纪70年代,该公司风光不再,日薄西山,一度濒临倒闭的边缘,而这一切均与一个人的运筹、经营不善有关,他就是汤森。

汤森出任克赖斯勒总裁之前是该公司的会计主任,精于计算。但是,长期的会计生涯使得汤森养成一种只计眼前数字和利益,不注重长远规划的思维习惯。这种原有专业上的癖好严重地影响了总裁职位上的调度指挥工作。任总裁以来,他总是将下一季度的利润放在工作计划的首位,将制定长远发展计划放在了次要的位置。他漠视克赖斯勒在零部件加工工艺上的优势的做法,使克赖斯勒汽车的竞争力大受影响,并对同事的意见和建议充耳不闻,疏于对市场需求的调研,对新型轿车和卡车的开发计划一再拖延。最终,于1975年,克赖斯勒公司亏损颇重,公司沦落至倒闭的境地。人才在现代企业的生存与发展中起着决定性的因素,克赖斯勒公司的结局与其选人不当,用人不善有着直接的关系。

摩根勇于决策得第一桶金

任何规定、条例都不能以机械的方式进行,尤其在重大问题上,决策果断,不迷信经验、权威,才是处理问题的关键。当然,勇于决策并不是盲目决策,而是经过深思熟虑才有的恰当决定。

1857年,20岁的摩根从德国哥廷根大学毕业后进入邓肯商行工作,在查尔斯·达布尼的指导下学习会计和记账。

有一次,摩根被派往古巴的哈瓦那采购海鲜。回来的时候,货船在新奥尔良码头作了短暂的停泊休憩。

摩根是一个聪明勤奋的人,尤其是在时间管理和利用方面,更是独具匠心,比如,就是这一短暂的休憩也被他充分利用上了。别的人在休息室闲来无事,不知如何打发时间,而摩根却争分夺秒,抓紧时间步出码头,一面放松身心,一面观察行情,寻找可能利用的商机。

约翰·皮尔庞特·摩根
(1837—1913)

真是上天不负有心人。就在摩根信步码头的时候,一位素昧平生的白种人从后边猛然拍了一下摩根的肩膀,神秘地说道:"尊贵的先生,请问您想买一些咖啡吗?"

摩根下意识地感觉到发财的机会出现了,马上回应道:"有多少?"

"足够。"那陌生人幽默而机智地答道。

"什么价钱?"摩根问道。

陌生人仔细打量了一下摩根,"如果你全部收下,我可以半价卖给你。"

"那当然。"摩根不假思索脱口而出。

经过详细了解,摩根得知——原来这位素昧平生的白种人是一艘巴西货船的船长,为一位美国商人运来了一船的咖啡。可是,当咖啡运到码头的时候,那位收货的美国商人却意外地破产了,根本无法支付货款而接收咖啡,素昧平生的白种人只好就地贱卖抛售。

"尊贵的摩根先生,如果您真的有诚意全部购买,我情愿只收半价,绝无戏言。"白种人再一次强调。

"为什么?"摩根机警地反问。

"因为这等于您帮了我一个大忙。"

"此话当真?"

"当真!但是我有一个条件,就是您我必须是现金交易。"

摩根仔细察看了白种人船长拿出来的样品,觉得咖啡的成色还不错,估计市场潜力很大,于是当即果断地决定全部买下。

实际上,摩根做出这样的决定是要冒极大商业风险的。这是因为,第一,此时的摩根初出茅庐,虽然是大学毕业生,但是还没有商业实践经验。第二,此时的摩根只是凭感觉做决定,还没有时间去找到合适的买家,万一这一船咖啡卖不出去,砸在手里,后果将不堪设想!但是,摩根还是没有任何犹豫,他凭借着自己的直觉判断,果断地买下了这船咖啡。

回到美国后,摩根马不停蹄地拿着咖啡样品,到当地所有与邓肯商行有联系的客户那儿去推销。

那些经验丰富的公司职员都劝摩根:"年轻人,做事还是谨慎一点为好。虽然这些咖啡的价钱让人怦然心动,但是,谁敢保证船舱内所有的咖啡都同样品完全一样呢?更何况以前曾经多次发生过船员欺骗买主的事啊!"

摩根坚信自己的判断绝对没错。他仍热情高涨地给纽约的邓肯商行发去电报,把这笔生意的情况告诉他们。然而,喜形于色的摩根等来的却是当头棒喝,邓肯商行对摩根的举措严加指责:

"第一,绝对不许擅用公司名义做未经审批的事情!"

"第二,务必立即撤销所有交易,不得有误!"

热血沸腾的摩根顿时凉透了心。但是,从小就争强好胜的摩根面对邓肯商行的坚决反对并没有丝毫的畏惧退缩。他相信自己的直觉判断绝对没错,他认定这是一笔极为有利可图的大买卖。但是,没有了商行的支持,摩根不得不硬着头皮向远在伦敦的父亲吉诺斯求援。在父亲吉诺斯的支持下,摩根一不做二不休,索性放开手脚大干一场,把码头上其他几条船上的咖啡也以很便宜的价格全部买了下来,耐心等待着抛出机会。其动作之快,气魄之大,令人赞叹。许多熟悉摩根的人都为他捏了一把汗!

真是老天有眼,没过多久,摩根就等来了很好的抛售机会。巴西的咖啡产量因为受到寒潮侵袭而骤然暴减,市场上居然出现了断货的情形。俗话说,物以稀为贵。此时咖啡的价格一下子暴涨了好几倍!结果,敢于冒险的摩根终于大赚特赚。

第十一节　九地篇

一、题解

九地在本篇中是指进攻敌国的深浅以及所遇到的九种不同作战地区对军事行动的影响,而将采取的行动对策及用兵原则。

本篇在论述由于"九地"的不同特点和作用,所应采取的不同作战方针时,阐述了"兵之情主速""并敌一向、千里杀将"等问题,强调要造成敌弱点,争取主动,乘虚直入,行动迅速,要并气积力,要运用计谋,善于指挥军队,以及将帅的素养、工作作风,深入敌国后的保密与机动等。

二、原文·注释·译文

【原文】

孙子曰:用兵之法,有散地①,有轻地②,有争地③,有交地④,有衢地,有重地,有圮地,有围地,有死地。诸侯自战其地,为散地。入人之地而不深者,为轻地。我得则利,彼得亦利者,为争地。我可以往,彼可以来者,为交地。诸侯之地三属⑤,先至而得天下之众者,为衢地。入人之地深,背城邑多者,为重地⑥。行山林、险阻、沮泽,凡难行之道者,为圮地。所由入者隘,所以归者迂,彼寡可以击吾之众者,为围地,疾战则存,不疾战则亡者,为死地。是故散地则无战。轻地则无止,争地则无攻,交地则无绝,衢地则合交,重地则掠,圮地则行,围地则谋,死地则战。

【注释】

①散地:指诸侯在自己的领土上与敌作战,士卒在危急时候很容易逃散。

②轻地:指军队在进入敌境不深的地区作战,士卒离本土不远,情况危急时易于轻返。

③争地:指谁先占领就对谁有利的必争之要地。

④交地:指道路纵横、地势平坦、交通便利的地区。

⑤三属:多方毗连,指敌我与多方诸侯国相毗邻。属(zhǔ 主),连接、毗邻。

⑥重地:指入敌境已深,越过很多敌国城邑的地区。

【译文】

孙子说:根据用兵作战的原则,还可以把作战地域分为如下九种:散地、轻地、争地、交地、衢地、重地、圮地、围地、死地。这九种地区各具特点：诸侯在自己的领地内与敌作战，由于士卒怀恋乡土，道路近便，易于逃散归家，因此叫作"散地"；进入敌境作战但还没有深入敌人腹地，往返容易，这种作战地区叫作"轻地"；我军占领有利，敌军占领也有利，是双方必争之地，叫作"争地"；作战地域与几个诸侯国交界，谁先到达都可以结交邻近的国家，这种四通八达的地区叫作"衢地"；进入敌国纵深，越过许多城镇而难以返还之地，叫作"重地"；多山林、险阻，或沼泽、水网，道路难行，这种地区叫作"圮地"；军队开进的道路狭窄，而退出的道路又迂回遥远，致使敌军以少量兵力便可击败我军众多兵力，这种地区叫作"围地"；经过迅猛奋战则能获胜生存，不拼死战斗就会全军覆灭，这种地区叫作"死地"。由于上述九种地区的地理特点不同，因而采取的作战方略和战术原则也就各异：在"散地"不宜作战；在"轻地"不可停留；对于"争地"要力争先敌占领，如果已被敌军占领，则不宜强攻；在"交地"，部队要协调一致，严密戒备，防止被敌分割而行进受阻；在"衢地"，应注意外交活动结交邻国，巩固同盟；深入"重地"，要夺取敌人的粮草物资，保障自己部队的供给；在"圮地"，应迅速通过；陷入"围地"，应运用计谋，以防被敌包围；进入"死地"，要迅速果断，组织部队勇猛奋战，死里求生。

【原文】

所谓古之善用兵者，能使敌人前后不相及，众寡不相恃，贵贱不相救，上下不相收，卒离而不集，兵合而不齐。合于利而动，不合于利而止。敢问："敌众整而将来，待之若何？"曰："先夺其所爱，则听矣。"兵之情主速，乘人之不及，由不虞之道①，攻其所不戒也。

【注释】

①由不虞之道：虞，预料。指出兵要走敌人预料不到的路径。

【译文】

古代所谓善于用兵打仗的将领，能使敌军的先头部队和后续部队无法相互策应，大小部队无法相互依靠，官兵之间互不相接，上下隔断，无法收拢，士卒离散而无法聚集，部队集合起来也乱不成阵。我军应在有利的时机行动，在不利条件下停止，以等待和创造有利条件。请问："假使敌军众多而阵势整齐地向我进攻，我们应如何对待它呢？"回答说："先夺取敌人要害之处，那样敌人必然会听从我方的摆布了。"兵贵神速，要乘敌军措手不及之机发起进攻，走敌军意料不到的道路，攻击敌军不加防备的地方。

【原文】

凡为客之道：深入则专，主人不克；掠于饶野，三军足食；谨养而勿劳，并气积力；运兵计谋，为不可测。投之无所往。死且不北，死焉不得①，士人尽力。兵士甚陷则不惧，无所往则固，深入则拘②，不得已则斗。是故其兵不修而戒，不求而得，不约而亲，不令而信，禁祥去疑，至死无所之。吾士无余财，非恶货也；无余命，非恶寿也。令发之日,士卒坐者涕沾襟,偃卧者涕交颐。投之无所往者,诸刿之勇也。

【注释】

①死焉不得:指士卒死都不怕了,那还有什么不可得呢?

②拘:束缚,这里指人心专一而不涣散。

【译文】

深入敌境作战,要考虑部队在不同地区的心理变化,确定不同的作战原则。进入敌境的纵深地区作战,军心一致,敌军就无法抵挡;在富饶地区作战要掠取粮草,我军就能够获得足够的给养;注意部队的休养,避免他们过于劳累,提高士气,积蓄力量;还要调兵布阵,巧设计谋,使敌人无法知晓我军的战略意图。把军队部署在无路可走的境地,士卒就会宁死而不败退。既然士卒连死都不怕了,那还有什么目的不可达到,哪里还有不竭尽全力呢!士卒深陷最危险的境地,就会无所畏惧;无路可走了,就会军心稳定;深入敌境了,就会严格约束自己;迫不得已了,就会拼死战斗。因此,在上述情况下,军队不待整治就会加强戒备,不待鼓动就会自动出力,不待约束就会亲密无间,不待三令五申就会严守纪律。要禁止迷信活动,消除谣言,即便死战也不退避。我军的士卒没有多余的财物,并不是由于他们厌恶钱财;士卒中没有贪生怕死的,并不是他们不想长寿。这样,发布作战命令的时候,坐着的士卒就会激动得泪湿衣襟,躺着的士卒就会泪流满面。如果把这样的士卒置于不拼死战斗便无路可走的绝境,个个都会像吴国勇士专诸和鲁国武士曹刿那样勇敢无比。

【原文】

故善用兵者,譬如"率然"①,"率然"者,常山②之蛇也。击其首则尾至,击其尾则首至,击其中则首尾俱至。敢问:"兵可使如率然乎?"曰:"可。"夫吴人与越人相恶也。当其同舟而济,遇风,其相救也,如左右手。是故方马埋轮,未足恃也;齐勇若一,政之道也;刚柔皆得,地之理也。故善用兵者,携手若使一人,不得已也。

【注释】

①率然:古代传说中的一条蛇。

②常山:即恒山,是五岳中的北岳,位于今山西浑源南。西汉时为避讳汉文帝刘恒的"恒"字,改为"常山"。北周武帝时,又改称恒山。汉简本作"恒山"。

【译文】

善于用兵作战的人,他指挥的军队,协调一致,势如"率然"。所谓"率然",是指常山(即恒山,五岳中的北岳,在今山西浑源南)的一种蛇。这种蛇非常灵巧,打蛇头,蛇尾就会来救应,打它的腰部,头和尾就会一齐来救应。试问:"能使军队像率然那样灵活机动、协调一致吗?"回答是:"当然可以。"举例说:吴国人和越国人本来相互仇视,但是,当他们同船渡河并遇到风险时,他们就会像一个人的左右手那样相互援救。因此,若想控制军队,即或拴住马匹,掩埋车轮,也是靠不住的;若想军队齐心协力,奋勇作战,就要靠将帅领导得法,指挥有道;强兵弱卒都能齐心尽力,发挥作用,要靠将帅恰当地利用地形。所以,善于用兵作战的将帅,统率全军像指挥一个人那样得心应手,这是由于战场态势危急,致使三军不得不这样一致奋战啊!

【原文】

将军之事,静以幽,正以治。能愚士卒之耳目,使之无知。易其事,革其谋,使人无识;易其居,迂其途,使人不得虑。帅与之期,如登高而去其梯;帅与之深入诸侯之地,而发其机①,焚舟破釜,若驱群羊,驱而往,驱而来,莫知所之。聚三军之众,投之于险,此谓将军之事也。九地之变,屈伸之利,人情之理,不可不察。

【注释】

①发其机:击发弩机,矢箭飞出,一往直前。机,弩机。

【译文】

统帅军队的将帅处事,必须冷静而幽深,公正而有条不紊。能阻塞士卒耳目,使他们无法了解军事计划,改变战法,更换计谋,使人们无法识破;驻地经常变换,行军路线迂回,使人们无法推断出行动的意图。将帅向部队下达了作战路线迂回,使人们无法推断出行动的意图。将帅向部队下达了作战命令,要像登高后撤掉梯子一样,使军队只能勇往直前,能进不能退。将帅与军队深入诸侯的土地,要使军队像射出的箭一样迅猛异常,飞快行进。烧毁渡船,砸烂饭锅,以示决一死战。像驱赶羊群那样,赶过去、赶过来,使士卒不知道究竟要往哪里去。聚集全军士卒,置于危险的境地,使他们不能不拼死奋战,这就是将帅的责任。总之,依据不同的地区采取相应的作战方针,依据战场不同态势,决定采取伸缩、进退的有力措施,依据在各种处境中军队的情况,也就是战场上的心理变化,进行相应的诱导、运用,以争取胜利。这些,都是将帅不可不认真加以考察和研究的。

【原文】

凡为客之道:深则专,浅则散,去国越境而师者,绝地也;四达者,衢地也;入深者,重地也;入浅者,轻地也;背固前隘者,围地也;无所往者,死地也。是故散地,吾将一其志;轻地,吾将使之属①,争地,吾将趋其后;交地,吾将谨其守;衢地,吾将固其结;重地,吾将继属其食;圮地,吾将进其涂;围地,吾将塞其阙;死地,吾将示之以不活。故敌之情,围则御,不得已则斗,过则从②。

【注释】

①使之属:使自己的部队部署相互连接。属(zhǔ主),连接。

②过则从:指士卒陷入危险的境地,就会听从指挥。过,指深陷危境。

【译文】

进入敌国作战的策略是:进入敌境纵深地域,三军就上下齐心;进入敌境而离边境不远,士卒就容易涣散。离开国土越境出征的军队,就进入了"绝地";四通八达的地区是"衢地";敌国纵深地区是"重地";进入敌境但离本国不远的地区是"轻地";背后有敌坚固的阵地而前进道路又狭窄的地区是"围地";无处可出的地区是

"死地"。因此,在"散地",要统一军队的意志;在"轻地",要使部队行军连贯前后相属,加强防守;遇到"争地",要急速进到敌侧后,后发而先至;到"交地",要使部队谨慎防守;到"衢地",要结交邻国诸侯;在"重地",要补充军粮;过"圮地",要迅速行进,尽快通过;在"围地",要阻塞缺口;在"死地",将领要向下属表示拼死奋战的决心。战场上士卒心理变化情况是这样的:被敌包围则奋起抵抗,迫不得已就拼死战斗,陷于险境就会听从指挥。

【原文】

是故不知诸侯之谋者,不能预交;不知山林、险阻、沮泽之形者,不能行军;不用乡导者,不能得地利。四五者,不知一,非霸王之兵也。夫霸王之兵,伐大国,则其众不得聚;威加于敌,则其交不得合,是故不争天下之交,不养天下之权,信己之私,威加于敌,故其城可拔,其国可隳①。施无法之赏,悬无政之令,犯②三军之众,若使一人。犯之以事,勿告以言;犯之以利,勿告以害。投之亡地然后存,陷之死地然后生。夫众陷于害,然后能为胜败。故为兵之事,在于顺详③敌之意,并敌一向,千里杀将,此谓巧能成事者也。

【注释】

①隳:(huī 灰),通"毁",毁灭的意思。

②犯:指驱使、使用。

③详:通"佯"。

【译文】

因此,如果不了解各诸侯国的计谋,就不能与它结交;如果不熟悉山林、险阻、沼泽地形的特点,就不能行军;如果不用了解战区地形的人当向导,就不能得地利。对于以上的九种情况,将帅如有一种不了解,那么这支军队就不是称霸诸侯的军队。足以称霸诸侯的军队,攻打强大的国家,也能使敌国军民来不及动员和集中;它的威慑力量能使敌国无法同别国结盟。因此,有这样的军队就不用争着同别国结交,不必把别的国家培养为自己的势力,只要相信和施展自己的力量,把威力加于敌国,就可以攻取敌人城邑,灭掉敌国。施行超出惯例的奖赏,颁布打破常规的号令,调动全军如同指挥一个人那样。指令士卒作战,但不要告诉他们作战意图;让他们去夺取胜利,但不要告诉他们有什么危险。把军队置于危险之地,然后才能得以保存,把士卒陷于"死地",然后才可以得生。使士卒陷入险境,然后胜败全在人为,这样才能争取胜利避免失败。所以,用兵作战这种事情,就在于佯顺敌意。一旦有机可乘,便集中兵力,攻敌一点,虽然长驱千里,也能擒杀敌将,这就是人们所说的"巧妙能成大事"的道理呀。

【原文】

是故政举之日,夷关折符①,无通其使;厉于廊庙②之上,以诛其事。敌人开阖,必亟入之。先其所爱,微与之期③。践墨随敌,以决战事。是故始如处女,敌人开户,后如脱兔,敌不及拒。

【注释】
①夷关折符:即封锁关口,废除通行凭证。
②厉于廊庙之上,以诛其事:在庙堂上反复高讨确定战争决策。
③微与之期:不与敌人约期作战。

【译文】
战争开始之日,要封闭关口,废除通行凭证,不许敌国使节往来,在庙堂上反复商讨确定战争决策。发现敌人有可乘之隙,必须立即乘虚而入。首先要攻取敌人视如珍宝的要害腹地,而不要把我军行动日期泄露给敌军,要打破常规,敌变我变,根据敌情决定作战方案。因此,开始时等待时机要像处女那样沉静,诱使敌军放松戒备,然后像逃脱的兔子一样行动迅速,使敌猝不及防,无法抗拒我军的迅猛攻势。

三、应用

(一)军事上的应用

平型关大捷

1931年9月18日,日本帝国主义拉开了对华侵略的序幕。1937年"七七事变"后,日本加快了侵华的步伐。国民党正面战场的不断溃败,使得日军越发的骄横,不可一世,甚至扬言"日军不可战胜""三个月灭亡中国"。中国共产党领导的八路军顺势而为,所取得平型关大捷有力地打击了日军嚣张的气焰,粉碎了日军的"速胜论"。

1937年9月,在与国民党军交战连连得手的板垣征四郎率领日军第5师团21旅两个联队共两千人,大摇大摆地开赴平型关。面对骄狂的日军,八路军115师师长林彪决定狠狠地教训一下日军,在对战区地形充分、详细地勘察后,准备利用平型关险峻的地势设伏打击日军。当日军行至平型关,进入我军的包围圈后,我八路军战士依据有利地形,居高临下,向日军发起了猛攻。经过激烈的战斗,我军大获全胜,歼敌一千三百余人,同时还缴获了大批的物资装备。平型关大捷是我八路军东渡黄河后取得的第一次胜利,鼓舞了全国军民抗战胜利的信心。

破釜沉舟

秦朝末年,各地人民纷纷举行起义,反抗秦朝的暴虐统治。农民起义军的领袖,最著名的是陈胜、吴广,接着有项羽和刘邦。

公元前208年,秦将章邯镇压陈胜、吴广起义之后,又攻破邯郸,反秦武装赵王歇及张耳被迫退守在巨鹿(今河北平乡西南),被秦将王离率二十万人围困。章邯率军二十万屯于巨鹿南数里的棘原,并修筑两侧有土墙的通道直达王离营,以供粮草。赵将陈余率军数万屯于巨鹿北,因兵少不敢去救。

楚怀王派宋义为上将军,项羽为次将,带领二十万人马去救赵国。宋义引兵至安阳(今山东曹县东南)后,接连四十六天按兵不动。对此项羽十分不满,去跟宋义说:"秦军包围了巨鹿,形势这样紧急,咱们赶快渡河过去,跟赵军里外夹击,一定能够打败秦军。"

宋义说:"我们还是等秦军和赵军决战以后再说。"他又对项羽说:"上阵跟敌人交锋,我比不上你;要说坐在帐篷里出个计策,你就比不上我了。"

项羽说:"现在军营里没有粮食,但是上将军却按兵不动,这样不顾国家,不体谅兵士,哪里像个大将的样子。"

第二天,项羽趁朝会的时候,拔出剑来把宋义杀了。他提了宋义的头,对将士说:"宋义背叛大王(指楚怀王),我奉大王的命令,已经把他处死了。"

于是将士们则拥项羽为上将军。项羽杀宋义的事,威震楚国,名闻诸侯。

随后,他率所有军队悉数渡黄河前去营救赵国以解巨鹿之围。楚军全部渡过漳河以后,项羽让士兵们饱饱地吃了一顿饭,每人再带三天干粮,然后传下命令:"皆沉船,破釜甑",意思是说把渡河的船(古代称舟)凿穿沉入河里,把做饭用的锅(古代称釜)砸个粉碎,把附近的房屋放把火统统烧毁。这就叫破釜沉舟。项羽用这办法来表示他有进无退、一定要夺取胜利的决心。

就这样,没有退路的楚军战士以一当十,杀伐声惊天动地。经过九次的激战,楚军最终大破秦军。秦军的几个主将,有的被杀,有的当了俘虏,有的投了降。这一仗不但解了巨鹿之围,而且把秦军打得再也振作不起来,过两年,秦朝就灭亡了。

楚军的骁勇善战大大提高了项羽的声威。以至战胜后,项羽于辕门接见各路诸侯时,各诸侯皆不敢正眼看项羽。

(三)政治上的应用

尼克松因"水门事件"下台

尼克松是美国的第 37 任总统,因推动"中、美、苏"三角战略格局的构建而驰名中外、享誉世界,并跻身当代著名政治家的行列。但是,也正是这位"有为"的政治家却因"水门事件"处置失当,被迫辞职,葬送了政治前途。

1972 年 6 月 18 日,《华盛顿邮报》披露,17 日曾有 5 名男子携带窃听器等物品潜入水门饭店民主党全国总办办公室,并被当场逮捕,其中被捕的一男子声称此事与总统共和党出身的尼克松有关。"水门事件"一出,顿时在社会上引起轩然大波。民主党高度重视,要求政府彻查。事件发生后,尼克松疏于公关,反认为仅是小事一桩,没有重视,更没有彻查。随着事

尼克松(1913—1994)

件的不断发酵,事情变得越发复杂。随着调查的深入,尼克松政府里的许多人被陆续揭发出来,并直接涉及尼克松本人,从而引发了严重的宪法危机。对此,尼克松曾一度竭力掩盖,并通过丢卒保车、打击异己等方式企图脱罪,彻底摆脱水门事件的困扰。但事与愿违,越来越多的不利证据指向尼克松,终至不可挽回的境地。为了避免被弹劾下台,尼克松于1974年8月8日宣布辞职,从而成为美国历史上首位因丑闻而辞职的总统。水门事件也成为美国历史上最不光彩的政治丑闻事件之一,其对美国以及整个国际社会都产生了深远的影响。

马谡"纸上谈兵"

诸葛亮平定南中之后,经过两年准备,公元227年冬天,就带领大军驻守汉中。汉中接近魏、蜀的边界,可以随时找机会进攻魏国。离开成都的时候,他给后主刘禅上了一道奏章,要后主不要满足现状,妄自菲薄;要亲近贤臣,疏远小人;并且表示他决心担负起兴复汉朝的责任。这道奏章就是历史上有名的《出师表》。诸葛亮到了祁山,决定派出一支人马去占领街亭(今甘肃庄浪东南),作为据点。当时他身边还有几个身经百战的老将。可是他都没有用,单单看中参军马谡。

过了年,诸葛亮采用声东击西的办法,传出消息,要攻打郿城(今陕西眉县),并且派大将赵云带领一支人马,进驻箕谷(今陕西褒城北),装出要攻打郿城的样子。魏军得到情报,果然把主要兵力去守郿城。诸葛亮趁魏军不防备,亲自率领大军,突然从西路扑向祁山(今甘肃礼县东)。

蜀军经过诸葛亮几年严格训练,阵容整齐,号令严明,士气十分旺盛。自从刘备死后,蜀汉多年没有动静,魏国毫无防备,这次蜀军突然袭击祁山,守在祁山的魏军抵挡不了,纷纷败退。蜀军乘胜进军,祁山北面天水、南安、安定三个郡的守将都背叛魏国,派人向诸葛亮求降。那时候,魏文帝曹丕已经病死。魏国朝廷文武官员听到蜀汉大举进攻,都惊慌失措。刚刚即位的魏明帝曹睿比较镇静,立刻派张郃带领五万人马赶到祁山去抵抗,还亲自到长安去督战。

马谡这个人确是读了不少兵书,平时很喜欢谈论军事。诸葛亮找他商量起打仗的事来,他就谈个没完,也出过一些好主意。因此诸葛亮很信任他。但是刘备在世的时候,却看出马谡不太踏实。他在生前特地叮嘱诸葛亮,说:"马谡这个人言过其实,不能派他干大事,还得好好考察一下。"但是诸葛亮没有把这番话放在心上。这一回,他派马谡当先锋,王平做副将。

马谡和王平带领人马到了街亭,张郃的魏军也正从东面开过来。马谡看了地形,对王平说:"这一带地形险要,街亭(今天水市秦安县陇城镇)旁边有座山,正好在山上扎营,布置埋伏。"

王平提醒他说:"丞相临走的时候嘱咐过,要坚守城池,稳扎营垒。在山上扎营太冒险。"

马谡没有打仗的经验,自以为熟读兵书,根本不听王平的劝告,坚持要在山上扎营。王平一再劝马谡没有用,只好央求马谡拨给他一千人马,让他在山下临近的地方驻扎。

张郃率领魏军赶到街亭,看到马谡放弃现成的城池不守,却把人马驻扎在山上,马上吩咐手下将士,在山下筑好营垒,把马谡扎营的那座山围困起来。

马谡几次命令兵士冲下山去,但是由于张郃坚守住营垒,蜀军没法攻破,反而被魏军乱箭射死了不少人。

蜀军在山上断了水,连饭都做不成,时间一长,自己先乱了起来。张郃看准时机,发起总攻。蜀军兵士纷纷逃散,马谡要禁也禁不了,最后,只好自己杀出重围,往西逃跑。

王平带领一千人马,稳守营盘。他得知马谡失败,就叫兵士拼命打鼓,装出进攻的样子。张郃怀疑蜀军有埋伏,不敢逼近他们。王平整理好队伍,向后撤退,不但一千人马一个也没损失,还收容了不少马谡手下的散兵。

蜀军失去了重要的据点,又丧失了不少人马。诸葛亮为了避免遭受更大损失,决定把人马全部撤退到汉中。

(三)经济上的应用

"绝境逢生"——迪士尼建造卡通王国

他是一位孤独的年轻画家,除了理想,他一无所有。为了理想,他毅然出门远行,来到堪萨斯谋生。起初他到一家报社应聘,但主编看了他的作品后大摇其头,认为作品缺乏新意,不予录用。和所有出门打天下的年轻人一样,他初尝了失败的滋味。

华特·迪士尼(1901—1966)

他终于找到了一份工作:替教堂作画。可是报酬极低,他无力租用画室,只好借用一间废弃的车库。每次熄灯睡觉时,总能听到老鼠"吱吱"的叫声和在地板上的奔跑声。也许是太累了,他一沾着地板就能呼呼大睡。就这样,一只老鼠和一位贫困的画家和平共处,倒也使这间废弃的车库充满了生机。

有一天,当疲倦的画家从画板上抬起头时,他看见昏黄的灯光下,有一对亮晶晶的小眼睛,那是一只小老鼠。如果是在几年前,他会想出种种计谋去捕杀那只老鼠,但是现在他不,磨难已经使他具备了大艺术家所具有的悲天悯人的情怀。他微笑着注视着那只可爱的小精灵,可是它却飞快地溜了,十分羞怯。

窗外风声呼啸,可他听在耳里如天籁一般,他感到自己并不孤单,好歹有一只老鼠与他为邻。它还会来的,带着这种信念,他埋头工作。

那只小老鼠果然一次次出现。他从来没有伤害过它,甚至连吓唬都没有过。

它在地板上做着各种动作,表演精彩的杂技。而他作为唯一的观众,则奖给它一点点面包屑。老鼠先是离他较远,见他没有伤害它的意思,便一点点靠近。最后,老鼠竟然大胆地爬上他工作的画板,并在上面有节奏地跳起舞来。而他呢,绝不会赶走它,而是默默地享受与它亲近的情意。一段日子后,他们互相信任,彼此间建立了友谊,他给它起名叫米奇。

不久,年轻的画家被人介绍到好莱坞,去制作一部以动物为主角的卡通片。这是他好不容易得到的一次机会,他似乎看到理想的大门向他开了一道缝。但不幸的是,他再次失败了。多少个不眠之夜,他在黑暗里苦苦思索。他怀疑自己的天赋,怀疑自己真的一文不值,他在思索着自己的出路。

就在他潦倒不堪的某天夜里,他突然想起了堪萨斯车库里那只爬到他画板上跳舞的老鼠,灵感就在那个黑夜里闪出一道耀眼的光芒。他迅速爬起来,打开灯,支起画架,三笔两笔就画出了一只老鼠的轮廓。于是,历史上最伟大的动物卡通形象——米老鼠就这样不经意地诞生了。

灵感只青睐那些肯思考的头脑,这位年轻的画家就是后来美国最负盛名的人物——才华横溢的沃尔特·迪士尼先生,他创造了风靡全球的米老鼠。米老鼠足迹所至,所受到的欢迎让许多明星望尘莫及,也让沃尔特·迪士尼名噪全球。

谁能想到,曾经在那间充满汽油味的车库里生活过的一只小老鼠,竟是世界上最负盛名的卡通形象的原型。沃尔特·迪士尼后来评论堪萨斯的那间车库说:"至少要值一百万美金。"其实那里什么都没有,只有一只老鼠。

第十二节 火攻篇

一、题解

本篇主要论述火攻的种类、条件和实施方法等,同时警告明君良将"亡国不可以复存,死者不可以复生",从而提出了"主不可以怒而兴师,将不可以愠而致战"的慎战思想。

二、原文·注释·译文

【原文】

孙子曰:凡火攻有五:一曰火人,二曰火积,三曰火辎,四曰火库,五曰火队①。行火必有因,烟火必素具。发火有时,起火有日。时者,天之燥也;日者,月在箕、壁、翼、轸也。凡此四宿者,风起之日也。

【注释】

①队:(suì 岁),通"隧",道路的意思,此处指运输设施。

【译文】

孙子说:总体来说火攻可分为五种:一是焚烧敌军的士卒;二是焚烧敌军的粮秣;三是焚烧敌军的辎重;四是焚烧敌军的仓库;五是焚烧敌军运输粮草等物资的设施。在进行火攻时,要具备一定条件,必须随时准备好发火器材。进行火攻还要掌握有利的时间,选准有利的天时。所谓有利的时间是指天气干燥;所谓有利的天时,是指月亮从"箕""壁""翼""轸"这四星宿的位置经过。凡是月亮运行到这四个星宿的位置时,往往是起风的日子。

【原文】

凡火攻,必因五火之变而应之。火发于内,则早应之于外。火发而兵静者,待而勿攻;极其火力,可从而从之,不可从而止。火可发于外,无待于内,以时发之。火发上风,无攻下风。昼风久,夜风止。凡军必知有五火之变,以数守之。

【译文】

运用火攻的作战方式,必须根据这五种火攻而引起的敌情变化,派遣兵力加以策应。火是从敌营内烧起,就及时组织兵力从外面配合进行策应。如果火烧起而敌军仍然保持安静不乱的,就应等待观察,不可立即进攻,等到火势最猛时,再根据情况可以进攻就进攻,不能进攻就停止。如果可以从敌营外面点火,那就不要等待内应,只要时机和条件具备随时可以放火。如果火从上风的地方烧起,就不要迎下风的地方顶火进攻。白天刮风时间长,到夜晚风就可能停止。大体上说,军队打仗必须了解这五种火攻方法,并根据各种条件,加以实施。

【原文】

故以火佐攻者明,以水佐攻者强。水可以绝,不可以夺。

【译文】

以火攻辅助士卒的进攻,火势炽烈,效果明显;用水攻来辅助兵力,其攻势强猛。水攻虽可分割、阻断敌军的粮道和救援,但不能像火攻那样烧毁敌兵及储备的物资器械。

【原文】

夫战胜攻取,而不修其功者凶,命曰"费留"①。故曰:明主虑之,良将修之。非利不动,非得不用,非危不战。主不可以怒而兴师,将不可以愠而致战;合于利而动,不合于利而止。怒可以复喜,愠可以复悦,亡国不可以复存,死者不可以复生。故明君慎之,良将警之,此安国全军之道也。

【注释】

①费留:留,通"流"。费留,白费的意思。曹操注:"若水之留,不复还也。"

【译文】

克敌制胜,夺取了敌人的城池土地,而不能巩固胜利,是不吉利的,这就叫"费留"。所以说:明智的君主要慎重考虑这个问题,好的将帅也要妥善处理它。如果不是有利于国家,就不要采取军事行动,没有获胜把握,就不要动用军队,不到危急时刻,就不要轻易开战。国君不能因一时恼怒而兴兵打仗,将帅不能因一时怨恨而贸然与敌交战。总之,符合国家利益的就行动,不符合国家利益的就停止。恼怒之后可以重新转为欢喜,怨恨之后也可以重新转为快乐,但国家灭亡了就不能再存,士卒战死了就不能再生。所以,明智的君主对战争一定要慎而又慎,好的将帅对战争也要十分警惕,不可轻举妄动,这是关系到安定国家并保全军队的根本道理啊!

三、应用

(一)军事上的应用

赤壁之战

东汉末年,曹操在平定北方、统一中原之后,统率二十万(号称八十万)大军沿长江东进,企图迫使占有江南六郡的孙权不战而降,而后一统中国。

公元208年春,曹操在邺城修建玄武池开始训练水军,准备向南方进军。同时派了人到凉州拉拢马腾及其子马超,分别授以他们卫尉和偏将军之职,防备马腾父子趁曹军进军南下之机作乱,给曹军侧后方造成威胁。

在荆州方面,刘表之子刘琦、刘琮为争夺继承权而相互斗争,使得荆州内部很不稳。而刘表年老多病,只求偏安一方,并无大的作为。因为袁绍集团灭亡而失意的刘备,此时投奔了刘表,并领命屯兵驻守荆州的北大门新野、樊城,以阻止曹军南下。刘备虽然寄人篱下,但是雄心勃勃,不忘东山再起,想要等待时机成熟便取代刘表,据荆州,进而夺取全国统治权。刘备积极争取荆州地主集团的支持,访求人才,扩充自己的政治军事力量。当时,刘备麾下已经有了诸葛亮、关羽、张飞、赵云等谋士、猛将。

而东吴方面,孙权拥有精兵十万,占有扬州的吴郡、会稽、丹阳、庐州、豫

赤壁之战示意图

章、九江等六郡,再加上周瑜、鲁肃、张昭、程普、黄盖等人的支持辅助下,内部相当团结,统治基础牢固,实力较为强大,加上东吴还占据长江天险这一地理优势,成为曹操一统天下的主要障碍。

在鲁肃对孙权建议趁曹操现在忙于消灭袁绍集团的残余势力,东吴应该去消

灭江夏太守黄祖，占领荆州，以控制整个长江流域。于是孙权按照鲁肃的建议，于公元203年开始讨伐黄祖。黄祖战败退至夏口，凭借坚城固守。孙权拼力围攻夏口，相持多年，到公元208年，孙权终于突破夏口防线，占领了江夏，打败了黄祖。

曹操看到孙权攻占江夏，害怕他会乘胜抢先占领荆州，便在这一年7月急忙率步骑数十万大举南下，攻取荆州。曹军先派一部分兵力向新野方向出其不意直下荆州、襄阳。再派另一部分兵力向宛、叶进行佯动，吸引刘表军队。8月，刘表次子刘琮继位。刘琮刚刚继位，万事还没稳定，便遭曹军大兵压境，再加上他自身的软弱无能于是不战而降。

当刘备得知刘琮已经投降时，他自己正在与襄阳仅一水之隔的樊城训练军队，准备迎战曹军。当时曹操的军队已经到达宛城，离樊城只有咫尺之遥时。刘备便率领随行人员向江陵退去，因为他深知以现在自己的兵力是无法抵挡声势浩大的曹军的。

曹操怕刘备占领江陵，便亲率五千轻骑日夜兼程猛追，一昼夜行三百余里，在当阳长坂坡追上刘备。刘备猝不及防，被曹操打败，仅同诸葛亮、张飞、赵云等几十骑逃脱追击，退却至夏口，与刘表长子刘琦会合。这时，他们总共仅有一万水兵，一万步兵，无奈又进一步退守到长江南岸的樊口。江陵被曹操占领，不仅刘备感到了被吞没的危险已经迫在眼前，也使东吴的孙权感到战火就要烧到自己的身上了。局势的发展，迫使刘备、孙权都在寻找抗曹破敌的办法。

曹操这一路一直顺利取胜，轻松攻下荆州，轻松占领江陵，除获得刘表的降兵八万外，还获得了大量的军事物资。谋士贾诩建议应该巩固新占地区，利用荆州的丰富资源，休养军民，然后再以强大的优势迫使东吴孙权投降。但是，曹操由于一路进展顺利，滋长了轻敌情绪，根本不听贾诩的意见，依然坚持继续向江东进军意图占领整个长江以东地区。

不久，东吴派鲁肃以为刘表吊丧为名，急忙前往荆州探听虚实。鲁肃到达夏口听到了刘备南撤的消息，便转道当阳，会见了刘备，建议刘备与孙权联合抗击曹操。恰好刘备也正有此意，于是欣然同意，派诸葛亮同鲁肃一起去拜见孙权。

但孙权对刘备的实力有所怀疑，对联合刘备一事有所犹豫。诸葛亮便对孙权说："曹军远道而来，长途跋涉已经十分疲乏，几战之后已是强弩之末，没有多大劲头了，何况北方人不习惯水上作战，荆州民众也不是真心归附曹操。而刘备虽然在长坂坡战败，但还有关羽、刘琦率领的水陆精锐二万多人。如果孙、刘两家同心协力，一定能击败曹军。"诸葛亮的分析增强了孙权抗击曹军的信心，于是决定与刘备合作，联合抗曹。

当时在东吴内部存在着两种截然不同的对曹态度：以张昭为代表的部分官员主张不抵抗曹军，能降则降。而鲁肃等人则坚决反对投降。鲁肃为了增强抗曹派的力量，请孙权从鄱阳召回周瑜商讨对策。周瑜回来后劝孙权说："现在，曹操舍弃了北方军队善于骑战的长处,登上战船与我们做水上争斗,是以其之短击我之长。曹操号称拥有水陆兵力八十万,但据我分析,曹操能从北方带来的军队只不过十五六万,经过这么多场战役,这些兵士已经疲惫不堪,而且他们水土不服,必生疾病。曹操所得刘表的军队,最多七八万,这部分士兵心存疑惧,没有斗志。这样的军队,人数虽多但并不可怕。况且已是隆冬季节,曹军必然会给养不足;还有曹操虽然统一了北方,但是后方局势并不稳定。如此等等,都是用兵的大忌。曹操不顾忌这些不利因素,失败是一定的。所以请求主公给我精兵五万,我就可以打败曹操。"

孙权看周瑜对曹军兵力、作战特点、战场条件的分析入情入理,便决定抗击曹操。任命周瑜、程普为左右都督,鲁肃为赞军校尉,拨精兵三万,逆江而上,与刘备军队会合。

这时,在夏口的刘备,面对日益逼近的曹军心中非常焦急,每天派人探听孙权军队的消息。这下终于等到了孙权水军,就急忙亲自乘船迎接,到了之后又慰劳吴军。刘、孙联军整顿合适之后,继续沿长江西上,到赤壁与曹军的先头部队遭遇。

曹军的情况正如周瑜、诸葛亮所预料的那样,全军上下疾病流行,多半曹军不习水性,受不了江上风吹浪颠,疾病更加严重。联军轻易地击败了曹军的先头部队,曹军退回江北的乌林与主力会合,双方在赤壁一带隔江对峙。

曹操为减缓风浪颠簸,减少船身摇晃,命令手下将战船用铁链联结在一起,在船上铺上木板。这样,船确实平稳了许多,但彼此牵制,行动极为不便。周瑜部将黄盖发现了曹军铁索连船的弱点,他向周瑜建议说:"我军兵力弱少,与曹军长期相持对我方不利,必须尽快设法破敌。现在,曹军把战船首尾相接,我们应该乘机采用火攻,一燃俱燃,将曹军兵船全部烧毁,我先诈降接近曹营,然后火烧战船,让我军来个突然袭击,曹军不备,必然打败。"

周瑜采纳了黄盖的建议,制订了作战计划。并让黄盖写了封降书,派人送到江北曹营。曹操接到降书后深信不疑,还与送信人约定了投降的时间与信号。

公元208年11月的一天,黄盖带领十艘大船,船上装满干柴,浸上油液,外面用布包裹伪装,插上约定的旗号,向北岸疾驶而去。同时在大船之后系上快船,以便在放火后换乘。船快要接近曹军水寨时,黄盖命令士兵举起火把信号,齐声呼喊:"黄盖来投降了!"曹军信以为真,纷纷走出船舱观望。等黄盖的十艘大船靠近曹军的水寨时,船上的士兵同时放火点燃了柴草,然后跳上小艇快速后退。

此时,江上正刮着猛烈的东南风,顷刻间,曹军的战船都燃烧起来,火势一直蔓延到了岸上,烧了曹军步兵的营寨。曹营官兵被突如其来的大火烧了个措手不及,一个个不禁惊慌失措。一片混乱之中,曹军士兵被烧死、溺死、互相踩死的不计其数。孙、刘联军乘势冲杀,将曹军杀得片甲不留。

曹操只好率领残兵败将,从陆路经华容道向江陵方向撤退。孙、刘联军水陆并进追击曹军,一直追到了南郡,曹操才得以逃脱。曹操留曹仁、徐晃驻守江陵,乐进驻守襄阳,自己率领残余部队退回了北方。本来一路打胜仗的曹操,因为轻敌失算,最后落得落魄而归。

赤壁之战创造了一个以火攻战胜强敌的典型战例。孙、刘联军准确地分析了曹军的兵力、作战特点及长短利弊等客观情况,找出了曹军的致命弱点,以火助攻,以长击短、出其不意地击败了曹军,有效地遏制了曹操的势力。

(二)政治上的应用

里根巧借外力竞选总统

有时想要战胜对手,只是一味强碰是不行的,不仅不一定会取得胜利,而且可能会碰得头破血流,遭惨失败。所以一定要会借助外力,"以火佐攻者明,以水佐攻者强",其实万事万物都是相同的,不仅水、火,很多东西都是可以借助的。

1980年,美国共和党总统候选人里根与民主党候选人卡特进行总统之位的竞争,就此展开了美国竞选史上最激烈的争夺战。

里根与卡特两个人的实力旗鼓相当,而卡特是已经当政4年的在职总统,当政时的主要政绩就是在外交上做了三件大事:同中国建立了外交关系;促使美国议会通过了巴拿马运河条约;促成埃及和以色列和谈。卡特也一直以此为自豪,并在竞选中拼命宣传这些成就。

而里根避开卡特在外交上的政绩,专攻他的内政方面,因为卡特在内政方面有许多败笔:国内通货膨胀加剧;财政预算无法平衡;能源出现危机;失业人数剧增等等。人们对这些有关国计民生的问题十分不满,怨声载道。而这些正好成了里根手中的王牌,他集中火力攻击卡特经济政策失误,并称这些现象叫作"卡特大萧条"。

纳德·威尔逊·里根(1911—2004)

詹姆斯·厄尔·卡特(1924—)

而卡特则指责里根增加防务开支的主张是好战之举,抓住广大民众关心的战争与和平问题,希望选民们在"战争还是和平"之间做出选择。里根与卡特就是这样你来我往的唇枪舌剑,一时难决胜负。

里根有一个得天独厚的优势是卡特没有的,竞选者靠广播、电视、报纸等大众传播媒介宣传自己的形象,与其说是选民在选择候选人的政策纲领,不如说是更重视候选人的性格、智慧、精力、风度之类。一个人的形象如何,在美国民众的心中往往占有重要位置,直接决定了选民投谁一票。里根曾是好莱坞的二流影星,其形象及表现力都是比较出色的。

在里根当选共和党总统候选人之后,全国各地影剧院、电视台争相放映他当年在好莱坞演过的电影,一下子成了热门。这股里根影视热风,无疑替里根做了一次绝好的宣传。人们从影视中看到,当年的里根英俊潇洒、精明强干,而现在仍然生气勃勃、干劲十足,风度不减当年。这让里根在人们心目中留下了一个很好的印象。

里根知道,虽然卡特其他方面与自己不分上下,但在外在形象和语言表达上,卡特却远远不如自己。所以借着这股里根影视风,里根借电视媒体极力展示自己的风采。他与卡特的电视辩论中,表现得能言善辩、妙语连珠,而卡特则相形见绌,呆板迟钝、结结巴巴。因此在投票之前的关键性的一场电视辩论后,民意测验的结果支持里根的人上升到67%,支持卡特的人下降为30%最终里根以绝对优势竞争成功。

在这一场旷日持久的竞争中,里根巧借自己在当年在好莱坞当演员的经历,发挥自己口才好,形象好的优势,打败了势力本来与自己不相上下的卡特,夺取了总统之位,是一个"以火佐攻者明,以水佐攻者强"的典型案例。

(四)经济上的应用

借东风"飞鸽"进入美国寻常百姓家

"飞鸽"牌自行车产自天津自行车厂,曾是早年国人梦寐以求的一件家用"奢侈品"。由于其经久耐用,款式新颖,畅销海内外,但却迟迟难以打开美国市场。孜孜以求的"飞鸽"人从美国总统布什访华嗅到商机,使其生产的"飞鸽"自行车终于飞进了美国的千家万户。

早在1989年,天津自行车厂的"飞鸽"人就从媒体中得到了美国新任总统布什即将访华的消息,他们还了解到布什夫妇特别喜欢骑自行车。于是,一个大胆的商业营销设想浮现在"飞鸽"人的头脑中,即把"飞鸽"赠送给总统夫妇会是怎样的商业效果呢?经过不懈努力,并征得了上级的支持,1992年3月,布什总统访华之际,在钓鱼台宾馆,两辆新款"飞鸽"自行车被作为国礼赠送给了布什夫妇。"飞鸽"成功了,布什夫妇无意间的广告效应,使得"飞鸽"如愿飞入了美国市场,拥有一辆总统骑的"飞鸽"自行车几乎成了当时每个美国人的愿望。"飞鸽"也正是凭借这股强劲"东风",成为大洋彼岸美国几乎家喻户晓的品牌

双汇巧做广告

利用水火这等外力助自己获得成功是一个很好的方法,尤其是在做广告的时候,因为广告靠的就是宣传,有了借助,就有了宣传的支点,获得意想不到的效应,其实是轻而易举的事。

1994年6月28日是"逛北京、爱北京、建北京"大型旅游文化活动正式开幕的日子,这一天一大早首都天安门广场上就锣鼓震天,彩旗飘扬。数百人组成的秧歌

队、锣鼓队、高跷队的精彩表演，引得很多人驻足观看，把天安门广场围了个水泄不通。上午9时整，当北京市和国家有关部门的领导同志宣布活动正式开幕时，数千只信鸽同时飞起，把人们的目光引向天空。这时，十多个巨大鲜艳的彩色气球腾空而起，每个大气球下面还拖着一条长长的布幅。布幅上写着华懋双汇集团漯河肉联厂祝逛北京活动圆满成功，红艳艳的大字格外醒目！

这一事件一出，《漯河内陆特区报》《河南日报》、河南广播电台等河南多家新闻媒体都争相报道了这件事。《河南日报》的评论文章把它誉为"河南省最成功、最典型的一次企业公关活动"。《河南商报》以《双汇高扬天安门》为题刊登了一则八百字的新闻，放在头版头条的位置上。很快，这一消息重返北京，得知消息最早却顾虑重重的首都新闻界不再"沉默是金"了。

《中国青年报》的《社会周刊》率先刊登了一幅照片，图片下的文字说明中有这样一句耐人寻味的话：能否在天安门广场做广告，这个话题争论了好久，如今却被来自河南的一家火腿肠厂定论了。之后《中国经营报》把《广告首入天安门广场》这条新闻也放在了头条的位置。特别值得一提的是，这则不足千字的短文却同时配发了足有一千二百字的评论。评论题为《中国广告史上的新一页》，里面写道：中国广告史上较为成功的广告是西泠电器花百万元在报纸头版做整版广告，其轰动效应至今仍在继续，此广告可称为我国公关广告史上第一个成功案例。之后是KENT将广告做到武汉电视发射塔上，后来又让广告上了运载火箭。而能称为继西泠电器之后更为轰动的广告策划活动，还有在南京长江大桥这一具有历史意义的建筑物上做广告虽然这一举措争论了很久，但最终得以圆满解决，广告成功地上了南京长江大桥。而广告首入天安门广场这一既成事实告诉中国的企业家：请再大胆一些！"双汇"在天安门广场做广告，将作为一个极成功的企业公关策划活动写入中国公关广告史、中国CI史中。

但无论新闻界对此事是正面的评价还是负面的评价，事实上在爆炒"双汇登上天安门"这一事件中，华懋双世集团漯河肉联厂——"双汇"的拥有者无疑是最大的受益者。这个在1991年还名不见经传的小企业，自1992年"双汇"牌火腿肠上市以来，其经济实力迅速膨胀壮大，如今已是国家大型一类企业了。"双汇"的迅速崛起，很大程度上得益于该企业对广告公关活动的一贯高度重视。据悉，双汇集团每年的广告费支出达两千万元以上。

当我们深入到整件事情背后的时候，说起来您也许难以相信，双汇集团把自己的广告攻入天安门广场，尚不及《人民日报》半个套红广告版面的花费，仅仅花费十二万元。当初，精明的双汇人得知"逛北京、爱北京、建北京"大型旅游文化活动将在天安门广场隆重举行开幕式时，就已经酝酿着要制造一起轰动全国的特大新闻了。

"双汇"派出最能干的公关人员，以一个气球一万元的价格，赢得了北京有关部门的审批通过。当领导同志还在为组委会"反正开幕式活动需要动用气球助兴，何不在气球下面挂个企业名字的条幅,而多收入十二万元"的做法深为赞许时,并没有意识到中华人民共和国成立以来,企业广告将首次进入天安门这一事实。据说,"双汇"闯入天安门广场做广告的事件不久,不少企业纷纷找天安门广场管理委员会,甚至提出以数百万元的价格购买寸土做广告,却均被婉言谢绝。理由是:"双汇"是个特例,一不留神让它钻了空子,做了广告。

华懋双汇集团公关部负责人说到了问题的实际:"虽然我们耗资十多万元仅能换得广告气球在天安门广场飘扬三天,但这本身就是新闻,我们作为第一个吃螃蟹者,所要的就是这份轰动效应,新闻事件所产生的效应远远大于广告本身的价值,我们做到了。"

天安门历来被视为圣地,它的一举一动时刻为世人所瞩目。精明的双汇人抓住了时机,巧妙利用开幕式为自己做了广告,达到了不可想象的广泛效果,是借助外力成功取胜的典型事例。

第十三节　用间篇

一、题解

本篇主要论述使用间谍的重要性,并提出了五种间谍的名称、保密的纪律、间谍的任务、使用间谍的方法和使用反间等重要问题。同时,指出了先知敌情"不可取于鬼神""必取于人"的朴素唯物主义观点。

二、原文·注释·译文

【原文】

孙子曰:凡兴师十万,出征千里,百姓之费,公家之奉①,日费千金。内外骚动,急于道路,不得操事者,七十万家。相守数年,以争一日之胜。而爱爵禄百金,不知敌之情者,不仁之至也,非人之将也,非主之佐也,非胜之主也。故明君贤将,所以动而胜人,成功出于众者,先知也。先知者不可取于鬼神,不可象于事,不可验于度②,必取于人,知敌之情者也。

【注释】

①奉:同"俸",指费用。

②验于度:指以日月星辰运行的位置来占卜吉凶祸福。验,应验;度,度数,指星宿的位置。

【译文】

孙子说:举兵十万,千里出征,这样大的军事行动,使百姓财物大量耗损,国家也要每天花费千金的开支,结果国家失去安宁,为之动荡不安,土地荒芜,兵荒马乱。为了运送给养和武器及其他物资,民众整日奔忙于运输线上,不能从事农业生产劳动的农家,竟达七十万户。这样,战争相持数年,为了争得最后一天的胜利,虽然宁肯花费巨大的财力和物力,却不肯授予一定的爵位甚至吝惜财物给做间谍的人,就是犯了惜小费、吃大亏而不深知敌情的错误。可见,不懂用间侦敌作用的将领,是最不明智的,因而他就很难成为君主的好助手,他就不能成为夺取胜利的主宰。英明的君主和贤良的将帅之所以能够在带兵作战中取得胜利,那是因为他们战前了解并掌握了敌情。如何做到掌握敌情呢?既不能用占卜算卦求助于鬼神,也不能用过去相似的事进行推测,更不能用拘泥固定的变数、星象的运转来制定作战方案,而必须依靠间谍去探知敌军的真实情况,即从熟悉敌情的人那里获取有关敌军的军事情报。

【原文】

故用间有五:有因间,有内间,有反间,有死间,有生间。五间俱起,莫知其道,是谓神纪①,人君之宝也。因间者,因其乡人而用之。内间者,因其官人而用之。反间者,因其敌间而用之。死间者,为诳②事于外,令吾间知之,而传于敌间也。生间者,反报也。

【注释】

①神纪:神妙莫测之道。纪,道。

②诳:(kuáng 狂),迷惑、欺骗。

【译文】

间谍可分为五种:因间、内间、反间、死间和生间。这五种间谍同时并用,就会先知敌情采取行动,致使敌人茫然失措、莫明其妙。明了并领会这个神奇的道理,便会成为君主和将帅手中侦敌取敌的至宝。所谓因间,是指由敌国中熟悉乡情的人充当我方的间谍;所谓内间,是指了解敌国内幕的官吏充当我方的间谍;所谓反间,是指把敌方间谍诱变为给我方效力的间谍;所谓死间,是指把假情报密告给敌人而事发后被处决的间谍,即为了欺蒙敌人,我方有意散布虚假情况并通过我方间谍传给敌人,使敌人上当,事发之后我方间谍往往会被处死;所谓生间,是指派往敌国而又能活着回来报告敌情的间谍。

【原文】

故三军之事,莫亲于间,赏莫厚于间,事莫密于间。非圣智不能用间,非仁义不能使间,非微妙不能得间之实。微哉!无所不用间也!间事未发,而先闻者,间与所告者皆死。

【译文】

十分明显,在三军诸多要事中,没有比间谍更加重要和对其更加亲信的了,没有比对间谍奖赏更为丰厚的了,没有比使用间谍更为秘密的了,这是用间料敌的三条原则。所以,不是超群才智的人,不能任用间谍,不是具有为仁义而战之心的人,不能充当间谍这一重任,不是巧妙的用间者和敏锐的使间者,不能得到行间的实效。微妙啊！微妙啊！真是没有一处不可以用间啊！倘若用间的任务刚刚开始或尚未完成,就先被泄露出去,遇到这种情况,对泄密的间谍及从他那里获得情报的人要一律处死。

【原文】

凡军之所欲击,城之所欲攻,人所欲杀,必先知其守将、左右、谒者、门者、舍人之姓名,令吾间必索知之。必索敌人之间来间我者,因而利之,导而舍之,故反间可得而用也。因是而知之,故乡间、内间可得而使也。因是而知之,故死间为诳事,可使告敌;因是而知之,故生间可使如期。五间之事,主必知之,知之必在于反间,故反间不可不厚也。

【译文】

那么,如何用间侦敌呢？凡是我方准备攻伐的敌军,凡是我方准备攻占的城邑,凡是我方拟定杀死敌方的官吏,一定要先了解敌方守城的将领和他的左右亲信、传事通报的人、看门的人以及幕僚之类的人的姓名,并命我方间谍搜索敌方的全部情况。同时,必须查明并稳住敌方派来侦察我方的间谍,尽量收买他、诱导他,尔后向他交代任务,放他回归敌方,这样,反间便可以为我方所用。从反间那里得悉敌情,乡间、内间也可以供我方所用;从反间那里了解敌情,这也为使用死间把假情报透露给敌人提供了机会;从反间那里获得敌情,生间也能够按照预定期限回来报告敌情。因此,君主不仅要熟知五种间谍所做的工作,而且还要懂得反间在用间中的重要地位,更要注意发挥反间在作战中的特殊作用,并一定给予他们优厚的待遇与奖赏。

【原文】

昔殷之兴也,伊挚在夏;周之兴也,吕牙在殷。故惟明君贤将,能以上智为间者,必成大功。此兵之要,三军之所恃而动也。

【译文】

从前,殷朝的兴起,伊挚(伊尹)本来在夏桀称臣,他深知夏朝的情况,后归商朝(殷),商汤用他做了宰相,消灭了夏桀;周朝的兴起,吕牙(吕尚、姜子牙)本来在殷朝供职,他深知殷朝的情况,后归周朝,周武王委任他为三军统帅,消灭了商朝。因此,明君贤将,如果能够任用像伊挚、吕牙那样大智大勇的人做间谍,那必然会建立奇功,成就大业。这是兴兵作战的关键所在,三军上下都要依赖它做出决策,部署兵力,采取行动啊！

三、应用

(一)军事上的应用

周瑜施计除大患

东汉末年,天下大乱,群雄并起,割据为政。建安十三年(208年),挟天子以令诸侯的北方军事集团曹操率领大军南下,企图扫灭荆州以及东吴割据政权,实现统一大业。为了抗击曹操、孙权、刘备结成联盟,并在初期的水战中占据上风。为了解决北方军士不习水战的问题,曹操启用精通水战的荆州降将蔡瑁、张允训练水军,曹军的水战能力不断提升。蔡张二人也成为孙刘联军的心腹大患,为战胜曹军,必欲除之。

为此,东吴统军大将周瑜借曹操派其故友蒋干劝降之机,巧施离间之计。设宴款待蒋干中,故意大醉,并坚持与故友同榻而眠。周瑜"睡梦"之中,故意将伪造好的蔡、张二人的"叛曹"书信显露给蒋干。蒋干如获至宝,连夜盗书返还曹营。曹操误以为真,盛怒之下,斩杀了蔡瑁、张允二人。之后,曹操幡然悔悟,悔之晚矣。孙刘联军则不费吹灰之力,除去了心腹大患,为之后赤壁大战的胜利奠定了坚实的基础。

周瑜(175—210)

石勒的用间计

石勒字世龙,羯族人,他的家族世代皆为部落小帅。到石勒这一代,部落小帅已无什么待遇可言,为了生活,石勒曾给商人与地主当过田客,后被西晋并州刺史司马腾捉住并送到冀州,贩卖到一个叫师欢的地主家里当耕奴。师欢见这个二十几岁的胡人相貌不俗,善于骑射,勇敢有谋,怕他鼓动其他耕奴造反,就把他放了。

石勒离开师欢家,投奔了西晋朝廷养马场的小头目汲桑,并在茌平县一带组成了"十八骑"。"十八骑"经常出入于专门繁殖名马赤龙、騏驥的场地,到远处劫掠财宝,拿回来贿赂汲桑。

当成都王司马颖挟持晋惠帝失败被废后,他的部将公师藩等从赵、魏等地起兵,为司马颖报仇。石勒和汲桑率领牧人乘马场马匹数百骑前往响应。公师藩攻打邺城失败被杀,石勒与汲桑又逃回了马场。他们在马场劫掠郡县,释放囚犯,聚集山泽亡命之徒,势力不断得到扩充。

石勒(274—333)

由于西晋统治者对各族民众进行残酷的经济剥削与政治压迫,这激化了当时的阶级矛盾与民族矛盾。西晋末年爆发的"八王之乱",使汉族与各少数民族人民更加处于水深火热之中,各地人民纷纷起来反抗西晋政权的统治。

这一时期全国政权混乱,一些少数民族首领趁机反晋,各地反晋势力不断兴起。304年四川爆发流民暴动,起义军占领成都。同年,早已自立为汉王的匈奴贵族刘渊起兵。刘渊集结军队,立志要创立一番辉煌的事业,像祖先一样统一北方。

此外，这时起兵的还有汉族的王弥和羯族的人石勒，他们共同推奉刘渊为主帅，联合打击西晋统治者。同时，他们各自都拥有自己的割据地盘，计划着在打败晋军的同时，发展自己的势力，以便有朝一日取代西晋王朝的统治。

果然在石勒投奔刘渊后的三四年间东征西讨、夺城掠地，为汉国立下了汗马功劳，成为维护汉国统治的一支劲旅。同时，石勒的势力也在征战中不断发展、壮大。

公元311年，石勒得知同样投奔刘渊的王弥，想要在其势力壮大后暗中杀掉自己，吞并自己的势力，于是石勒便先下手，设计杀掉了王弥，随后兼并了王弥的人马。也是因为这样，石勒的实力迅速地增强，野心也随之不断地膨胀，并逐渐地萌生了要自立为王的想法。

了解自己的欲望后，石勒便在暗中展开了一系列的动作。表面上他依旧遵从汉王，但是在暗地里却在自己的势力范围内采取了优待汉族地主阶级知识分子的政策，他拉拢了一批有智有谋的优秀人才，和他一起谋划大业。在这过程中，石勒挖到了在他后来建立后赵政权过程中发挥重要作用的军师张宾。

为了实现自己自立为王的愿望，石勒吞并王弥的部队后，就将下一个目标锁定在了西晋幽州刺史王浚的身上。石勒攻打王浚成功后，王浚向鲜卑族和乌桓族求助，但是却没有得到任何的回应。为了能够顺利地拿下王浚吞并他的势力，石勒的军师张宾给他分析了王浚的特点，并提出了一个假意归顺，满足王浚的自傲，蒙蔽他，等到他沾沾自喜对你失去防备时再举兵攻打他，定能取得胜利。石勒听了张宾的计谋觉得可行，于是就制定了详细的计划来对付王浚。

首先石勒主动写了一封信，言辞卑微地向王浚求和，并表示愿意归顺他，辅佐他登上皇位，他在信中还写到"我之所以投身于兴义兵、除暴乱的事业，正是要为您扫除障碍。我诚心希望您顺应天意民心，登基称帝。我石勒崇敬您拥戴您，就像对自己的父母一样，您也应明察我的诚意苦心，将我像儿子一样看待。"随后石勒派门客王子春、董肇等人，带着书信和许多的奇珍异宝去蓟县求见王浚，同时在暗地里花重金收买王浚的心腹大臣枣高。王浚接到石勒的信后很是高兴，于是将王子春等人封为列侯，并派人给石勒送去了当地的特产。石勒又杀了阴谋叛变王浚后向他请降的司马游统，并把他的首级献给了王浚，以此来表示自己的归顺之心，消除王浚的戒心。

石勒对待王浚派来的使者也是十分的礼待，他面向北拜见使者接受王浚的书信，并把王浚送他的浮尘挂在墙上，每日敬拜。他还上书王浚，约定日期亲自去幽州向王浚拜奉皇帝的尊号。石勒对王浚做足了表面的功夫，在暗地里又让手下们将武器和精兵都藏起来，故意带使者参观空空如也的仓库和士气低落的军队，用来蒙蔽王浚，使其看到了自己的忠心和归顺之意，从而得到了王浚的完全信任。

石勒的一系列安排都起到了效果，得到王浚的完全信任后，石勒就开始为最后的突袭做准备。他首先借故将安插在王浚身边的王子春召回，以便了解幽州现在的情况。王子春说："幽州自从去年遭了大水灾，民间没有一粒粮食，百姓早已无粮可吃。而王浚对百姓的税赋依然十分沉重,把百万粮食屯聚在仓里,却不用来救济人民,百姓怨声载道。他的刑罚极为苛刻残酷,大量残害贤臣良将,诛杀排斥进谏的谋士,下属因不堪忍受,逃亡叛变者很多。在外,鲜卑、乌桓与他离心离德;在内,枣高、田矫等人贪婪横暴。全国上下人心忧惧动摇,军队虚弱疲惫,王浚却还要高筑台阁,排列百官,大言不惭地说汉高祖、魏武帝都不足以与他相提并论。"听了王子春的话后,石勒认为幽州现在的情况十分适合自己的进攻,尤其是王浚已经失去了民心,人民生活苦不堪言。但是石勒也考虑到袭击王浚一役,并州刺史刘琨的存在是一个不小的隐患,因此为了保险起见,石勒召见张宾,向其请教对付刘琨的方法。张宾建议石勒写信给刘琨,向其求和,并以讨伐王浚来表示自己的忠心。石勒依计行事,得到了刘琨的支持。

公元314年,石勒出兵突袭幽州,他率轻骑兵日夜兼程向幽州进军,到达易水后,王浚的都护孙纬向其报告,准备抵抗。但是此时王浚还一心认为石勒是来拥护他坐皇位的,禁止抵抗,反而在宫中设宴等待石勒的到来。王浚的这一做法给了石勒可乘之机,使其顺利地来到了蓟县。为了防止城中有埋伏,石勒用几千头牛羊打着给王浚献礼的名义,进了城,并利用这些牲畜来阻塞王浚的军队出战。直到此时,王浚才意识到石勒的险恶用心,但为时已晚,石勒顺利地拿下了王浚,并在石勒的都城襄国(在今河北省邢台市西南)将其杀掉。占领幽州,吞并王浚的部队,这为石勒以后建立后赵扫除了障碍。

纵观文石勒吞并王浚的过程中,首先用王子春安插进王浚的内部,进而从其口中得到王浚的内情,这是用了孙子兵法用间计中的"生间";其次石勒花重金收买了王浚的心腹枣高,让其做自己的内奸,探知王浚的动向,配合自己的行动,这便是用间计中的"内间";而利用使者的出使,用假象蒙蔽了王浚,让其对石勒降低戒备之心,这是用了用间计中的"反间"。通过一系列的用间,最终石勒达到了自己的目的,除去了王浚,为以后自立为王打下了坚实的基础。联合"用间"之微妙神奇,可见一斑。

(四)政治上的应用

善用"反间计"的陈平

一些战争往往不需要武得,而是需智取。智取不但不会劳民伤财,不费一兵一卒,反而能在更快更短的时间内取得胜利。孙子说:"反间者,因其敌间而用之。"反间计就是一种以智取胜的很好计略。楚汉争霸中多年未果,最后只因陈平一条反间计而使汉王刘邦大获全胜。

楚汉争霸人尽皆知,曾经不可一世的楚霸王项羽最后惨败,从而留下"无颜见江东父老"一句话供后人警戒。归咎项羽失败的原因主要是因其生性多疑,中了陈平反间计。

公元前205年,项羽率兵围攻荥阳,此时汉军处于劣势,只有招架之功而无还手之力。在这种情况下,汉王刘邦只得下令闭锁城池固守荥阳,召集重臣商议破敌之计。此时,陈平提出了一个计策,即反间计。项羽手下的能兵巧将不外乎范增、钟离昧几个人。只要大王拿出一些赏金,挑选几个人去贿赂误导楚国的人,散布臣子有二心,君臣不和的谣言,以此离间项羽和他的爱将的关系,让他们互生猜忌之心,首先使他们内部分裂,这样,楚军军心涣散,我们想要破他们的围攻就容易得多了。刘邦听了陈平的计策,觉得十分可行,因此就交给陈平黄金四万两去实施此计划。陈平亲自挑选了几名心腹,让他们拿着钱,想办法混入楚军的军营里收买间谍,散布谣言,破坏军

陈平(? —公元前178)

心。时间不长,楚军中便谣言四起,说什么钟离昧在军中功劳大却得不到应有的奖赏,所以准备和刘邦一起联手消灭楚国,瓜分楚地。项羽生来就生性多疑,尤其在两军交战之际,他不能有一点失误,因此听到谣言后也起了疑心,从此商讨大事时便不再让钟离昧参加。

离间项羽和钟离昧的计策成功了,陈平便又将目标锁定在了范增身上。范增对于项羽来说有着重要的意义。项羽尊范增为"亚父",范增是项羽的智囊,许多用兵计策均出自范增之手。上次就是范增设计刘邦使其差点在鸿门宴上丢了性命,而这次荥阳之战,也是范增识破了刘邦为了拖延时间,假意求和,等待韩信救兵的计策,积极进攻,因此才造成刘邦被围困宰荥阳的局面。所以离间范增与项羽的关系式战争成败的关键。

刘邦派使者去楚军求和,愿意两国分而治之,项羽拒绝了求和但是却派使者去汉营打探消息。项羽此举给了陈平实施反间的机会。

楚军使者向刘邦转达了项羽不肯议和的旨意后,陈平就把他接到了自己的住处,并准备了丰盛的酒菜,对待使者也十分尊重。两人等待开席时,陈平故意不提项羽,而是一直在打听范增的消息。使者觉得奇怪,便告诉自己是受项王之命出使而非范增之意。陈平听后故意装作很惊讶的样子说,原来是项王派的呀。说完就将酒席和一旁的服侍人员全部撤走。使者觉得更奇怪了,自己一个人坐了半天也没有半个人来接待他,直到太阳快下山了,才有人端来散发着恶臭,没有一点肉的晚饭,甚至连酒也是酸的。使者一看顿时气不打一处来,转身就回到了楚营。楚使觉得受了委屈了,于是便把自己所收的待遇添油加醋地向项王汇报了一通。项王听后勃然大怒,顿时对范增产生了怀疑。陈平利用楚使而进行的反间计成功了。但此时的范增还一无所知,还尽心尽力地为项王出谋划策。见项王久攻未果便不断催促项王要加紧进攻,一旦让刘邦逃过此劫,以后再想降伏他是非常不易的。听了范增的话,项羽想到了使者所说的话,气愤不过,指责范增没安好心,荥阳未攻

下,自己就有可能丧命在范增之手。凭着范增的聪明才智,一听项羽的话便明白了一定是有人散布其对项羽不忠的谣言,自己为其呕心沥血却最终换来如此之下场,顿觉心灰意冷,再待下去也没有什么意思。临行前最后劝了项羽两句便辞官回乡了。不幸的是,年事已高的范增因为项羽的怀疑而气闷在心,病死在回乡的途中。

范增的死重创了项羽的实力,没有智囊在身边,项羽在与刘邦的争霸之战中屡屡败退,没过几年,项羽便被刘邦围困,突围无望,自刎于乌江。

陈平的反间计,成功地除掉了项羽的左膀右臂,范增和钟离昧,随着他两人的相继离去,项羽的实力大大降低,这为刘邦最后战胜项羽,成就统一中国的伟业打下了坚实的基础。

刘邦利用陈平提出的反间计不费一刀一枪就消灭了项羽助手,使自己反被动为主动,使楚汉实力发生了重大转变,终于成就了刘邦统一中国的伟业。由此可见用间计的强大威力及其在战争中的重要作用。

(二)经济上的应用

美国政府"硅谷"反间护航

20世纪后半期,美国硅谷迅速崛起,成为人才荟萃,高新技术的孵化基地,被人们誉为"电子革命中心""半导体工业王国"和"美国工业化未来的幻想和缩影"。

美国硅谷平面图

相应地,"硅谷科技"也成为新时期高新技术的代名词。"硅谷科技"在赢得世界各国赞誉的同时,也吸引着各方工业技术间谍异样的目光,几乎每天都在上演着间谍与反间谍的大战。

为了防止硅谷高新技术特别是核心技术的泄露,为硅谷技术的安全保驾护航,美国政府于1982年在该地成立了一个侦察小组,直接受美国中央情报局和联邦调查局领导。之后,美国政府还分门别类地增设了许多反间谍机构,内外兼修,破获了一大批偷窃核心新技术的大案要案,有力地震慑了来自世界各地工业技术间谍的嚣张气焰。美国政府在硅谷实施的种种反间谍举措,为硅谷的可持续发展营造了一个稳定安全的技术空间,因而硅谷也就成为各商家、高新技术企业等长期安心驻扎的基地。

美国联邦调查局反间智斗日本公司

1980年1月,美国国际商用机器公司IBM丢失了一份有关电子计算机软件的秘密技术文件。这可是个大事情,美国联邦调查局的资深侦探卡拉汉当时负责IBM的保密工作。为了破案,卡拉汉绞尽脑汁,多方打探,终于从一个名叫佩里的人那里找到了线索。

佩里刚从日本回来,日本日立公司工程师林健治一直在收买佩里,目的就是通过他盗取 IBM 的最新电子计算机 3081K 的全部技术资料。为了显示自己派出的商业间谍的"工作业绩",林健治向佩里展示了 3081K 设计手册的复印件,而这个设计手册,正是 IBM 失窃的技术文件。

找到了元凶,卡拉汉开始谋划怎么用法律手段制裁对方,搞对方一个哑巴吃黄连,有苦说不出!他找到格来曼公司,这个公司是美国联邦调查局设立的,通过高科技公司的外壳作掩护,专门负责侦查重大商业秘密泄露案件。卡拉汉和格莱曼公司经理贾连特逊谋划了一出反间计的好戏。

1981 年 11 月,林健治应佩里的邀请来到格莱曼公司,贾连特和卡拉汉负责接待。林健治提出参观 3380 计算机系统的实物,贾连特和卡拉汉欲拒还迎,摇头拒绝!林健治表示:我懂,我出钱买方便,OK?于是双方"讨价还价",最后达成协议。

11 月 15 日,日立公司工程师成濑被引入公司参观 IBM3380 计算机系统,成濑完美演绎了一个商业间谍的专业性,从各角度对系统进行偷拍,但他不知道,螳螂捕蝉黄雀在后,他的所作所为都被联邦调查局安放的摄像头记录下来。

日立公司的间谍"得手"了,三菱公司探听到之后,有点急了。多方打探,知道了日立公司是通过卡拉汉的路子,于是也派出了商业间谍木村富藏等人和卡拉汉接头,企图窃取 IBM 的电子计算机情报,卡拉汉表示:只要出钱,来者不拒!于是,三菱公司的间谍也"得手"了!

1982 年 6 月,日立的林健治想起来 IBM3081K 型计算机的资料还没到手,故技重施,再次来到美国,卡拉汉狠狠地敲了一下林健治竹杠,双方以 52.5 万美元成交。6 月 22 日,林健治满心欢喜去卡拉汉办公室取资料,迎接他们的却是联邦调查局的特工人员,此时他才明白中了对方的反间计,成了瓮中之鳖,只得束手就擒。与此同时,三菱公司的木村等人也相继被捕。

 思考题

1.《孙子兵法》有哪十三篇?
2.《孙子兵法》中如何论述作战要速战速决的?
3.运用《孙子兵法》的观点分析决定战争胜负的因素有哪些?
4.一个合格人才应该具备哪些方面的基本素质?
5.《孙子兵法》对间谍是如何分类的?

第四章 《孙子兵法》与《三十六计》

《三十六计》或称三十六策，是指中国古代三十六个兵法策略，语源于南北朝，成书于明清。它是根据中国古代军事思想和丰富的斗争经验总结而成的兵书，是中华民族悠久的文化遗产之一。

在当前，很多人将《三十六计》与《孙子兵法》混为一谈，市场上也有很多书籍直接以二者的书名来命名的，致使让人产生了误解，以为《三十六计》是《孙子兵法》的一部分。实际上，两本书之间有着非常明显的区别。

第一，成书时间不一样。《孙子兵法》成书于公元前五百年前后，距今已经两千五百年了。而《三十六计》真正成书大约是在明清之际，是由有心人采集群书，编撰成《三十六计》，但此书为何时何人所撰已难确考。"三十六计"一语，先于著书之年，语源可考自南朝宋将檀道济（？—公元436年），据《南齐书·王敬则传》："檀公三十六策，走为上计，汝父子唯应走耳。"意为败局已定，无可挽回，唯有退却，方是上策。此语后人不断沿用，宋代学者惠洪在《冷斋夜话》也有此语："三十六计，走为上计。"

第二，兵书的性质不一样。《孙子兵法》从战略的高度论述事物之间的规律，具有"舍事而言理"的特点，讲究依靠方法、实力制胜。而《三十六计》主要从战术的层面来论述一个个具体的策略，讲究依靠阴谋、技巧制胜。因此二者的价值是不一样的，从当前《孙子兵法》在世界范围内的广泛流传就可见一斑。但是毋庸置疑的是，《孙子兵法》和《三十六计》都是中华优秀传统文化的重要组成部分，都是我们应该引以为豪的文化遗产，况且《三十六计》的每一计都可以在《孙子兵法》中找到历史的源头。

三十六计是中国古代兵家计谋的总结和军事谋略学的宝贵遗产，原书按计名排列，共分六套，即胜战计、敌战计、攻战计、混战计、并战计、败战计。前三套是处于优势所用之计，后三套是处于劣势所用之计。每套各包含六计，总共三十六计。其中每计名称后的解说，均系依据《易经》中的阴阳变化之理及古代兵家刚柔、奇正、攻防、彼己、虚实、主客等对立关系相互转化的思想推演而成，含有朴素的军事辩证法的因素。解说多引证宋代以前的战例和孙武、吴起、尉缭子等兵家的精辟语句。

第一节 胜战计

处于绝对优势地位之计谋。君御臣、大国御小国之术也。亢龙有悔。

第一计 瞒天过海

本指光天化日之下不让天知道就过了大海。形容极大的欺骗和谎言，什么样的欺骗手段都使得出来。就是故意一而再，再而三地用伪装的手段迷惑、欺骗对方，使对方放松戒备，然后突然行动，从而达到取胜的目的。

【原典】

备周则意怠[1]；常见则不疑。阴在阳之内，不在阳之对[2]。太阳，太阴[3]。

【注释】

[1]备周则意怠：防备十分周密，往往容易让人斗志松懈，削弱战力。

[2]阴在阳之内，不在阳之对：阴阳是我国古代传统哲学和文化思想的基点，其思想笼罩着大千宇宙、细末尘埃，并影响到意识形态的一切领域。阴阳学说是把宇宙万物作为对立的统一体来看待，表现出朴素的辩证思想。阴、阳二字早在甲骨文、金文中出现过，但作为阴气、阳气的阴阳学说，最早是由道家始祖老子所倡导，并非《易经》提出。此计中所讲的阴指机密、隐蔽；阳，指公开、暴露。阴在阳之内，不在阳之对，在兵法上是说秘计往往隐藏在公开的事物里，而不在公开事物的对立面上。

[3]太阳，太阴：太，极，极大。此句指非常公开的事物里往往蕴藏着非常机密的计谋。

【释义】

防备得周全时，更容易麻痹大意；习以为常的事，也常会失去警戒。秘密常潜藏在公开的事物里，并非存在于公开暴露的事物之外。公开暴露的事物发展到极端，就形成了最隐秘的潜藏状态。

【解析】

"瞒天过海"之谋略决不可以与"欺上瞒下""掩耳盗铃"或者诸如夜中行窃、拖人衣裘、僻处谋命之类等同，也绝不是谋略之士所应当做的事情。虽然这两种在某种程度上都含有欺骗性在内，但其动机、性质、目的是不相同的，自是不可以混为一谈。这一计的兵法运用，常常是着眼于人们在观察处理世事中，由于对某些事情的习见不疑而自觉不自觉地产生了疏漏和松懈，故能乘虚而示假隐真，掩盖某种军事行动，把握时机，出奇制胜。

【计名探源】

唐太宗贞观十七年，御驾亲征，领三十万大军以宁东土。一日，浩荡大军东进来到大海边上，帝见眼前只是白浪排空，海茫无穷，即向众总管问及过海之计，四下面面相觑。忽传一个近居海上的豪民请求见驾，并声称三十万过海军粮已独备。帝大喜，就便令百官随这豪民老人来至海边。只见万户皆用一彩幕遮围，十分严密。豪民老人东向倒步引帝入室。室内更是绣幔锦彩，茵褥铺地。百官进酒，宴饮乐甚。不久，风声四起，波响如雷，杯盏倾侧，人身动摇，良久不止。太宗警惊，忙令近臣揭开

唐太宗李世民(598—649)

彩幕察看,不看则已,一看愕然,满目皆一片茫茫海水横无际涯,哪里是什么在豪民家里做客,大军竟然已航行于大海之上了!原来这豪民老人是新招壮士薛仁贵扮成的,这"瞒天过海"计策就是他策划的。"瞒天过海"用在兵法上,实属一种示假隐真的疑兵之计,用来作战役伪装,以期达到出其不意的战斗效果。

第二计 围魏救赵

本指围攻魏国的都城以解救赵国。现指当敌人实力强大时,要避免和强敌正面决战,应该采取迂回战术,迫使敌人分散兵力,然后抓住敌人的薄弱环节发动攻击,置敌于死地。

【原典】

共敌不如分敌①,敌阳不如敌阴②。

【注释】

①共敌不如分敌:共,集中的。分,分散,使分散。句意:攻打集中的敌人,不如设法分散它而后再打。

②敌阳不如敌阴:敌,动词,攻打。句意:先打击气势旺盛的敌人,不如后打击气势旺盛的敌人。

【释义】

进攻兵力集中、实力强大的敌军,不如设法分散敌军后再攻击。攻击敌军的强盛部位,不如攻击敌军的薄弱部分来得有效。

【解析】

所谓围魏救赵,是指当敌人实力强大时,要避免和强敌正面决战,应该采取迂回战术,迫使敌人分散兵力,然后抓住敌人的薄弱环节发动攻击,置敌于死地。此计适用于敌我力量悬殊之战,对于军事实力几倍、几十倍于自己的敌人,如果采用莽撞、强硬的方式与其一决高下,一定会头破血流、伤亡惨重。

在己方处于军力劣势的情况下,最好的方法就是分导引流,找准敌人的薄弱环节、要害部位,避实就虚,全力攻击,或是绕到敌军的后方攻其不备,对其造成威胁和牵制,用最小的代价取得最大的胜利。

【计名探源】

公元前354年,魏惠王欲释失中山的旧恨,便派大将庞涓前去攻打。这中山原本是东周时期魏国北邻的小国,被魏国收报,后来赵国乘魏国国丧伺机将中山强占了。魏将庞涓认为中山不过弹丸之地,距离赵国又很近,不如直打赵国都城邯郸,既解旧恨又一举两得。魏王从之,欣欣然似霸业从此开始,即拨五百战车以庞涓为将,直奔赵国,围了赵国都城邯郸。赵王急难中只好求救于齐国,并许诺解围后以中山相赠。齐威王应允,令田忌为将,并起用从魏国救得的孙膑为军师,领兵出发。这孙膑曾与庞涓同学,对用兵之法,谙熟精通。魏王用重金将他聘得,当时庞涓也正事奉魏国。庞涓自觉能力不及孙膑,恐其贤于己,遂以毒刑将孙膑致残,断孙两足并在他脸上刺字,企图使孙不能行走,又羞于见人。后来孙膑装疯,幸得齐使者救助,逃到齐国。这是一段关于庞涓与孙膑的旧事。且说田忌与孙膑率兵进入魏赵交界之地时,田忌想直逼赵回邯郸,孙膑制止说:解乱丝结绳,不可以握拳去打,排解争斗,不能参与搏击,平息纠纷要抓住要害,乘虚取势,双方因受到制约才能自然分开。现在魏国精兵倾国而出,若我们攻魏国,那庞涓必回师解救,这样一来邯郸之围定会自解。我们在中途伏击庞涓归路,其军必败。田忌依计而行。虽然,魏军离开邯郸,归路中又陷伏击与齐战于桂陵,魏部卒长途疲惫,溃不成军,庞涓勉强收拾残部,退回大梁。齐师大胜,赵国之围遂解。这便是历史上有名的"围魏救赵"的本事。又后十三年,齐魏之军再度相交于战场,庞涓又陷于孙膑的伏击,自知智穷兵败遂自刎。孙膑以此名显天下,世传其兵法。

第三计 借刀杀人

比喻自己不出面,假借别人的手去害人。指在对付敌人的时候,自己不动手,而利用第三者的力量去攻击敌人,用以保存自己的实力;再进一步,则巧妙地利用敌人的内部矛盾,使其自相残杀,以达到置敌于死地的目的。

【原典】

敌已明,友未定①,引友杀敌,不自出力,以《损》②推演。

【注释】

①友未定:"友"指军事上的盟者,也即除敌、我两方之外的第三者中,可以一时结盟而借力的人、集团或国家。友未定,就是说盟友对主战的双方,尚持徘徊、观望的态度,其主意不明不定的情况。

②《损》:出自《易经·损卦》:"损:有孚,元吉,无咎,可贞,利有攸往。"孚,信用。元,大。贞,正。意即,取抑省之道去行事,只要有诚心,就会有大的吉利,没有错失,合于正道,这样行事就可一切如意。又有《象》损卦:"损:损下益上,其道上行。"意指"损"与"益"的转化关系,借用盟友的力量去打击敌人,势必要使盟友受到损失,但盟友的损失正可以换得自己的利益。

【释义】

敌人的情况已经明了,友方的态度尚未确定。利用友方的力量去消灭敌人,自己不需要付出什么力量。这是从《损》卦推演出的计策。

【解析】

"借刀杀人",巧在一个"借"字,即利用、借用。所谓"借",就是借用外部力量来帮助自己。自己难以做到的事情,可以借助他人之手去做,无须亲自动手,便可坐得其利,这便是"借刀杀人"之计的妙用。

要深刻理解此计,必须注意三个重要因素:一是巧用外力为己所用;二是争取有利可图的第三方加入;三是避免自己抛头露面,做到不留任何痕迹,也就可以不承担任何责任。因此,此计的主要特点在于:抓住主要矛盾后,借敌方内部力量或盟友力量,削弱或消灭敌对势力。而关键要善于捕捉和利用矛盾,包括敌方内部的矛盾以及敌方与盟友的矛盾,并想方设法将这些矛盾扩大、激化,直至引起敌方内部争斗,或是敌方与盟友的斗争,以达到削弱或消灭敌方兵力的目的。

【计名探源】

春秋末期,齐简公派国书为大将,兴兵伐鲁。鲁国实力不敌齐国,形势危急。孔子的弟子子贡分析形势,认为唯吴国可与齐国抗衡,可借吴国兵力挫败齐国军队。于是子贡游说齐相田常。田常当时蓄谋篡位,急欲铲除异己。子贡以"忧在外者攻其弱,忧在内者攻其强"的道理,劝他莫让异己在攻弱鲁中轻易主动,扩大势力,而应攻打吴国,借强国之手铲除异己。田常心动,但因齐国已做好攻鲁的部署,转而攻齐,怕师出无名。子贡说:"这事好办。我马上去劝说吴国救鲁伐齐,这不是就有了攻齐的理由了吗?"田常高兴地同意了。子贡赶到吴国,对吴王夫差说:"如果齐国攻下鲁国,势力强大,必将伐齐。大王不如先下手为强,联鲁攻齐,吴国不就可抗衡强晋,成就霸业了吗?"子贡马不停蹄,又说服赵国,派兵随吴伐齐,解决了吴王的后顾之忧。子贡游说三国,达到了预期目标,他又想到吴国战胜齐国之后,定会要挟鲁国,鲁国不能真正解危。于是他偷偷跑到晋国,向晋定公陈述利害关系:吴国伐鲁成功,必将转而攻晋,争霸中原。劝晋国加强备战,以防吴国进犯。公元前484年,吴王夫差亲自挂帅,率十万精兵及三千越兵攻打齐国,鲁国立即派兵助战。齐军中吴军诱敌之计,陷于重围,齐师大败,主帅图书及几员大将死于乱军之中。齐国只得请罪求和。夫差大获全胜之后,骄狂自傲,立即移师攻打晋国。晋国因早有准备,击退吴军。子贡充分利用齐、吴、赵、晋四国的矛盾,巧妙周旋,借吴国之"刀",击败齐国;借晋国之"刀",灭了吴国的威风。鲁国损失微小,却能从危难中得以解脱。

第四计 以逸待劳

指作战时不首先出击,养精蓄锐,以对付从远道来的疲劳的敌人。

【原典】

困敌之势[①],不以战;损刚益柔[②]。

【注释】

①困敌之势:迫使敌人处于困顿的境地。

②损刚益柔:语出《易经·损》。"刚""柔"是两个相对的事物现象,在一定的条件下相对

子贡(公元前520—公元前456)

的两方有可相互转化。"损",卦名。本卦为异卦相叠(兑下艮上)。上卦为艮,艮为山,下卦为兑,兑为泽。上山下泽,意为大泽浸蚀山根之象,也就说有水浸润着山,抑损着山,故卦名叫"损"。"损刚益柔"是根据此卦象讲述"刚柔相推,而主变化"的普遍道理和法则。

【释义】

对敌人造成围困的形势,不一定要用直接进攻的方式,完全可以采用静守不战的战略,积极防御,因势利导,逐渐消耗敌人的再生力量,最后用敌方力量发展的命脉来扼杀它,可使"强敌"受损失而使"弱己"有所增益,使自己变被动为主动。这就是"损刚益柔"原理的演用。

【解析】

"以逸待劳",是指当敌方气焰高涨时,为了避开敌人的锋芒,有力地增强自己的兵力,首先应该主动采取守势,进行积极防御的同时,养精蓄锐,有效地控制敌人。此计强调:要想让敌方处于困难的境地,不一定只有进攻之法。关键在于适时地掌握主动权,伺机而动,以不变应万变,以静制动,积极调动敌人,努力牵着敌人的鼻子走,创造决胜机会。所以,此计中的"待"切不可理解为消极被动地等待,相反,它是积极主动的反击准备。

此计正是根据"损"卦的道理,以"刚"喻敌,以"柔"喻己,意谓困敌可用积极防御,逐渐消耗敌人的有生力量,使之由强变弱,而我因势利导又可使自己变被动为主动,不一定要用直接进攻的方法,同样可以制胜。

【计名探源】

战国末期,秦国少年将军李信率二十万军队攻打楚国,开始时,秦军连克数城,锐不可当。不久,李信中了楚将项燕伏兵之计,丢盔弃甲,狼狈而逃,秦军损失数万。后来,秦王又起用已告老还乡的王翦。王翦率领六十万军队,陈兵于楚国边境。楚军立即发重兵抗敌。老将王翦毫无进攻之意,只是专心修筑城池,摆出一派坚壁固守的姿态。两军对垒,战争一触即发。楚军急于击退秦军,相持年余。王翦在军中鼓励将士养精蓄锐,吃饱喝足,休养生息。秦军将士人人身强力壮,精力充沛,平时操练,技艺精进,王翦心中十分高兴。一年后,楚军绷紧的弦早已松懈,将士已无斗志,认为楚军的确防守自保,于是决定东撤。王翦见时机已到,下令追击正在撤退的楚军。秦军将士人人如猛虎下山,杀得楚军溃不成军。秦军乘胜追击,势不可挡。公元前223年,秦灭楚。

王翦(生卒不详)

第五计 趁火打劫

本指趁人家失火的时候去抢东西。现比喻乘人之危,捞一把。

【原典】

敌之害①大,就势取利,刚决柔也②。

【注释】

①害:指敌人所遭遇到的困难,危厄的处境。

②刚决柔也:语出《易经·夬》卦。夬,卦名。本卦为异卦相叠(乾下兑上)。上卦为兑,兑为泽;下卦为乾,乾为天。兑上乾下,意为有洪水涨上天之象。《夬夬》的《象》辞说:"夬,决也。刚决柔也。"决,冲决、冲开、去掉的意思。因乾卦为六十四卦的第一卦,乾为天,是大吉大利,吉利的贞卜,所以此卦的本义是力争上游,刚健不屈。所谓刚决柔,就是下乾这个阳刚之卦,在冲决上兑这个阴柔的卦。此计是以"刚"喻己,以"柔"喻敌,言乘敌之危,就势而取胜的意思。

【释义】

当敌方处于危机的时候,要趁机对其发动进攻以便夺取胜利。敌方有内忧,可抢占他的地盘;敌方有外患,可掠夺他的民财;敌方内忧外患交加,就吞并他的国家。这就是强者趁势取利,适时把握战机,一举打败陷于厄境之敌的战略。

【解析】

"趁火打劫",有以下两种情形:第一种情形是乘人之危,抱薪救火。对方后院"起火",我方可以伪装"救火"的姿态前去凑热闹,这样既不会被对方拒绝,也不会引起对方注意。在"救火"过程中,便可以暗中捞取好处,或在暗角再点一把"新火",给敌方制造更多的麻烦,这样就可以轻易地将其置于死地。第二种情形为助纣为虐,入伙分利。火是别人放的,别人趁火打劫时,我方乘机插手,助对方一臂之力,事成之后,获得部分利益。两种方法都极为巧妙。

"趁火打劫"这一计策虽然看似不甚光明磊落,但着实是屡试不爽的破敌良策,往往能起到扭转战局、变被动为主动的奇效。其要义在于,当对手处在危难之中自顾不暇时,趁机迫其接受正常情况下难以接受的苛刻条件。运用这一计谋的关键,在于对"打劫"时机的正确把握。

需要注意的是,"趁火打劫",一方面要求决策者反应敏锐,出手果断,因为有利时机往往稍纵即逝,若是等到"火"灭了再行劫,效果就会大打折扣;另一方面,也要注意不可盲动,既要避免中了对手引蛇出洞的圈套,又要注意"劫"之有度,不要引火烧身。

【计名探源】

春秋时期,吴国和越国相互争霸,战火频频。经过长期战争,越国终因不敌吴国,只得俯首称臣。越王勾践被扣在吴国,失去行动自由。勾践立志复国,十年生聚,十年教训,卧薪尝胆。表面上对吴王夫差百般逢迎,终于骗得夫差的信任,被放回越国。回国之后,勾践依然臣服吴国,年年进献财宝,麻痹夫差。而在国内则采取了一系列富国强民的措施。越国几年后实力大大加强,人丁兴旺,物资丰足,人心稳定。吴王夫差却被胜利冲昏了头脑,被勾践的假象迷惑,不把越国放在眼里。他骄纵凶残,拒绝纳谏,杀了一代名将忠臣伍子胥,重用奸臣,堵塞言路。生活淫糜奢侈,大兴土木,搞得民穷财尽。公元前473年,吴国颗粒难收,民怨沸腾。越王勾践选中吴王夫差北上和中原诸侯在黄池会盟的

越王勾践(约公元前520—公元前465)

时机,大举进兵吴国,吴国国内空虚,无力还击,很快就被越国击破灭亡。勾践的胜利,正是乘敌之危,就势取胜的典型战例。

第六计 声东击西

指表面上声言要攻打东面,其实是攻打西面。军事上使敌人产生错觉的一种战术。

【原典】

敌志乱萃①,不虞②,坤下兑上③之象,利其不自主而取之。

【注释】

①敌志乱萃:援引《易经·萃》卦中《象》辞:"乃乱乃萃,其志乱也"之意。萃,悴,即憔悴。是说敌人情志混乱而且憔悴。

②不虞:未意料,未预料。

③坤下兑上:萃卦为异卦相叠(坤下兑上)。上卦为兑,兑为泽;下并为坤,坤为地。有泽水淹及大地,洪水横流之象。喻指聚在一起的是一潭高出地面的死水,迟早会溃决。

此计是运用"坤下兑上"之卦象的象理,喻"敌志乱萃"而造成了错失丛杂、危机四伏的处境,我则要抓住敌人这不能自控的混乱之势,机动灵活地运用时东时西,似打似离,不攻而示它以攻,欲攻而又示之以不攻等战术,进一步造成敌人的错觉,出其不意地一举夺胜。

【释义】

敌人处于心迷神惑、行为紊乱、意志混沌的状态时,就像处于高出地面的沼泽,溃决之势已成,不能正确预料和应付突发事件。此时,应该利用他们心智混乱,无法自主把握前进方向的时机,灵活机动地运用时东时西,似进似退的战略,造成对方的错觉,进而出其不意地将其一举消灭。

【解析】

"声东击西"之计一般用在己方处于进攻态势的情况下。"声东"旨在东虚晃一枪,所击之"西"才是主攻目标。因此,此计的重点在于对我方的企图和行动绝对保

密，制造假象、佯动误敌来伪装己方的攻击方向，转移敌人的目标，使其疏于防范，让"西"成为敌方的不备或不及之地，然后乘其不备，发动突然进攻，一举击败敌人，出奇制胜。

"声东击西"之计可以有以下几种使用方式：一是忽东忽西牵制敌人。不固定我方的进攻方向，时而向东，时而向西，一会儿在这儿，一会儿在那儿，把敌方弄得晕头转向，无法确定我方的主攻方向和真实意图，只好处处被动设防。时间一长必然只有招架之功，而无还手之力，我方便可利用时机大获全胜。二是即打即离迷惑敌人。是指我方时而主动攻战，时而远远离开。敌方以为我方要打时，我方不打；敌方以为我方不打时，我方却突然发动袭击。以致敌人无法部署战前准备，失败也就在所难免。三是发动佯攻蒙蔽敌人。是指我方故意向甲地发动进攻，吸引敌人的注意力，等敌人把兵力全部调到甲地时，我方突然在乙地发起猛攻。敌人知道后，为时已晚。四是避强击弱袭击敌人。是指在我方飘忽不定的进攻下，敌人无法制订准确的进攻计划，我方就避开了敌之锋芒，乘机猛攻敌人的薄弱环节，让其无力应对，妥协就范。

总之，"声东击西"历来受到中国兵家的重视，但是如果此计运用不好，被对方发现了自己的真实意图，则会搬起石头砸到自己的脚。

【计名探源】

东汉时期，班超出使西域，目的是团结西域诸国共同对抗匈奴。为了使西域诸国便于共同对抗匈奴，必须先打通南北通道。地处大漠西缘的莎车国，煽动周边小国，归附匈奴，反对汉朝。班超决定首先平定莎车。莎车国王北向龟兹求援，龟兹王亲率五万人马援救莎车。班超联合于阗等国，兵力只有二万五千人，敌众我寡，难以力克，必须智取。班超遂定下声东击西之计，迷惑敌人。他派人在军中散布对班超不满言论，制造打不赢龟兹，有撤退的迹象。并且特别让莎车俘虏听得一清二楚。这天黄昏，班超命于阗大军向东撤退，自己率部向西撤退，表面上显得慌乱，故意让俘虏趁机脱逃。俘虏逃回莎车营中，急忙报告汉军慌忙撤退的消息。龟兹王大喜，误认班超惧怕自己而慌忙逃窜，想趁此机会，追杀班超。他立刻下令兵分两路，追击逃敌。他亲自率一万精兵向西追杀班超。班超胸有成竹，趁夜幕笼罩大漠，撤退仅十里地，部队即就地隐蔽。龟兹王求胜心切，率领追兵从班超隐蔽处飞驰而过。班超立即集合部队，与事先约定的东路于阗人马，迅速回师，杀向莎车。班超的部队如从天而降，莎车猝不及防，迅速瓦解。莎车王惊魂未定，逃走不及，只得请降。龟兹王气势汹汹，追赶一夜，未见班超部队踪影，又听得莎车已被平定，人马伤亡惨重的报告，大势已去，只有收拾残部，悻悻然返回龟兹。

第二节 敌战计

处于势均力敌态势之计谋。

第七计 无中生有

原指本来没有却硬说有。现形容凭空捏造。

【原典】

诳也,非诳也,实其所诳也①。少阴、太阴、太阳②。

【注释】

①诳也,非诳也,实其所诳也:诳,欺诈、诳骗。实,实在,真实,此处作意动词。句意为:运用假象欺骗对方,但并非一假到底,而是让对方把受骗的假象当成真相。

②少阴,太阴,太阳:此"阴"指假象,"阳"指真相。句意为:用大大小小的假象去掩护真相。

【释义】

用虚假情况迷惑敌人,但又不完全是虚假情况,因为在虚假情况中又有真实的行动。在稍微隐蔽的军事行动中,隐藏着大的军事行动;大的隐蔽的军事行动,又常常在非常公开的、大的军事行动中进行。总之,是以假象来掩盖真实,最终把虚假态势发展到极端,巧妙地转化为真实,而非虚假到底。

【解析】

本计的特点是,制造一种假象,有意让敌人识破,使之失去警惕,然后又化无为有,化假为真,化虚为实;真的攻击敌人了,而敌人却依然以为是假的,不做防备,从而为我所乘,战而胜之。"无中生有"之计,不是真实意义上的瞒骗,而是将某些假象示于对手,使对方相信它的真实性,然后把这些假象突然变为现实,让对方毫无心理准备,措手不及,从而击败对手。

此计谋可以理解为以下几种含义:一是凭空捏造事实,处处散布谣言,把本来不存在的东西说成存在的,让对方思想混乱。其目的是乘机消灭敌人,获取利益。二是以假乱真,把假的东西装扮成真的,最后再将其巧妙地转换成真的。以此来迷惑敌人,使敌人掉以轻心,从而趁势将其打败。

在具体运用"无中生有"之计时,我们应该注意把握以下一些问题:一是此计只是竞争上惯用的一种策略。二是运用此计要把握好可能瞬间而逝的绝佳时机。三是"无中生有"并非真正的以无做有,而是示"无"藏"有",其关键在"有"而不在"无"。

【计名探源】

唐朝安史之乱时,许多地方官吏纷纷投靠安禄山、史思明。唐将张巡忠于唐室不肯投敌。他率领二三千人的军队守孤城雍丘城(今河南杞县)。安禄山派降将令狐潮率四万人马围攻雍丘城。敌众我寡,张巡虽取得几次突击出城袭击的小胜,但无奈城中箭只越来越少,赶造不及。没有箭只,很难抵挡敌军攻城。张巡想起三国时诸葛亮草船借箭的故事,心生一计。急命军中搜集秸草,扎成千余个草人,给草人披上黑衣,夜晚用绳子慢慢往城下吊。夜幕之中,令狐潮以为张巡又要乘夜出兵偷袭,急命部队万箭齐发,急如骤雨。张巡轻而易举获敌箭数十万支。令狐潮天明后,知己中计,气急败坏,后悔不迭。第二夜晚,张巡又从城上往下吊草人。贼众见状,哈哈大笑。张巡见敌人已被麻痹,就迅速吊下五百名勇士,敌兵仍不在意。五百勇士在夜幕掩护下,迅速潜入敌营,打得令狐潮措手不及,营中大乱。张巡乘此机会率部冲出城来,杀得令狐潮大败而逃,损兵折将,只得退守陈留(今开封东南)。张巡巧用无中生有之计保住了雍丘城。

第八计 暗度陈仓

指正面迷惑敌人,而从侧翼进行突然袭击。后多比喻暗中进行某种活动。

【原典】

示之以动①,利其静而有主,"益动而巽②"。

【注释】

①示之以动:示,给人看。动,此指军事上的正面佯攻、佯动等迷惑敌方的军事行动。

②益动而巽:语出《易经·益》卦。益,卦名。此卦为异卦相叠(震下巽上)。上卦为巽,巽为风;下卦为震,震为雷。意即风雷激荡,其势愈增,故卦名为益。与损卦之义,互相对立,构成一个统一的组纷。《益卦》的《象》辞说:"益动而巽,日进无疆。"这是说益卦下震为雷为动,上巽为风为顺,那么,动而合理,是天生地长,好处无穷。

【释义】

故意暴露自己的行动吸引敌人,让敌人因不明就里被牵制在某地集结固守,然后我方则利用这个时机,偷偷迂回到敌人的背后发动突袭,攻敌不备,出奇制胜。事物的增益,因为变动而顺达。

【解析】

此计是利用敌人被我"示之以动"的迷惑手段所蒙蔽,而我即乘虚而入,以达军事上的出奇制胜。"暗度陈仓"根据历史故事"明修栈道,暗度陈仓"而来,前提即"明修栈道"。意思是指在双方对峙的时候,公开地展示一个让敌人觉得愚蠢或者无害的战略行动,以使敌人松懈。而在公开行动的背后,我方却有真正的行动,趁敌人被假象蒙蔽而放松警惕时,悄悄地迂回到另一处偷袭,给敌人以措手不及的致命打击,自己则在没有遭到任何抵抗或防备的情况下,出奇制胜。

出奇制胜,产生于正常的用兵之法。只有诱使敌人按照正常的用兵原则来判断我方的行动意图,才能达到此目的。所以,"暗度陈仓",必须先用"明修栈道"来吸引并转移敌人的注意力。

"暗度陈仓"和"声东击西"有相似及不同的地方。相似之处在于：两者都是虚张声势，先制造一种假象迷惑敌人，然后在假象的掩盖下，采取真实行动。不同之处在于："暗度陈仓"是同时采取真假两个行动，表面上采取一个对敌方无碍的行动或采取让敌方觉得可笑的行动，比如"明修栈道"，来麻痹敌人；暗中却施行一个给敌人致命打击或有力扩张我方的行动，比如"暗度陈仓"。而"声东击西"则是同一个打击行动背后有真假两个目标。有意用假目标把敌人引开，以实现那个真目标。

而要用好"暗度陈仓"计，需要重视和把握以下几点：

第一，"暗度陈仓"是双管齐下的策略。因此，要求"双管"缺一不可，鼎力配合。一明一暗，要呼应得十分适宜。这一点很重要，应该成为运用此计的基本思路。

第二，"暗度陈仓"之计，关键在"暗"。能暗中行事，拥有竞争取胜的主动权。在实施此计时，不仅要有清晰而明确的意图和目的，更要巧妙地将自己的真正意图和目的隐藏起来，而且隐蔽得越深、越好，就越可能攻对方于不备，使之措手不及而取胜。

第三，"暗度陈仓"需要"明修栈道"做铺垫。用故意暴露行动的办法，掩盖暗中进行的大行动，更有效果。这个"明"是假象，是迷惑和引诱对手的示形示弱。因此，做得越好，就越能让对方相信这是真实，从而产生错觉，导致决策和方略的失误。对方错觉越多，对实现谋略一方就越有利。

第四，运用"暗度陈仓"计策的一方，要有相应的实力作后盾，否则效果未必很好。在战争中，如果用计一方兵力太弱，即使暗度成功，也会因为兵力不济，极有可能面临被歼的结局。

第五，运用"暗度陈仓"计策时，一定要随时提防被对手识破。竞争是残酷的，双方都会竭尽全力、斗智斗勇。而竞争的结局，不仅是两强相遇勇者胜，更是技高一筹者为王。因此运用此计时，不仅要计划周全、缜密，而且要有被识破的思想准备，要有被识破之后的应对之策。只有这样，才能保全自己。

第六，在用计的整个过程中，要时刻注意观察对方，有效收集竞争对手的行动信息，重视分析、研究对手的动向，然后根据对手的变化调整自己的思路，同时还要不断思考自己的行动和修正自己的策略，方能步步为营。

【计名探源】

秦朝末年，政治腐败，群雄并起，纷纷反秦。刘邦的部队首先进入关中，攻进咸阳。势力强大的项羽进入关中后，逼迫刘邦退出关中。鸿门宴上，刘邦险些丧命。刘邦此次脱险后，只得率部退驻汉中。为了麻痹项羽，刘邦退走时，将汉中通往关中的栈道全部烧毁，表示不再返回关中。其实刘邦一天也没有忘记一定要击败项羽，争夺天下。公元前206年，已逐步强大起来的刘邦，派大将军韩信出兵东征。出征之前，韩信派了许多士兵去修复已被烧毁的栈道，摆出要从原路杀回的架势。关中守军闻讯，密切注视修复栈道的进展情况，并派主力部队在这条路线各个关口要塞加紧防范,阻拦汉军进攻。韩信"明修栈道"的行动,果然奏效,吸引了敌军注意力,把敌军的主力引诱到了栈道一线,韩信立即派大军绕道到陈仓(今陕西宝鸡市东)发动突然袭击,一举打败章邯,平定三秦,为刘邦统一中原迈出了决定性的一步。

第九计 隔岸观火

隔着河看对岸的火。比喻对别人的危难不予援救而在一旁看热闹。

【原典】

阳乖序乱①,阴以待逆②。暴戾恣睢③,其势自毙。顺以动豫,豫顺以动④。

【注释】

①阳乖序乱:阳,指公开的。乖,违背,不协调。此指敌方内部矛盾激化,以致公开地表现出多方面秩序混乱、倾轧。

②阴以待逆:阴,暗下的。逆,叛逆。此指暗中静观敌变,坐待敌方的局面更进一步恶化。

③暴戾恣睢:戾,凶暴,猛烈。睢,任意胡为。

④顺以动豫,豫顺以动:语出《易经·豫》卦。豫,卦名。本卦为异卦相叠(坤下震上)。本卦的下卦为坤为地,上卦为震为雷。是雷生于地,雷从地底而出,突破地面,在空中自在飞腾。《豫卦》的《象》辞说"豫,刚应而志行,顺以动。"意即豫卦的意思是顺时而动,正因为豫卦之意是顺时而动,所以天地就能随和其意,做事就顺当自然。

【释义】

敌人内部矛盾趋于激化和表面化,秩序混乱。我方表面上回避敌人的暴乱,暗地里则等待其内部争斗的发生。等敌人反目成仇,势必自取灭亡,不攻自破,我方顺其自然,必有所得。这是豫卦的原理:能够顺应时机而行动,就会有好的结果。

【解析】

此计正是运用本卦顺时以动的哲理,坐观敌人内部的恶变,我方不急于采取攻逼手段,顺其变,"坐山观虎斗",最后让敌人自残自杀,时机一到而我方即坐收其利,一举成功。

"隔岸观火"之计在运用上可能有两种情况:一是坐观敌方因内部冲突而出现自相攻击和残杀的混乱局面,然后选择有利的时机,对敌实施毁灭性的打击;二是坐待敌人内部出现矛盾,利用其中一方消灭另一方,然后再消灭或收服剩下的一方。

虽然是乘敌人遭遇天灾、内乱,或内忧外患交加的困境之际,给以打击,从而捞取军事、政治、经济等方面的好处,但是这种招法,用不好就会惹火上身,以至自焚。如果一个国家或一个集团遭遇天灾或内乱之火,而它的整体力量又没有在火中烧光,来自外部的打击,就会使国家或集团内部的矛盾势力结成一个整体,同仇敌忾,一致对外,抵抗与反击打劫者,消灭打劫者。

因此,如果要打击并消灭敌人,不能盲目地趁火打劫,要先袖手观望,看火势发展,等待火势蔓延,从内部烧垮敌人的有生力量,坐收渔利,这才是隔岸观火的精髓。

另外,运用本计谋必须有两个必要条件,一是要有"火"可观,敌方内部发生混乱;二是要有"岸"可隔,因为在无"岸"的情况下必然会引火烧身。而"观火"的方式多种多样,其主要的方式有:袖手旁观、静而暗观、退而远观、顺而动观。

【计名探源】

东汉末年,袁绍兵败身亡,几个儿子为争夺权力互相争斗,曹操决定击败袁氏兄弟。袁尚、袁熙兄弟投奔乌桓,曹操向乌桓进兵,击败乌桓,袁氏兄弟又去投奔辽东太守公孙康。曹营诸将向曹操进言,要一鼓作气,平服辽东,捉拿二袁。曹操哈哈大笑说:"你等勿动,公孙康自会将二袁的头送上门来的。"于是下令班师,转回许昌,静观辽东局势。公孙康听说二袁来降,心有疑虑。袁家父子一向都有夺取辽东的野心,现在二袁兵败,如丧家之犬,无处存身,投奔辽东实为迫不得已。公孙康如收留二袁,必有后患,再者,收容二袁,肯定得罪势力强大的曹操。但他又考虑,如果曹操进攻辽东,只得收留二袁,共同抵御曹操。当他探听到曹操已经转回许昌,并无进攻辽东之意时,认为收容二袁有害无益。于是预设伏兵,召见二袁,一举擒拿,割下首级,派人送到曹操营中。曹操笑着对众将说:"公孙康向来惧怕袁氏吞并他,二袁上门,必定猜疑,如果我们急于用兵,反会促成他们合力抗拒。我们退兵,他们肯定会自相火并,看看结果,果然不出我料。"

第十计 笑里藏刀

比喻外表和气而内心阴险。

【原典】

信而安之①,阴以图之②,备而后动,勿使有变。刚中柔外也③。

【注释】

①信而安之:信,使信。安,使安,安然,此指不生疑心。

②阴以图之:阴,暗地里。

③刚中柔外:表面柔顺,实质强硬尖利。

【释义】

让对方相信自己,并使其麻痹松懈,我方则暗中策划,充分准备,一有机会,立即动手,不要引发对方的意外变故。这就是内藏杀机、外示柔和的谋略。

【解析】

"笑里藏刀"原意是指表面和气,内心阴险狡猾的两面派。它的同义词是"口蜜腹剑""两面三刀""阳奉阴违"等。玩弄奸计的人,往往是口甜如蜜,心如毒蝎。表面上笑口常开,暗地里磨刀霍霍。

因此,此计的含义可以从以下几个特征进行理解:首先是口蜜腹剑。即嘴里说的话比蜜还甜,心里却藏着一把杀人的利剑,时刻准备趁对方不备时下手。其次是假装柔弱和顺从。表面上对敌人谦恭和善、温柔顺从、心悦诚服,骨子里却阴毒无比,心怀异志。

运用此计的关键在于一个"笑"字。笑必须自然真实,掌握好分寸,才能使敌人产生信任而安定身心。如果笑得做作,笑得过火,反而会适得其反,引起对方的警觉。运用这一谋略的人,笑的方式多种多样,有的曲意求和,有的阿谀奉承,有的故意示弱。无论何种方法,"笑"的最终目的是"藏刀"。不论何时何地,"刀"要尽可能隐藏得深,一旦暴露,就很容易被敌人识破。而"刀"终是要杀敌的,可以明出,也可以暗出。但一定要迅速果断,干净利落,这样"笑"才不是浪费。

而当别人对我们运用此计时,我们可以采取以下防范措施才应对:首先,对敌人毫无缘由地主动亲近时刻保持警惕;其次,当敌人的言辞突然谦卑时,实际上很有可能是在加紧备战;最后,尽早克服自身的弱点,因为敌人常常会利用我们骄傲自满、刚愎自用、急躁浮动以及喜欢被奉承等心理弱点对我们进行攻击。

【计名探源】

战国时期,秦国为了对外扩张,必须夺取地势险要的黄河崤山一带,派公孙鞅为大将,率兵攻打魏国。公孙鞅大军直抵魏国吴城城下。这吴城原是魏国名将吴起苦心经营之地,地势险要,工事坚固,正面进攻恐难奏效。公孙鞅苦苦思索攻城之计。他探到魏国守将是与自己曾经有过交往的公子昂,心中大喜。他马上修书一封,主动与公子昂套近乎,说道,虽然我们俩现在各为其主,但考虑到我们过去的交情,还是两国罢兵,订立和约为好。念旧之情,溢于言表。他还建立约定时间会谈议和大事。信送出后,公孙鞅还摆出主动撤兵的姿态,命令秦军前锋立即撤回。公子昂看罢来信,又见秦军退兵,非常高兴,马上回信约定会谈日期。公孙鞅见公子昂已钻入圈套,暗地在会谈之地设下埋伏。会谈那天,公子昂带了三百名随从到达约定地点,见公孙鞅带的随从更少,而且全部没带兵器,更加相信对方的诚意。会谈气氛十分融洽,两人重叙昔日友情,表达双方交好的诚意。公孙鞅还摆宴款待公子昂。公子昂兴冲冲入席,还未坐定,忽听一声号令,伏兵从四面包围过来,公子昂和三百随从反应不及,全部被擒。公孙鞅利用被俘的随从,骗开吴城城门,占领吴城。魏国只得割让西河一带,向秦求和。秦国公孙鞅用笑里藏刀一计轻取崤山一带。

第十一计 李代桃僵

原指桃、李共患难。比喻兄弟相爱相助。后用来指互相顶替或代人受过。

【原典】

势必有损①,损阴以益阳②。

【注释】

①势:局势。损:损失。

②阴:此指某些细微的、局部的事物。阳:此指事物带整体意义的、全局性的事

物。这是说在军事谋略上,如果暂时要以某种损失、失利为代价才能最终取胜,指挥者应当机立断,做出某些局部或暂时的牺牲,去保全或者争取全局的、整体性的胜利。这是运用我国古代阴阳学说的阴阳相生相克、相互转化的道理而制定的军事谋略。

【释义】

当局势发展到不得不遭受损失时,就舍弃次要利益,以保全重要利益的增值。

【解析】

"李代桃僵"原意是指李树代替桃树受虫蛀,用来比喻兄弟休戚与共的情谊。后来引申为相互替代、代人受过等行为。此计中"李"是牺牲方,"桃"指受保全方。"桃""李"能相互替代,而"桃"比"李"更具重要性。

作为敌战计,"李代桃僵"是一种借助某种手段,以一种事物的损失、牺牲,换取另一种事物的安全、成功的谋略。两军对敌,各有长短、优劣,相持不下。而长短、优劣有可能不断交叉突现。无论是哪一方,都很难取得全胜。决定胜负的,虽在于长短之比较,但也不全然。自古以来,就有以弱胜强、以短克长、以劣取优的战例,其胜之秘诀,在用谋设计。

在理解、实施"李代桃僵"计策的过程中,应当注意和善于把握几个方面:

第一,高瞻远瞩,有敏锐的眼光和敢于决断的魄力,这是运用此计的先决条件。不懂得取舍,被优柔寡断、目光短浅所累,往往难以做出正确的决策,从而失去许多大好时机。

第二,"李代桃僵"之计,其深意在舍小取大,吃小亏占大便宜。是为了通过某种人为转换,取得优势和胜利而设的策略。因此,"舍"要真舍,"吃小亏"也须是真吃,要能忍痛割爱,才能引对方上钩。

第三,"李代桃僵"之计,其真谛在"代"上。因而运用此计时,必须对"代"的问题深思熟虑:谁代,谁能代,用谁去代最好,如何代等等。对这些问题都要周全谋划,做出安排。

第四,"李代桃僵"之计,一般都运用于局势发展到必然有损失时。不失小,便失大,不能舍弃局部,就得全盘皆输。对方瞄准的本身就是你的全局,目的就是要从根本上打垮你、歼灭你,让你无法保全。在这种情况之下,欲用此计,核心是"舍",要会舍,善舍,以"舍"保平安。

【计名探源】

春秋末期,齐国大夫田成子独揽大权。当时齐国正面临内外交困的局面,在内百姓怨声连天,在外各诸侯国不服。田成子一直苦无良策。祸不单行,这时,越国又以其篡权诸侯为由,准备出兵攻打齐国。田成子一下便慌了手脚,急忙召集幕僚商量对策。

有人说:"越国来犯,实在欺人太甚,我国兵力虽不如越国强大,但如果动员全国军民,共同抗敌,还是有希望的。"有人说:"时下国内人心浮动,许多臣民还没有来得及享受到大王的恩惠,恐怕他们都不愿意倾城出动。"有人建议:"大王何不效仿他国,割让几个城池给越国,兴许可以化干戈为玉帛。"田成子在心里琢磨:倾城出动迎敌,不仅耗费太大,而且不一定能取胜。现在自己地位还不稳定,闹不好还会出现反戈一击的局面。割让城池也非上策,自己刚刚掌权,就舍城弃池,将来没有建立威望的基础,一定后患无穷。

正当田成子殚精竭虑时,他的哥哥完子献出一计:"我请求大王准许我率领一批精兵强将出城迎敌。迎敌一定要真打,打一定要战败,不仅战败而且一定要全部战死。如此,可退越兵,保全国家。"此言一出,满座皆惊,田成子不解地问:"出城交战可以,可是一定要败,败还一定要死,我就不明白了。"完子从容地答道:"你现在占据齐国,老百姓不了解你的治国本领,也没有看到你的政绩。人们私下议论纷纷,说你是窃国之贼,于是不愿意为你打仗。现在越国来犯,又有不少骁勇善战之臣,认为我们蒙受了耻辱,急于出兵迎战。这样混乱的齐国实在令人担忧。""兄长所言极是,可是为什么非得你去主动战死才能保全国家呢?难道没有别的办法吗?"田成子面对仁爱而又勇猛的哥哥仍

田成子(生卒不详)

苦思不得其解。完子说:"越国出兵无非是要在诸侯面前显显威风,捞个正义的名声。以它现在的实力完全吞并我们还不可能。我带领一批贤良之士,出城迎敌,战而败,败而死,这叫以身殉道。越国一看杀死了大王的兄长,教训我国的目的达到了,就会退兵回城。而随我战死的那些人也了了为国捐躯的心愿,这样一来,国内的人心也就稳定了。所以,依我来看,这是最好的救国之道了。"

田成子边听边落泪,无奈,听从了兄长的建议,哭着为他送别。完子以身殉道,最终救了齐国。在这个故事里,完子正是在权衡各方面利弊之后,果断决定"李代桃僵",以己之死,保全国家,才最终让齐国得以安定。

第十二计 顺手牵羊

顺手就牵了羊。原比喻不费劲,乘机便得到的。现多指乘机拿走人家东西的偷窃行为。

【原典】

微隙①在所必乘;微利在所必得。少阴,少阳②。

【注释】

①微隙:微小的空隙,指敌方的某些漏洞、疏忽。

②少阴,少阳:少阴,此指敌方小的疏漏;少阳,指我方小的得利。此句意为我

方要善于捕捉时机,伺隙捣虚,变敌方小的疏漏而为我方小的得利。

【释义】

敌人出现的微小的间隙也必须趁机利用;发现微小的利益也要力争获得。要善于利用敌人的微小疏忽和过失,为我方的微小胜利服务。

【解析】

顺手牵羊,顾名思义,是指趁机拿走原本属于别人的财物。后人形象地将其比喻为,趁敌人暴露出的小间隙,向其薄弱处发展,创造和捕捉战机,逐步消减对方的力量,增强与壮大自己的实力。这个增强与壮大,恰恰来自自己的敌人,而非别处。

从一般意义上说,这一计谋含有在完成任务过程中,看准对方空子,果断出击,顺势"捞"一把的意思。而这种空子是在双方对垒的过程中突然暴露的,不是事先能预料到的。即顺手牵羊的"牵",并不是专门去取、去要,原本的目的也并不是去牵"羊",甚至还不懂得有"羊"可牵,但在做主事之同时,却无意中发现了"羊"这个可取之利。而至于"微隙"能否利用,是否必胜,还要从全局进行考虑,不可因小而失大。另外这则计谋也是在告诉我们另外一个道理,做事需要从小处着眼,往往大的胜利就是从小胜开始,积小成大的。而机会的捕捉,又常常是从细致的观察和分析之中获得。

人们在对"顺手牵羊"计策的运用上,应重视掌握这样几点:

第一,理解好本计的内涵。"顺"指无意之间的捎带,而不是有意为之。要能顺手牵到"羊",只能靠自己的观察、分析、寻找、捕获,抓住对方弱点,才可能有获胜的结果,这是最重要的。

第二,用好此计,关键在于主观努力。打胜仗时可用之,打败仗时也可用之。古今中外很多绝处逢生的战争,就是获胜方在最初大败之时还能静下心来观察局势,寻找和利用对手可能出现的过失,哪怕这过失极小,都可以让人反扑、回生、取胜。

第三,不要在不可顺手的情况下强行取利,要以大局为重,得之顺便,获之顺势。

【计名探源】

三国时候吕蒙是吴国的一员大将。小时候他为依靠姐夫邓当,渡过长江来到南方。邓当是孙策手下的大将。吕蒙当时只有十五六岁,偷偷跟随邓当参加军事行动。邓当回头发现,大吃一惊,就呵斥吕蒙回去。吕蒙不听从,坚持前往。战争结束后,邓当把这件事告诉给吕蒙的母亲。吕蒙的母亲本打算责罚吕蒙。吕蒙说:"贫穷低贱,让人实在难以过活。万一有幸立下战功,荣华富贵就指日可待了。更何况不入虎穴,焉得虎子?"母亲怜爱他,也就默认了他参军的事实,不再惩

吕蒙(179—220)

罚他。

几年后，邓当去世，张昭举荐吕蒙接替邓当，担任别部司马。等到孙权当政的时候，孙权想要合并一些小将领的部队，吕蒙在要合并的名单里。最后孙权却反而将吕蒙的部队兵力给增加了不少。这是因为当时吕蒙叫他的兵将都穿了深红色的军服和绑腿布。等到孙权检阅的那天，吕蒙的部队阵列赫然，动作划一，操练有气势。后来，吕蒙跟随孙权征讨黄祖，吕蒙统率先头部队进击，亲手砍下了黄祖手下大将陈就的头颅，因战功卓著，而在战争胜利后，被孙权任命为横野中郎将。而且吕蒙不仅仅作战勇敢，他还非常有谋略。例如，在后来解救夷陵守将甘宁的时候。当时，曹仁分兵包围夷陵守将甘宁。甘宁派使者向周瑜求救。吕蒙说服周瑜分派三百人堵塞要道，这样敌人在逃跑时，就会舍弃他们的马匹，到时候正好顺手牵羊。周瑜采纳了这个建议。东吴军队到达夷陵后，开始与曹军交战。曹军死伤过半，连夜逃走，走到被阻断的道路时，骑兵不得不舍弃战马徒步逃走。东吴将士在后面追击，获得三百匹战马，并用船运了回去。东吴将士一鼓作气，渡过长江，驻扎江北，与曹仁的军队对峙。不久，曹仁败退，东吴占据了南郡，平定了荆州。

第三节　攻战计

处于进攻态势之计谋。

第十三计　打草惊蛇

打动草惊动了藏在草里的蛇。后用以指做事不周密，行动不谨慎，而使对方有所觉察。

【原典】

疑以叩实①，察而后动；复者，阴之媒也②。

【注释】

①疑以叩实：叩，问，查究。意为发现了疑点就应当考实查究清楚。

②复者，阴之媒也：复者，反复去做，即反复去叩实而后动。阴，此指某些隐藏着的、暂时尚不明显或未暴露的事物、情况。媒，媒介。句意为反复叩实查究，而后采取相应的行动，实际是发现隐藏之敌的重要手段。

【释义】

发现了疑点就应当考实查究清楚，情况完全掌握了才可以采取行动。要反复侦察追究，而后采取相应的行动，这是发现隐藏之敌的重要方法。

【解析】

蛇一般是隐藏在草丛中的，发现蛇的前提就是打草，打草是为了惊蛇而做准备。如果地形不利，或者没有足够有力的工具打蛇，那么即使蛇已经暴露在我们面前，也要暂缓行动，以防蛇跑掉，失去机会。

在"打草惊蛇"中,"草"与"蛇"是性质完全不同而联系又极其紧密的两种事物。"蛇"依靠"草"进行隐蔽,"草"是"蛇"的保护伞。如果有敌情,"草"可以及时向"蛇"传递讯息。因此,"草"在一定程度上可以说是"蛇"这个敌人的同类。

"打草惊蛇"的目的有以下几个方面,可以帮助我们更好地理解此计:

一是惊出蛇。当前方道路不明时,可以通过打草或投石制造声响,敌人误以为我方已经行进到跟前,便会主动出击,结果暴露了自己。这是一种间接的侦察方法,火力侦察时的先行试点就属于此类应用,又称引蛇出洞。总之,都是为了了解蛇的位置、力量、意图、动向等情况,便于躲避,或将蛇引出来,将其消灭。

二是惊醒蛇。世界上的事物相互联系、相互影响,触动其一,往往会牵带许多相关的事物。可以利用此特点,打击惩处甲,以达到警告乙的目的,是一种间接警告的策略。

三是惊走蛇。要想把行进途中危险的蛇赶跑,可以通过打击路边的草得以实现,是一种有效而没有危险的计策。这种间接的驱赶方法尤其适用于不便或不愿意与敌人进行直接接触,而只需要将其赶跑的情况。

总之,当"打草惊蛇"作为谋略时,在敌方兵力没有暴露、踪迹诡秘、意向不明时,切记不可轻敌冒进,应当充分掌握对方的主力配备、行进路线等状况后再做决定。

【计名探源】

公元前627年,秦穆公发兵攻打郑国,他打算和安插在郑国的奸细里应外合,夺取郑国都城。大夫蹇叔以为秦国离郑国路途遥远,兴师动众长途跋涉,郑国肯定会做好迎战准备。秦穆公不听,派孟明视等三帅率部出征。蹇叔在部队出发时,痛哭流涕地警告说:"恐怕你们这次袭郑不成,反会遭到晋国的埋伏,只有到崤山去给士兵收尸了。"果然不出蹇叔所料,郑国得到了秦国袭郑的情报,逼走了秦国安插的奸细,做好了迎敌准备。秦军见袭郑不成,只得回师,但部队长途跋涉,十分疲惫。部队经过崤山时,仍然不作防备。他们以为秦国曾对晋国刚死不久的晋文公有恩,晋国不会攻打秦军。哪里知道,晋国早在崤山险峰峡谷中埋伏了重兵。一个炎热的中午,秦军发现晋军小股部队,孟明视十分恼怒,下令追击。追到山隘险要处,晋军突然不见踪影。孟明视一见此地山高路窄,草深林密,情知不妙。这里鼓声震天,杀声四起,晋军伏兵蜂拥而上,大败秦军,生擒孟明视等三帅。秦军不察敌情,轻举妄动,"打草惊蛇"终于遭到惨败。当然,军事上有时也可故意"打草惊蛇"而诱敌暴露,从而取得战斗的胜利。

第十四计 借尸还魂

迷信的人认为人死后灵魂可附着于别人的尸体而复活。后用以比喻已经消灭或没落的事物,又假托别的名义或以另一种形式重新出现。

【原典】

有用者,不可借[①];不能用者,求借[②]。借不能用者而用之,匪我求童蒙,童蒙求我③。

【注释】

①有用者，不可借：意为世间许多看上去很有用处的东西，往往不容易去驾驭而为己用。

②不能用者，求借：此句意与第一句相对言之。即有些看上去没什么用途的东西，往往还可以借助它而为己发挥作用。犹如我欲"还魂"还必得借助看似无用的"尸体"的道理。此言兵法，是说兵家要善于抓住一切机会，甚至是看上去没有用处的东西，努力争取主动，壮大自己，即时利用而转不利为有利，乃至转败为胜。

③匪我求童蒙，童蒙求我：语出《易经·蒙》卦。蒙，卦名。本纷是异卦相叠（下坎上艮）。本卦上卦为艮为山，下卦为坎为水为险。山下有险，草木丛生，故说"蒙"。这是蒙卦卦象。这里"童蒙"是指幼稚无知、求师教诲的儿童。此句意为不是我求助于愚昧之人，而是愚昧之人有求于我了。

【释义】

凡是朝气蓬勃、有作为的事物，往往都难以操控，不可加以利用；而腐朽、无作为的事物却常常要依附别人而存在，我们要利用它。利用看似不可用的事物，并不表示是我求助于愚昧之人，而实际上是愚昧之人向我求助。

【解析】

此计意在要想获取成功，可以求助于微茫，求助于日暮途穷的事物。是一种比喻已经死亡了的东西，又借着另一种形式出现。其实质是利用已经处于衰亡事物中的某些有利形势，增添进生机勃勃、强而有力的新内容，从而改变原有，使其出现新的面貌。

这种转换，有时对成功、对达到某种目的具有难以替代的积极作用。这种策略看来似乎是匪夷所思，让人难以置信，却是真真实实地存在着，而且是实实在在地获得了成功。化腐朽为神奇，其实际意义就是这样。

历史上，每当改朝换代之时，新一代的崛起者，纷纷扶植亡国君主的后代，打着他们的旗号来号召天下，为自己的行为铺垫和张目，达到夺取天下的目的。这就是"借尸还魂"的谋略。

人但凡失败之后，会有两种态度：一是一蹶不振，自暴自弃；二是寻找机会，重振旗鼓。借尸还魂便属于后者。在军事上，"借尸还魂"主张：在已经丧失战争主动权的情况下，也应该利用一切可以利用的机会，转败为胜。因此，指挥官一定要善于观察和分析战争中各种力量的变化，善于利用一切可以利用的力量。即使己方受挫，陷入被动，也要倾尽全力，网罗一切为我所用，达到取胜的目的。

【计名探源】

秦朝实行暴政，天下百姓"欲为乱者，十室有五。"大家都有反秦的愿望，但是如果没有强有力的领导者和组织者，也就难成大事。秦二世元年，陈胜、吴广被征发到渔阳戍阳。当这些戍卒走到大泽乡时,连降大雨,道路被水淹没,眼看无法按时到达渔阳了。秦朝法律规定,凡是不能按时到达指定地点的戍卒一律处斩。陈胜、吴广知道,即使到达渔阳,也会误期被杀,不如一拼,寻求一条活路。他们知道同去的戍卒也都有这种思想,正是举兵起义的大好时机。陈胜又想到,自己地位低下,恐怕没有号召力。当时有两位名人深受人民尊敬,一个是秦始皇的大儿子扶苏,温良贤明,已被阴险狠毒的秦二世暗中杀害,老百姓却不知情;另一个是楚将项燕,功勋卓著,爱护将士,

陈胜吴广起义

威望极高,在秦灭六国之后不知去向。于是,陈胜公开打出他们的旗号,以期能够得到大家拥护。他们还利用当时人们的迷信心理,巧妙地作了其他安排。有一天,士兵做饭时,在鱼腹中发现一块丝帛,上写"陈胜王"(这个王字是称王的意思),士兵大惊,暗中传开。吴广又趁夜深人静之时,在旷野荒庙中学狐狸叫,士兵们还隐隐约约地听到空中有"大楚兴,陈胜王"的口号。他们以为陈胜不是一般的人,肯定是"天意"让他来领导大家的。陈胜、吴广见时机已到,率领戍卒杀死朝廷派来的将尉。陈胜登高一呼,揭竿而起。他说:"我们反正活不成了,不如和他们拼个你死我活,就是死,也要死出个样儿来。"于是,陈胜自号为将军,吴广为都尉,攻占大泽乡,乡下云集响应,节节胜利,所向披靡。后来,部下拥立陈胜为王,国号"张楚"。

第十五计 调虎离山

设法使老虎离开山头。比喻为了便于行事,想法子引诱人离开原来的地方。

【原典】

待天以困之①,用人以诱之②,往蹇来连返③。

【注释】

①待天以困之:天,指自然的各种条件或情况。此句意为战场上我方等待天然的条件或情况对敌方不利时,我方再去围困他。

②用人以诱之:用人为的假象去诱惑他(指敌人),使他向我就范。

③往蹇来返:语出《易经•蹇》卦。蹇,卦名。本卦为异卦相叠(艮下坎上)。上卦为坎为水,下卦为艮为山。山上有水流,山石多险,水流曲折,言行道之不容易,这是本卦的卦象。蹇,困难;返,广大美好貌。这句意为:去时艰难,来时美好。

此计运用这个道理,是说战场上若遇强敌,要善用计谋,用假象使敌人离开驻地,诱他就我之范,丧失他的优势,使他处处皆难,寸步难行,由主动变被动,而我则出其不意而制胜。

【释义】

善于利用上天赋予我们的有利条件给敌方造成困难,采用人为的假象引诱敌人就范。既然对敌人进攻会有危险,那么,引诱敌人出战反而对我方有利。

【解析】

调虎离山,意即把老虎诱出深山外。将老虎诱出深山外干什么呢?是为了便于捕杀。古人云:山高林深,必有猛虎出没。山林是虎的巢穴,虎踞山林之中,当然更有威势。要想在山林中与虎相斗,势必难以取胜,而如果能将其诱出,使其离开巢穴,变优势为劣势,要一击成功,就容易多了。

此计用在军事上,是一种调动敌人的谋略。虎,指代敌方;山,指代敌方占据的有利地势。强敌占据地利相当于强上加强,好比兽中之王老虎,如果占据大山,借百兽以增势,便可横行无忌。而当对方失去有利地形,加上与百兽分开,便大大分散、减弱了虎势,再行消灭时,则容易得多,正可谓虎落平川被犬欺。因此,面对占据有利地势的强敌,不便强攻时要诱骗、调动其离开优厚的自然条件,我方取胜的可能性就会更大。它的核心在一个"调"字。"调"要做到巧妙、灵活,隐真示假,既要达到让"虎"离山的目的,又不至于弄假成真,让"虎"反咬一口。

在运用调虎离山之计时,要灵活运用"调虎"的技巧。一般而言,可以采用如下方式:

第一,利用各种手段迷惑敌人,造成敌人在判断上的失误。或者根据敌人的特点和需求,以多种利益进行诱骗,促使敌人离开其有利地势或赖以生存之地,以达到我们调虎离山的目的,形成对我方有利的局势。

第二,激怒敌人,使其丧失理智,最后不知所措,只得撤离。

第三,在敌人的内部或外部制造混乱,敌人为了自保就会逃离。

第四,断其后援根本,使其感到原地不可留。

第五,向敌人讲明形势,对其晓以利害,让其自动退让。不动干戈是上上策,但有其局限性,敌人必须是明智之人,否则很难实行。

总之,"调虎离山"是让敌人失去所依所凭的一种方法。既然是计谋,用得好用得对,才能奏效。用得不好,或是让对手识破了,就会"聪明反被聪明误",反受其害。

【计名探源】

东汉末年,军阀并起,各霸一方。孙坚之子孙策,年仅十七岁,年少有为,继承父志,势力逐渐强大。公元199年,孙策欲向北推进,准备夺取江北卢江郡。卢江郡南有长江之险,北有淮水阻隔,易守难攻。占据卢江的军阀刘勋势力强大,野心勃勃。孙策知道,如果硬攻,取胜的机会很小。他和众将商议,定出了一条调虎离山的妙计。针对军阀刘勋极其贪财的弱点,孙策派人给刘勋送去一份厚礼,并在信中把刘勋大肆吹捧一番。信中说刘勋功名远播,令人仰慕,并表示要与刘勋交好。孙策还以弱者的身份向刘勋求救。他说:"上缭经常派兵侵扰我们,我们力弱,不能

孙策(175—200)

远征,请求将军发兵降服上缭,我们感激不尽。"刘勋见孙策极力讨好他,万分得意。上缭一带,十分富庶,刘勋早想夺取,今见孙策软弱无能,免去了后顾之忧,决定发兵上缭。部将刘晔极力劝阻,刘勋哪里听得进去?他已经被孙策的厚礼、甜言迷惑住了。孙策时刻监视刘勋的行动,见刘勋亲自率领几万兵马去攻上缭,城内空虚,心中大喜,说:"老虎已被我调出山了,我们赶快去占据它的老窝吧!"于是立即率领人马,水陆并进,袭击卢江,几乎没遇到顽强的抵抗,就十分顺利地控制了卢江。刘勋猛攻上缭,一直不能取胜。突然得报,孙策已取卢江,情知中计,后悔已经来不及了,只得灰溜溜地投奔曹操。

第十六计 欲擒故纵

要捉住他,故意先放开他。比喻为了进一步的控制,先故意放松一步。

【原典】

逼则反兵;走则减势①。紧随勿迫。累其气力,消其斗志,散而后擒,兵不血刃②。需,有孚,光③。

【注释】

①逼则反兵,走则减势:走,跑。逼迫敌人太紧,他可能因此拼死反扑,若让他逃跑则可减削他的气势。

②兵不血刃:血刃,血染刀刃。此句意为兵器上不沾血。

②需,有孚,光:语出《易经·需卦》。需,卦名。本卦为异卦相叠(乾下坎上)。需的下卦为乾为天,上卦为坎为水,是降雨在即之象。也象征着一种危险存在着(因为"坎"有险义),必得去突破它,但突破危险又要善于等待。"需",等待。《易经·需》卦卦辞:"需,有孚,光。"孚,诚心。光,通广。句意为:要善于等待,要有诚心(包含耐性),就会有大吉大利。

【释义】

打击敌人过于猛烈,就会遭到反扑。让敌人逃跑,反而会削弱敌人的气势。紧紧地追踪,消耗其体力,消磨其斗志,等敌人兵力分散时,再加以俘获,这样不经过血战就可以取得胜利。根据需卦的原理,此计的关键是要停止进攻,让敌人相信还有逃跑的一线希望。总之,不紧进逼敌人,并让其相信这一点,就能赢得光明的战争结局。

【解析】

欲擒故纵中,"擒"是行事的目的,"纵"是方法,两者是一对矛盾体。古人有"穷寇莫追"的说法,事实上,不是主张不追,而是要巧妙地追。如果方式不对,把"穷寇"逼得狗急跳墙,垂死挣扎,导致己方损兵失地,就不划算了。

因此,欲擒故纵,并不是真正的纵,而是暂时放一放。但归根到底是要擒的,而且"放"是为了彻底降服,只是这一"擒"不能花费过高的代价。这就有点像俗话所说的"放他一马"之意。

怎样才能做到少花代价,就是想方设法让敌人不能反抗,无力反抗,或根本就不想反抗。敌人不加反抗而降服,善莫大焉。这正是"欲擒故纵"的要义。

运用此计时,要铭记以下三点:

第一,抓牢手中的线,以防"欲擒故纵"之计前功尽弃。风筝飞得再高,离我们再远,只要我们手中有一条长线牢牢牵着它,它就逃不出我们的掌心。对待敌人也应该如此,要始终追随敌人的踪迹,在施计的同时防止其跑掉。

第二,待敌人跑累了我们再擒。敌人只要觉得还有一丝逃生的可能,便会拼命地逃走。在惊慌恐惧中拼命逃跑,既是体力上的消耗,也是精神上的消耗。如果我们在给他施加死亡威胁的同时,又留给他逃脱的幻想,他就会出于避害,一直拼命跑下去。而我们只要等到他跑累了,停下来,丧失了基本的反抗能力,便可手到擒来。

第三,故意放纵敌人,让其丧失警觉。在敌人面前,我们可以故意退让,让其自我膨胀,以为我们实力弱小,根本无法与他们抗衡。待其思想松懈,丧失警惕,便为我们提供了良好的契机。

【计名探源】

蜀汉建立之后,定下北伐大计。当时西南夷酋长孟获率十万大军侵犯蜀国。诸葛亮为了解决北伐的后顾之忧,决定亲自率兵先平孟获。蜀军主力到达泸水(今金沙江)附近,诱敌出战,事先在山谷中埋下伏兵,孟获被诱入伏击圈内,兵败被擒。按说,擒拿敌军主帅的目的已经达到,敌军一时也不会有很强战斗力了,乘胜追击,自可大破敌军。但是诸葛亮考虑到孟获在西南夷中威望很高,

诸葛亮七擒孟获

影响很大,如果让他心悦诚服,主动请降,就能使南方真正稳定。不然的话,南方夷各个部落仍不会停止侵扰,后方难以安定。诸葛亮决定对孟获采取"攻心"战,断然释放孟获。孟获表示下次定能击败你,诸葛亮笑而不答。孟获回营,拖走所有船只,据守泸水南岸,阻止蜀军渡河。诸葛亮乘敌不备,从敌人不设防的下流偷渡过河,并袭击了孟获的粮仓。孟获暴怒,要严惩将士,激起将士的反抗,于是相约投降,趁孟获不备,将孟获绑赴蜀营。诸葛亮见孟获仍不服,再次释放。以后孟获又施了许多计策,都被诸葛亮识破,四次被擒,四次被释放。最后一次,诸葛亮火烧孟

获的藤甲兵，第七次生擒孟获。终于感动了孟获，他真诚地感谢诸葛亮七次不杀之恩，誓不再反。从此，蜀国西南安定，诸葛亮才得以举兵北伐。

第十七计 抛砖引玉

以自己的粗浅的意见引出别人高明的见解。

【原典】

类以诱之①，击蒙也②。

【注释】

①类以诱之：出示某种类似的东西并去诱惑他。

②击蒙也：语出《易经·蒙》如。参前"借尸还魂"计注释。击，撞击，打击。蒙：蒙昧。句意为：诱惑敌人，便可打击这种受我诱惑的愚蒙之人了。

【释义】

用类似的东西去引诱敌人，从而让迷惑懵懂的敌人上当，并遭受我方打击。

【解析】

抛砖引玉，出自《传灯录》。相传唐代诗人常建，听说赵嘏要去游览苏州的灵岩寺。为了请赵嘏作诗，常建先在庙壁上题写了两句，赵嘏见到后，立即提笔续写了两句，而且比前两句写得好。后来文人称常建的这种做法为"抛砖引玉"。"抛砖引玉"在三十六计中的意思很清楚，就是抛出去一块不值钱的砖头，换来一块价值连城的玉石，就是"以贱换贵""以小博大""以羊易牛"。"砖"和"玉"，是一种形象的比喻。"砖"，指的是小利，是诱饵；"玉"，指的是作战的目的，即大的胜利。"引玉"，才是目的，"抛砖"，是为了达到目的的手段。

而抛出的"砖"可以是"真砖"（实在的好处），也可以是"假砖"（虚晃的动作）。抛的方法也可以有多种：明抛、暗抛、远抛、近抛、全抛或者分抛。但应该明确的是：引来的东西其价值一定要高于抛出去的，否则会得不偿失，白忙一场。

此计的运用范围很广，可以积极、正当地使用，当然，歪门邪道也同样生效，属于小施出小效，大施获大效。官场上，一张支票可以弄到一个勋爵。政治中，一句美丽动听的谎言，可以骗取大量选票及无数百姓的拥护。军事上，诱骗、迷惑敌军，使其懵懂上当，中我方圈套，可以趁机攻之。各种运用不一而足。可以说，"抛砖引玉"奇妙无穷，就看你如何灵活运用了。

【计名探源】

公元前700年，楚国用"抛砖引玉"的策略，轻取绞城。这一年楚国发兵攻打绞国(今湖北郧县西北)，大军行动迅速。楚军兵临城下，气势旺盛，绞国自知出城迎战，凶多吉少，决定坚守城池。绞城池势险要，易守难攻。楚军多次进攻，均被击退。两军相持一个多月。楚国大夫莫敖屈瑕仔细分析了敌我双方的情况，认为绞城只可智取，不可力克。他向楚王献上一条"以鱼饵钓大鱼"的计谋。他说："攻城不下，不如利而诱之。"楚王向他问诱敌之法。屈瑕建议：趁绞城被围月余，城中缺少薪柴之时,派些士兵装扮成樵夫上山打柴运回来,敌军一定会出城抢夺柴草。头几天,让他们先得一些小利,等他们麻痹大意,大批士兵出城抢夺柴草之时,先设伏兵断其后路,然后聚而歼之,乘势夺城。楚王担心绞国不会轻易上当,屈瑕说:"大王放心,绞国虽小而轻躁,轻躁则少谋略。有这样香甜的钓饵,不愁它不上钩。"楚王于是依计而行,命一些士兵装扮成樵夫上山打柴。绞侯听探子报告有樵夫进山的情况,忙问这些樵夫有无楚军保护。探子说,他们三三两两进山,并无兵士跟随。绞侯马上布置人马,待"樵夫"背着柴火出山之机,突然袭击,果然顺利得手,抓了三十多个"樵夫",夺得不少柴草。一连几天,果然收获不小。见有利可图,绞国士兵出城劫夺柴草的越来越多。楚王见敌人已经吞下钓饵,便决定迅速逮大鱼。第六天,绞国士兵像前几天一样出城劫掠,"樵夫"们见绞军又来劫掠,吓得没命地逃奔,绞国士兵紧紧追赶,不知不觉被引入楚军的埋伏圈内。只见伏兵四起,杀声震天,绞国士兵哪里抵挡得住,慌忙败退,又遇伏兵断了归路,死伤无数。楚王此时趁机攻城,绞侯自知中计,已无力抵抗,只得请降。

第十八计 擒贼擒王

作战要先擒拿主要敌手。比喻做事要抓关键。

【原典】

摧其坚,夺其魁①,以解其体。龙战于野,其道穷也②。

【注释】

①夺其魁:夺,抢夺、擒获;魁,第一、最大,这里指首领、主帅。

②龙战于野,其道穷也:语出《易经·坤》卦。坤,卦名。本卦是同卦相叠(坤下坤上),为纯阴之卦。引本卦上六,《象辞》:"龙战于野,其道穷也。"是说即使强龙争斗在田野大地之上,也是走入了困顿的绝境。比喻战斗中擒贼擒王谋略的威力。

【释义】

摧毁敌人的中坚力量,抓获敌人的首领,就可使敌人全军解体。这就好像龙在旷野作战,一筹莫展,根本无法取胜。

【解析】

诗人杜甫说过:"射人先射马,擒贼先擒王。"王,指的是国家、军队等组织的首领或核心人物,是组织展开集体行动的指挥调度中心,是组织发挥整体力量的枢纽或关键。所以,要消灭和瓦解一个组织,攻击的中心是其核心人物,一旦把他们击倒,组织就会群龙无首。

此计有以下两种含义:一是击中要害。任何事物都有关键和要害部位,抓住要害和关键,才能取得事半功倍的效果。而战争中,首领在其组织中的引导和凝聚作用是不可小觑的。抓住其首领,不仅可以震慑其余,剩下的力量也会因为不知何去何从而面临困境,这是对己方极其有利的条件。二是提纲挈领。善于张网的人,总是能抓住网的总纲绳。任何事物都有"纲"和"领"。只要我们抓住要领,就可以以简驭繁,以少制多。这便是提纲挈领的妙处。

擒贼擒王的道理很简单,做起来却不那么容易。擒王,不仅是要捉拿对方的首领,还指消灭其主力。这两者虽然在理解上有其共通之处,但具体使用时还要根据具体情况灵活变换。一般来说,擒住首领必然会动摇军心,瓦解整体;而灭其主力,首领自然也没了依靠,无所作为。因此,先擒其首,后灭主力,则如打蛇七寸,事半功倍;而先灭主力,后擒其首,则手到擒来,一样绝妙。

【计名探源】

唐朝安史之乱时,安禄山气焰嚣张,连连大捷。安禄山之子安庆绪派勇将尹子奇率十万劲旅进攻睢阳。御史中丞张巡驻守睢阳,见敌军来势汹汹决定据城固守。敌兵二十余次攻城,均被击退。尹子奇见士兵已经疲惫,只得鸣金收兵。晚上,敌兵刚刚准备休息忽听城头战鼓隆隆,喊声震天。尹子奇急令部队准备与冲出城来的唐军激战。而张巡"只打雷不下雨",不时擂鼓,像要杀出城来,可是一直紧闭城门,没有出战。尹子奇的部队被折腾了整夜,没有得到休息,将士们疲乏已极,眼睛都睁不开,倒在地上就呼呼大睡。这时,城中一声炮响,突然之间,张巡率领守兵冲杀出来。敌兵从梦中惊醒,惊慌失措,乱作一团。张巡一鼓作气,接连斩杀五十余名敌将,五

张巡(708—757)

千余名士兵,敌军大乱。张巡急令部队擒拿敌军首领尹子奇,部队一直冲到敌军帅旗之下。张巡从未见过尹子奇,根本不认识,现在他又混在乱军之中,更加难以辨认。张巡心生一计,让士兵用秸秆削尖作箭,射向敌军。敌军中不少人中箭,他们以为这下完了,没有命了。但是发现,自己中的是秸秆箭,心中大喜,以为张巡军中已没有箭了。他们争先恐后向尹子奇报告这个好消息。张巡见状,立刻辨认出了敌军首领尹子奇,急令神箭手、部将南霁云向尹子奇放箭。正中尹子奇左眼,这回可是真箭,只见尹子奇鲜血淋漓,抱头鼠窜,仓皇逃命。敌军一片混乱,大败而逃。

第四节　混战计

处于不分敌友、军阀混战态势之计谋。见龙在野。

第十九计　釜底抽薪

从锅底抽掉柴火。比喻从根本上解决问题。

【原典】

不敌其力①,而消其势②,兑下乾上之象③。

【注释】

①不敌其力：敌，动词，攻打。力，最坚强的部位。

②势：势，气势。

③兑下乾上之象：《易经》六十四卦中，《履》卦为"兑下乾上"，上卦为乾为天，下卦为兑为泽。又，兑为阴卦，为柔；乾为阳卦，为刚。兑在下，从循环关系和规律上说，下必冲上，于是出现"柔克刚"之象。此计正是运用此象推理衍之，喻取此计可胜强敌。

【释义】

如果在力量上不能战胜敌人，就转而削弱其力量的源泉。这就是《易经》兑下乾上的"履"卦推崇的方法：尾随居下，以柔克刚，四两拨千斤。

【解析】

"釜底抽薪"，顾名思义是说水在釜中沸腾，就是因为柴火在釜底烧。从釜底把"薪"抽去，就自然止住了水的沸腾。这就是告诉人们，要从根本上去解决问题。

世间很多事物的初始与发展，与水沸釜中的形式是一样的。与对立势力的较量，也与制止水沸的道理相同。正面攻击，等于用热水止沸，劳而无功；而抽取沸水的能量来源，消除对立势力的生存根源，使对手丧失力量供给的来源和有利条件，使其成为"无源之水，无本之木"，由盛转衰，便可置其于死地。

此计用在军事上，是一种"兜底战术"。在相互对垒、剑拔弩张，而又无法直接迎击敌人强大的正面力量时，就要消灭敌人强大力量借以生存或产生的根源。就是说从对方的幕后下功夫，侧面暗算，从根本上削弱它的战斗力，用以柔克刚的办法来解决问题。

使用这一计时，关键要把握好两点：一是准确认清敌人的"釜底之薪"是什么。这是实行此计的必要前提。一般而言，凡是影响敌人后劲的力量，都可以作为"抽薪"的目标。二是要在以柔克刚的原则下运用正确的手段和方法。针对敌人"釜底之薪"的具体情况，灵活使用适宜的方式、方法，不可生搬硬套。

【计名探源】

东汉末年，军阀混战，河北袁绍乘势崛起。公元199年，袁绍率领十万大军攻打许昌。当时，曹操据守官渡（今河南中牟北），兵力只有三万多人。两军离河对峙。袁绍仗着人马众多，派兵攻打白马。曹操表面上放弃白马，命令主力开向延津渡口，摆开渡河架势。袁绍怕后方受敌，迅速率主力西进，阻挡曹军渡河。谁知曹操虚晃一枪之后，突派精锐回袭白马，斩杀颜良，初战告捷。由于两军相持了很长时间，双方粮草供给成了关键。袁绍从河北调集了一万多车粮草，屯集在大本营以北四十里的乌巢。曹操探听乌巢并无重兵防守，决定偷袭乌巢，断其供应。他亲自率五千精兵打着袁绍的旗号，衔枚急走，夜袭乌巢，乌巢袁军还没有弄清真相，曹军已经包围了粮仓。一把大火点燃，顿时浓烟四起。曹军乘势消灭了守粮袁军，袁军的一万车粮草,顿时化为灰烬。袁绍大军闻讯,惊恐万状,供应断绝,军心浮动,袁绍一时没了主意。曹操此时,发动全线进攻,袁军士兵已丧失战斗力,十万大军四散溃逃。袁军大败,袁绍带领八百亲兵,艰难地杀出重围,回到河北,从此一蹶不振。

第二十计 混水摸鱼

比喻趁混乱时机攫取不正当的利益。也作"浑水摸鱼"。

【原典】

乘其阴乱①,利其弱而无主。随,以向晦入宴息②。

【注释】

①乘其阴乱:阴,内部。意为乘敌人内部发生混乱。

②随,以向晦入宴息:语出《易经·随》卦。随,卦名。本卦为异卦相叠(震下兑上)。本卦上卦为兑为泽;下卦为震为雷。言雷入泽中,大地寒凝,万物蛰伏,故如象名"随"。随,顺从之意。《随卦》的《象》辞说:"泽中有雷,随,君子以向晦入宴息。"意为人要随应天时去作息,向晚就当入室休息。此计运用此象理,是说打仗时要得于抓住敌方的可乘之隙,而我方借机行事,使乱顺我方之意,我方便乱中取利。

【释义】

趁敌人内部混乱,形势恶化,利用其虚弱慌乱且没有核心领导,因势利导,使他顺从跟随我。这就像《周易》随卦象辞中所说,像人随着天时吃饭入寝一样自然。

【解析】

浑水摸鱼,原意指故意把水搅浑,趁鱼慌乱,不知所措时,趁机捕捉它。此计用于军事,是指当敌人混乱无主时,乘机夺取胜利的谋略。在混乱的水中,鱼儿辨不清方向。在复杂的战争中,弱小的一方经常会动摇不定,这里就有可乘之机。更多的时候,这个可乘之机不能只靠等待,而应主动去制造这种可乘之机,一方主动把水搅浑,一切情况开始复苏起来,然后可借机行事。

军事作战中常用的方法是,伪装成敌兵,打入敌人内部,作为配合主力攻击的辅助手段。把水搅混了好捉鱼,把敌人的部署、计划、阵脚搞乱,好乱中取胜。

"浑水"是运用此计的必要条件。而水浑,可分为两种情形:一是水原本就是浑的,己方抓住时机乱中取胜;二是水原本清,己方故意将其搞浑,达成自己的图谋。当然,后者的难度要大一些,但应用也更广泛一些。

理解此计时,应该把握以下几种含义:

第一,利用混乱局面,从中渔利。在竞争中取利的办法有很多,其中,乱中取利就是较好的办法之一。因为大家都将精力用在了互相争夺之上,必然会有很多利益无暇顾及,各自也会暴露出许多可乘之隙来。此时,便可以轻易地从中捞到各种好处。

第二,以假乱真,浑水摸鱼。水被搅浑之后,能见度必然变低,鱼在水中分不清方向,也更难辨清真伪。这时我们把假的伪装成真的,并将其混入真的之中,可以利用敌人的"蔽而不察",将对自己有利的力量拉拢过来,据为己有。

第三,滥竽充数。"浑水"起着隐瞒掩盖的作用,利用形式上的缺陷,管理上的漏洞来渡过难关或取得利益,也是浑水摸鱼计谋的一个内容。

【计名探源】

唐朝开元年间,契丹叛乱,多次侵犯唐朝。朝廷派张守珪为幽州节度使,平定契丹之乱。契丹大将可突干几次攻幽州,未能攻下。可突干想探听唐军虚实,派使者到幽州,假意表示愿意重新归顺朝廷,永不进犯。张守珪知道契丹势力正旺,主动求和,必定有诈。他将计就计,客气地接待了来使。第二天,他派王悔代表朝廷到可突干营中宣抚,并命王悔一定要探明契丹内部的底细。王悔在契丹营中受到热情接待,他在招待酒宴上仔细观察契丹众将的一举一动。他发现,契丹众将在对朝廷的态度上并不一致。他又从一个小兵口中探听到分掌兵权的李过折一向与可突干有矛盾,两人貌合神离,互不服气。王悔特意去拜访李过折,装作不

张守珪(684—740)

了解他和可突干之间的矛盾,当着李过折的面,假意大肆夸奖可突干的才干。李过折听罢,怒火中烧,说可突干主张反唐,使契丹陷于战乱,人民十分怨恨,并告诉王悔,契丹这次求和完全是假意,可突干已向突厥借兵,不日就要攻打幽州。王悔乘机劝说李过折,唐军势力浩大,可突干肯定失败。他说脱离可突干,建功立业,朝廷保证一定会重用他。李过折果然心动,表示愿意归顺朝廷。王悔任务完成,立即辞别契丹返回幽州。第二天晚上,李过折率领本部人马,突袭可突干的中军大帐。可突干毫无防备,被李过折斩于营中,这一下契丹营大乱。忠于可突干的大将倪礼召集人马,与李过折展开激战,杀了李过折。张守珪探得消息,立即亲率人马赶来接应李过折的部从。唐军火速冲入契丹军营,契丹军内正在火并,混乱不堪。张守珪乘势发动猛攻,生擒倪礼,大破契丹军。从此,契丹叛乱被平息。

第二十一计 金蝉脱壳

蝉变为成虫时要脱去幼早的壳。比喻用计脱身。

【原典】

存其形,完其势①;友不疑,敌不动。巽而止蛊②。

【注释】

①存其形,完其势:保存阵地已有的战斗形貌,进一步完备继续战斗的各种态势。

②巽而止蛊:语出《易经·蛊》卦。蛊,卦名。本卦为异卦相叠(巽下艮上)。本卦上卦为艮为山为刚,为阳卦;巽为风为柔,为阴势。故"蛊"的卦象是"刚上柔下",意即高山沉静,风行于山下,事可顺当。又,艮在上卦,为静;巽为下卦,为谦逊,故

说"谦虚沉静","弘大通泰"是天下大治之象。此计引本卦《象》辞:"巽而止,蛊。"其意是我暗中谨慎地实行主力转移,稳住敌人,我方则乘敌不惊疑之际脱离险境,就可安然躲过战乱之危。"蛊",意为顺事。

【释义】

保存阵地的原形,造成强大的驻军声势,使友军不怀疑,敌人也不敢轻举妄动。根据蛊卦原理:如果能隐蔽自己的行动而不暴露,就能够有效防止敌人的损害。

【解析】

金蝉脱壳原本是一种生物现象,寒蝉在蜕变时,本体脱离皮壳而走,只留下蝉蜕还挂在枝头。此计用于军事,是指通过伪装摆脱敌人,撤退或转移,以实现我方的战略目标的谋略。稳住对方,撤退或转移,绝不是惊慌失措,消极逃跑,而是保留形式,抽走内容,稳定对方,使自己脱离险境,达到己方战略目标,己方常常可用巧妙分兵转移的机会出击另一部分敌人。

运用此计要选好时机。一方面"脱壳"不能过早,只要还有胜利的可能,没有到万不得已之时,就不要"脱壳"而去,以防破坏胜利的机会;另一方面"脱壳"也不能过晚,在败局已定的情况下,多停留一分钟,就会多一分危险,减少一分生还的可能。

总之,要从某种危险境地逃脱,又不至于被纠缠或追击,金蝉脱壳的确是妙计。逃脱时如果没被发现,就几乎已经锁定胜局,因为等对方发觉时,就已经鞭长莫及了。三十六计,走为上计,但走也有多种走法,金蝉脱壳就是走计之中的上计。

【计名探源】

三国时期,诸葛亮六出祁山,北伐中原,但一直未能成功,终于在第六次北伐时,积劳成疾,在五丈原病死于军中。为了不使蜀军在退回汉中的路上遭受损失,诸葛亮在临终前向姜维密授退兵之计。姜维遵照诸葛亮的吩咐,在诸葛亮死后,秘不发丧,对外严密封锁消息。他带着灵柩,秘密率部撤退。司马懿派部队跟踪追击蜀军。姜维命工匠仿诸葛亮模样,雕了一个木人,羽扇纶巾,稳坐车中。并派杨仪率领部分人马大张旗鼓,向魏军发动进攻。魏军远望蜀军,军容整齐,旗鼓大张,又见诸葛亮稳坐车中,指挥若定,不知蜀军又耍什么花招,不敢轻举妄动。司马懿一向知道诸葛亮"诡计多端",又怀疑此次退兵乃是诱敌之计,于是命令部队后撤,观察蜀军动向。姜维趁司马懿退兵的大好时机,马上指挥主力部队,迅速安全转移,撤回汉中。等司马懿得知诸葛亮已死,再进兵追击,为时已晚。

第二十二计 关门捉贼

关起门来捉进入屋内的盗贼。

【原典】

小敌困之①。剥,不利有攸往②。

【注释】

①小敌困之:对弱小或者数量较少的敌人,要设法去围困(或者说歼灭)他。

②剥,不利有攸往:语出《易经·剥》卦。剥,卦名。本卦异卦相叠(坤下艮上),上卦为艮为山,下卦为坤为地。意即广阔无边的大地在吞没山,故外名曰"剥"。"剥",落的意思。卦辞:"剥,不利有彼往。"意为:剥卦说,有所往则不利。此计引此卦辞,是说对小股敌人要即时围困消灭,而不利于去急追或者远袭。

【释义】

对小股敌人,要包围起来加以歼灭(小股敌人虽然势单力薄,但行动自由,诡诈难防)。如果纵其逃去,而又穷追猛赶,那是极为不利的。

【解析】

"关门捉贼"是民间流传已久的俗语,与另一民间俗语"关门打狗"有异曲同工之妙。所谓关起门来捉贼,是指对弱小的敌军要采取四面包围、聚而歼之的谋略。如果让敌人得以脱逃,情况就会十分复杂。穷追不舍,一怕它拼命反扑,二怕中敌诱兵之计。这里所说的"贼",是指那些善于偷袭的小部队,它的特点是行动诡秘,出没不定,行踪难测。它的数量不多,破坏性很大,常会乘我方不备,侵扰我军。所以,对这种"贼",不可让其逃跑,而要断他的后路,聚而歼之。当然,此计运用得好,决不只限于"小贼",甚至可以围歼敌主力部队。

实施关门捉贼之计,"关"有百种,"捉"有千样。"关"有早关和晚关、急关和缓关、明关和暗关。"捉"有惊捉、疲捉、诱捉、困捉、斗捉。最常用的方法就是设计一个口袋阵,待敌人进入口袋后,扎紧口袋嘴,堵死其退路。当然,紧紧包围住敌人的驻地,让其无法逃跑,也是一种不错的方法。

我们在运用关门捉贼之计时,应注意:

第一,抓准时机是关键。要抓住有利时机,该关就关,该捉就捉。

第二,避强就弱。一般而言,一旦将强敌困在"屋"里,他一定会闹得天翻地覆、门破屋塌。因此,所关之敌一般都是小股弱小力量,不关强敌。

第三,关牢大门,防敌逃窜。首先,"关门"的地点一定既要有利于全歼敌人,又要有利于我方集中优势兵力,如此,才能增加胜数。而"贼"被关在"屋"里一定不会老实、安分,他一定会拼死抵抗,设法冲出重围。因此,大门肯定是其重要突破口,守好大门也很关键。

总之,关门捉贼,首先得布置好围困圈,并敞开大门,让敌军进来。如果敌军不进门,则想方设法引诱其进来。中国军事家中,有许多人成功地运用过关门捉贼之计,而且开得适时,关得自如。

【计名探源】

战国后期,秦国攻打赵国。秦军在长平(今山西高平北)受阻。长平守将是赵国名将廉颇。他见秦军势力强大,不能硬拼,便命令部队坚壁固守,不与秦军交战。两军相持四个多月,秦军仍拿不下长平。秦王采纳了范雎的建议,用离间法让赵王怀疑廉颇,赵王中计,调回廉颇,派赵括为将到长平与秦军作战。赵括到长平后,完全改变了廉颇坚守不战的策略,主张与秦军对面决战。秦将白起故意让赵括尝到一点甜头,使赵括的军队取得了几次小胜。赵括果然得意忘形,派人到秦营下战书。这下正中白起的下怀。他分兵几路,指挥形成对赵括军的包围圈。第二天,赵括亲率四十万大军,来与秦兵决战。秦军与赵军几次交战,都打输了。赵括志得意满,哪里知道敌人用的是诱敌之计。他率领大军追赶被打败了的秦军,一直追到秦壁。秦军坚守不出,赵括一连数日也攻克不了,只得退兵。这时,突然得到消息:自己的后营已被秦军攻占了,粮道也被秦军截断。秦军已把赵军全部包围起来。一连四十六天,赵军绝粮,士兵杀人相食,赵括只得拼命突围。白起已严密部署,多次击退企图突围的赵军。最后,赵括中箭身亡,赵军大乱。可惜四十万大军都被秦军杀戮。这个赵括,就是会"纸上谈兵",在真正的战场上,一下子就中了敌军"关门捉贼"之计,损失四十万大军,使赵国从此一蹶不振。

第二十三计 远交近攻

结交离得远的国家而进攻邻近的国家。这是秦国用以并吞六国,统一全国的外交策略。

【原典】

形禁势格①,利从近取,害以远隔②。上火下泽③。

【注释】

①形禁势格:禁,禁止。格,阻碍。句意为受到地势的限制和阻碍。

②利从近取,害以远隔:句意为,先攻取就近的敌人有利,越过近敌先去攻取远隔之敌是有害的。

③上火下泽:语出《易经·睽》卦。睽,卦名。本卦为异卦相叠(兑下离上)。上卦为离为火,下卦为兑为泽。上离下泽,是水火相克,水火相克则又可相生,循环无穷。又"睽",乖违,即矛盾。本卦《象》辞:"上火下泽,睽。"意为上火下泽,两相离违、矛盾。

此计运用"上火下泽"相互离违的道理,说明采取"远交近攻"的不同做法,使敌相互矛盾、离违,而我方正好各个击破。

【释义】

在受到地理等原因的限制,形势发展受到阻碍时,攻击近处的敌人就有利,绕过近敌去攻取远处的敌人,就是自取灾害。这就像火焰是上蹿的,水永远是向低洼处流淌一样,对于远隔的敌人,也可以同它取得暂时的联合以缓和局势,以便于各个击破。

【解析】

远交近攻,语出《战国策·秦策》:范雎曰:"王不如远交而近攻,得寸,则王之寸;得尺,亦王之尺也。"这是范雎说服秦王的一句名言。远交近攻,是分化瓦解敌方联盟,各个击破,结交远离自己的国家而先攻打邻国的战略性谋略。当实现军事目标的企图受到地理条件的限制难以达到时,应先攻取就近的敌人,而不能越过近敌去打远离自己的敌人。为了防止敌方结盟,要千方百计去分化敌人,各个击破。消灭了近敌之后,"远交"的国家又成为新的攻击对象了。"远交"的目的,实际上是为了避免树敌过多而采用的外交诱骗。

近交的不利之处有两个:一是暂时安抚下来的近处之敌,也随时会有翻脸的可能。二是近敌在我们的外围,就像蚕茧蛇蜕一样,紧紧束缚着我们向外发展。远攻的不利之处有三个:一是远道袭人,风险颇大。二是舍近求远,劳民伤财。三是即便取得了胜利,占据了地盘,也反而会因为远离本土而无法保卫,成为我方沉重的包袱。

与之相对应,近攻的好处一是可以拓展我方的地盘和势力范围。近攻取得的疆土与我国土紧邻,十分便于守护及利用;二是近距离作战便于集中力量,一举夺胜。三是相对来说消耗的人力和物力较少,对国家财政不会造成严重的影响。远交的好处一是孤立近处的敌人,使其得不到援助而束手就擒;二是结交远者本身就是一种麻痹手段,让其放松警惕,以便日后突袭获胜。

施用远交近攻之计时,需要注意以下问题:

第一,对于不同的敌人要采用不同的应对策略。敌人所处的地理位置,客观条件,价值观念不同,对危险的感受也会不同,因而对我们的用途也就不同。所以对不同背景的敌人要区别对待,采取不同的对策。这样才能让自己处于有利地位,而不至于让敌人牵着鼻子走。

第二,从容易攻破的地方入手,其势如破竹,可以尽快打开局面,事半功倍。获胜之后,对士气也会是一种激励,进而产生一种良性循环,反过来促进更大的胜利。相反,如果从难者开始,久攻不下,士气就会大减。因此,对付众多的敌人,就更应从易者下手,有次序、有重点地予以歼灭。

【计名探源】

战国末期,七雄争霸。秦国经商鞅变法之后,势力发展最快。秦昭王开始图谋吞并六国,独霸中原。公元前 270 年,秦昭王准备兴兵伐齐。范雎此时向秦昭王献上"远交近攻"之策,阻秦国攻齐。他说:"齐国势力强大,离秦国又很远,攻打齐国,部队要经过韩、魏两国。军队派少了,难以取胜;多派军队,打胜了也无法占有齐国土地。不如先攻打邻国韩、魏,逐步推进。"为了防止齐国与韩、魏结盟,秦昭王派使者主动与齐国结盟。其后四十余年,秦始皇继续坚持"远交近攻"之策,远交齐楚,首先攻下韩、魏,然后又从两翼进兵,攻破赵、燕,统一北方;攻破楚国,平定南方;最后把齐国也收拾了。秦始皇征战十年,终于实现了统一中国的愿望。

第二十四计 假道伐虢

以借路为名,实际上要侵占该国(或该路)。虢,诸侯国名。也作"假道灭虢"。

【原典】

两大之间,敌胁以从,我假以势①。困,有言不信②。

【注释】

①两大之间,敌胁以从,我假以势:假,借。句意为:处在敌我两个大国之中的小国,当敌方若胁迫小国屈从于他时,我方则要借机去援救,造成一种有利的军事态势。

②困,有言不信:语出《易经·困》卦。困,卦名。本纷为异卦相叠(坎下兑上),上卦为兑为泽,为阴;下卦为坎为水,为阳。卦象表明,本该容纳于泽中的水,离开泽而向下渗透,以致泽无水而受困,水离开泽流散无归也自困,故卦名为"困"。"困",困乏。卦辞:"困,有言不信。"意为,处在困乏境地,难道不相信这计吗?此计运用此卦理,是说处在两个大国中的小国,面临着受人胁迫的境地时,我若说援救他,他在困顿中会不相信吗?

【释义】

处于敌我两个大国之间的小国,当有敌方威胁它屈服的时候,我方应立即出兵援助,以取信小国,顺势扩展我国势力。对处于这种困境的国家,如果只空谈支援而无实际行动,它是不会轻易相信我们的。

【解析】

"假道伐虢",有瞄准时机,渗透势力的含义,这种行动不是靠花言巧语可以骗取的。前提是需要借道的小国正好处于不利的形势,敌方企图用武力来逼迫其降服。我方此时就可以用不侵犯它的利益作保证,利用它侥幸图存的心理,立刻把力量扩展进去,控制整个局面。这样,小国最终势必不能自立,我方不必发动战争,就可以轻而易举地将其拿下。

而"假道伐虢"更深的含义,是一种军事上的跳板战略。其意在于先利用甲(小国)做跳板,去消灭乙。此时甲放松了警惕,也失去了救援,在回师的路上就可以连甲也一并消灭掉。这是一种以借路为名,行霸占之实的计策。

小国的君主之所以会心甘情愿地提供便利给他国,一是出于对利益的考虑,一是对势力的思量。就第一种情况而言,一般来说,小国的君主都会预料到借道对自身的不利后果,但是在巨大的利益面前,他往往会装出一副糊涂的模样,被眼前暂时的利益蒙蔽双眼,不明不白地就把国家拱手相送了。而后一种情况,被借道的国家大多实力比较弱小,于是奢望通过借道给大国,灭掉与自己相邻的国家。一方面自己可以坐收渔利,另一方面可以与大国攀上关系,保一个平安。殊不知"卧榻之侧,岂容他人酣睡"?大国既然可以借你之路灭邻国,就一样可以将你收入囊中。

对于施计者来说,此计的关键在于"假道"。要善于寻找"假道"的借口,理由也要充分,并善于隐蔽"假道"的真正企图,而后突出奇兵,往往可以轻松取胜。

【计名探源】

春秋时期,晋国想吞并邻近的两个小国:虞和虢。这两个国家之间关系不错。

晋如袭虞，虢会出兵救援；晋若攻虢，虞也会出兵相助。大臣荀息向晋献公献上一计。他说，要想攻占这两个国家，必须要离间他们，使他们互不支持。虞国的国君贪得无厌，我们正可以投其所好。他建议晋献公拿出心爱的两件宝物，屈产良马和垂棘之璧，送给虞公。献公哪里舍得？荀息说："大王放心，只不过让他暂时保管罢了，等灭了虞国，一切不都又回到你的手中了吗？"献公依计而行。虞公得到良马美璧，高兴得嘴都合不拢。晋国故意在晋、虢边境制造事端，找到了伐虢的借口。晋国要求虞国借道让晋国伐虢，虞公得到了晋国的好处，只得答应。虞国大臣宫子奇再三劝说虞公，这件事办不得的。虞虢两国，唇齿相依，虢国一亡，唇亡齿寒，晋国是不会放过虞国的，虞公却说，交一个弱朋友去得罪一个强有力的朋友，那才是傻瓜哩！晋军通过虞国道路，攻打虢国，很快就取得了胜利。班师回国时，把劫夺的财产分了许多送给虞公。虞公更是大喜过望。晋军大将里克，这时装病，称不能带兵回国，暂时把部队驻扎在虞国京城附近。虞公毫不怀疑。几天之后，晋献公亲率大军前去，虞公出城相迎。晋献公约虞公前去打猎。不一会儿，只见京城中起火，虞公赶到城外时，京城已被晋军里应外合强占了。就这样，晋国又轻而易举地灭了虞国。

第五节　并战计

对付友军反为敌态势之计谋。

第二十五计　偷梁换柱

比喻暗中玩弄手法，以假代真。

【原典】

频更其阵，抽其劲旅，待其自败，而后乘之①，曳其轮也②。

【注释】

①句中的几个"其"字，均指盟友、盟军言之。

②曳其轮也：语出《易经·既济》纷。既济，龄名，本卦为异卦相叠（离下坎上）。上卦为坎为水，下卦为离为火。水处火上，水势压倒火势，救火之事，大告成功，故卦名"即济"。既，已经；济，成功。本卦《象》辞："曳其轮，义无咎也。"曳：拖住，拉住。意为，拖住了车轮，车子就不能运行了。

此计运用此象理，是说好比拖住了车轮，车子就不能运行了。己方抽其友方劲旅，如同抽出梁木，房屋就会坍塌，于是己方就可以控制他了。

【释义】

设法频繁不断地调动和变更敌方阵容，借以促使其抽换主力。待它外实而内虚，自趋失败之时，就可以乘机击垮它。这就好像拖住了轮子，也就掌控了整个车辆的运行一样。

【解析】

"偷梁换柱"是一种偷换概念的计策,指用偷换的办法,暗中改换事物的本质和内容,以达蒙混欺骗的目的。"偷天换日""偷龙转凤""调包计",都是同样的意思。在军事上,联合对敌作战时,反复变动友军阵线,借以调换其兵力,等待友军有机可乘之时,将其全部控制。此计归于第五套"并战计"中,本意是乘友军作战不利,借机兼并他的主力为己方所用。此计中包含尔虞我诈、乘机控制别人的权术,所以也往往用于政治谋略和外交谋略。

古代作战,双方要摆开阵势,列阵都要按东、南、西、北方位部署。阵中有"天横",首尾相对,相当于阵的大梁;"地轴"在阵中央,是阵的支柱。梁和柱的位置往往就是部署主力部队的地方。因此,仔细观察敌方的阵容,就能找出敌军的主力所在。

一间房的梁柱被换掉,那么房子就会倒塌;同理,一支军队的主力如果被偷换,那这支军队就要垮掉。要知道,两军对垒,各有所长,有时往往是两败俱伤。但如果能用计将对方的精锐力量抽掉,使之以次充好,然后以强击弱,胜券便多了几分。

而如果是与其他部队联合作战,则可以设法多次变换自己的布阵,暗中抽出主力,用友军的部队去代替它的梁柱,这样暗中将盟友兼并过来,统一意志,统一行动,一致对敌。这是"偷梁换柱"之计更深层次的含义。

因此,如何抽调和能否抽调敌方或友军精锐主力,就成为运用此计的关键。引诱,或用变换的手法(假象)迫使其自行调动,是比较好的办法。但一定要注意,调换必须在十分隐蔽的状态下进行,只有在敌人没有发现任何破绽的时候,才能实现用次要的换主要的,用假的换真的,用坏的换好的,实现自己的目的。

【计名探源】

秦始皇称帝,自以为江山一统,是子孙万代的家业了。但是,他自以为身体还不错,一直没有立太子,指定接班人。宫廷内,存在两个实力强大的政治集团。一个是长子扶苏、蒙恬集团,一个是幼子胡亥、赵高集团。扶苏恭顺好仁,为人正派,在全国有很高的声誉。秦始皇本意欲立扶苏为太子,为了锻炼他,派他到著名将领蒙恬驻守的北线为监军。幼子胡亥,早被娇宠坏了,在宦官赵高教唆下,只知吃喝玩乐。公元前210年,秦始皇第五次南巡,到达平原津(今山东平原县附近),突然一病不起。此时,秦始皇也知道自己的大限将至,于是,连忙召丞相李斯,要李斯传达密诏,立扶苏为太子。当时掌管玉玺和起草诏书的是宦官头儿赵高。赵高早有野心,看准了这是一次难得的机会,故意扣压密诏,等待时机。几天后,秦始皇在沙丘平召(今河北广宗县境)驾崩。李斯怕太子回来之前,政局动荡,所以秘不发丧。赵高特此去找李斯,告诉他,皇上赐给扶苏的信,还扣在我这里。现在,立谁为太子,我和你就可以决定。狡猾的赵高又对李斯讲明利害,说,如果扶苏做了皇帝,一定会重用蒙恬,到那个时候,宰相的位置你坐得稳吗?一席话,说得李斯果然心动,二人合谋,制造假诏书,赐死扶苏,杀了蒙恬。赵高未用一兵一卒,只用偷梁换柱的手段,就把昏庸无能的胡亥扶为秦二世,为自己今后的专权打下基础,也为秦朝的灭亡埋下了祸根。

第二十六计 指桑骂槐

指着桑树骂槐树。比喻借题发挥,指着这个骂那个。

【原典】

大凌小者,警以诱之①。刚中而应,行险而顺②。

【注释】

①大凌小者,警以诱之:强大者要控制弱下者,要用警戒的办法去诱导他。

②刚中而应,行险而顺:语出《易经·师》卦。师卦名。本卦为异卦相叠(坎下坤上)。本卦下卦为坎为水,上卦为坤为地,水流地下,随势而行。这正如军旅之象,故名为"师"。本卦《象》辟说:"刚中而应,行险而顺,以此毒天下,而民从之。""刚中而应"是说九二以阳爻居于下坎的中信,叫"刚中",又上应上坤的六五,此为此应。下卦为坎,坎表示险,上卦为坤,坤表示顺,故又有"行险而顺"之象。以此卦象的道理督治天下,百姓就会服从。这是吉祥之象。"毒",督音,治的意思。

此计运用此象理,是说治军,有时采取适当的强刚手段便会得到应和,行险则遇顺。

【释义】

强大者慑服弱小者,要善于利用威吓、警告的方法去诱导。适当的威严和强硬可以得到较广泛的响应和拥护,在危急时刻使用果敢的手段才能使人敬服。

【解析】

"指桑骂槐",原意是指着桑树骂槐树,后来引申为一种骂人的艺术:成为甲通过骂丙,教训乙的旁敲侧击战略。此计的比喻意义可以理解为运用各种政治和外交谋略,"指桑"而"骂槐",施加压力配合军事行动。对于弱小的对手,可以警告和利诱的方法,不战而胜。对于比较强大的对手也可以旁敲侧击威慑他。

在环境、身份、礼节等多种因素的限制下,骂人者想骂某人,但又不便于直接骂,于是另外找个对象来骂。让被骂者得到警戒,明明感觉到在挨骂,却因为没有被指名道姓,找不到回击的把柄,即便咬牙切齿也无法站出来还击,有苦难言。因此,此计可成功地避免正面冲突。

作为一种计谋,指桑骂槐在军事上是一种用"杀鸡儆猴"的手段严肃法纪、树立威信的策略。顽皮的猴子,经常不服调教,驯猴人便当其面杀鸡,用鲜血淋漓的下场来恐吓它,这样猴子便乖乖地驯服了。

"指桑骂槐"之计,就是要达到敲山震虎、警戒逞威的效果。即用敲击山梁的办法来显示威风,进而威慑老虎。而这里的敲山只是一种摆出来的架势,意在向老虎展示自己的威力及强硬态度,好让其意识到对手很强大,难以对付,因此不可小觑。如果不老老实实、规规矩矩地顺从或降服,就会有悲惨的下场。

【计名探源】

春秋时期,齐景公任命田穰苴为将,带兵攻打晋、燕联军,又派宠臣庄贾作监军。穰苴早早到了营中,命令装好作为计时器的标杆和滴漏盘。约定时间一到,穰苴就到军营宣布军令,整顿部队。可是庄贾迟迟不到,穰苴几次派人催促,直到黄昏时分,庄贾才带着醉容到营门。穰苴问他为何不按时到军营来,庄贾无所谓,只说:"什么亲戚朋友都来为我设宴饯行,我总得应酬应酬吧所以来得迟了。"穰苴非常气愤,斥责他身为国家大臣,负有监军重任,却只恋自己的小家,不以国家大事为重。庄贾以为这是区区小事,仗着自己是国王的宠臣亲信,对穰苴的话,不以为然。穰苴当着全军将士,命令叫来军法官,问:"无故误了时间,按照军法应当如何处理?"军法官答道:"该斩!"穰苴即命拿下庄贾。庄贾吓得浑身发抖,他的随从连忙飞马进宫,向齐景公报告情况,请求景公派人救命。全军将士,看到主将杀违犯军令的大臣,个个吓得发抖,谁还再敢不遵将令。这时,景公派来的使臣飞马闯进军营,拿景公的命令叫穰苴放了庄贾。穰苴沉着地应道:"将在军,君命有所不受。"他见来使骄狂,便又叫来军法官,问道:"乱在军营跑马,按军法应当如何处理?"军法官答道:"该斩!"来使吓得面如土色。穰苴不慌不忙地说道:"君王派来的使者,可以不杀。"于是下令杀了他的随从和三驾车的左马,砍断马车左边的木柱。然后让使者回去报告。穰苴军纪严明,军队战斗力旺盛,果然打了不少胜仗。穰苴正是通过惩罚几个人来震慑其他人,以使其归顺,大振士气。

田穰苴(生卒不详)

第二十七计 假痴不癫

假装痴呆,掩人耳目,另有所图。

【原典】

宁伪作不知不为,不伪作假知妄为①。静不露机,云雷屯也②。

【注释】

①宁伪作不知不为,不伪作假知妄为:宁可假装着无知而不行动,不可以假装假知而轻举妄动。

②静不露机,云雷屯也:语出《易经·屯》卦。屯卦名。本卦为异卦相叠(震下坎上),震为雷,坎为雨,此卦象为雷雨并作,环境险恶,为事困难。"屯,难也"。《屯卦》的《象》辞又说"云雷,屯。"坎为雨,又为云,震为雷。这是说,云行于上,雷动于下,云在上有压抑雷之象征,这是屯卦之卦象。

此计运用此象理,是说在军事上,有时为了以退求进,必得假痴不癫,老成持重,以达后发制人。这就如同云势压住雷动,且不露机巧一样,最后一旦爆发攻击,便出其不意而获胜。

【释义】

宁可假装不知道而按兵不动,也不要假装聪明而轻举妄动。做事要沉着镇静,不能泄露自己的真实动机。这就像迅猛激烈的云雷在冬季藏入地下时,如蓄力待发般平静。

【解析】

"假痴不癫",是从民间俗语"装疯卖傻""装聋作哑"转化来的。在日常生活中,人们为了回避某种矛盾或渡过某种危难,或者对付某个实力强大的对手时,故意在一段时间内装作愚蠢、痴呆,以保全自己,趁势出击,战胜对手。

假痴不癫,重点在一个"假"字。这里的"假",意思是伪装。装聋作哑,痴痴呆呆,而内心里却特别清醒。此计作为政治谋略和军事谋略,都算高招。用于政治谋略,就是韬晦之术,在形势不利于自己的时候,表面上装疯卖傻,给人以碌碌无为的印象,隐藏自己的才能,掩盖内心的政治抱负,以免引起政敌的警觉,专一等待时机,实现自己的抱负。在军事上,指的是,虽然自己具有相当强大的实力,但故意不露锋芒,显得软弱可欺,用以麻痹敌人,骄纵敌人,然后伺机给敌人以措手不及的打击。

要很好地理解"假痴不癫"之计,可以从以下几种含义进行把握:

第一,难得糊涂。糊涂是很难做到的,所谓的难,就难在本不是真糊涂,却还要装糊涂。目的就在于让别人完全相信你,并以真糊涂来对待你。

第二,大智若愚。在条件不利的情况下,为了保护自己,常常以装疯卖傻、装聋作哑来蒙混对方。这种假作不知,假作不为,假作不是的做法,表面上让人觉得与世无争,弱而无能,实际却精明至极。

第三,不露玄机。要做到静不露机,蓄而待发。之所以要把内心的想法深藏起来,不让人知道,是因为要等待时机的成熟。在时机不成熟的情况下,过早地暴露自己的意图,一定会惨遭失败。

第四,深藏若虚。本来很有秩序却故意表现出混乱的样子;本来很饱暖,却露出饥寒的模样;本来人很多,却让人觉得人数很少;本来很勇猛,却表现出很怯弱的样子;本来准备充足,却表现出毫无防备的样子,由此麻痹对手,获取成功。

【计名探源】

三国时期,刘备早已有夺取天下的抱负,只是当时力量太弱,根本无法与曹操抗衡,而且还处在曹操控制之下。刘备装作每日只是饮酒种菜,不问世事。一日曹操请他喝酒,席上曹操问刘备谁是天下英雄,刘备列了几个名字,都被曹操否定了。忽然,曹操说道:"天下的英雄,只有我和你两个人!"一句话说得刘备惊慌失措,生怕曹操了解自己的政治抱负,吓得手中的筷子掉在地下。幸好此时一阵阵炸雷,刘备急忙遮掩,说自己被雷声吓掉了筷子。曹操见状,大笑不止,认为刘备连打雷都害怕,成不了大事,对刘备放松了警觉。后来刘备摆脱了曹操的控制,终于在中国历史上干出了一番事业。

秦朝末年,匈奴内部政权变动,人心不稳。邻近一个强大的民族东胡,借机向匈奴勒索。东胡存心挑衅,要匈奴献上国宝千里马。匈奴的将领们都说东胡欺人太甚,国宝决不能轻易送给他们。匈奴单于冒顿却决定:"给他们吧!不能因为一匹马与邻国失和嘛。"匈奴的将领们都不服气,冒顿却若无其事。东胡见匈奴软弱可欺,竟然向冒顿要一名妻妾。众将见东胡得寸进尺,个个义愤填膺,冒顿却说:"给他们吧,不能因为舍不得一个女子与邻国失和嘛!"东胡不费吹灰之力,连连得手,料定匈奴软弱,不堪一击,根本不把匈奴放在眼里。这正是冒顿单于求之不得的。不久之后,胡东看中了与匈奴交界处的一片茫茫荒原,这荒原属于匈奴的领土。东胡派使臣去匈奴,要匈奴以此地相赠。匈奴众将认为冒顿一再忍让,这荒原又是杳无人烟之地,恐怕只得答应割让了。谁知冒顿此次突然说道:"千里荒原,杳无人烟,但也是我匈奴的国土,怎可随便让人?"于是,下令集合部队,进攻东胡。匈奴将士受够了东胡的气,这一下,人人奋勇争先,锐不可当。东胡做梦也没想到那个痴愚的冒顿会突然发兵攻打自己,所以毫无准备。仓促应战,哪

冒顿单于(公元前234—公元前174)

里是匈奴的对手。战争的结局是东胡被灭,东胡王被杀于乱军之中。

第二十八计 上屋抽梯

上楼以后拿掉梯子。借指与人密谈。也用以比喻怂恿人,使人上当。

【原典】

假之以便,唆之使前,断其援应,陷之死地①。遇毒,位不当也②。

【注释】

①假之以便,唆之使前,断其援应,陷之死地:假,借。句意:借给敌人一些方便(即我故意暴露出一些破绽),以诱导敌人深入我方,乘机切断他的后援和前应,最终陷他于死地。

②遇毒,位不当也:语出《易经·噬嗑》卦。噬嗑,卦名。本卦为异卦相叠(震下离上)。上卦为离为火,下卦为震为雷,是既打雷,又闪电,威严得很。又离为阴卦,震为阳卦,是阴阳相济,刚柔相交,以喻人要恩威并用,严明结合,故封名为"噬嗑",意为咀嚼。本卦六三.《象》辞:"遇毒,位不当也。"本是说,抢腊肉中了毒(古人认为腊肉不新鲜,含有毒素,吃了可能中毒),因为六三阴兑爻于阳位,是位不当。

此计运用此理，是说敌人受我之唆，犹如贪食抢吃，只怪自己见利而受骗，才陷于了死地。

【释义】

故意露出破绽，引诱敌人盲目前进，渗入己方，然后选择有利时机，断绝敌人的前应和后援，使其陷入绝境。这就如同贪吃有毒素的腊肉而中毒，贪图不应得的利益，必招致后患。

【解析】

"上屋抽梯"原意指巧设梯子，引诱对方登梯上房，然后抽走梯子，断其后路，使之进退两难，无法逃脱，只得屈服，任我摆布。要"上屋抽梯"，先得"置梯"诱敌，故意露出一些破绽，给对手提供便利，然后截断其后援及接应，使之陷入孤立无援的境地后加以处置。这是此计的全旨所在。

此计用在军事上，是指利用小利引诱敌人，然后截断敌人援兵，以便将敌围歼的谋略。这种诱敌之计，自有其高明之处。敌人一般不是那么容易上当的，所以，你应该先给它安放好"梯子"，也就是故意给以方便。等敌人"上楼"，也就是进入已布好的"口袋"之后即可拆掉"梯子"，围歼敌人。

一般来说，容易诱骗的对象有四种：一是贪而不知其害者，二是愚而不知其变者，三是急躁而盲动者，四是情骄而轻敌者。而安放梯子，也有很大的学问。对生性贪婪之敌，可以利诱之；对情骄之敌，可以示己方之弱惑之；对莽撞无谋之敌，可设下圈套使其中计。总之，要根据敌人的具体情况，巧妙地安置梯子。既不能招致敌人的猜疑，也要能让敌人清楚而容易地看到梯子。

同样，在运用本计谋时，"抽梯"也要讲究技巧，迅速快捷。要根据不同的情况采用不同的抽法，或真或假，或快或慢，或缓或急，或明或暗。至于最后采用哪种抽法，要依当时的客观形势而定，切勿主观臆断、生搬硬套，让计谋无法顺利实施。

【计名探源】

后汉末年，刘表偏爱少子刘琮，不喜欢长子刘琦。刘琦的后母害怕刘琦得势，影响到儿子刘琮的地位，非常嫉恨他。刘琦感到自己处在十分危险的环境中，多次请教诸葛亮，但诸葛亮一直不肯为他出主意。有一天，刘琦约诸葛亮到一座高楼上饮酒，等二人正坐下饮酒之时，刘琦暗中派人拆走了楼梯。刘琦说："今日上不至天，下不至地，出君之口，入琦之耳，可以赐教矣！"诸葛亮见状，无可奈何，便给刘琦讲一个故事。春秋时期，晋献公的妃子骊姬想谋害晋献公的两个儿

上屋抽梯

子:申生和重耳。重耳知道骊姬居心险恶,只得逃亡国外。申生为人厚道,假尽孝心,侍奉父王。一日,申生派人给父王送去一些好吃的东西,骊姬乘机用有毒的食品将太子送来的食品更换了。晋献公哪里知道,准备去吃,骊姬故意说道,这膳食从外面送来,最好让人先尝尝看。于是命左右侍从尝一尝,刚刚尝一点,侍从倒地而死。晋献公大怒,大骂申生不孝,阴谋弑父夺位,决定要杀申生。申生闻讯,也不作申辩,自刎身亡。诸葛亮对刘琦说:"申生在内而亡,重耳在外而安。"刘琦马上领会了诸葛亮的意图,立即上表请求派往江夏(今湖北武昌西),避开了后母,终于免遭陷害。刘琦引诱诸葛亮"上屋",是为了求他指点,"抽梯",是断其后路,也就是打消诸葛亮的顾虑。

第二十九计 树上开花

比喻将本求利,别人收获。语出《荡寇志》。

【原典】

借局布势,力小势大①。鸿渐于陆,其羽可用为仪也②。

【注释】

①借局布势,力小势大:句意为借助某种局面(或手段)布成有利的阵势,兵力弱小但可使阵势显出强大的样子。

②鸿渐于陆,其羽可用为仪:语出《易经·渐》卦。渐,卦名,本卦为异卦相叠(艮下巽上)。上卦为巽为木,下卦为艮为山。卦象为木植长于山上,不断生长,也喻人培养自己的德行,进而影响他人,渐,即渐进。本卦上九说"鸿渐于陆,其羽可为仪,吉利,"是说鸿雁走到山头,它的羽毛可用来编织舞具这是吉利之兆。

此计运用此理,是说弱小的部队通过凭借某种因素,改变外部形态之后,自己阵容显得充实强大了,就像鸿雁长了羽毛丰满的翅膀一样。

【释义】

借助恰当的时机或别人的局面,布成有利的阵势,把我方的小力量装点成大势力,这样可使兵力弱小的阵容显得强大。这就像鸿雁高飞,横空列阵,全凭羽毛丰满的双翼增加气氛,助长气势。

【解析】

树上开花,是从"铁树开花"转化而来的。铁树,常绿乔木,原产热带,不常开花,尤其在移植北方后,往往多年才开一次花。因此,此说法比喻事情非常罕见或极难成功。

"树上开花"是指树上本来没有开花,但可以用彩色的绸子剪成花朵粘在树上,做得和真花一样,不仔细去看,真假难辨。此计可以理解为以下几种含义:

第一,借树开花。借助别人的树因利乘便,开花结果。之所以要借树开花,主要是因为自家的树还太弱小,无法开花。

第二,借鸡生蛋。借用别人的力量,可以在不增加自己投入的情况下,实现自己原本不能实现的目的。

第三,狐假虎威。自己的力量比较弱小,但还想吓唬或迷惑对方,于是可以千方百计地假装出强大的气势,让本来并不强大的力量,在对方面前显现出非常强大的声威气势。

第四,虚张声势。此计所造成的声威气势,其实只是一种虚假的力量。作为一种虚幻的假象,它不会对敌人产生真正的威胁,但足以起到让敌人在心理上受到威慑的效果。

第五,巧妙伪装。运用本计策的一方必须伪装得完整逼真,不露出半点破绽,否则,最后结局最惨的必然是自己。

由此可见,此计在具体的军事运用上,一方面可以将精锐力量布置到友军的阵地上,给原本虚弱的友军人为地制造强大的表面声势;一方面则可在自己力量尚小之时,借友军的势力或借某种因素制造假象,让自己的阵营看起来强大。也就是说,此计主张善于借助各种外在因素来为自己助势,从而造成敌人在判断上的失误,让其不敢贸然来战,并以此从心理上慑服敌人。

【计名探源】

无人不知张飞是一员猛将,而他却是一个有勇无谋的大将。刘备起兵之初,与曹操交战,多次失利。刘表死后,刘备在荆州,势孤力弱。这时曹操领兵南下,直达宛城。刘备慌忙率荆州军民退守江陵。由于老百姓跟着撤退的人太多,所以撤退的速度非常慢。曹兵追到当阳,与刘备的部队打了一仗,刘备败退,他的妻子和儿子都在乱军中被冲散了。刘备只得狼狈败退,令张飞断后,阻截追兵。张飞只有二三十个骑兵,怎敌得过曹操的大队人马?那张飞临危不惧,临阵不慌,顿时心生一计。他命令所率的二三十名骑兵都到树林子里去,砍下树枝,绑在马后,然后骑马在林中飞跑打转。张飞一人骑着黑马,横着丈八蛇矛,威风凛凛站在长坂坡的桥上。追兵赶到,见张飞独自

张飞(? —221)

骑马横矛站在桥中,好生奇怪,又看见桥东树林里尘土飞扬。追击的曹兵马上停止前进,以为树林之中定有伏兵。张飞只带二三十名骑兵,阻止住了追击的曹兵,让刘备和荆州军民顺利撤退,靠的就是这"树上开花"一计。

第三十计 反客为主

本是客人却用主人的口气说话。后指在一定的场合下采取主动措施,以声势压倒别人。

【原典】

乘隙插足,扭其主机①,渐之进也②。

【注释】

①乘隙插足,扼其主机:把准时机插足进去,掌握他的要害关节之处。

②渐之进也:语出《易经·渐》卦。(渐卦解释见前计②)本卦《象》辞:"渐之进也。"意为渐就是渐进的意思。

此计运用此理,是说乘隙插足,扼其主机。《易经·渐》卦上说的就是这个意思,要循序渐进。

【释义】

趁着对方有漏洞就赶紧插足进去,扼住其关键要害,掌握其首脑机关,巧妙地循序渐进,达到自己的目的。

【解析】

"反客为主"的原意是,主人不善于待客,反而受客人招待。客有多种:暂客、久客、贱客,这些都还是真正的"客",可是一旦"客"渐渐掌握了机要,就已经变客为主了。古语中将这个过程分为五个步骤:争客位,乘隙,插足,握机,成功。此过程就是变被动为主动,将主动权逐步地掌握到自己手中来。

要理解此计,可以从以下几方面进行把握:

第一,先发制人,变被动为主动。当我们处于被动局势或自身力量弱小时,可以积极采取率先发动进攻的办法来争取主动。在军事上,一般表现为"先发制人,后发制于人",只有先下手,压制住对手,才能有效转变被动局面。

第二,转攻为守,让对方变主动为被动。首先发动进攻,深入对方阵前挑起事端的为"客";而在自己的阵地上进行防御的则为"主"。做"客"的远道而来,不仅会因长途跋涉而疲惫不堪,还会因远离根据地而难以供应物资。而为"主"的一方则以逸待劳,"饱有余"。

第三,喧宾夺主,取代主人位置。即大声说话的客人抢占了主人的位置,后用来比喻外来的占据了原有的事物位置。这种含义就是主张在有机可乘的时候,先插进一只脚,然后慢慢地用力把对方挤出去,而后取而代之,成为主人。

第四,兼并盟军,为己所有。一般指借着援助盟军的时机,打入盟军内部,等站稳脚跟后,再慢慢地支配并控制盟军,做到步步为营,最后顺手把大权夺取过来。即逐步蚕食,循序渐进。

因此,军事上的"反客为主"是指在战争中,要努力变被动为主动,争取掌握战争主动权的谋略。尽量想办法钻空子,插脚进去,控制它的首脑机关或者要害部位。抓住有利时机,兼并或者控制他人。古人使用本计,多是对于盟友的,往往是借援助盟军的机会,先站稳脚跟,然后步步为营,取而代之。

【计名探源】

袁绍和韩馥,应当是一对盟友,当年曾经共同讨伐过董卓。后来,袁绍势力渐渐强大,总想不断扩张。他屯兵河内,缺少粮草,十分犯愁。老友韩馥知道情况之后,主动派人送去粮草,帮袁绍解决供应困难。袁绍觉得等待别人送粮草,不能够解决根本问题。他听了谋士逢纪的劝告,决定夺粮仓冀州。而当时的冀州牧正是老友韩馥,袁绍也顾不了那么多了,马上下手,实施他的锦囊妙计。他首先给公孙瓒写了一封信,建议与他一起攻打冀州。公孙瓒早就想找个由头攻占冀州,这个建议,正中下怀,他立即下令,准备发兵攻打冀州。袁绍又暗地派人去见韩馥,说:公孙瓒和袁绍联合攻打冀州,冀州难以自保。袁绍过去不是你的老朋友吗?最近你不是还给他送过粮草吗?你何不联合袁绍,对付公孙瓒呢?让袁绍进城,冀州不就保住了吗?韩馥只得邀请袁绍带兵进入冀州,这位请来的客人,表面上尊重韩馥,实际上他逐渐将自己的部下一个一个的钉子似扎进了冀州的要害部位。这时,韩馥清楚地知道,他这个"主"已被"客"取而代之了。为了保全性命,他只得只身逃出冀州去了。

第六节 败战计

处于败军态势之计谋,潜龙勿用。
第三十一计 美人计
以美女诱人的计策。
【原典】
兵强者,攻其将;将智者,伐其情①。将弱兵颓,其势自萎。利用御寇,顺相保也②。
【注释】
①兵强者,攻其将;兵智者,伐其情:句意:对兵力强大的敌人,就攻击他的将帅,对明智的敌人,就打击他的情绪。
②利用御寇,顺相保也:语出《易经·渐》卦。(卦名解释见计"树上开花"注②)本身九三《象》辞:"利御寇,顺相保也。"是说利于抵御敌人,顺利地保卫自己。
此计运用此象理,是说利用敌人自身的严重缺点,己方顺势以对,使其自颓自损,己方一举得之。
【释义】
敌人的士卒强健,兵力强大,就要对付他们的将领;将领英明,且足智多谋的,就要从情感上去腐蚀他的斗志,挫败他的意志。将领斗志衰退,士兵必定颓废、消沉,他们的战斗力自然减弱,形势也必定自行萎靡。利用这个计策来抵御敌寇,可以顺利地扭转局势,保全自己。
【解析】
美人计,原意是指用女色诱惑敌人,用美人对付敌人。爱美之心人皆有之,甚至有人会因爱美而痴迷。有人为了得一美人,更是不惜牺牲金钱、地位乃至道德、法律和原则。因此,美人计很早就被兵家利用,成为胜敌的一个重要策略。

美人计用在战争中,作为实施军事目的的一种辅助手段,绝非对谁都有效。此计通常在行为放荡者身上更有奇效,中计者也往往是那些好色之徒。虽然美人计是腐朽之计,但作为计谋,却屡屡见效。

对于用军事行动难以征服的敌方,尤其是对敌方的主帅,要用情感作为糖衣炮弹去消磨其意志,使敌人贪图安逸享受,丧失战斗力,从而趁机取胜。而这一计策,不能只从字面上理解,而应理解为可以凭借任何敌人信赖的人、物或事,来左右敌方,使其精神涣散,意志消退。总之,这是一种以柔克刚的损敌谋略。

而我们在使用美人计时,应注意以下几个问题:

第一,要依照对方的喜好,巧妙物色"美人"。俗话说:"萝卜青菜各有所爱。"人的喜好不同,我们施计时需要着手的方向也就不同。要充分依对方的具体好恶,选择他乐于接受的"美"。美人计中所用的"美人",只有在对方能欣然接受之时,才会产生预期的巨大威力。

第二,要巧设迷魂阵,引敌入圈套。想让"美人"被对方接受,我们所侍奉的方式也很关键。如果方式灵活、巧妙,一切都做得顺理成章,天衣无缝,不露痕迹,敌人便不会产生疑惑,必然放心大胆地接受。

第三,"美人"只是克敌制胜的工具,却无法决定成败。美人计一般都作为达到最终目的的辅助手段,它的主要目标是摧毁对方的精神壁垒。要想彻底歼灭敌人,常常还要依靠武力决战。所以,在施用美人计的时候,还要积极创造或寻找时机发动武力进攻,进行配合,切不可侥幸依靠此一计谋,便想获取胜利。

【计名探源】

春秋时吴越之战,勾践先败于夫差。吴王夫差罚勾践夫妇在吴王宫里服劳役,借以羞辱他。越王勾践在吴王夫差面前卑躬屈膝,百般逢迎,骗取了夫差的信任,终于放他回到越国。后来越国趁火打劫,终于消灭了吴国,逼得夫差拔剑自刎。那所趁之"火"是怎样烧起来的呢?原来勾践成功地使用了"美人计"。勾践被释回越国之后,卧薪尝胆,不忘雪耻。吴国强大,靠武力,越国不能取胜。越大夫文种向他献上一计:"高飞之鸟,死于美食,深泉之鱼,死于芳饵。要想复国雪耻,应投其所好,衰其斗志,这样,可置夫差于死地。"于是挑选了两名绝代佳人:西施、郑旦,送给夫差,并年年向吴王进献珍奇珠宝。夫差认为勾践已被他臣服,所以一点也不加怀疑。夫差整

西施和郑旦

日与美人饮酒作乐,连大臣伍子胥的劝谏也完全听不进去。后来,吴王进攻齐国,

勾践还出兵帮助吴王伐齐,借以表示忠心,麻痹夫差。吴国打胜之后,勾践还亲自到吴国祝贺。夫差贪恋女色,一天比一天厉害,根本不想过问政事。伍子胥力谏无效,反被逼自尽。勾践看在眼里,喜在心中。公元前482年,吴国大旱,勾践乘夫差北上会盟之时,突出奇兵伐吴,吴国终于被越所灭,夫差也只能一死了之。

第三十二计 空城计

在敌众我寡的情况下,缺乏兵备而故意示意人以不设兵备,造成敌方错觉,从而惊退敌军之事。后泛指掩饰自己力量空虚、迷惑对方的策略。

【原典】

虚者虚之,疑中生疑①;刚柔之际②,奇而复奇。

【注释】

①虚者虚之,疑中生疑:第一个"虚"为名词,意为空虚的,第二个"虚"为动词,使动,意为让它空虚。全句意:空虚的就让它空虚,使他在疑惑中更加疑惑。

②刚柔之际:语出《易经·解》卦。解,卦名。本卦为异卦相叠(坎下震上)。上卦为震为雷,下卦为坎为雨。雷雨交加,荡涤宇内,万象更新,万物萌生,故卦名为解。解,险难解除,物情舒缓。本卦初六《象》辞"刚柔之际,义无咎也",是使刚与柔相互交会,没有灾难。

【释义】

在自己兵力虚弱之时,不加掩饰,还故意让对方看到自己防备空虚的样子,就会让敌人不知底细,对我们的实力产生怀疑,从而认为我们是在弄虚作假。刚强和柔弱碰撞的时候,用这种柔弱的方法对付刚强的敌人,属于奇法中的奇法。

【解析】

空城计,这是一种心理战术。在己方无力守城的情况下,故意向敌人暴露我方城内空虚,就是所谓"虚者虚之"。敌方产生怀疑,更会犹豫不前,就是所谓"疑中生疑"。敌人怕城内有埋伏,怕陷进埋伏圈内。"空城计"又是一种危险性极高的计谋,是悬而又悬的险策。使用此计的关键,是要清楚地了解并掌握敌方将帅的心理状况和性格特征。若被对方识破,后果将会不堪设想。所以在大多数情况下,它也只能用作缓兵之计。要想真正取胜,最终也还是要凭借真正的实力。

此计谋有以下特点:

第一,"虚而虚之",以便让敌人"疑中生疑"。一般来说,双方交战,总是要互相隐瞒真实情况,所谓"兵不厌诈"。而对敌方的情况却要反复地进行分析研究,不能完全凭自己的直觉,随便做出判断。这种不轻易相信对方的做法即为"疑"。而在遇到对方反常用兵的情况时,除了要进行正面的分析外,还有必要进行反面的分析。这就是所谓的"疑中生疑"。心理学上讲,人的心理常有一种固定的心理定式。当这种定式被打破之后,人们往往会心无定向,惶惶然而不知所措。因此,结局常常是将假象误以为假。

第二,"实而虚之",迷惑敌人,让其中计。本来是强大的、准备充分的,却偏偏装出虚弱无力的样子,让敌人误以为我兵力空虚而且有隙可乘。"实而虚之"主要有两个目的:积蓄力量,等待时机。为了更大或者更远的目标,暂时隐藏起自己的实力和锋芒。这种暂时的遮蔽是为了争取时间,积蓄力量,一旦时机成熟,就发动突然进攻,让对方措手不及,防不胜防,这是其一。再者,是为了诱惑敌人进入自己设计的圈套。在我方兵力强大,并已设好埋伏的情况下,如果希望敌人能够进到我们的包围圈内,就要表现出弱小可欺的样子,不让敌人惧而远之。总之,只有让敌人觉得在我们身上有利可图时,才会轻易地将其引诱过来,这是其二。

【计名探源】

春秋时期,楚国的令尹(宰相)公子元,在他哥哥楚文王死了之后,非常想占有漂亮的嫂子文夫人。他用各种方法去讨好文夫人,文夫人却无动于衷。于是他想建立功业,显示自己的能耐,此以讨得文夫人的欢心。公元前666年,公子元亲率兵车六百乘,浩浩荡荡,攻打郑国。楚国大军一路连下几城,直逼郑国国都。郑国国力较弱,都城内更是兵力空虚,无法抵挡楚军的进犯。郑国危在旦夕,群臣慌乱,有的主张纳款请和,有的主张拼一死战,有的主张固守待援。这几种主张都难解国之危。上卿叔詹说:"请和与决战都非上策。固守待援,倒是可取的方案。郑国和齐国订有盟约,而今有难,齐国会出兵相助。只是空谈固守,恐怕也难守住。公子元伐郑,实际上是想邀功图名,讨好文夫人。他一定急于求成,又特别害怕失败。我有一计,可退楚军。"郑国按叔詹的计策,在城内作了安排。命令士兵全部埋伏起来,不让敌人看见一兵一卒。令店铺照常开门,百姓往来如常,不准露一丝慌乱之色。大开城门,放下吊桥,摆出完全不设防的样子。楚军先锋到达郑国都城城下,见此情景,心里起了怀疑,莫非城中有了埋伏,诱我中计?不敢妄动,等待公子元。公子元赶到城下,也觉得好生奇怪。他率众到城外高地瞭望,见城中确实空虚,但又隐隐约约看到了郑国的旌旗甲士。公子元认为其中有诈,不可贸然进攻,先进城探听虚实,于是按兵不动。这时,齐国接到郑国的求援信,已联合鲁、宋两国发兵救郑。公子元闻报,知道三国兵到,楚军定不能胜,好在也打了几个胜仗,还是赶快撤退为妙。他害怕撤退时郑国军队会出城追击,于是下令全军连夜撤走,人衔枚,马裹蹄,不出一点声响。所有营寨都不拆走,旌旗照旧飘扬。第二天清晨,叔詹登城一望,说道:"楚军已经撤走。"众人见敌营旌旗招展,不信已经撤军。叔詹说:"如果营中有人,怎会有那样多的飞鸟盘旋上下呢?他也用空城计欺骗了我,急忙撤兵了。"这就是中国历史上第一个使用空城计的战例。

第三十三计 反间计

原指使敌人的间谍为我所用,或使敌人获取假情报而有利于我的计策。后指用计谋离间敌人引起内讧。

【原典】

疑中之疑①。比之自内,不自失也②。

【注释】

①疑中之疑:句意为在疑阵中再布疑阵。

②比之自内,不自失也:语出《易经·比》卦。比,卦名,本卦为异卦相叠(坤下坎上)。本卦上卦为坎为相依相赖,故名"比"。比,亲比,亲密相依。本纷六二。《象》辞:"比之自内,不自失也。"此计运用此象理,是说在布下一重重的疑阵之后,能使来自敌人内部的间谍归顺于我。

【释义】

在敌方的疑阵中布置我方的疑阵,即反用敌方安插在我方的间谍传递假情报。这样敌方的间谍不仅无用,而且会成为祸害。如此就不会导致我方的失败。

【解析】

反间计,原文的大意是说:在疑阵中再布疑阵,使敌内部自生矛盾,我方就可万无一失。说得更通俗一些,就是巧妙地利用敌人的间谍反过来为我所用。在战争中,双方使用间谍,是十分常见的。《孙子兵法》就特别强调间谍的作用,认为打仗必须事先了解敌方的情况。要准确掌握敌方的情况,不可靠鬼神,也不可靠经验,"必取于人,知敌之情者也。"这里的"人",就是间谍。《孙子兵法》专门有一篇《用间篇》,指出有五种间谍。利用敌方乡里的普通人作间谍,叫因间;收买敌方官吏作间谍,叫内间;收买或利用敌方派来的间谍为我所用,叫反间;故意制造和泄露假情况给敌方间谍,叫死间;派人去敌方侦察,再回来报告情况,叫生间。

反间计的应用分为两种情况:一种是发现了敌人派到我方的间谍,并不揭穿他,而是巧设计谋,诱其上当,这样报告给敌方的情报都是假的,对方就会按我方的意图和计划行事;另一种情况是,揭破敌方的间谍,但并不简单地处置,而是对其劝导收买,让他继续给上级提供情报,当然情报也都是假的。

在运用此计时,我们要注意以下一些问题:

第一,通俗地讲,反间计就是借敌人自己的手来打他自己的脸。那么,如何巧妙地利用敌人的间谍呢?利用敌人的间谍并非易事,巧妙地利用他们是解决问题的关键。因此,我们要深入了解每个间谍的特点,并根据他的具体喜好给以好处,金钱、权位或美女。他们就会在利益的诱惑下,忘记自己原本的立场,转而站到对我们有利的一边。

第二,分散敌人,使其转强为弱。如果我方兵力集中在一处,敌人兵力却分散在十处。这就相当于用十倍于敌的兵力去攻击敌人,这样我方无疑占优势,而敌人就转为了劣势。能够集中优势兵力攻击处在分散劣势的敌人,同我军当面作战的敌人就少了很多。

那么,怎样才能将敌人的力量彻底分散呢?这也是我们运用此计谋时应思考的问题。解决此问题行之有效的办法就是分化离间,即从心理上,根本性地把敌人分散开来。这时,无论敌方哪部分遇到危难,其他部分都只能袖手旁观。这样一来,敌人的实力无论多么强大,都会因其内部分崩离析而导致失败。

【计名探源】

三国时期,赤壁大战前夕,周瑜巧用反间计杀了精通水战的叛将蔡瑁、张允,就是个有名的例子。曹操率领号称的八十三万大军,准备渡过长江,占据南方。当时,孙刘联合抗曹,但兵力比曹军要少得多。曹操的队伍都由北方士兵组成,善于马战,可不善于水战。正好有两个精通水战的降将蔡瑁、张允可以为曹操训练水军。曹操把这两个人当作宝贝,优待有加。一次东吴主帅周瑜见对岸曹军在水中摆阵,井井有条,十分在行,心中大惊。他想:一定要除掉这两个心腹大患。曹操一贯爱才,他知道周瑜年轻有为,是个军事奇才,很想拉拢他。曹营谋士蒋干自称与周瑜曾是同窗好友,愿意过江劝降。曹操当即让蒋干过江说服周瑜。周瑜见蒋干过江,一个反间计就已经酝酿成熟了。他热情款待蒋干,酒席筵上,周瑜让众将作陪,炫耀武力,并规定只叙友情,不谈军事,堵住了蒋干的嘴巴。周瑜佯装大醉,约蒋干同床共眠。蒋干见周瑜不让他提及劝降之事,心中不安,哪里能够入睡。他偷偷下床,见周瑜案上有一封信。他偷看了信,原来是

蒋干(生卒不详)

蔡瑁、张允写来的,约定与周瑜里应外合,击败曹操。这时,周瑜说着梦话,翻了翻身子,吓得蒋干连忙上床。过了一会儿,忽然有人要见周瑜,周瑜起身和来人谈话,还故意看看蒋干是否睡熟。蒋干装作沉睡的样子,听周瑜他们小声谈话,但听不清楚,只听见提到蒋、张二人。于是蒋干对蔡、张二人和周瑜里应外合的计划确认无疑。他连夜赶回曹营,让曹操看了周瑜伪造的信件,曹操顿时火起,杀了蔡瑁、张允。等曹操冷静下来,才知中了周瑜反间之计,但也无可奈何了。

第三十四计 苦肉计

故意毁伤身体以骗取对方信任,从而进行反间的计谋。

【原典】

人不自害,受害必真;假真真假,间以得行①。童蒙之吉,顺以巽也②。

【注释】

①人不自害,受害为真;假真真假,间以得行:(正常情况下)人不会自我伤害,若他受害必然是真情;(利用这种常理)我则以假作真,以真作假,那么离间计就可实行了。

②童蒙之吉,顺以巽也:语出《易经·蒙》卦(卦名解释见第十四计注)。本卦六

五《象》辞:"童蒙之吉,顺以巽也。"本意是说幼稚蒙昧之人所以吉利,是因为柔顺服从。本计用此象理,是说用采用这种办法欺骗敌人,就是顺应着他那柔弱的性情达到目的。

【释义】

人从来不会自己伤害自己,如果受到伤害必然是真的,同时别人也会认为是真实被害。那么,如果我方此时以假作真,让敌方信而不疑,便可从中使用离间之计了。这就如同蒙骗幼童一样,对敌方进行蒙骗,让他们被我方操纵。

【解析】

苦肉计:人们都不愿意伤害自己,如果说被别人伤害,这肯定是真的。己方如果以假当真,敌方肯定信而不疑。这样才能使苦肉之计得以成功。此计其实是一种特殊作法的离间计,运用此计,"自害"是真,"他害"是假,以真乱假。己方要造成内部矛盾激化的假象,再派人装作受到迫害,借机钻到敌人心脏中去进行间谍活动,骗取敌将的信任,从而实现我方的意图。而之所以能成功,原因之一便是"人不自害",这是人们的一种心理定式。

施行苦肉计时一定要慎重,自我伤害是非常痛苦的事情,成功率也较低。如果敌人还是铁石心肠或者多谋善断,就更不容易上钩。最后即便是勉强成功了,胜利的果实中也包含了自己太多的血泪,代价太惨重。因为危险性很大,一旦施用时被识破,不但自我伤害之苦要白白忍受,连性命都有可能保不住,落个弄巧成拙的悲惨结局。因此,非到万不得已,一般不提倡使用这个非常危险的谋略。

在非得运用此计的情况下,也要注意以下一些问题:

第一,利用对方的情感骗取信任。正所谓"恻隐之心,人皆有之"。人是情感动物,因此敌人也会富有同情心。如果我们把自己伤害得异常痛苦、可怜,就会博得对方的同情,取得对方的信任,这也是情理之中的事。

第二,离间敌人,将其彻底击毁。这是苦肉计的第二个步骤,即打入敌人内部后暗中进行离间分化活动,以便达到出奇制胜的效果。这也是实施苦肉计的关键一环。

第三,自我残害,加害于人。即偷偷地将自己伤害,然后嫁祸于他人,使别人蒙辱或受到重重惩罚,甚至置人于死地,以达到自己的目的。这是卑鄙阴谋的运用,一般只用于权位相争者之间。

【计名探源】

春秋时期,吴王阖闾杀了吴王僚,夺得王位。他十分惧怕吴王僚的儿子庆忌为父报仇。庆忌正在卫国扩大势力,准备攻打齐国,夺取王位。阖闾整日提心吊胆,要大臣伍子胥替他设法除掉庆忌。伍子胥向阖闾推荐了一个智勇双全的勇士,名叫要离。阖闾见要离矮小瘦弱,说道:"庆忌人高马大,勇力过人,如何杀得了他?"要离说:"刺杀庆忌,要靠智不靠力。只要能接近他,事情就好办。"阖闾说:"庆

要离刺杀庆忌

忌对吴国防范最严,怎么能够接近他呢?"要离说:"只要大王砍断我的右臂,杀掉我的妻子,我就能取信于庆忌。"阖闾不肯答应。要离说:"为国亡家,为主残身,我心甘情愿。"吴都忽然流言四起:阖闾弑君篡位,是无道昏君。吴王下令追查,原来流言是要离散布的。阖闾下令捉了要离和他的妻子,要离当面大骂昏王。阖闾假借追查同谋,未杀要离只是斩断了他的右臂,把他夫妻二人送进监狱。几天后,伍子胥让狱卒放松看管,让要离乘机逃走。阖闾听说要离逃跑,就杀了他的妻子。这件事不但传遍吴国,邻近的国家也都知道了。要离逃到卫国,求见庆忌,要求庆忌为他报断臂杀妻之仇,庆忌接纳了他。要离果然接近了庆忌,他劝说庆忌伐吴。要离成了庆忌的贴身亲信。庆忌乘船向吴国进发,要离乘庆忌没有防备,从背后从矛尽力刺去,刺穿了胸膛。庆忌的卫士要捉拿要离。庆忌说:"敢杀我的也是个勇士,放他走吧!"庆忌因失血过多而死。要离完成了刺杀庆忌的任务,家毁身残,也自刎而死。

第三十五计 连环计

本为元杂剧名。剧本写汉末董卓专权,王允设计先许嫁美女貂蝉与吕布,后又献给董卓,以离间二人,致使吕布杀死董卓。后用以指一个接一个相互关联的计策。

【原典】

将多兵众,不可以敌,使其自累①,以杀其势。在师中吉,承天宠也②。

【注释】

①自累:自相拖累,自相牵制。

②在师中古,承天变也:语出《易经·师》卦(卦名讲释见前第二十六计注)。本卦九二《象》辞:"在师中吉,承天宠也"是说主帅身在军中指挥,吉利,因为得到上天的宠爱。此计运用此象理,是说将帅巧妙地运用此计,克敌制胜,就如同有上天护佑一样。

【释义】

敌方兵力强大,不能硬打,应当运用谋略,让他们自相钳制,以削弱他们的实力。三军统帅如果用兵得法,就会像有天神保佑一样,克敌制胜。

【解析】

连环计,指多计并用,计计相连,环环相扣,一计累敌,一计攻敌,任何强敌,无攻不破。此计正文的意思是如果敌方力量强大,就不要硬拼,要用计使其自相钳制,借以削弱敌方的战斗力。巧妙地运用谋略,就如有天神相助。此计的关键是要使敌人"自累",就是指互相钳制,背上包袱,使其行动不自由。这样,就给围歼敌人创造良好条件。

连环计的运用,最重要的就是布局。只有布局周密完整,没有破绽漏洞,才能完美地施展。如果其中一环一计出现问题,就很有可能造成牵一环而动全局、缺一计而弃前功的不良后果。因此,只有那些思虑周到,组织能力强,能将主客观因素充分结合起来的运筹者,才不会因百密一疏而导致功亏一篑。

我们在使用此计谋时应把握如下要点:

第一,将各环有机地联系起来。单一的计谋往往无法达到预期的目标,而运用连环计正好可以弥补这一缺憾。各计谋之间相辅相成,便可做到一条计策失败,另一条计策马上接着实施,不让行动被迫中止下来。

第二,掌握各环的特点,将其揉为一个有机整体。任何奇谋妙计,都需要有相应的条件作为基础,计谋讲求连贯、配套,有系统性和系列性。如果胡乱搭配,最后也只能以失败告终,而且收不到出奇制胜的效果。

第三,巧使敌人"自累",以耗其力。让敌人"自累"是此计谋的关键,即在敌人内部制造矛盾,并扩大或激化他们的矛盾,使其内部发生变乱,产生内耗,进而虚弱力量。让敌"自累",有其固有的优势,不但方便省力而且对敌人的破坏性极强,效果极佳。

第四,以利诱敌,予以重负。当我们不能在敌人内部制造矛盾使其"自累"时,就要根据敌人贪利的心理特点,主动为其准备某些利益,让他们为了捞取利益而干扰或破坏掉原来的行动计划。

【计名探源】

赤壁大战时,周瑜巧用反间,让曹操误杀了熟悉水战的蔡瑁、张允,又让庞统向曹操献上锁船之计,又用苦肉计让黄盖诈降。三计连环,打得曹操大败而逃。在"反间计"那一章里,我们讲了周瑜让曹操误杀蔡、张二将之事,曹操后悔莫及,更要命的是曹营再也没有熟悉水战的将领了。东吴老将黄盖见曹操水寨船只一个挨一个,又无得力指挥,建议周瑜用火攻曹军,并主动提出,自己愿去诈降,趁曹操不备,放火烧船。周瑜说:"此计甚好,只是将军去诈降,曹贼肯定生疑。"黄盖说:"何不使用苦肉计?"周瑜说:"那样,将军会吃大苦。"黄盖说:"为了击败曹贼,我甘愿受苦。"第二日,周瑜为从将在营中议事。黄盖当从顶撞周瑜,骂周瑜不识时务,并极力主张投降曹操。周瑜大怒,下令推出斩首。众将苦苦求情:"老将军功劳卓著,请免一死。"周瑜说:"死罪既免,活罪难逃。"命令重打一百军棍,打得黄盖鲜血淋漓。黄盖私下派人送信曹操,大骂周瑜,表示一定寻找机会前去降曹。曹操派人打听,黄盖确实受刑,现正在养伤。他将信将疑,于是,派蒋干再次过江察看虚实。周瑜这次见了蒋干,指责他盗书逃跑,坏了东吴的大事。这次过江,又有什么打算?周瑜说:"莫怪我不念旧情,先请你住到西山,等我大破曹军之后再说。"把蒋干给软禁起来了。其实,周瑜想再次利用这个过于自作聪明的呆子,所以名为软禁,实际上又在诱他上钩。一日,蒋干心中烦闷,在山间闲逛。忽然听到从一间茅屋中传出琅琅书声。蒋干进屋一看,见一隐士正在读兵法,攀谈之后,知道此人是名士庞统。他说,周瑜年轻自负,难以容人,所以隐居在山里。蒋干果然又自作聪明,劝庞统投奔曹操,夸耀曹操最重视人才,先生此去,定得重用。庞统应允,并偷偷把蒋干引到江边僻静处,坐上一小船,悄悄驶向曹营。蒋干哪里会想到又中周瑜一计!原来庞统早与周瑜谋划,故意向曹操献锁船之计,让周瑜火攻之计更显神效。曹操得了庞统,十分欢喜,言谈之中,很佩服庞统的学问。他们巡视了各营寨,曹操请庞统提提意见。庞统说:"北方兵士不习水战,在风浪中颠簸,肯定受不了,怎能与周瑜决战?"曹操问:"先生有何妙计?"庞统说:"曹军兵多船众,数倍于东吴,不愁不胜。为了克服北方兵士的弱点,何不将船连锁起来,平平稳稳,如在陆地之上。"曹操果然依计而行,将士们都十分满意。一日,黄盖在快舰上满载油、柴、硫、硝等引火物资,遮得严严实实,他们按事先与曹操联系的信号,插上青牙旗,飞速渡江诈降。这日刮起东南风,正是周瑜他们选定的好日子。曹营官兵,见是黄盖投降的船只,并不防备,忽然间,黄盖的船上火势熊熊,直冲曹营。风助火势,火乘风威,曹营水寨的大船一个连着一个,想分也分不开,一齐着火,越烧越旺。周瑜早已准备快船,驶向曹营,只杀得曹操数十万人马一败涂地。曹操本人仓皇出逃,捡了一条性命。

第三十六计 走为上计

原指战争中看到形势对自己极为不利时就逃走。现多用于做事时如果形势不利没有成功的希望时就选择退却、逃避的态度。

【原典】

全师避敌①。左次无咎,未失常也②。

【注释】

①全师避敌:全军退却,避开强敌。

②左次无咎,未失常也:语出《易经·师》卦(卦名解释见前二十六计注)。本卦六四《象》辞:"左次无咎,未失常也。"是说军队在左边扎营,没有危险,(因为扎营或左边或右边,要依时情而定)并没有违背行军常道。

【释义】

以退为进,待机破敌,这是不违背正常法则的。为了保全军事力量,避免自己的灭亡,退却就是一种明智的举动。虽然退居次位,但可免遭灾祸,也是一种常见的用兵之法。

【解析】

"走为上"指敌我力量悬殊的不利形势下,采取有计划的主动撤退,避开强敌,寻找战机,以退为进。并不是说此计在三十六计中是最高明的计谋,而是说当处于劣势时不要硬拼,及时撤退,寻找时机再战才是上策。

"走"和"逃"是不能相提并论的。"走"是在敌强我弱的形势下,保存实力,主动撤退。"逃"则是胆小怯懦,稍遇挫折便丧失斗志,望风而逃。"走"之所以是良策,是因为在寡不敌众时,往往只有几种选择:或求和,或降服,或死搏,或撤退。而这些方案中,求和必然要妥协;降服势必丧失节操;死搏注定牺牲;唯有撤退可以保全自己,保证日后可以卷土重来,这是最佳选择。因此古人说,"走为上"。

无论哪一种战斗,文也好,武也罢,谁都不会常有必胜的把握。众人皆知,战争中要争取的并非一时的得失,而是最终的胜利。而最终的胜利往往属于能坚持到底的人。所以,"不走"并非英雄,"走"也并非懦夫。

我们在运用此计时应注意以下问题:

第一,千万别拿鸡蛋和石头碰。敌人实力强大而我方实力虚弱时,敌我双方的较量就如同石头碰鸡蛋。如果死拼,我们必然会弄得头破血流,而敌人则不会受太大的损失。不如一走了之,"留得青山在,不怕没柴烧"。不妨索性来个大撤退,留住实力,以备东山再起。

第二,要知难而退,不可一味莽撞。这里的知难而退,不是主张消极应对,不是让我们一遇到困难就缩手缩脚,前怕狼后怕虎。而是一旦发现事情实在做不成,就不要硬着头皮去做,要见机而动,及早放弃,不白白浪费时间和精力。即"见可而进,知难而退""知其不可为"而不为。

第三,要把握时机,急流勇退。在与敌人作战时,要善于观察战机,做到进退自如。要做到急流勇退并非易事,不但要求我们要果断行事,还要有勇气和魄力。更重要的是,我们要能够克服自身的弱点,割舍得掉既得的利益。而后选择适当的时机,从容"走"掉,让敌人捕捉不到我们的踪迹。

第四,要分散敌人的力量,以退为进,各个击破。我们应清楚地认识到撤退并不是最终的目的,退却着实是在为下一轮的进攻做准备。在我方没有能力与敌人对抗的情况下,以"走"避之,保存实力。而另一种情况,通过伪装的退却,诱敌深入我们事先设计好的包围圈,然后各个击破,最终以少胜多。因此,这种退却是制造一种惧怕敌人的假象,迷惑敌人,进而将其麻痹。

【计名探源】

春秋初期,楚国日益强盛,楚将子玉率师攻晋。楚国还强迫陈、蔡、郑、许四个小国出兵,配合楚军作战。此时晋文公刚攻下依附楚国的曹国,明知晋楚之战迟早不可避免。子玉率部浩浩荡荡向曹国进发,晋文公闻讯,分析了形势。他对这次战争的胜败没有把握,楚强晋弱,来势汹汹,他决定暂时后退,避其锋芒。对外假意说道:"当年我被迫逃亡,楚国先君对我以礼相待。我曾与他有约定,将来如我返回晋国,愿意两国修好。如果迫不得已,两国交兵,我定先退避三舍。现在,子玉伐我我当实行诺言,先退三舍。(古时一舍为三十里。)"他撤退九十里,已到晋国边界城濮,仗着临黄河,靠太行山,足以御敌。他已事先派人往秦国和齐国求助。子玉率部追到城濮,晋文公早已严阵以待。晋文公已探知楚国左、中、右三军,以右军最薄弱,右军前头为陈、蔡士兵,他们本是被胁迫而来,并无斗志。子玉命令左右军先进,中军继之。楚右军直扑晋军,晋军忽然又撤退,陈、蔡军的将官以为晋军惧怕,又要逃跑,就紧追不舍。忽然晋军中杀出一支军队,驾车的马都蒙上老虎皮。陈、蔡军的战马以为是真虎,吓得乱蹦乱跳,转头就跑,骑兵哪里控制得住。楚右军大败。晋文公派士兵假扮陈、蔡军士,向子玉报捷:"右师已胜,元帅赶快进兵。"子玉登车一望,晋军后方烟尘蔽天,他大笑道:"晋军不堪一击。"其实,这是晋军诱敌之计,他们在马后绑上树枝,来往奔跑,故意弄得烟尘蔽日,制造假象。子玉急命左军并力前进。晋军上军故意打着帅旗,往后撤退。楚左军又陷于晋国伏击圈内,又遭歼灭。等子玉率中军赶到,晋军三军合力,已把子玉团团围住。子玉这才发现,右军、左军都已被歼,自己已陷重围,急令突围。虽然他在猛将成大心的护卫下,得以逃命,但部队伤亡惨重,只得悻悻回国。这个故事中晋文公的几次撤退,都不是消极逃跑,而是主动退却,寻找或制造战机。所以,"走",是上策。

1.《孙子兵法》与《三十六计》有什么区别?

2.《三十六计》有哪六套?

第五章 《孙子兵法》包含的主要军事思想

军事思想是一种社会意识形态,是关于战争、军队及国防等问题的基本认识,产生于一定物质生产和战争实践的基础之上,并且受到其他社会元素的影响,是人们长期从事军事实践经验的理论总结。军事思想来源于人类的军事实践,同时又给人类的军事实践以理论指导,并在军事实践中接受检验。军事思想具有一定的阶级性,特定阶级的政治观念决定军事思想的阶级性质。从知识体系上看,军事思想属于哲学的一部分,可运用哲学学科的认识论和方法论对军事思想加以分析。从另外一方面看,不同时期、不同地区的地理环境、科学文化、道德法律、民族宗教等发展水平也都对军事思想的发展起到了一定的作用。军事思想在内容上非常丰富,其研究范围主要涵盖战争观、战略战术思想、军队建设思想等各个方面。

《孙子兵法》作为古代东方的兵学圣典,其中蕴含的军事思想博大精深,是古代中国高超智慧的卓越体现,值得后人细细揣摩,精心研读,其中包含的深刻含义对于今天的国防军队建设仍然具有非凡的意义。以下就从《孙子兵法》的战争观、战略思想、战术思想、治军理论四个主要的方面对此加以阐述。孙子是我国历史上最伟大的军事学家,其代表著作《孙子兵法》为中国历代兵家所尊崇,虽历时弥久而长盛不衰,至今仍被世界各国奉为军事行动的军事宝典,被翻译成数十个国家的文字,可谓风靡全球。在1990年的海湾战争中,美国将军斯瓦茨科夫使用最古老的《孙子兵法》中"重将治兵"的原则及各种谋略思想来驱动装备着最现代化的战争武器取得了胜利,斯瓦茨科夫也由此被誉为"将星奇才"。

第一节 《孙子兵法》的战争观

战争观,总体来说就是对战争的定义、性质、态度以及进行战争事先要考虑些什么、做些什么以保证战争的进行和最后取得胜利。战争观是人们认识战争的基础,是战争中的根本问题。《孙子兵法》是兵书经典,所讨论的对象是如何获取战争胜利,孙子对于战争性质的认识也隐见于书中的一些论述中,远远超越了当时的社会思想发展程度。孙子对战争性质的深刻认识,使得孙子兵法上升到了哲学高度,吸引了东西方各国无数人去研究、揣摩其中的深意。因此,孙子的战争观就是孙子军事思想的精华与核心内容,不了解孙武的战争观就等于没有读过《孙子兵法》。只有深入理解孙子兵法的战争观,我们才能充分认识到孙子兵法军事思想的巨大价值。

一、关于战争的性质

(一)战争与政治的关系

1. 克劳塞维茨对战争性质的认识

德国近代军事理论家克劳塞维茨在其著作《战争论》中对战争的性质进行了界定,认为战争具有三重本质属性,一是"战争要素原有的暴力性",二是"作为政治工具的从属性",三是"概然性与偶然性"。其中,暴力手段的性质和大小以及军事目标的确定,都受到战争政治目的制约。由此可见,战争作为政治工具这一性质具有核心地位。克劳塞维茨军事思想集中体现在"战争只不过是政治交往的一部分,而绝不是什么独立的东西"这一著名论断中。战争作为政治的一种工具,其背后一定含有某种政治目的,发动战争也是为了实现这一政治目的。战争这一性质的明确,使得人们对战争的发动更加谨慎,对战争的使用更加具有灵活性,进一步提升了人们的战略思维能力。

列宁肯定了克劳塞维茨关于战争的观点——"战争是政治通过另一种手段(即暴力)的继续",并且认为"这是政治军事问题的作家克劳塞维茨说过的一句至理名言。马克思主义者始终把这一原理公正地看作考察每一战争的意义的理论基础。马克思和恩格斯一向就是从这个观点出发来考察各种战争的。"(见《列宁选集》第 2 卷第 673 页)。毛泽东同志发展了马列主义的军事学说,在《中国革命战争的战略问题》中进而提出:"战争——从有私有财产和有阶级以来就开始了的、用以解决阶级和阶级、民族和民族、国家和国家、政治集团和政治集团之间在一定发展阶段上的矛盾的一种最高的斗争形式。"这是对战争所下的非常全面的科学定义。

2. 孙武对战争性质的认识

孙子最早认识到,战争不是孤立的社会现象,必须联系政治、经济等各种条件研究分析战争。因此,他提出了"道"的概念,如《计篇》的"道者,令民与上同意也,故可以与之死,可以与之生,而不畏危";在《形篇》中提出,"善用兵者,修道而保法,故能为胜败之政。"这里的"道",即是指国君与民众共同的政治需求。孙子兵法认为,这种政治需求是决定战争胜负的重要因素,因此将之列为战争制胜的首要条件。只要平时政治清明、法律有度,就可以在战场上获取主动权。

另外,《火攻篇》也讲到:"明主虑之,良将修之。非利不动,非得不用,非危不战。主不可以怒而兴师,将不可以愠而致战。"大意为,明智的国君一定要慎重地考虑这个问题,优秀的将帅必须认真地处理这个问题。不是对国家有利,就不要采取军事行动;没有取胜的把握,就不要随便用兵;不到危急紧迫之时,就不要轻易开战。国君不可凭一时的恼怒而兴兵打仗,将帅不可凭一时的怨愤而与敌交战。这里认为战争本身仅仅是解决问题的一种手段,是为了实现其背后的政治目的,如国家利益的增加、国家危机的消除等。战争的发动必须考虑周全,不可因为"怒"而"兴师",没有利益可获得则最好不要使用战争手段。

《孙子兵法》还认为,由于战争成本太高,因此如果通过战争,达到了所追求的政治目的,则应立刻停止战争。《用间篇》中指出,"凡兴师十万,出征千里,百姓之费,公家之奉,日费千金,内外骚动,怠于道路,不得操事者,七十万家。"在《火攻篇》讲到,"合于利而动,不合于利而止。"面对如此巨大的成本,战争不应该是解决问题首先考虑的手段,必须在开战前进行深入分析,倘若只能获得战争胜利而不能增加本国利益,那么就应考虑使用其他手段。另外指出:"非利不动,非得不用,非危不战。主不可以怒而兴师,将不可以愠而致战。"此处的"利",也是代表国家利益的政治利益。因而孙子所说"安国全军之道",就完全揭示了政治与战争的直接的统一关系,明确地提出了战争必须服从于政治,必须有利于国家根本利益的思想,战争是实现国家利益的重要手段。如果战争的结局会导致国家的灭亡,这种战争还有什么意义?因此,人们分析战争与和平,做出决策就不能只从军事观点出发,而必须从国家的根本利益出发,必须认识战争手段的运用与实现安国全军目标的高度统一。综上可见,战争与政治利益高度一致、统一不可分割。

3.孙武对战争性质认识的局限性

虽然《孙子兵法》中提到了政治和军事的关系,但却没有从正面回答"战争是政治的延续"这一命题。然而由于孙子在军事斗争的指导中能够从本质上认识战争,从而树立正确的战争观,虽然由于历史和阶级的局限,孙子的战争观还不够全面深刻,但《孙子兵法》还是表现出了其科学性,并且很多观点具有明显的超前特征。

(二)战争与经济的关系

1.战争与经济的辩证关系

《孙子兵法》不仅对战争从政治上进行了合理解释,同时也注意到了其与经济的辩证统一关系。如《用间篇》认为,"凡兴师十万,出征千里,百姓之费,公家之奉,日费千金",意为兴兵十万,奔赴千里征战,百姓的耗费,国家的开支,每天要花费千金。因此战争一旦发动,则耗费巨大,任何战争都不可能离开经济基础而进行。在这方面,孙子的认识就比克劳塞维茨要深刻得多,因为在克劳塞维茨对战争的论述中,几乎没有对经济与战争的关系的论述,反而一再强调国家和军队为了保证会战的胜利,必须集中最强大的军事力量,却从来没有涉及会战必然会产生巨大费用这一关键问题。

2.经济对战争的制约

孙武以其深刻的洞察力,充分认识到了经济因素对战争的制约作用。在《作战篇》中,孙子说:"则内外之费,宾客之用,胶漆之材,车甲之奉,日费千金,然后十万之师举矣。其用战也胜,久则钝兵挫锐,攻城则力屈,久暴师则国用不足。夫钝兵挫锐,屈力殚货,则诸侯乘其弊而起,虽有智者不能善其后矣。"大意为,要兴兵作战,需做的物资准备有:轻车千辆,重车千辆,全副武装的士兵十万,并向千里之外运送粮食。那么前后方的军内外开支,招待使节、策士的用度,用于武器维修的胶漆等材料费用,保养战车、甲胄的支出等,每天要消耗千金。按照这样的标准准备之后,十万大军才可出发上战场。因此,军队作战应速战速决,如果拖得很久则军队必然疲惫而士气不振。一旦攻城,则兵力将耗尽,长期在外作战还必然导致国家财用不足。如果军队因久战锐气受挫,军事实力耗尽,国内物资枯竭,其他诸侯必定趁火打劫。这样,再足智多谋的良士也无法挽救危亡了。在古代时,要进行大规模的战争,几乎要耗费国家许多年的经济积蓄。因此,国家的统治者和军队的统帅必须充分认识国家的经济承受能力,绝不能离开经济谈军事。由此可见,孙子的这方面论述蕴含着极深的哲理。

3. 战争的巨大花费

同时,《孙子兵法》也清楚地看到了战争给民众造成的巨大负担,孙子在《作战篇》中还指出,"夫兵久而国利者,未之有也",另有"国之贫于师者远输,远输则百姓贫;近师者贵卖,贵卖则百姓财竭,财竭则急于丘役。力屈、财殚,中原、内虚于家,百姓之费,十去其七。"大意为,国家之所以因作战而贫困,是由于军队远征,不得不进行远程运输。这必然导致百姓贫穷。驻军附近处物价飞涨,导致物资枯竭,物财枯竭,赋税和劳役必然加重。在战场上军力耗尽,在国内财源枯竭,百姓私家财产损耗十分之七。以上这些,都充分显示了孙武深刻认识到了经济与政治的辩证统一关系,也看到了经济矛盾向政治矛盾转变的趋势。同时,从古至今无数因经济实力衰败而导致战争失利的实践也充分说明了这一点。

二、以"和"为上的战争目标

《孙子兵法》集中体现了孙子的军事战略战术思想,普遍的观点都认为孙子兵法只是论述战争及如何在战争中获胜。然而《孙子兵法》中却在其中多处透露出了和平至上的理念,深入发掘和研究孙子的思想,可以更全面地一览孙子深邃的思维与高超的智慧。同时,这位伟大的兵家著述的奇书之中所表达的易为人所忽视的观点,对当今时代复杂国际局势下的国家战略决策有着相当程度的启示意义。

在《孙子兵法》十三篇当中,处处都流露出孙子对于"和为上,战为下"理念的推崇,体现了这位古今中外最伟大兵家的高尚情操和救世济人的胸怀,这往往是容易为人所忽视的。以下对《孙子兵法》中所表达的若隐若现却贯彻始终而成为其思想主导的和平理念进行分析。

(一)发动战争要高度慎重

《孙子兵法》开篇讲到"兵者,国之大事,死生之地,存亡之道,不可不察也。"从一开始便确立了对待战争问题的总体态度,明确指出战争是一个国家的头等大事,关系到军民的生死,国家的存亡,是不能不慎重周密地观察、分析、研究的。这体现了一种慎战的思想,战争是一种矛盾高度激化的产物,任何形式的战争必然伴随相应程度的流血牺牲和带来巨大的社会、经济、文化等等各个方面不可挽回的损失,更有甚者会造成文明的倒退。因此无论从各个方面来看,战争都应该是一种不得已而为之的解决矛盾的方法。孙子以其高超极富远见的智慧洞彻了战争的实质,在孙子兵法的开篇便对战争这一人们普遍不愿面对但又无可回避的问题进行了科学的极具人道主义精神的定性:战争是生死存亡的大事,人皆畏死,而在战争面前,却不得不被剥夺生存的权利,因此,对于战争这个大问题,必须要慎之又慎,不到万不得已,便毋须采用战争形式来解决矛盾。

(二) 兵戎相见是解决问题的最下策

在《孙子兵法》第三篇《谋攻篇》中,则更具体的展现了孙子"和为上"的思想,"故上兵伐谋,其次伐交,其次伐兵,其下攻城。攻城之法,为不得已。"寥寥数语,便道出了解决矛盾的四个层次,上等的军事行动是用谋略挫败敌方的战略意图或战争行为;其次就是用外交战胜敌人;再次是用武力击败敌军;最下之策是攻打敌人的城池。攻城,是不得已而为之,是没有办法的办法。

《谋攻篇》中还继续提到"故善用兵者,屈人之兵而非战也,拔人之城而非攻也,毁人之国而非久也,必以全争于天下,故兵不顿而利可全,此谋攻之法也。"也就是说善于用兵者,不通过打仗就使敌人屈服,不通过攻城就能使敌城投降,摧毁敌国不需长期作战,一定要用"全胜"的策略争胜于天下,从而既不使国力兵力受挫,又获得了全面胜利的利益。此句明确指出不能为了战争而战争,战争的目的是为了获得一定的利益,而以破坏为目的的战争不仅达不到本来的目标,反而会使战争发动者成为千夫所指。在历史上不乏这样的战争狂人,然而"得道多助,失道寡助",穷兵黩武的做法最终不会避免覆灭的命运且在历史上留下千古恶名。

(三) 用兵作战时亦应尽力减少敌我双方的损失

在第三篇《谋攻篇》中还提到了"夫用兵之法,全国为上,破国次之;全军为上,破军次之;全旅为上,破旅次之;全卒为上,破卒次之;全伍为上,破伍次之。是故百战百胜,非善之善也;不战而屈人之兵,善之善者也。"其大意为战争的原则是:使敌人举国降服是上策,用武力击破敌国就次一等;使敌人全军降服是上策,击败敌军就次一等;使敌人全旅降服是上策,击破敌旅就次一等;使敌人全卒降服是上策,击破敌卒就次一等;使敌人全伍降服是上策,击破敌伍就次一等。所以,百战百胜,算不上是最高明的;不通过交战就降服全体敌人,才是最高明的。亦即在最迫不得已开战的情况下也应当使敌我双方的人员物资等各方面的损失越少越好,孙子在谋攻篇中的此番论点,集中体现了孙子对战争性质认识程度之深刻及其崇尚和平至上的精神。如此作战原则,其利有二,一是可以减少我方兵力物资消耗,不至于因为战争而使百姓背负沉重的后勤负担及面临家破子丧的痛苦;二是尽量减少敌方损失,不至于使对方产生很强的敌对和愤怒情绪,有利于未来对于敌方领地的治理和融合。以上观点可谓孙子兵法中对于"和"为上理念的精确注释。

(四)《火攻篇》重述慎战的观点

在第十二篇《火攻篇》中,提到"故曰:明主虑之,良将慎之,非利不动,非得不用,非危不战。主不可以怒而兴师,将不可以愠而攻战。合于利而动,不合于利而止。怒可以复喜,愠可以复说,亡国不可以复存,死者不可以复生。故明主慎之,良将警之。此安国全军之道也。"其大意为明智的国君要慎重地考虑这个问题,贤良的将帅要严肃地对待这个问题。没有好处不要行动,没有取胜的把握不能用兵,不到危急关头不要开战。国君不可因一时愤怒而发动战争,将帅不可因一时的气愤而出阵求战。符合国家利益才用兵,不符合国家利益就停止。愤怒还可以重新变为欢喜,气愤也可以重新转为高兴,但是国家灭亡了就不能复存,人死了也不能再生。所以,对待战争,明智的国君应该慎重,贤良的将帅应该警惕,这是安定国家和保全军队的基本道理。

在整部兵法临近结尾的时候,再次重申了慎重发动战争的观点,这充分说明了孙子兵法虽然是一部兵书,探究如何克敌制胜占据了兵书的主要篇幅,但是孙子以他高度的战略哲学家眼光告诉我们,战争并不是解决问题的唯一方法,战争也不是以破坏为目的。可以更进一步地引申来说,战争的目的即是为了和平,这看似非常矛盾的两个概念实际上是一个辩证统一的整体,不以和平为目的的战争必然是残酷的,不符合人道主义精神的,也必将不会获得胜利。从某种意义上说,战争是暂时的,而和平却是永恒的。

另外,在《孙子兵法》在第四篇《军形篇》中提到:"善用兵者,修道而保法,故能为胜败之政。"即善于用兵的人,潜心研究制胜之道,修明政治,坚持制胜的法制,所以能主宰胜负。中国现在虽然不存在大规模外敌入侵的可能,但是也应当内修政治,壮大国防,对可能的外敌起到威慑作用。我们不会主动发动战争,但是一旦国际形势有变,在进行本土防御作战时也会游刃有余。因此,在稳定和谐发展的前提下,积极发展和完善国家的政治、经济、科技、教育等各项事业,则国家政通人和,坚不可破,无须惧怕任何外敌入侵。这是《孙子兵法》中"先为不可胜"以及"兵不顿而利可全"思想的灵活运用,也正可以充分实现《孙子兵法》中崇尚道义及和平为上的思想理念。

总而言之,尽量不发动战争,或者说尽量避免战争的出现,最次之也要做到以战止战,这才是军事斗争的最高境界。有些可能产生战争的矛盾经过运用政治手段是完全可以解决的,战争是完全能够避免的,因而就不需要采取任何流血的斗争方式,这也是孙子兵法军事思想的深刻之处。

三、人道主义理念

（一）战争与人道的统一

在《孙子兵法》中,孙子能够正确地认识武力的有限性,认识到了战争与人道主义的相互统一,因而他的战争观也包含了反对滥用暴力的思想,这与克劳塞维茨所主张战争暴力无限性的思想有着天壤之别。

孙子深刻认识到了战争给各诸侯国的人们带来的巨大灾难,迫切希望避免战争和减少战争所造成的伤亡破坏,因此坚决反对穷兵黩武的战争。"好战必亡,忘战必危",即使是为了国家和民众的根本利益不得不进行的战争,在没有取胜把握下进行,也可能导致战争失败,从而给国家和民众造成巨大灾难。

（二）战争要避免重大伤亡

在不得已必须进行战争的时候,孙子提出了慎战思想,就是要竭力避免国家和军队遭遇重大伤亡和损失。为了以最小代价取得战争胜利,孙子提出了谋攻思想。可见孙子是主张有限使用暴力的,要尽量减少士兵的伤亡,最大限度地减轻民众的负担,可以看出《孙子兵法》充满了人道主义精神的光芒。另外,《孙子兵法》中也提出了避战思想,坚决反对进行可能会造成重大伤亡的攻城作战,主张以最小的伤亡代价来换取战争胜利,把避免和减少战斗伤亡作为战争最高目标。

孙子兵法开宗明义的第一句话就是:"兵者,国之大事,死生之地,存亡之道,不可不察也。"这种视战争为国家大事的观念由来已久,《左传》中曾言:"目之大亨,在亿兴戎";韩非子也认为:"战者,万乘之存亡也",这些都强调了战争关系国家之存亡,百姓之生死,应当详加审察,不可轻易言战,更不可因君主一己之好恶喜怒而发动战事,即《孙子兵法》中《火攻篇》提到的"主不可以怒而兴师,将不可以愠而致战,合于利而动,不合于利而止。怒可以复喜,愠可以复悦,亡国不可以复存,死者不可以复生。故明主慎之,良将警之,此安国全军之道也。"大意为,国君不可凭一时恼怒而兴兵作战,将帅不可凭一时的怨愤而与敌交战。符合国家利益就行动,不符合国家利益就停止。恼怒可以重新欢喜,怨愤可以重新喜悦,但国亡不能再存,人死不能再活。所以明智的国君对战争问题一定要慎之又慎,良好的将帅对战争问题一定要警惕,这是安定国家和保全军队的关键所在。孙子所说的"安国全军之道",明确指出战争为国家之事,而非君主或将帅一人之事,合于国家利益时方可兴师用兵,不合国家之利益则不可以一己之私而轻易言战。这种以国家为主体的战争概念,以二千五百余年前的春秋时代,有着极强的借鉴意义。春秋时代,王纲衰落,诸侯势大,在 242 年之中,可考的战役竟有 213 次之多,绝大多数是怒而兴师,完全没有以国家利益为重,所以孙子特别提出"亡国不可以复存,死者不可以复生"来警示君主及将帅。

(三)战争要得到人民支持

另外,孙子指出:"故知兵之将,生民之司命,国家安危之主也。"战争首先要得到本国人民的支持,因此作为国家的统治者与将领都必须树立爱民的思想。因为旷日持久的战争消耗将会使人民痛苦不堪,因此战争只能是速决战。将领也必须充分考虑民众的战争承受力,努力提高战争的效益,尽量减少民众的苦难和牺牲。

(四)要爱护士卒和俘虏

孙子的人道主义精神还表现在他的爱兵思想中。没有士兵,就没有军队,将领如果不能真心热爱士兵,就不能实现全军上下同欲,不能形成军队强大的作战能力。孙子在《行军篇》中指出:"故令之以文,齐之以武,是谓必取。令素行以教其民,则民服;令不素行以教其民,则民不服。令素行者,与众相得也。"将领只有尊重爱护士兵,才能做到"与众相得",才能获取战争的胜利。在《地形篇》中,孙武同时指出:"视卒如婴儿,故可与之赴深溪;视卒如爱子,故可与之俱死",充分体现其爱军的理念。除此之外,为了减少战争中的伤亡,最高限度的保护士兵的生命,孙子坚决反对在处于弱势时螳臂当车,盲目地与强敌交战,因此明确提出小股部队在遭遇强敌时就应当做到"少则能逃之,不若能避之"。

《孙子兵法》中的人道主义理念,还集中体现在其对待俘虏的态度上,对俘虏要"善而养之"。因为如果能做到优待俘虏,则既有可能增加自己的军事力量,树立仁义之师的形象,又能瓦解敌军的人心。所以,在孙子兵法中处处可见反对战争暴力无限性的思想,反复强调最好能够避免使用战争手段来使敌军屈服,并提出不与处于绝境的敌军死战。以上这些,都充分体现了孙子对战争规律认识的深刻性。

四、《孙子兵法》的修功思想

"修功"思想,也是《孙子兵法》中提出的一条非常重要的思想理论,同时也充分表现了孙子兵法中战争与政治统一、战争与和平统一的思想。所谓修功,出自于孙子兵法的《火攻篇》,"夫战胜攻取,而不修其功者凶,命曰费留。故曰:明主虑之,良将修之"。大意为,凡打了胜仗,攻取了土地、城池,而不能够巩固胜利,是非常危险的,这就叫作"费留"。因此明智的国君一定要慎重地考虑这个问题,优秀的将帅必须认真处理这个问题。这个观点体现了很深的哲理,里面有战争与政治的相互统一的思想,也可以看出孙子对战争终极目标认识之精深,是孙子兵法全胜思想理论的重要组成部分。如果在取得战争的胜利之后,不能巩固战争胜利的成果,则胜利变得没有意义。

"修功"思想,包含了巩固战争胜利成果的意思,也可以理解为孙子对于战争终极目标的认识,体现了战争作为政治手段的本质特征。孙子认为,英明的君主和统帅不仅应获取军事上的胜利,更应获取政治上的胜利。只有将产生战争的原因彻底铲除,才是真正的获得了胜利。相反的,如果不能消除产生战争的原因,虽然获得了战争的胜利,但是这种胜利反而会成为下一场战争的发端之源,已经取得的胜利也就只能是表面上的胜利,同时新的战争也很快又要降临,会陷入无穷无尽的战争泥潭当中不能自拔。从战争规律来看,战争的胜利应当体现在人心的认同,体现于政治上的新的统一,所以,"修功"必须要赢得人心。如果战争的政治目的得不到民众的普遍理解和支持,在战争胜利之后就不会赢得人心,这样一来,所谓的"道"又"皮之不复,毛将焉存?"

第二节 《孙子兵法》的战略思想

军事战略思想,是军事思想的重要组成部分,是关于军事战略问题的理性认识,是军事领域中涉及平时、战时的战争准备与实施的基本看法和观点。其主要内容包括对战略目标、战争威胁、战争准备与实施、战略威慑、战略手段等一系列战略问题的基本认识。军事战略思想来源于战略实践,同时又反过来指导着战略实践行为,并且在实践中得到不断的完善和发展。权威的和深思熟虑的军事战略思想不仅影响了各国军事战略的制定,而且直接体现在其官方的军事战略和军事政策之中,成为其中极其重要的组成部分,并被作为战略措施和手段付诸实施。

因此,深入研究一些有代表性国家占主导地位的、权威的、官方的军事战略思想,并加以比较和分析,可以从中了解到其军事战略思想的发展脉络、基本特征、主要差异,掌握军事战略思想乃至军事战略和军事政策的发展变化规律,进而把握军事战略思想的发展趋势。这对于发展我国的军事战略思想具有重要意义。

《孙子兵法》博大精深,内容涵括军事哲学、战略战术、制胜谋略、人文法制等许多方面。从军事战略的本质内涵和特点析,孙子兵法首先是一部军事战略论著,可以称为是战略理论的鼻祖。但一般来说,孙子生活的时代为我国春秋时期,那时候并没有将战争、战役、战斗严格区分开,在战争指导上也没有战略、战役、战术的严格界限。但即便如此,用今天的眼光来看,《孙子兵法》中确实大量地论述了关于战争的全面谋划问题,是一部最早论述战略原理的名著。虽然《孙子兵法》中也有专门论述战术的内容,但更多的理论则是既适用于战争,又适用于战役、战斗,论述了关于战略、战役和战术的一般原则。例如,"全胜"思想应归于战略思想,但同时也有战役、战术层面的含义。而其他如"全卒""全伍"等问题则基本可归类于战术思想层面,可以作为指导具体战役的一般性原则。

一、《孙子兵法》主要战略思想原则

《孙子兵法》用古代朴素的唯物辩证思想,总结了历史上的战争经验,在充分吸收其他兵家思想的基础上,从整体上揭示了全局性的战争指导规律,揭示了战略的本质内涵。在兵家著作中,《孙子兵法》属兵权谋类兵书,而且是历史上影响最大的

兵权谋类兵书,此类兵书侧重与军事战略和思想,这在孙子兵法前三篇中也得到充分反映。虽然孙子兵法也有丰富的战术原则和战法,但却是以战略为指导,包含一系列战略思想和原则。总览全书,《孙子兵法》前三篇包含一系列的战略指导思想和原则。例如,孙子在首篇中提出了战略指导者在战略筹划过程中,应着重考察研究决定战争胜负的"五事""七计",即道、天、地、将、法"五事",以及主孰有道、将孰有能、天地孰得、法令孰行、兵众孰强、士卒熟练、奖罚孰明"七计",这是关系战争胜负的五种决定因素和七条优劣条件。孙子指出:"故经之以五事,校之以计而索其情。"孙子兵法首篇中的"庙算""五事""七计""道胜"和谋攻篇中的"全胜"思想,强调的是军事战略中的战略指导;其《作战篇》中的"兵贵胜,不贵久"和"称胜"思想,《谋攻篇》中的"上兵伐谋""不战而屈人之兵",强调的是军事战略中的战略手段和原则。这些内容是对战略思想的总体论述,具有普遍指导意义,总领《孙子兵法》全书。

从军事战略的角度出发,可以提炼出《孙子兵法》的诸多战略思想理论。孙子在《九地篇》指出:"并敌一向,千里杀将",意思是集中兵力指向敌人一处,就能长驱千里,挥军斩将。在《行军篇》中提出:"兵非益多也,惟无武进,足以并力、料敌、取人而已"。意思是,作战不在于兵力愈多愈好,只要不轻敌冒进,并能集中兵力,判明敌情,也就足以战胜敌人了。"并力"是集中兵力的意思,体现了孙子兵法的战略集中原则。孙子兵法《虚实篇》中提出:"凡先处战地而待敌者佚,后处战地而趋战者劳",在《形篇》中提出:"致人而不致于人""先为不可胜、以待敌之可胜",这些都是强调战略主动原则。"战胜不复""因敌而制胜",着重阐明了孙子的战略权变原则。军事统帅应善于因敌、因人、因地、因情的应用战略,不通权变、生搬硬套兵法原则是兵家之大忌。"将能而君不御者胜""将在外君命有所不从"充分体现了分权理论原则。"治气""赏罚分明"等体现的是士气原则。

在孙子兵法军事战略思想原则的统领下,构成了完整的孙子兵法战略思想结构体系,这是孙子兵法战略理论的基础。

二、孙子兵法的主要战略思想

(一)"全胜"战略思想

"全胜"是孙子关于战争指导和战略谋划的重要思想,在《孙子兵法》军事思想体系中占据举足轻重的地位。"全胜"思想的主要内容包括:以"不战而屈人之兵"作为战争指导的最高原则,"伐谋""伐交"则作为实现"全胜"的理想手段,以破中求全作为谋求局部"全胜"的指导原则等,其核心要义在于优先采用非暴力、低强度的对抗方式,尽可能降低战争造成的损失,追求战争效益的最大化。孙子的"全胜"思想对中国传统军事文化和战略文化产生了深远影响,对指导当代战争也具有重要的启示意义。

孙子说："夫百战百胜,非善之善者也。不战而屈人之兵,善之善者也。故上兵伐谋,其次伐交,其次伐兵,其下攻城。"孙子认为,"百战百胜"并非战争指导的最高境界,"不战而屈人之兵",即不经过直接或激烈的交战而使敌屈服于我方的意志,才是战争指导的最高境界。因为不计代价和后果的战争,即使屡战屡胜,也难免损兵折将、耗费国力,结果必然是胜而不利、兵胜而国弱。因此,孙子将"不战而屈人之兵"作为指导战争的最高原则,通过对暴力手段及其强度的限制,尽可能避免战争给国家和军队造成重大损失。

至于"不战而屈人之兵"的手段,则可以通过"故上兵伐谋,其次伐交,其次伐兵,其下攻城"这样的理念来实施。最好的手段是伐谋,之后则是伐交。两者都不需要大动干戈,最容易达到"全胜"的目的。虽然"伐谋""伐交""伐兵""攻城",都看作是战争中可供选择的手段,但毫无疑问"伐谋""伐交"是上选之策,被置于优先地位。这是孙子兵法战略思想的特色,也是中西方战略思想的区别之一。孙子强调"伐谋""伐交""诡道""用间""奇正""权变"等,这是孙子兵法以谋胜为基础的战略手段的精粹所在。虽然"伐兵""攻城"也是战争的必备手段,但由于"攻城"会造成重大人员损失,而且在时间上更为持久,孙子将其列为最下之选。孙子反复强调"五全""全"为上策,"破"则次之。《孙子兵法》的《谋攻篇》中,"凡用兵之法,全国为上,破国次之;全军为上,破军次之;全旅为上,破旅次之;全卒为上,破卒次之;全伍为上,破伍次之",处处体现了全胜的理念,即使出现了"破",也要在尽可能的基础上保持"全"。总的来说,伐兵和攻城则属于"战胜"范畴,是不得已的选择,或最后的手段。

孙子的"全胜"思想对中国传统军事文化和战略文化产生了深远影响,对指导当代战争也具有重要的启示意义。这是孙子战略思想的精髓,贯穿于整部孙子兵法的始终。"求全"思想,包括"五全"(全国、全军、全旅、全卒、全伍)、"必以全争""以道为首"可视为孙子全胜战略的精义和全书的核心。贯彻全胜战略思想要求善于把握战略全局,正如毛泽东强调的"战争全局""而且有驾驭整个战争变化发展规律的能力",这是进行全局战略筹划的重要指导。

全胜思想是孙子战略思想的核心。全胜的实质突出一个"全"字,全即全局、整体。"全"揭示了战略的本质内涵,是战略领导者应树立和谋求的全局观,只有立足全局,把握全局,才能实现战略上统揽全局。否则,就是舍本求末,最终失去的也将是战略全局。

(二)"先胜"的战略思想

在战略制定上,孙子强调以先胜为条件,夺取和保持战略主动权。孙子兵法的《形篇》中指出:"胜兵先胜而后求战,败兵先战而后求胜"。就是说打胜仗的军队,总是先创造取胜条件,有取胜把握后方与敌交战;而打败战的军队,总是先与敌交战而后侥幸求胜。这里的"先胜"是指在战争之前就使自己具备取得战争胜利的条件，这些条件都属于战争力量准备的范围。孙子非常重视战争力量准备，反对在准备不充分的条件下进行战争，这是因为他认识到了战争力量准备是实施战争的基础，准备好坏直接影响到战争胜负的缘故。换句话说，孙子先胜战略的实质，就是要先创造自胜的战略条件，谋求自胜，不打无把握之战。

至于如何创造"先胜"的条件，也就是如何进行战争准备呢？这可以通过"庙算"来达到目的。《孙子兵法·计篇》中说："夫未战而庙算胜者，得算多也；未战而庙算不胜者，得算少也。"庙算的含义是进行形势的分析和决策，作为将帅要做到《地形》篇所说"料敌制胜，计险厄远近，上将之道也"。"先胜"也可指在必须先建设雄厚的经济实力、强大的军队、精锐的武器、完备的装备等以待备战。庙算的基本要求，一是分析要全面。要在"知"的前提下，"形"的基础上，即根据掌握的敌我双方的情况，立足于已有的物质条件和战争潜力，从道、天、地、将、法、兵、卒等方面进行系统比较，透彻分析形势，对军事行动产生的各种可能性进行充分估计，制定出各种不同的预案，做出决策，做到"先胜而后求战"。

庙算要获得成功，离不开情报的获取。《用间篇》指出："故明君贤将，所以动而胜人，成功出于众者，先知也"，知即是获取情报。但是，《作战篇》的"故知兵之将，民之司命，国家安危之主也"，《计篇》"吾以此知胜负矣"，这两种知则是对战前总体情况的认识和预测。但无论如何，知本身就是战争力量准备内容的一部分，不了解敌我形势，对战争规律缺乏认识，对可能发生的军事行动的趋势心中无数，不能说就做好了战争力量准备。另外，知也是进行其他方面战争准备的前提。

除了"知"以外，"形"也是战争准备的重要组成部分。孙子的形有两种含义，一是军队内部的结构形态，可认为是军事实力，二是军事实力外部表现形态。《形篇》中提到："若决积水于千仞之溪者，形也"，这一比喻讲的是关于军事实力的积蓄储备问题，我们简称之为积形，即积聚军事实力。这是孙子战争力量准备理论中的主体部分。孙子认为军事实力是道、天、地、将、法、财、兵、卒等因素综合力量的体现。道是政治因素，天、地是自然因素，财是经济因素，将、法、兵、卒是军事因素。他要求不断地在政治、经济、军事三个方面积聚力量，形成对敌的绝对优势，即所谓"以镒称铢"。如此，就会不战则已，战则必胜。

"先胜"战略还暗含了慎战的思想。《计篇》中指出："兵者，国之大事，死生之地，存亡之道，不可不察也"，战争是关乎国家存亡、人民安危的大事，不能草率发动。《九变篇》中"无恃其不来，恃吾有以待也；不恃其不攻，恃吾有所不可攻也"，也体现了充分准备战争、慎战的思想。《火攻篇》中"非利不动，非得不用，非危不战。主不可以怒而兴师，将不可以愠而致战"，这体现了在没有完全准备好的情况下，不要发动战事，要慎重决策，力争做到"多算"，不动则已，动则必胜，这也是庙算的基本原则。除此之外，严守军事秘密也是先胜的重要前提，庙算是国家的核心机密，一定要确保万无一失，一旦走漏风声，则前功尽弃。因此，《九地》中指出："夷关折符,无通其使,厉于廊庙之上,以诛共事"。

总而言之,"先胜"战略思想是《孙子兵法》战略思想的重要组成部分,其内容则非常丰富,其实施的好与坏,对于战争结果有着决定性的影响。

(三)"致人"的战略思想

除了"全胜""先胜"战略思想外,《孙子兵法》中还有一个重要的战略思想,那就是"致人",即夺取战争的主动权。在《孙子兵法》的《虚实》篇中指出:"凡先处战地而待敌者佚,后处战地而趋战者劳,故善战者,致人而不致于人。能使敌人自至者,利之也;能使敌人不得至者,害之也",也就是说善于作战的,总是能控制敌人而绝不被敌人控制,作战贵在掌握主动权。鉴于战争主动权的重要性,自古以来许多兵家都十分重视这一命题。主动权是军队行动的自由权,行动自由是军队的命队失去了这种自由,受制于敌人的结果则只能是失败。

孙子强调保持力量的强大是获得战争主动权的客观物质前提。另外,他也密切关注到主观指导的正确与否,又可以直接作用于力量的优劣强弱和主动被动的变化。因此,他十分重视在战争中充分发挥主观能动性使部队始终立于不败之地,因此主动权问题是一个贯穿于战争全过程的中心问题。要获得主动权,必须在各个方面发挥主观努力,从获取情报、作出判断、定下决心,全面掌控战争。

孙子的"致人而不致于人"反映了他是把先机之利当作争取主动地位的首要条件来看待的。先发制人是进攻作战的灵魂。孙子在《九地》篇提到"先其所爱,微与之朔",要求在开放之后就率先夺占敌人战略要地。对于野战,他也强调先发致人,《九地》篇中指出:"敢问:敌众整而将来,待之若何?曰:先夺其所爱,则听矣"。意思是,试问:"如果敌军众多而且阵势齐整地向我进攻,该如何对付它呢?"回答是:"先夺取敌人的要害之处,这样,敌人就会被迫听任我的摆布了。《虚实》中指出:故敌佚能劳之,饱能饥之,安能动之。出其所不趋,趋其所不意。行千里而不劳者,行于无人之地也。"所以,敌人休整得好,能设法使它疲劳;敌人给养充分,能设法使它饥饿;敌军驻扎安稳,能够使它移动。出兵要指向敌人无法救援的地方,行动要在敌人意料不到的方向。行军千里而不疲困的,是因为行进在没有敌人及其没有设防的地区。

"致人"的战略思想还包含了"示形",就是隐真示假。例如,《计篇》指出,"故能而示之不能,用而示之不用,近而示之远,远而示之近。"意思是,能战而示之软弱;要打,装作退却;要攻近处,装作攻击远处;要想远袭,又装作近攻。如此运用到出神入化时,就能够达到《虚实》所说的"故形兵之极,至于无形。无形,则深涧不能窥,智者不能谋。"意思是,示形诱敌的方法运用到极妙的程度,能使人们看不出一点形迹,看不出一点形迹,即使有深藏的间谍,也无法探明我方的虚实,即使很高明的敌人,也想不出对付我的办法来。达到了这样的境界,我军就处处主动,敌军则处处被动。另外,孙子的"动敌"思想,即调动敌人,也是争取战争主动权的重要方法。《孙子兵法》势篇中,"故善动敌者,形之,敌必从之;予之,敌必取之。以利动之,以卒待之"。意思是,善于调动敌军的人,向敌军展示一种或真或假的军情,敌军必然据此判断而跟从;给予敌军一点实际利益作为诱饵,敌军必然趋利而来,从而听我调动。一方面用这些办法调动敌军,一方面要严阵以待。这段话表明孙子具有调动敌人于运动之中加以歼灭的原始的运动战思想。采取多样化的作战方法和作战形式,是创造主动态势的重要手段。《虚实》中的另外一段则充分表明了这一战略思想,"因形而错胜于众,众不能知;人皆知我所以胜之形,而莫知吾所以制胜之形。故其战胜不复,而应形于无穷。"其含义是,根据敌情而取胜,把胜利摆在众人面前,众人还是看不出来。人们只知道我是根据敌情变化取胜的,但是不知道我是怎样根据敌情变化取胜的。所以每次战胜,都不是重复老一套的方法,而是适应不同的情况,变化无穷。总而言之,《孙子兵法》"致人"的战略思想,内容丰富、博大精深,为历代军事家所推崇效仿。

除了以上三种重要的战略思想外,《孙子兵法》中还蕴含了"奇胜""变胜""战略突袭"等战略思想,有待于进一步的深入挖掘。

第三节 《孙子兵法》的战术思想

什么叫战术?简而言之就是指导战斗的具体方法。战术是建立在一定客观物质基础之上的,是对战斗行动规律的客观反映。然而,由于各个时期的战斗物质基础不同,由于人们对战斗行动规律的认识不同,认识的角度不同,因而对战术的定义也不尽相同。其实,战术是指导战斗的方法。其主要内容包括:战术基本原则、战斗行动、协同动作、战斗保障、后勤和技术保障等方面的内容。

而战术思想则是指导战斗的基本观点,是战斗的客观实际的反映,是战术理论的核心,规定着战斗的基本原则和作战行动。战术思想受到战略思想和战役思想的制约,并在战斗实践中不断发展,同时也反作用于战略思想和战役思想。在同一时代,不同的战术思想对取得作战胜利有着关键作用。比如在第二次世界大战初期,德国的战术思想是"快速突破",而法国是以马奇诺防线为代表的"机枪和铁丝网"战术思想,而苏联在战争爆发前就取消了坦克军,抛弃了大纵深作战的理论,其是以步兵战术为核心的战术思想,尽管它们在武器装备上差别不大,但由于战术思想的差异,导致作战结果大相径庭。战术思想不仅随着军事技术的发展而发展,同时,先进的战术思想也促进了武器装备的研制发展。

孙子兵法中的战略思想可谓博大精深,但其并不止于此,其中蕴含的战术思想也可谓极其丰富,归纳而言,主要包括集中优势兵力、速战速决、以逸待劳、避实击虚、奇正相合等几个方面,现分述如下。

一、集中优势兵力

集中兵力的思想是《孙子兵法》军事思想的精华,其与毛泽东同志的"集中优势兵力,各个击破敌人高度吻合",是一条非常重要的战术原则。毛泽东同志曾说:"在战术的部署方面,当我军已经集中绝对优势兵力包围敌军诸路中的一路(一个旅或一个团)的时候,我军担任攻击的各兵团(或各部队),不应企图一下子同时全部地歼灭这个被我包围之敌,因而平分兵力,处处攻击,处处不得力,拖延时间,难以奏效。而应集中绝对优势兵力,即集中六倍、五倍、四倍于敌,至少也是三倍于敌的兵力,并集中全部或大部的炮兵,从敌军诸阵地中,选择较弱的一点(不是两点),猛烈地攻击之,务期必克。得手后,迅速扩张战果,各个歼灭该敌。"(《毛泽东选集》第四卷)这种集中优势兵力原则在战争中显示了巨大的作用。

孙子兵法中多处提到了集中优势兵力原则,《形篇》中提到:"故胜兵若以镒称铢,败兵若以铢称镒。胜者之战,若决积水于千仞之溪者,形也。"意思是,所以胜利之师如同以镒对铢,是以强大的军事实力攻击弱小的敌人;而败军之师如同以铢对镒,是以弱小的军事实力对抗强大的敌方。高明的指挥员领兵作战,就像在万丈悬崖决开山涧的积水一样,这就是军事实力中的"形"。以镒称铢:这里比喻胜兵对败兵的力量相差悬殊,胜兵的实力占有绝对优势。

《谋攻篇》:"故用兵之法,十则围之,五则攻之,倍则分之,敌则能守之,少则能逃之,不若则能避之。故小敌之坚,大敌之擒也。"意思是说,用兵的原则是:有十倍的兵力就包围敌人,五倍的兵力就进攻敌人,两倍的兵力就分割消灭敌人,有与敌相当的兵力则可以抗击,兵力少于敌人就要避免与其正面接触,兵力弱少就要撤退远地。所以弱小的军队顽固硬拼,就会变成强大敌军的俘虏。这明显是说要用集中兵力原则来作战的思想。

《虚实篇》中提到:"故形人而我无形,则我专而敌分;我专为一,敌分为十,是以十共其一也。则我众而敌寡;能以众击寡者,则吾所与战者约矣。吾所与战之地不可知,不可知,则敌所备者多;敌所备者多,则吾所与战者寡矣。故备前则后寡,备后则前寡;备左则右寡,备右则左寡;无所不备,则无所不寡。寡者,备人者也;众者,使人备己者也。"意思是,所以,用示形的办法欺骗敌人,诱使其暴露企图,而自己不露形迹,使敌人捉摸不定,就能够做到自己兵力集中而使敌人兵力分散;我军兵力集中于一处,敌人兵力分散于十处,我就能以十倍于敌的兵力打击敌人,造成我众而敌寡的有利态势;能做到以众击寡,那么与我军直接交战的敌人就少了。我们所要进攻的地方使敌人不知道:不知道,它就要处处防备;敌人防备的地方越多,兵力越分散,这样,我所直接攻击的敌人就不多了。

其中不厌其烦地教我们要用"示形"的方法,以假象来诱骗敌人,想方设法来牵制和调动敌人,分散其兵力,达到围歼的目的。

孙子是坚决反对分散兵力,这样以寡击众,无疑是自不量力。毛泽东同志也历来反对这种平分兵力对付敌人,这样会导致不能被消灭任何一队的敌人,且将自己陷入被动地位,以致损兵折将。

另外,在《地形篇》中还说:"夫势均,以一击十,曰走。""将不能料敌,以少合众,以弱击强,兵无选锋,曰北。"这两段的意思差不多,就是敌我双方兵力本来是均势,旗鼓相当的,如果自不量力,以很少兵力去抵抗敌人十倍的兵力,那只有死路一条。

二、速战速决

孙子兵法认为,要取得作战指挥的主动权,就必须"速战速决",只有采取"速战速决"的战术,使敌人犯错误而丧失主动权,才能取得胜利。要"速战速决",就必须"先发制人"策略,并辅助以"示形诱敌"的方法,如《势篇》所说:"善动敌者,形之,敌必从之;予之,敌必取之。"即运用一定的策略,使安逸从容的敌人疲于奔命,使粮草充足的敌人忍饥挨饿,使稳居利地的敌人让出地盘,从而快速歼灭敌人。

孙子兵法中多处提到了"速战速决"的作战原则,如《作战篇》中提到:"凡用兵之法,驰车千驷,革车千乘,带甲十万,千里馈粮。则内外之费,宾客之用,胶漆之材,车甲之奉,日费千金,然后十万之师举矣。"意思是,要兴兵作战,需做的物资准备有,轻车千辆,重车千辆,全副武装的士兵十万,并向千里之外运送粮食。那么前后方的军内外开支,招待使节、策士的用度,用于武器维修的胶漆等材料费用,保养战车、甲胄的支出等,每天要消耗千金。按照这样的标准准备之后,十万大军才可出发上战场。这是为速战速决做好准备。《作战篇》中还提到:"其用战也,胜久则钝兵挫锐,攻城则力屈,久暴师则国用不足。夫钝兵挫锐,屈力殚货,则诸侯乘其弊而起,虽有智者不能善其后矣。故兵闻拙速,未睹巧之久也。夫兵久而国利者,未之有也。故不尽知用兵之害者,则不能尽知用兵之利也。"因此,军队作战就要求速胜,如果拖得很久则军队必然疲惫,挫损锐气。一旦攻城,则兵力将耗尽,长期在外作战还必然导致国家财用不足。如果军队因久战疲惫不堪,锐气受挫,军事实力耗尽,国内物资枯竭,其他诸侯必定趁火打劫。这样,即使足智多谋之士也无良策来挽救危亡了。所以,在实际作战中,只听说将领缺少高招难以速胜,却没有见过指挥高明巧于持久作战的。战争旷日持久而有利于国家的事,从来没有过。所以,不能详尽地了解用兵的害处,就不能全面地了解用兵的益处。以上这一段是对"速战速决"战术思想非常全面的阐述。另外,孙武出于人道主义和诸侯各国财力人力有限的考虑,在《作战》篇提出:"吾贵胜,不贵久",也就是明确提出兵作战,贵在胜利而不贵在长久的"速战速决"原理。为了达到"先发制人"和"速战速决"的目的,在战术上,必须采取上文所述集中优势兵力,各个击破敌人的方法。自然就可在战场上"始如处女""后如脱兔"(《九地篇》),"其疾如风""动如雷震"(《军争篇》)的速战速决局面。可见,"速战速决"战术是获取战争主动权、赢得战争胜利的重要保证。另外，孙子《九地篇》还认为：“兵之情主速，乘人之不及，由不虞之道，攻其所不戒也。”意思是，用兵之理，贵在神速，乘敌人措手不及的时机，走敌人意料不到的道路，攻击敌人不加戒备的地方。《九地篇》还提到：“故为兵之事，在于顺详敌之意，并敌一向，千里杀将，此谓巧能成事者也。”所以，指挥作战，在于假装顺从敌人意图，一旦有机可乘，便集中兵力指向敌人一点。这样，即使长驱千里，也可擒杀敌将。这就是所谓巧妙能成大事的意思。这些都是"速战速决"精妙理念的体现，成为后世兵家的学习典范。

三、以逸待劳

在孙子兵法的战术思想系统中，"以逸待劳"可谓其中非常重要的一个组成部分，也被誉为我国古代历史上的三十六计之一，在历史上产生了非常重要的影响。

"以逸待劳"首见于孙子兵法的《军争篇》中，其中提出："以近待远，以逸待劳，以饱待饥，此治力者也。"其大意为，以我方就近进入战场等待长途奔袭之敌；以我方的从容稳定应对仓促疲劳之敌；以我方饱食之师对战饥饿的敌人。这是懂得并利用己方的力量以困敌人之力。《虚实篇》也说："凡先处战地而待敌者佚，后处战地而趋战者劳。故善战者，致人而不致于人。"其大意为，凡是先到战地而等待敌人的军队必然从容、主动，而后到战地而仓促应战肯定 疲劳、被动，因此，善于指挥作战的人，能调动敌人而不被敌人所调动。此处的"战地"有多重含义，主要有两点，一是《地形》篇的"隘形者，我先居之"，两军相对立之后，争夺有利的作战地形是十分重要的。作战双方都想抢占易守难攻的险要地形，而把对方置于不利的危险之地。这叫作"隘则先居之，险则先去之"，另外还有《地形》篇中的"隘形者，我先居之，必盈之以待敌"，其中都体现了"以逸待劳"的战术思想。另外，孙子还提出了"以迂为直、以患为利"，就是采取迂回绕道，并以小利引诱敌人的方法，如此不会引起敌人注意，阻力较小，虽比敌人后出，然而却能抢先到达必争之地，从而取得主动地位。第二点存在于进攻时《九地》篇所说的"先其所爱"，就是"先夺其所爱，则听矣"。这里的所爱，指的是地方一些重要的战略要地，如粮草所在地，大本营等，或是敌我双方争夺的焦点等。两军交战时，只要能够率先夺占敌人的战略要地，就能使敌人陷于被动，获取占城控制权。

"以逸待劳"特别强调把握战场的主动权，通过引诱敌人，调动敌人，是敌人陷入疲劳境地，然后捉住战机，克敌制胜。按《易经》"损"卦的说法，就是以静制动，从而"损刚益柔"。对此，毛泽东同志曾经指出："这种时候，敌军虽强，也大大减弱了；兵力疲劳，士气沮丧，许多弱点都暴露出来。红军虽弱，却养精蓄锐，以逸待劳。"（见《中国革命战争的战略问题》第五章）

总而言之，在两军相争战场，处处"先至"是获胜的重要前提，也是孙子兵法中的一条重要的思想原则，值得后世之人细细研读品味。

四、避实击虚

孙子的战术思想体系中,另外一条重要的战术思想原则是"避实击虚"。其见于《孙子兵法》的《虚实篇》,"水之形,避高而趋下;兵之形,避实而击虚",其大意为,水流动的规律是避开高处而向低处奔流,用兵的规律是避开敌人坚实之处而攻击其虚弱的地方。避实击虚这一谋略分为两个方面,即"避实"和"击虚","避实"是手段,是方法,"击虚"是目的,二者是相互关联不可分割的。如果不能避实,也就不能击虚,避实则是为了更有效对敌人造成打击。

另外,在《计篇》中,孙子提出了"攻其不备,出其不意。";在《军争篇》中,提出了"善用兵者,避其锐气,击其惰归。";在《九地篇》中,提出了"兵之情主速,乘人之不及,由不虞之道,攻其所不戒也。"大概意思是,用兵的道理就是要迅速,乘敌人还来不及准备之时,走敌人意想不到的道路,攻击敌人没有准备的地方,如此等等,说的都是虚实问题。又如,"进而不可御者,冲其虚也;退而不可追者,速而不可及也。故我欲战,敌虽高垒深沟,不得不于我战者,攻其所必救也。"大意为,前进时,敌人无法抵御的,是因为冲击敌人空虚的地方;退却时,敌人无法追及的,是因为退得迅速使敌人追赶不上。所以,我若求战,敌人即使坚守深沟高垒,也不得不出来与我交战,是由于进攻敌人所必救的地方;我若不想交战,即使画地而守,敌人也无法和我交战,是因为我设法改变了敌人的进攻方向。以上这些都对虚实问题的精辟论述。所以,唐太宗李世民说:"朕观诸兵书,无出孙武。孙武十三篇,无出《虚实》。夫用兵,识虚实之势,则无不胜焉。"

虚实是对敌对双方力量对比状况的本质概括。具体说,是指双方兵力的大小、众寡,士气的高低、凝散,军队的治乱、劳逸,兵势的锐钝、勇怯,部署的主次、坚瑕等。知道什么是虚实并不难,难的是在实践中认识敌人虚实之所在。另外,虚实有四种基本变化方式,即以虚为实,以实为虚,以虚为虚,以实为实,对此,要善于利用各种手段进行综合分析,透过现象看清本质

自从孙子提出避实击虚这一作战思想后,从古到今,运用这一谋略获胜的战例处处可见,最经典的是战国时期孙膑率领齐军在桂陵打败魏军的一战,即历史上著名的"围魏救赵"。

五、奇正相生

奇正相生是《孙子兵法》兵学体系中一对重要的范畴,也是我国古代军事常用术语,奇正之法在作战中运用广泛。《孙子兵法》的《势篇》认为:"战势不过奇正,奇正之变,不可胜穷也",提出"凡战者,以正合,以奇胜。"就是要用正兵迎战,而以奇兵取胜,强调"奇正相生,如循环之无端,孰能穷之哉",率先完整地提出了奇正范畴。之后,这一谋略原则几千年来一直被兵家视为制胜的妙谛。

对于究竟什么是正和奇,刘伯承元帅曾解释说:"什么是正兵呢？大体上讲:按照通常的战术原则,以正规的作战方法进行战斗的,都可以叫作为正兵。根据战场情况,运用计谋,攻其无备,出其不意,打敌人于措手不及。不是采用正规作战方法,而是采取奇妙方法作战的,都可以称为奇兵。"刘伯承元帅还深刻地指出:"攻其无备,出其不意,乃取胜之道也。"(《刘伯承用兵录》)

奇正理论的精髓是"奇正相生",即以奇为正,以正为奇,变化无穷,使敌莫测。出奇制胜的要义是"攻其无备,出其不意",奇胜原则的主要特征是从实际出发,反对墨守成规。《唐太宗李卫公问对》认为:"奇正在我,虚实在敌。"又说:"奇正者,所以致敌之虚实也"。

奇正的奥妙在于出敌不意,因此,这就要善于根据情势灵活使用奇正,奇正相生,变化莫测,这样才会"正亦胜,奇亦胜"。在敌人以为我用奇时,我就用正兵打击它,在敌人以为我用正兵时,我却用奇兵出击。一般来说,"凡战者,以正合,以奇胜",即用正兵作为与敌人周旋的主力,以出奇兵获取胜利。但是,在特殊情况下,正与奇也可以相互转化,即"正亦胜,奇亦胜"。正兵是用于当敌还是用于取胜,奇兵是用于取胜还是用于当敌,完全依据敌我情况和攻防任务的不同而相机变化的。奇正二者是相互转化的,应根据战场情况的变化,正兵可以转化为奇兵,奇兵亦可以转化为正兵。切忌绝对化,一定要灵活运用行事。有些将领不按用兵常法办事,如"背水一战""破釜沉舟"等,但是却能取胜,有的按用兵原则办事反而失败。在战争中,是没有一条万能的制胜之道的。正奇相生的基础是"兵者,诡道也",只有在战争中审时度势,灵活动用,才能获得最终的胜利。

第四节 《孙子兵法》的治军理论

孙子在战争方面是一位天才的理论家和实践者,同样的,在治军问题上,孙子也是一位卓越的军事改革学家。号称"武经冠冕"的《孙子兵法》除了包含全面、系统、深刻的战争观、战略思想、战术思想外,同时也蕴含着深刻、丰富的治军思想和理论。这些治军思想和理论是《孙子兵法》军事思想体系的重要组成部分,成为后世治军实践的重要理论指导,直至今天依然熠熠生辉。《孙子兵法》治军理论非常丰富,其中包含的"令文齐武"理论,"修道保法"理论,"将帅五德"理论等是这部军事巨著治军理论中最精华之所在,以下分别对此分别阐释。

一、"令文齐武"的治军理论

"令文齐武"的治军理论出自于《孙子兵法》的《行军篇》,"故令之以文,齐之以武,是谓必取。令素行以教其民,则民服;令不素行以教其民,则民不服。令素行者,与众相得也。"其大意为,要用"文"的手段也就是政治道义教育士卒,用"武"的方法即军纪军法来统一步调，这样的军队打起仗来必定获得胜利。平时能认真执行命令、教育士卒，则士卒就容易养成服从的习惯；平时不认真执行命令、教育士卒，士卒就会养成不服从的习惯。而平时所以能认真执行命令，是由于将帅与士卒相互取得信任的缘故。在这里的叙述，很明显地体现了《孙子兵法》文武兼施、德威并重的治军思想和理论。至于何者为文，何者为武？其实赏罚、教育与纪律、爱抚与严刑等都可以解释为文武，文与武相互配合是《孙子兵法》重要的治军之道。

春秋时期在我国历史上是一个大转折的时代，在此过程中，一些诸侯非常敏锐地感觉到了历史提出的新的挑战，从而走在时代前列，而有的诸侯国依旧故步自封、因循守旧，终究落得被历史淘汰的下场。在这一总的历史趋势下，整个社会在政治、经济、军事方面都发生了一系列革旧鼎新的变化，如礼治的衰落与法治的萌芽，田制改革带动了军制的变革，冶炼技术等的进步影响了军队的编制体制等。孙武率先开创时代潮流，建立了先进的治军理论，成为战国时代新兴地主阶级最终完成军事改革的先行者。而孙武创立的新治军理论的核心就是"令之以文，齐之以武"，这一恩威并重的治军理论成为此后两千年中，封建社会军队甚至资产阶级军队的基础性治军原则。

在治军思想方面，孙武还着重强调了两件点，即"和"与"气"。《孙子兵法》的《行军篇》中，孙子指出："令素行者，与众相得也"，意为平素所以能认真执行命令，是由于将帅与士卒相互取得信任的缘故。另外，在《谋攻篇》中，孙武："上下同欲者胜"；在《九地篇》中指出："善用兵者，携手若使一人""齐勇若一，政之道也"；在《计》篇中指出："道者，令民与上同意也"。以上这些都属于"和"的范畴，也就是说所谓"和"，即要求军队内部团结、和谐，并且步调一致，如此上下齐心，命令得以顺利执行，作战自然如顺水行舟。而所谓"气"，可以认为指的是士气，是军人精神状况和战斗意志的表现。在《军争篇》中，孙武指出："其疾如风，其徐如林；侵掠如火，不动如山；难知如阴，动如雷震。"大意为按照战场形势的需要，部队行动迅速时，如狂风飞旋；行进从容时，如森林徐徐展开；攻城略地时，如烈火迅猛；驻守防御时，如大山岿然；军情隐蔽时，如乌云蔽日；大军出动时，如雷霆万钧。《军争篇》还指出："三军可夺气，将军可夺心。是故朝气锐，昼气惰，暮气归。故善用兵者，避其锐气，击其惰归，此治气者也。"大意为对于敌方三军，可以挫伤其锐气，可使丧失其士气，对于敌方的将帅，可以动摇他的决心，可使其丧失斗志。所以，敌人早朝初至，其气必盛；陈兵至中午，则人力困倦而气亦急惰；待至日暮，人心思归，其气益衰。善于用兵的人，敌之气锐则避之，趁其士气衰竭时才发起猛攻。这就是正确运用士气的原则。这里说的"夺气"是指瓦解、动摇与挫伤敌军士气；"治气"是指激励与保持我军士气。压倒敌人的英雄气概与同仇敌忾是士气，坚强意志和奋发图强也是士气。如何"治气"呢？孙武提出了一些方法，恩威并用，赏罚分明即是重要的方法。在《作战篇》中，孙子指出："取敌之利者，货之。故车战，得车十乘以上，赏其先得者。"

要使士兵勇于夺取敌方的军需物资,就必须以缴获的财物作奖赏。所以,在车战中,抢夺十辆车以上的,就奖赏最先抢得战车的。所以,只有把二者有机地结合起来,不可偏废,才能训练出一支纪律严明、英勇善战的军队。总而言之,"令文齐武"是军队获取胜利的关键所在。

二、"修道保法"的治军理论

"修道保法"是治军的准则,也是《孙子兵法》治军思想中的一个重要内容。《计篇》是《孙子兵法》的首篇,从内容和结构上分析,主要论述通过战略运筹和主观指导能力的分析,以求得对战争胜负的预见。在孙子兵法的《计篇》中,提出了"五事"概念,其中包含了治军的思想。在"五事"中,"天""地""将"是指影响战争胜负的主客观条件,而"道""法"是驭人之术。综观全篇,孙子的治军思想包含两个方面,一为"道",二为"法",分别强调"德治"和"法治"。在《形篇》中,孙武明确提出:"善用兵者,修道而保法,故能为胜败之政。"意为善于领兵作战的指挥官,能做到修道而保法,所以能够获得治军的成功。此处,孙子把"修道保法"提到了事关治军成败的高度,给予极大地肯定。"修道保法"的重要性取决于"道"的重要性。关于"修道",在孙子兵法的《计篇》中指出:"可以与之死可以与之生,而不畏危",这种上下齐心,不畏生死、勇往直前的精神,也认为是"道"的体现。在《谋攻篇》指出:"上下同欲者胜",这里的团结一致,意志统一也是"道"的表现。另外,孙子在《谋攻篇》提出:"君之所以患于军者三:不知军之不可以进而谓之进,不知军之不可以退而谓之退,是谓縻军;不知三军之事而同三军之政者,则军士惑矣。不知三军之权而同三军之任,则军士疑矣。"这里对君主和官兵士卒之间的信任展开论述,不信任的恶果就是扰乱自己的部队而使敌人获得胜利,但如果君主在将领"君命有所不受"的情况下反而充分的支持,则会赢得将领的信任,使上下一心,同舟共济,从而获得战争的胜利。以上这些,都是"修道保法"治军准则中"道"的体现。

要管理军队,只有"道"是不全面的,还要有"法"的辅助,在《孙子兵法》里,"法"的含义不尽相同,可以指法律制度,又可指方法手段。在"五事"里面,与"道"并列的第五项是"法",这个"法"的含义用孙子的话来说就是"法者,曲制、官道、主用也",可见这里的"法"是从法治的层面来说的。孙子的法治思想包含了法律的制定、执行和赏罚要分明。首先,制度必须要完备。孙子在《计篇》中指出:"法者,曲制、官道、主用也。""曲制",就是军队中的各项编制和军事制度,"官道",就是官员的任免和职责等官吏制度,"主用",就是后勤事务等的管理制度。关于赏罚分明,孙子在《行军篇》指出:"卒已亲附而罚不行,则不可用也",在《地形篇》中说:"厚而不能使,爱而不能令,乱而不能治,譬若骄子,不可用也。"在《九地篇》中,他又说:"施无法之赏,悬无政之令,犯三军之众,若使一人。"综上可见,赏罚分明是孙子"保法"理论的重要内容,赏罚必须严明有信,赏罚有信、军纪严格是一名优良统帅的重要素质。

三、以"将帅五德"作为衡量统帅的标准

由于将帅是战争的掌控和主导者,同时也是整肃军政的主体,因此《孙子兵法》中非常重视将帅的作用。孙子在《谋攻篇》中指出:"夫将者,国之辅也,辅周则国必强,辅隙则国必弱。"大致意思是,将帅是国家的辅佐,辅佐周密国家就会强大,辅佐疏漏,未尽其职,国家必然会渐趋没落。另外,孙子把"将孰有能"作为决定战争胜负的"七计"之一,并认为"知兵之将,民之司命,国家安危之主"。大概意思是,一个懂得用兵之道的统帅,是民众命运的掌管领导者,是国家安危的主导者。

对将帅应该具备的才能,孙子在《计篇》中提出了"智、信、仁、勇、严"的五德标准。这是一名军事将领所必备的五种品德,也就是智谋才能、赏罚有信、仁爱士卒、果断勇敢、军纪严明。"将帅五德"总体特点是文武兼治、全面统一,其中不仅包含了将帅的"文德",而且还包含了"武德"。五德之中,"智、信、仁"三德为文德,"勇、严"二德是武德。其内容大致可分为三方面,以"智"为上的指挥才能,以"信""严"为根本的军队管理能力,同时还有以"仁""勇"为主的带兵作风。

首先说智,"智"是要求将帅掌握丰富的知识,成为博学多才的"智者"。首先要具备智的品德,即高瞻远瞩的战略思想,通过对事物宏观、全面的把握而采取相应的策略或战术。战术虽然千变万化、无穷无尽,但必须服从战略思想的核心,灵活运用。

信就是诚信,要求将帅对部下做到"赏罚有信"。说话一言九鼎,是做人的品德,也是军事统帅必备的素质之一,执行军纪军规应果断有信,不打折扣。《老子》曾言道:"人无信则不立,国无信则衰。"大意为一个人倘若没有信用,则难以在世上立足,国家没有信誉,则国事必将衰颓。

"仁"即仁爱,要求将帅做到"爱抚士卒"。仁爱理念是儒家思想的核心,墨子提倡兼爱、非攻的思想,也是让人们互相关爱包容。孙子兵法《地形篇》中指出,将帅应"视卒如婴儿,故可与之赴深谿谷;视卒如爱子,故可与之俱死。"意思是将帅对士卒如果能像对待婴儿一样体贴,士卒就可以跟随将帅赴汤蹈火,将帅对士卒如果能像对待自己的"爱子"一样,士卒就可以与将帅同生共死。以上都是"仁"的主要表现。

"勇"是指将帅要在战争中不怕困难,勇敢无畏,为士卒做出榜样,只有身先士卒,才能赢得士兵的尊重。在五德中,"智"和"勇"二者不可偏废,有勇无谋,只能成为鲁莽匹夫,无勇有谋也难堪大任,只有"智勇双全"者,才能成为一名优秀的统帅。

"严"是指从严治军,对部下不姑息、不迁就。孙子认为:统军将帅必须正确处理好爱与令、厚与使、乱与治等方面的关系。孙子兵法《地形篇》中指出:"爱而不能令,厚而不能使,乱而不能治,譬若骄子,不可用也。"意思是,对士兵如果过分厚养、一味溺爱而不能使用,违犯了纪律也不严肃处理,这样的军队,过于娇气,是不能用

来作战的。因此,孙子主张恩威并施、行之以信。这样,将帅才能树立威严,整肃军令。

总而言之,"令文齐武""修道保法""将帅五德"的治军理论是《孙子兵法》的精华所在,也成为后世治军的重要的思想原则,值得我们深入思考和学习。

 思考题

1.《孙子兵法》对战争是如何认识的?
2.《孙子兵法》中主要战略思想包括什么内容?
3.《孙子兵法》中主要战术思想包括什么内容?
4.《孙子兵法》中主要治军理论包括什么内容?

第六章 《孙子兵法》的主要应用

《孙子兵法》问世两千五百多年以来，影响力已经远远走出了国门，让许许多多著名的国外战略家陶醉沉迷于博大精深的中国传统战略文化之中。这部名著不仅跨越了国界，而且超越了时空。正如英国空军元帅约翰·斯莱瑟在《中国的军事箴言》一文中所言："孙子引人入胜的地方是他的思想多么惊人的'时新'——把一些词句稍加变换，他的箴言就像是昨天刚写出来的。"孙子的思想不仅在现代军事领域而且在政治、经济、外交、体育等各个领域得到广泛的应用。在这种广泛的应用中，人们不仅在古人的深邃的思想中获取启迪，同时又为《孙子兵法》注入了新时代的活力。

第一节 《孙子兵法》与现代战争

一、美军在现代战争中的应用

《孙子兵法》在现代军事领域得到广泛应用。世界许多著名的军事分析家认为，中国著名的军事思想家孙子去世将近两千五百年之后，正在深刻地影响着现代战场。据有关资料报道：美国自 20 世纪 70 年代末以来，在国防部官员和美军军官中举办了上千次《孙子兵法》讲座。美国陆战队指挥官凯利将军认为《孙子兵法》是所有机动战的基础，他将该书列为部队的年度读物，要求每个陆战队员必须阅读。

马克·麦克尼利的《孙子与现代战争兵法》中提到：《孙子兵法》是高层军校学生必读的一本书，已经融会在美国陆军和海军陆战队的军事学说之中，《孙子兵法》是军事理论上的一把"瑞士军刀"，足以应对任何局面。许多出台的现代军事理论都是依据孙子兵法创立的。美国著名战略理论家、美国国防大学校长理查德·劳伦斯中将在阐述《空地一体战——纵深进攻》时，认为这一作战原则所根据的原理是《孙子兵法》的"奇正之变"和"避实击虚"。美国 1982 年新版《作战纲要》，直接引用了大量孙子兵法的名言。这部《作战纲要》编写组的成员对孙子兵法进行了长时间的认真研究。1983 年美国出版的《军事战略》，第二章的标题是《军事战略的演变——孙子的智慧》。许多战略决策者直接依据孙子兵法来思考现实的战争问题。有资料说，在 1990 年海湾战争爆发时，美国总统布什的桌子上摆着两本书，一本是《恺撒传》，一本是《孙子兵法》。据媒体报道，在这次战争中，有九十页之厚的《孙子兵法》英译本运往沙特阿拉伯沙漠，供参战人员阅读。美国记者从战云密布的海湾战场发回的消息称:"尽管中国在这里没有派驻一兵一卒,有一个神秘的中国人却亲临前线,操纵着作战行动,他就是两千五百多年前的孙子。"

在伊拉克战争中,美军司令就称自己的作战理论是根据《孙子兵法》提出的。美军在这场战争中采用的许多战法都与孙子的思想相合,其中,孙子的"用间"思想,不战而下巴格达之役堪称一绝。有一篇题目为"孙子出现在伊拉克战场"的法新社的文章说:"中国著名的军事思想家去世将近两千五百年之后,正在深刻地影响着在伊拉克战场上英美战地指挥官们的思维和行动方式。""孙子的经典著作《孙子兵法》的战略思想贯穿在攻克巴格达的整体战略构想之中"。

二、其他国家在现代战争中的应用

《孙子兵法》对其他国家的作战理念也产生了极大的影响。利德尔·哈特这位"间接路线"战略的倡导者说:"他在二十多年中论述的战略战术原则几乎全部体现在孙子的十三篇之中。"芬兰科协主席、前国防部战略问题研究所所长尤玛·米尔蒂宁在谈到西方"新技术决定一切"的观点时指出:"早在两千多年前,伟大的战略家孙子就列举了决定战争胜负的一些因素。"他批评现代一些军事家忽视了孙子所说的"士气"这个最重要的因素。在一部印度人写的《印度军史》中写道:"印军之所以能取得第三次印巴战争的胜利,是因为他们成功地运用了孙子避实击虚的打法。"

今天,随着军事科技的发展与军事技术装备的不断更新,战争已由原来的排兵布阵到现在的空地一体化,战争全然没有了前方与后方之称。当前,冷战已成为历史陈迹。两极战略格局的解体,国际形势发生新的变化,世界基本矛盾出现新的力量组合,逐步形成与孙子时代相似的"多极"战略格局。和平与发展成为当今世界的两大主题。在这种形势下,孙子的重战和慎战思想,更显示出强大的生命力,它为人们认识多极形势下的军事斗争,驾驭局部战争形势的发展变化,提供了有益的借鉴。

三、《孙子兵法》对西方现代军事思想的影响过程

《孙子兵法》对西方现代军事思想的影响经历了一个历史的发展过程。第一次世界大战无情地暴露了各帝国主义国家军事理论和军事学术的缺陷和弱点,推动西方军事家对资产阶级军事思想的反思。第一次世界大战结束后欧洲的军事理论研究相对来说很活跃,出现了像鲁登道夫、哈特和富勒这样一些出色的人才。他们试图摆脱第一次世界大战期间出现的那种火力决定一切的战场模式,从历史的教训中谋求实现国家安全目标的军事理论。第二次世界大战可以说是西方军事理论工作者进行上述探索的实验场,尤其是二战以后几场局部战争,使西方国家在付出了惨痛的代价之后,开始对资产阶级军事理论进行总结和反思。美国国防大学战

略研究所所长柯林斯认为,第一次世界大战是战争双方"皆无现实目标的盲目作战,不久就沦为一场毫无意义的、僵持不下的、消耗大量人力物力的浩劫"。他一针见血地指出:"历史上再没有任何战争能像这次大战这样清楚地说明战略思想典型地落后于技术了。"为了改变军事理论的这种落后状况,他认真地研究《孙子兵法》,惊奇地发现:"今天没有一个人对战略的相互关系,应考虑的问题和所受的限制比他有更深刻的认识。"这一时期,东西方战略观念出现融合互补趋势,《孙子兵法》对西方军事理论的影响达到前所未有的广度和深度。英国名将蒙哥马利元帅,积极主张世界各国的军事学院把《孙子兵法》列为学员必修课目。我国古代兵书不但广为世界各国军事家所学习和运用,而且在国外已经成为一种专门的学问,被深入研究。

美国学者乔治在《管理思想史》中颂扬《孙子兵法》说:"今日,虽然战车已经过时,武器已经改变,但是,运用《孙子兵法》思想,就不会战败。今日的军事指挥者和现代经理们,仔细研究这本名著,仍将很有价值。"美国另一学者胡伦在《管理思想的发展》中也推崇《孙子兵法》提到,"中国孙子写出了最古老而闻名的军事著作",并就《孙子兵法》中"多算胜,少算不胜"等观点发表议论说:"这说明直线和参谋问题,至少已经存在两千五百年之久了。"连美国资产阶级的学者都能够给予孙子这样的评价,可以看出孙子在世界上所享有的盛誉是何等的可观。

四、《孙子兵法》对海湾战争的指导作用分析

《孙子兵法》对于现代战争的指导作用是显而易见的,比如《孙子兵法》在海湾战争的应用主要可以从以下几个方面理解:

第一,攻其不备,出其不意。美国伊拉战争在开战时间上的选择颇为稀奇。原本打算等最后通牒过了两天再进行比赛,但是突然通过卧底获悉萨达姆正在开会,所以临时决定立即开展,进行"斩首"行动。这次虽然没有炸着萨达姆,但是给伊拉克的防空设施和部队指挥系统造成了极大的麻烦,毕竟萨达姆没办法一边开会,一边上前线查看。

第二,先发制人。美国发动伊拉克之战的核心军事思想,其目的是先于伊拉克"大规模杀伤性武器""发威"之前,干掉伊拉克的军队。于是美国在这场战争的推进速度极快,战争第二天,美国装甲部队就长驱直入,不到半月就拿下了巴格达。

第三,上兵伐谋,其次伐交。意思是说打仗第一要比拼谋略,其次要比拼外交。美国在伊拉克战争期间,为了轻而易举的进入巴格达,就先进行大规模的探测,弄清了敌人沿路布防的情况,认为没有威胁后,就用机动部队长驱直入。最经典的一笔是到了巴格达城外后,成功地策反了共和国卫队的总司令,以至于出动直升机,把共和国卫队司令接到了直升机上面运回航空母舰,使共和国卫队解体,从而轻松地进入巴格达。在外交上,美国早就在战争开始前很久就已经做好了周边阿拉伯

国家的工作,使其同意驻军,甚至直接从科威特边境进入。许多战略决策者直接依据孙子兵法来思考现实的战争问题。

五、《孙子兵法》对中国未来战争的启发

中国人民解放军的军事实力发展到今天,比以往任何时候都要雄厚都要强大,我们不需要跟世界上的军事大国去全面地进行军事力量的竞赛,我们主要按照有所为有所不为的思路,去发展我们自身的强项。

第一,要依赖人民群众的支持。大家可以看到,这些年我们的军事技术有了非常突飞猛进的发展,这就是我们的强项,就是我们的特色。有的学者做个研究报告:说中国的军事力量现在是世界第二。军事力量既要算硬实力更要算软实力,无论是抗日战争还是抗美援朝战争,论硬实力来说,应该说我们是打不过日本、美国的。我们最终就是胜利了,靠的什么?靠的是我们打的正义战争,我们有人民群众,有党的领导,有全体将士的精神、智慧,这些软实力,加上不断提升的硬实力才能打赢战争。我觉得我们面临的未来的战争,恐怕也不能简单地计算我有多少导弹、核潜艇,这些硬实力当然是基础,世界发展了我们也要发展,但是单纯靠这些可以去简单计算的硬实力来衡量一个国家一个军队的整体实力是片面的,可以说我们现在的硬实力,对于我们解放军自身而言,是空前的,超越了以往任何时代,那么我们所具有的这种实力,我们解放军现在所拥有的军事实力可以打赢任何对我国侵略、挑衅所引发的战争。只要有人民群众的大力支持,有中央的英明的领导,有全军将士英勇作战的精神,再加上我们发展起来的雄厚实力,相信当今的人民解放军,一定能够担当起保卫我们祖国的神圣使命。

第二,要善于运筹帷幄。信息化战争中,影响战争进程的因素更为复杂,战场情况变化更为迅速,双方斗智斗勇的军事技术平台更高,指挥员若没有满腹韬略则难以夺得战争的主动权。毋庸置疑,只有系统掌握孙子的思想体系,才能增强我们的谋略运筹能力,提高打赢信息化条件下局部战争的本领。

长期以来,中国的传统兵学,主流是以《孙子兵法》为代表的"兵权谋"文化。当我们沉浸于谋略大国、"足智多谋"的时候,现代谋略已进入工程化、商品化、产业化的时代。在西方社会的智囊团、思想库为发展军备、打赢战争乃至为国家内政外交发挥积极作用的时候。我们的军事决策乃至战争决策还没有充分利用咨询机构,特别是民间咨询机构的智慧。当我们面临纷纭复杂的国际安全环境研究对策,积极推进中国特色军事变革、进行信息化建设、抓紧军事斗准备时,常常需要能参善谋的高级智囊,如何发挥《孙子兵法》的谋略特质,更好地服务于现代战争,任重而道远。

第三,要灵活应用兵法。"常能缘法而生法,与夫离法而合法。"这启示我们,再好的兵法,如果只会照抄照搬,不结合实际思考和运用,那只能是纸上谈兵,不仅无用反而有害。要很好地继承优秀军事文化遗产,关键是要结合现代战争特点创造性地加以应用,才能找到发展与创新的支点,让这本世界军事名著焕发新的青春。

第二节 《孙子兵法》与现代商战

俗话说,商场如战场,在市场经济条件下,许多商战规律与战争规律是相通的。用兵之道与经营之道都是为了决定胜负,求胜的要求和途径也有许多类似之处。因此,深入领会《孙子兵法》制胜艺术与谋略智慧,对商业竞争会有许多的借鉴意义。

一、兵道与商道

孙子在《计篇》中讲道:"兵者,国之大事,死生之地,存亡之道,不可不察也。"这句话的意思是说,战争是一个国家的头等大事,关系到军民的生死,国家的存亡,是不能不慎重周密地观察、分析、研究的。

军事上是从入伍招兵开始,而后进行编制、训练、考核、提升。如果开战,就要有将士在战场上行兵打仗,还要前有侦察兵、工程兵开拓,后有后勤兵、通信兵、医疗兵保障,只有各方通力合作才可能获得战争的胜利。

企业经营管理中也要先招聘各类人员,而后进行工作分配,岗位培训,还要协调各种关系,合理分配各类资源、信息。在一线的工人、销售人员就是战场作战的将士,而财务、技术、公关、服务等部门就是为战士们创造条件以及进行保障支援的协同作战部队,只有各方紧密配合,才可能取得经济绩效。

因此,如何才能打胜仗;如何才能取得经济绩效,就成为部队和企业所共同关注的问题。孙子在《计篇》中还讲道:"道者,令民于上同意,可与之死,可与之生,而不畏危也。"意思是君主和民众目标相同,意志统一,可以同生共死,而不会惧怕危险。这当中的"道"是指抽象的法则、规律。孙子在所有要素体系中,将"道"列为首位,这是因为:无"道"不足以集聚兵心民心;无"道"不足以号令天下;无"道"不能使天下归附;无"道"之军是乌合之众。

那么在企业的经营管理中呢？它的"道"又是什么？

首先是企业的消费者。企业的目标很明确,就是要获取经济绩效,而实现这一目标的途径也只有一条,让消费者接受你的产品或服务。企业的经营活动实际上是以销售为整个循环的开始的。我们可以从现代企业管理的各种理论中发现,企业现在的生产计划、技术开发、物料供应等,都是根据市场的变化来调整的。企业的营销工作正在把中心从企业自身转换到客户身上。这些转变正说明企业在顺应民意。社会在变,市场也在变。消费者不再去适应企业所提供的产品,而是企业产品必须要适应客户的需求。如果企业的产品不能满足客户的需求的话，那么他就必然要被市场法则所淘汰。在海尔流传这样一句话："市场目标的确定不能以个人为标准，而应以客户的需求为标准"。在现代市场环境下，不要和你的客户讲你能提供什么，而应当询问你的客户他需要什么。原因很简单：买单的是你的客户，他不会去适应你！

其次是企业的内部职工。如同企业需要满足外部客户一样，企业首先也应当要让内部客户满意。如果说员工的一些福利不能很好地被满足，甚至员工的生存仍存在问题的话，那么员工怎么可能把全部的精神集中在制造满足客户的产品上呢？如果员工对企业有抵触情绪的话，那么很可能将在他的工作上进行报复。举个例子来说，一件产品可能需要员工进行十次某个操作，那么他可能只操作九次，而这种行动是很难为管理者所发现的，但这件产品就可能会出现问题。问题出现后，客户不会知道这件产品是哪个人做的。他只知道是某企业生产的，由此而带来的诸如公共关系、客户服务、产品质量等问题，就将使企业受到损害。同样的道理，如果员工不能被满足，那么员工就不会有很高的工作热情，就不利于企业文化、团队等建设。由此可见，企业首先要让员工感到满意，通过员工的工作让客户满意。

此外，兵道与商道所应用的战场和商场也存在很多差异及相同点，如下表所示：

战场与商场的异同

		战场	商场
不同	1.活动目的	为了获取政治经济利益	为了获取商业利益
		消灭对手	生产者、竞争者、消费者相互依存
	2.双方关系	敌对方具有唯一性和确定性	竞争对象一般不具有唯一性
	3.表现形式	军争、军事征服	竞争、经济掠夺
	4.行为方式	诡诈之变、不讲诚信	遵守诚信第一原则
	5.抗争结果	摧毁性的	建设性的
相同	1.都是对立面的； 2.都具有功利性； 3.都需要组织、领导、管理和信息； 4.都要运用智慧和谋略； 5.都是双方综合实力的较量； 6.都要消耗大量资源； 7.双方统帅或总经理的智谋，将士或员工的素质、士气具有决定性的作用； 8.都要讲究天时、地利、人和； 9.都要把握有利时机，"践墨随敌"，具有应变能力； 10.都要把握非利不动原则，趋利避害原则，因利制权原则。做到"知己知彼，因敌制胜。"		

二、《孙子兵法》在商战中的具体应用

(一)《孙子兵法》在商战中的应用历史

《孙子兵法》在我国经济领域的应用由来已久。据《史记·货殖列传》记载,最早将《孙子兵法》引入经营管理的是战国魏文侯时的白圭。他将孙吴兵法和商鞅之法的原理,用于生产经营,善观时变,采取"人弃我取,人取我与"等策略,取得了成功。目前,有许多企业家和经济学家对孙子兵法的商战应用价值有深刻的体会。北京大学北大国际 MBA 中方院长胡大源说:"《孙子兵法》是对两千多年前大量战争实例的精辟总结。当今 MBA 教育的核心就是要培养学生深入观察现实问题进而找出其规律的能力。每个企业都欢迎善于解决问题的经理人。"中国人民大学商学院院长徐二明说:"在国外学习战略是将《孙子兵法》作为经典的参考书,他们认为战略中的许多思维方式早在两千五百多年前就解决了。其实外国人喜欢看的书,反而是我们的《孙子兵法》,他们觉得很有用。近年来,很多管理学学者发现企业竞争与战争有很多相似的地方,他们已经将《孙子兵法》的理念应用于管理运作上。"前 LG 中国总裁卢庸岳说:"我很喜欢中国的《孙子兵法》,里面有很多智慧的东西,对于经营管理也很有用。"

(二)《孙子兵法》在日本商界的应用

20 世纪 60 年代,日本将《孙子兵法》引进了企业管理。日本学者村山孚说:"日本企业的生存和发展有两个支柱,一个是美国的现代管理制度,一个是《孙子兵法》的战略和策略。"日本企业家大桥武夫撰写了《兵法经营学》,讲述如何将兵法理论运用于商战,其中特别强调以孙子兵法管理企业。日本的"经营之神"松下幸之助,公开宣称孙子兵法是他们成功的法宝。他说:"中国古代先哲孙子,是天下第一神灵。我公司职员必须顶礼膜拜,对其兵法认真背诵,灵活应用,公司才能兴旺发达。"日本麦肯齐公司董事长大前研一写了《孙子对日本经营管理产生的影响》一文,指出日本企业所以能战胜欧美企业,原因就在于日本"采用中国兵法指导企业经营管理,比美国的企业经营管理更合理有效"。他在《战略家的头脑》一书中,大量引证《孙子兵法》的内容,宣称《孙子兵法》是日本企业的"最高经营教科书"。

"兵无常势,水无常形,能因敌变化取胜者,谓之神。"市场是瞬息万变的,经营者应依据市场变化灵活采取对策。索尼公司应用孙子的这一思想取得了成功。多年来,日本索尼"以正合,以奇胜",不断根据市场需求,推出新产品,占领市场,支撑企业发展。

"夫兵形象水,水之形避高而趋下,兵之形避实而击虚。"这种思想已成为企业的重要战略思想。许多企业避开市场竞争主战场,独辟蹊径,开辟无人涉足的部分市场,一举获得成功,达到了扬长避短,避实击虚的效果。在这方面,日本的任天堂

公司就是一个成功的例子。它原是一家生产扑克牌的小公司,1980年独辟蹊径开发出普及型家庭游戏机,打开日本市场,1986年推出适合美国家庭的游戏机,又开辟了美国市场,现在正席卷欧洲市场。

(三)《孙子兵法》在美国商界的应用

美国的经济学界和企业界在对《孙子兵法》的顶礼膜拜上并不比日本人逊色。美国著名管理学家克英德·乔治在《管理思想史》中则说:"你想成为管理人才吗?必须去读《孙子兵法》!"美国当今著名经营战略学家哈默在他的文章中多次引用孙子的语录。他说:"仅估计已知竞争者的当前战略优势无助于了解潜在竞争者的决心、持久力与创造力。孙子,一位中国军事战略家,三千年前就曾论证道:'出其不意、攻其不备'。"美国福坦莫大学商学院副院长、北京大学北大国际MBA美方院长杨壮说:"《孙子兵法》是战略理论领域的传世之作,是世界兵法史上的经典之作,是一本企业制胜之道的巨著。"

《孙子兵法》帮助许多企业家获得了巨大商战的战果。美国通用汽车公司董事会主席罗杰·史密斯在1984年销售汽车八百三十万辆,居世界首位。他说他成功的秘诀就是"从两千五百年前中国一位战略家与的《孙子兵法》一书中了许多东西",从而使他获得了一个"战略家的头脑"。

其他国家的有头脑的成功企业家也同样看到了《孙子兵法》的价值。意大利埃尼公司总裁贝尔纳贝说:"关于战略这一题目,我正在读《孙子兵法》,这是一本大约两千五百年前由一位中国将军孙子所写的经典教科书,这是一本关于战略的全面的教科书,今天仍能运用到人类的各种活动中去。"

(四)《孙子兵法》的经济战略理论

孙子的思想已经在现代经济战略理论上打上深深的印迹。美国营销大师菲利浦·科特勒也曾在其《营销管理》一书中,探讨了兵法在营销中的应用。日本企业家非常推崇孙子"上下同欲者胜"的思想,将其与儒家思想结合创立了温情主义的合作型管理模式。在现代经济战略管理学中,有一个叫作"SWOT"的概念,即"强弱、机遇和风险"。来华讲授经济学的美国学者约翰·阿利,将"SWOT"与《孙子兵法·虚实篇》联系在一起。他指出:"《孙子兵法》的虚实之分及其倡导的以实击虚的效果,与现代SWOT分析方法的效果如出一辙。SWOT分析法是营销中流行的策略性方法。这种方法给出公司强弱的领域,给出市场的机会与风险。应用实力去追寻机遇的观点,可以说是《孙子兵法》的再版。这完全是换一种说法说出了我们计划要做的事情。"这位学者还专门撰写了一篇文章,题目是《孙子七字谋略——营销经理如何应用孙子兵法》。他在文中写道:"《孙子兵法》虽然古老,却可能成为未来的蓝图。"

(五)《孙子兵法》在中国商界的应用

我国著名企业家张瑞敏对孙子兵法有深入的研究。他认为,抢占市场要有速度,这就是孙子所说的"激水之疾,至于漂石者,势也",而这个"石"就是顾客。他运用孙子兵法的战略思想,在激烈的商场竞争中获得巨大成功,使中国的海尔走向世界。

沃尔沃中国区首席执行官吴渝章是一位运用《孙子兵法》非常成功的企业家。1997年他刚加盟沃尔沃时,该公司在中国年销售量只有二十七辆。经过五年奋战,他击败了主要竞争对手,将沃尔沃年销售量提高了三十多倍,占据了中国大车市场的主要份额。他深有体会地说:"市场就是战场。不懂市场战争学的企业家,不可能带领企业在长期市场竞争中取得最终的胜利。不懂孙子兵法的企业家,不可能是真正的成功者。"古语云:半部《论语》治天下。今朝云:半部《孙子兵法》打江山。《孙子兵法》是商战中的"圣经"。特别是在今天中国从计划经济向市场经济飞速过渡的时代,也就是在各个行业的商战中从一统"周天子"天下的局面向"春秋",再飞速向"战国"发展的时代,《孙子兵法》对我们的企业家们更具有深远的指导意义和实际的使用意义。这是我个人最爱的一本书。每个月保证读一次而因所处情况和位置不同,感受和体会自然不同。《孙子兵法》是我事业上的"充电器"。

三、《孙子兵法》中的企业领导艺术

孙子在《势篇》中说:"故善战者,求之于势,不责于人,故能择人而任势。"意思是说,善于指挥打仗的将帅,他的主导思想应放在依靠、运用、把握和创造有利于自己取胜的形势上,而不是去苛求手下的将吏,因此他就能从全局态势的发展变化出发,选择适于担当重任的人才,从而使自己取得决定全局胜利的主动权。这是孙子对领导艺术所做的一个高度精辟的概括和论述。

孙子所讲的"势",是指由一方向另一方发起军事挑战或进攻,由此形成的使双方或多方面临的军事"战势"。把它引用到企业经营上,企业谋划的某一重大经营战略行动决策或是经营者在市场竞争中所展现的某种竞争态势,由此会形成各种使经营者面临的"商势"。但不论是"战势"还是"商势",都有一个作为"求之于势"的问题。按照孙子的思想,求势的根本出发点是"取势",即在充分利用把握势态的发展变化中,以势酿势,实现克敌制胜的战略目的。而要能够"取势",则必须先做到"识势"。即:一方面是对形势的发展和趋向变化,要有超前认识和谋断能力;另一方面是对自己是否具有取势的条件和实力,要有清醒的认识。不能"识之于势"也就难以"取之于势",因此,"识势"是"求势"的前提条件。这也是在今天的市场竞争中,企业经营胜败的一个关键问题。

此外,在对形势的利用和把握中,"任势"(择人而任)又是决定事业成败的关键因素。因为一个统帅者虽然有"识势"的战略远见,身边也有能够担当重任的人才,但他却不能"任势",最后还会落入"失势"的惨败境地。诸葛亮对街亭战略地位的

卓识和在抢占天时地利方面都胜过司马懿,只因在最关键处错用了马谡为将,造成了全军溃败就是一个典型案例。

一个人往往在某一方面有突出的才干,而最适于某项特定的工作,扬其所长,用其所能,可成人才;抑其所长,用其所短,则成庸才。在领导者的实际用人中,不能量才使用,择人任势者除其品德素质因素之外,则常常因为在人才的效益思维上存在盲点。由于人的才能愈大,特长愈突出,其显露的缺点也往往越多、越明显,领导者如果对这些缺点看多了,听多了,甚至将其缺点与优点的个数相加减,结果得出人才价值的负值。殊不知,一个人的最大长处在数量上可能只有一个,但其产生的价值效益却可大得无可估量。美国南北战争时期,林肯曾选用过三四位将领,标准是无重大过错,结果都被南方将领击败。他接受这一教训后,决意起用嗜酒含杯却能运筹帷幄的格兰特担任总司令,当时有人极力劝阻,林肯却坚持任命,后来事实证明,正是对格兰特的任命,使南北战争发生了根本的转折。管理学家杜拉克有一句名言:"人的长处,才是一种真正的机会。"大凡高明的领导者无不深明其意,要以人的长处的运用为机会——善于观察人的长处,择人任势,就能不失时机地赢得事业的成功。这正是今天企业领导者需要学习吸取的用人之道。

综上所述,《孙子兵法》对完善现代企业的经营管理是有着十分重要的借鉴意义的。但是,如果把《孙子兵法》看作是能医百病的灵丹妙药,以为靠它就能解决一切问题又是十分错误的。我们学习、研究《孙子兵法》,关键是要在理论联系实际方面下功夫,这样,才能对建设有中国特色的现代化企业管理做出应有的贡献。

第三节 《孙子兵法》与人生艺术

《孙子兵法》这部千古奇书,兵家绝唱,其博大精深的军事思想,不仅适用于现代战争,也适用于其他领域,其中社会生活中的人生就是一个重要方面。早在汉代,班固在《汉书·刑法志》中就指出:"世方争于功利,而驰说者以孙、吴为宗。"明代著名学者谈恺也说:"孙子上谋而后攻,修道而保法,论将则曰仁智信勇严,与孔子合。"认为《孙子兵法》无论对武备军旅,还是文事人生,都具有教化作用。近代著名《孙子》研究家李浴日更是体会深切地说:"《孙子》是'圣经',倘若你苦闷时,拿起它读读,必会快乐风生;倘若你失败时,捧着它研究研究,必会吸收着成功的降临。"古往今来许多名人志士,都将《孙子兵法》视为须臾不可离的精神伴侣。

第一,体会《孙子兵法》的智慧艺术。《孙子兵法》通篇以智慧为本质特征,孙子的每一句话都是智的凝聚,谋的浓缩,人们可以从《孙子兵法》的深邃哲理和智谋中,领略观察事物的辩证思维原理,树立战胜对手的竞争意识,学到处理人事百端的策略手段,掌握摆脱困境的行为方法。在对积极人生的探索中,人们能从《孙子兵法》中得到激励和获得奋发向上的力量。"物竞争天择,适者生存",是不可抗拒的自然法则,是事物发展的规律。人生如同战场,要生存,就要不停地战斗,不仅要同社会环境作战,同困难和挫折作战,同尚未认识的事物作战,同自己的思想观念作战,还要同命运作战。在这些战斗中,移植和借鉴《孙子》的原理,对于我们把握人生的主动权,在"死生之地,存亡之道"的人生之路上立于不败之地,争取美好的人生,将不无裨益。

第二,牢牢把握人生的主动权。世上每一个人都有各自的人生道路,但是人生道路并不是一帆风顺的。在人生旅途中,既有坎坷,也有坦途;即有荆棘,也有鲜花;既有眼泪,也有歌声;既有痛苦,也有幸福;即有陷阱,也有成功……选择什么样的人生道路,如何面对人生道路上的种种不测,是摆在每个人面前严峻的人生课题。为此,研究一下孙子"昔之善战者,先为不可胜,以待敌之可胜。不可胜在己,可胜在敌"这句话是必要的。这句话的意思是说,以前善于作战的人,不管敌人强弱如何,总是先充实自己的力量,使敌人不能战胜自己,然后等待敌人有了失败的空隙,即乘机战胜敌人。不被敌人战胜的主动权掌握在自己的手中,能否战胜敌人则在于敌人是否有可乘之隙。在人生道路上,树立"不可胜在己"的思想,发扬自强不息的精神,就能牢牢掌握命运的主动权。

孙子曰:"故用兵之法,无恃其不来,恃吾有以待也;无恃其不攻,恃吾有所不可攻也。""故善战者,立于不败之地,而不失敌之败也。是故胜兵先胜而后求战,败兵先战而后求胜。"这两句话的意思是说,用兵的法则是,不要寄希望于敌人不会来,而要依靠自己做好充分准备;不要寄希望于敌人不进攻,而要依靠自己拥有使敌人无法进攻的力量。善于作战的人,总是使自己处于不失败的地位,同时又不放过能够战胜敌人的机会。所以,打胜仗的军队,总是有了胜利的把握,才寻求同敌人交战;打败仗的军队,总是先冒险同敌人勉强作战,而后期望求得侥幸的胜利。孙子的这个用兵法则,不仅是军事斗争的要诀,也是人生的常理。人生是美好的,但人生的道路却是坎坷不平的。没有矛盾就没有世界,没有波折就没有生活。所以,我们不能把人生理想化,而缺乏走崎岖之路的思想准备,要接受前进道路上的各种考验,开拓进取,与时俱进,百折不挠,做一个勇敢的跋涉者。只要你能坦然地面对生活,面对困难,面对挫折,那么坎坷就会化为坦途,眼泪就会化为歌声,陷阱也会助你成功,幸福就将属于你,你就将成为"立于不败之地,而不失敌之败"的"善战者",把握自己的命运的主宰。

第三,做到"知彼知己"。孙子曰:"知彼知己,胜乃不殆;知天知地,胜乃可全。""故知兵者,动而不迷,举而不穷。"这两句的意思是说,了解对方,了解自己,争取胜利就不会有危险;懂得天时,懂得地利,胜利就可保万全。所以懂得用兵的人,他行动起来决不会迷惑,他的战术变化不致困窘。孙子在讨论"知胜之道"时,认为贤能的将帅,必须做到"知彼知己","知天知地",不仅要了解敌人,还要了解自己;不仅要懂得天时,还要懂得地利。也就是说,必须把敌我双方的情况搞得非常清楚,才能下定战役决心,选择好战役的突击方向,这样的"知兵者"才能"动而不迷,举而不穷"。他打起仗来绝不会感到迷惑,他采取的作战措施一定会变化无穷而不困窘。借用孙子这一用兵思想,我们可以说,真正懂得人生的人,也绝不会在人生道路上迷失方向。在人生的旅途中,人们的各种实践活动总是有一定的目的性。而人生的目的是人生的根本问题,它决定着一个人的归宿和生命的价值,对人生的根本方向、根本态度起着决定的作用。人生目的是人类在实践过程中以认识为基础形成的一种行为指向和结果。在纷纭的大千世界里,丧失人生目的,就会迷失方向,随波逐流,浑浑噩噩地虚度年华。

第四,不断努力实现新的目标。人们对每一个目标的追求都是人生目的中的一个阶段,这种追求既是崇高的也是没有止境的。所以,应当把某种追求的实现看作是向更高一级追求或者另一种追求的开端。有一位年逾花甲的科学家,他掌握了六种外语,然而依然锲而不舍地学习第七种外语。有人问他究竟为什么,他笑笑回答:"为了不懈地追求,为了不断扩大生存空间,为了不断地开拓有助于发现新的追求目标的窗口。"这种人在人生的旅途中会始终不渝地沿着既定的方向前进,永远不会迷失目标,永远对自己的人生有新的安排,这种人实际上就是孙子所说的那种"动而不迷,举而不穷",能打善战的"知兵者"。

柳青说过:"人生的道路虽然漫长,但紧要处常常只有几步,特别是当人年轻的时候。"没有一个人的生活道路是笔直的,没有岔道的。有些岔道口,比如政治上的岔道口,事业上的岔道口,个人生活上的岔道口,你走错一步,可以影响人生的一个时期,也可以影响一生。人生的紧要处便是人生的岔道口,走错一步关系到你达到既定目标的方向,方向错了,就永远达不到你所追求的目标,如同作战中选错了攻击目标一样。所以说,一个人最悲惨的莫过于在人生的道路上迷失了方向。因为迷失了方向而同时又不能迷途知返的人,一生的努力会付之东流。即便能够迷途知返,也往往是已经流逝了宝贵的时光,再怎样拼命挽回,也是一段令人遗憾的损失。许多人都熟悉南辕北辙的故事。这个故事说明了一个简单的道理,走路必须识别方向。世界上的许多事情都和走路一样,需要不断地识别方向。打仗需要"知己知彼",才能"料敌制胜",在人生旅途中,一个人如果迷失了方向就会迷失自己,就会犯错误,甚至会使自己成为一个碌碌无为的人。

第五,不断反思,完善自我。荣誉面前最容易迷失自我。在《孙子兵法》中,孙子归纳了用兵制胜的十二种方法,即"诡道十二法",其中一条就是"卑而骄之",对那些卑怯谨慎的敌人,设法使之骄傲而轻率赴战。事实也是如此,古今中外因骄傲而打败仗的不计其数。号称常胜将军的蜀汉名将关羽,"倚恃英雄,自料无敌",看不起老将黄忠,无视东吴大将陆逊,结果败走麦城,人头落地。熟读兵书的蜀将马谡,也因骄傲轻敌,固执己见,以致丢失街亭要地,落得身败名裂。还有李自成的教训和霸王别姬的悲剧。所以,一个人在荣誉面前要谦虚谨慎,切勿忘乎所以而飘飘然。要做到"动而不迷,举而不穷",还需要一种"自省精神",不断地反思,不断地内省,不断地完善自己。真正做到了"动而不迷,举而不穷"的人,他不但拥有了充实的人生,也拥有了独立的人格。

第六,正确对待人生中的困难挫折。我们说人生道路是曲折的,它可能表现为徘徊彷徨的思考、坎坷曲折的经历、挫折逆境的困惑、命运之神的摆布。具体地说,它可能表现为失学落第,怀才不遇,失业待业,贫困潦倒,失恋打击,婚姻破裂,亡妻丧子;还可能表现为遭人诬陷,被人误解,屡屡失败,孤独无助,受人暗算,误入歧途,落入陷阱等。如果我们缺乏走坎坷不平之路的思想准备,在人生道路上一旦碰到挫折,就会陷入苦闷、焦虑、迷惘、忧愁,个别人甚至悲观失望,丧失驾驭生活的勇气和信心。

当然,说人生道路是曲折的,并不意味着前进的道路上没有平直的道路,而是说人生总的来说道路是曲折的,但曲折中有不曲折,坎坷之中也有坦途。人是社会的人,具有社会性,他总要受到各种社会关系的制约。在社会关系中,人既是主体又是客体。人作为主体,是在一定的社会关系下从事实践活动,他经常地评价社会和他人,需要从社会中得到尊重和满足;人作为客体,是受社会历史条件规定的客观存在物,他常常要受社会和他人评价,而且有对社会尽责任和做贡献的义务。由于主体和客体之间经常发生倾斜和不平衡,就使得人的一生将遇到各种各样的矛盾、困难和挫折。毛泽东说过:"矛盾存在于一切事物发展的过程中,矛盾贯串于每一事物发展过程的始终。"作为人生这个运动过程来说,当然不可避免地存在着矛盾和斗争,只不过有的人遇到的困难、挫折多些,有的人遇到的少些罢了。正如邓友梅所说:"我认为生活中逆境是绝对的,顺境只是相对的。一个人要活得有意义,要决心为人民、为国家做出一点贡献,尽一份社会成员的责任,首先要有应付逆境的思想准备。"托尔斯泰说:"人生的一切变化,一切魅力,一切美好都是由光明和阴影构成的。"这些观点,同孙子"无恃其不来,恃吾有以待也;无恃其不攻,恃吾有所不可攻也"的思想是一致的。

一个人要想获得成功,就要有足够的思想准备,去面对严峻的现实。无数仁人志士和科学家用事实证明了这一点。当哥伦布想发现新的大陆的思想被人们知道后,他饱受了世俗的冷嘲热讽,走在街上常常被人围攻讥笑。然而,他真的发现了新大陆。这个把黄金的土地从海里捞起来的人,这个献身于科学事业的人,他对世界的贡献是举世无双的。然而,他的成功带给他的却是一条锁链。1500年8月24日,西班牙政府派人到美洲将哥伦布逮捕,用铁链子把他套着带回西班牙。临终前,他希望把这条铁链放在他的棺材上,让世人可以看到他的时代所给予他的评价。自然,哥伦布的一生是坎坷的,但正因为哥伦布以及像哥伦布一样献身于社会的人,能够坦然地面对不幸,所以,哥伦布是伟大的,和哥伦布一样的人也是伟大的。

作为一个新时代的大学生,应该从《孙子兵法》中学到很多,因为它不仅仅是用在军事上的,只要你细细品味,从中汲取精髓,你就可以勇敢地面对困难,甚至是战胜一切困难。其实,当你的心灵达到神圣的完美的殿堂,你就像天堂花园里的百合花,不论你的清香消失在空中,或是消失在人们的身上,在哪里消失,就在哪里永存。让我们从《孙子兵法》中学到精髓,让自己在大学里战无不胜!

 思考题

1. 试用《孙子兵法》中的观点分析海湾战争?
2. 《孙子兵法》对中国未来战争有什么启发?
3. 分析现代战争与商战的异同点?
4. 学习《孙子兵法》对于我们的人生有什么启发?

附录一 《孙子兵法》名言警句

一、《计篇》

兵者,国之大事
令民与上同意
将者,智、信、仁、勇、严
因利而制权
兵者,诡道也
攻其无备,出其不意
多算胜,少算不胜

二、《作战篇》

兵闻拙速
取用于国,因粮于敌
兵贵胜,不贵久
不尽知用兵之害者,则不能尽知用兵之利

三、《谋攻篇》

不战而屈人之兵
上兵伐谋,其次代交
必以全争于天下
十则围之,五则攻之
知可以战与不可以战者胜
识众寡之用者胜
上下同欲者胜
以虞待不虞者胜
将能而君不御者胜
知彼知己,百战不殆

四、《形篇》

先为不可胜,以待敌之可胜

不可胜在己,可胜在敌
胜可知,而不可为
自保而全胜
善守者,藏于九地之下
善攻者,动于九天之上
胜于易胜
立于不败之地
胜兵先胜而后求战
修道而保法
胜兵若以镒称铢
若决积水于千仞之豁者,形也

五、《势篇》

以正合,以奇胜
奇正之变不可胜穷也
乱生于治、怯生于勇、弱生于强
择人而任势

六、《虚实篇》

致人而不致于人
出其所不趋
行于无人之地
攻而必取者,攻其所不守也
善守者,敌不知其所攻
攻其所必救
无所不备,则无所不寡
其战胜不复,而应形于无穷
知战之地,知战之日,则可千里而战
水因地而制流,兵因敌而制胜
避实而击虚
因敌变化而取胜者,谓之神

七、《军争篇》

以迂为直,以患为利
后人发,先人至

军无辎重则亡,无粮食亡,无委积则亡
兵以诈立
其疾如风,其徐如林,侵掠如火,不动如山
先知迂直之计者胜
勇者不得独进,怯者不得独退
三军可夺气,将军可夺心
避其锐气,击其惰归
以逸待劳
无邀正正之旗,勿击堂堂之陈
君命有所不受

八、《九变篇》

智者之虑,必杂于利害
无恃其不来,恃吾有以待也

九、《行军篇》

兵非益多
令之以文,齐之以武
令素行者,与众相得

十、《地形篇》

料敌制胜
进不求名,退不避罪
动而不迷,举而不穷
知彼知己,胜乃不殆,知天知地,胜乃不穷

十一、《九地篇》

兵之情主速
善用兵者,譬如率然
不争天下之交,不养天下之权
投之亡地然后存,陷之死地然后生
并敌一向,千里杀将
践墨随敌,以决战事

十二、《火攻篇》

非利不动,非得不用,非危不战

主不可怒而兴师,将不可愠而致战
合于利而动,不合于利而止

十三、《用间篇》

不知敌之情者,不仁之至也
成功出于众者,先知也
先知者,不可取于鬼神
非圣不能用间

附录二 《史记·孙子列传》

孙子武者,齐人也。以兵法见于吴王阖庐。阖庐曰:"子之十三篇,吾尽观之矣,可以小试勒兵乎?"对曰:"可。"阖庐曰:"可试以妇人乎?"曰:"可。"于是许之,出宫中美女,得百八十人。孙子分为二队,以王之宠姬二人各为队长,皆令持戟。令之曰:"汝知而心与左右手背乎?"妇人曰:"知之。"孙子曰:"前,则视心;左,视左手;右,视右手;后,即视背。"妇人曰:"诺。"约束既布,乃设鈇钺,即三令五申之。于是鼓之右,妇人大笑。孙子曰:"约束不明,申令不熟,将之罪也。"复三令五申而鼓之左,妇人复大笑。孙子曰:"约束不明,申令不熟,将之罪也;既已明而不如法者,吏士之罪也。"乃欲斩左右队长。吴王从台上观,见且斩爱姬,大骇。趣使使下令曰:"寡人已知将军能用兵矣。寡人非此二姬,食不甘味,愿勿斩也。"孙子曰:"臣既已受命为将,将在军,君命有所不受。"遂斩队长二人以徇。用其次为队长,于是复鼓之。妇人左右前后跪起皆中规矩绳墨,无敢出声。于是孙子使使报王曰:"兵既整齐,王可试下观之,唯王所欲用之,虽赴水火犹可也。"吴王曰:"将军罢休就舍,寡人不愿下观。"孙子曰:"王徒好其言,不能用其实。"于是阖庐知孙子能用兵,卒以为将。西破强楚,入郢,北威齐晋,显名诸侯,孙子与有力焉。

译文

孙子字武,是齐国人。他以所著兵法求见于吴王阖闾。阖闾说:"您的十三篇我已全部拜读,可以试着为我操演一番吗?"孙子说"可以。"阖闾问:"可用妇女来操演吗?"孙子说:"可以。"于是答应孙子,选出宫中美女,共计一百八十人。孙子把她们分为两队,派王的宠姬二人担任两队的队长,让她们全部持戟。命令她们说:"你们知道你们的心口、左手、右手和背的方向吗?"妇女们说:"知道。"孙子说:"前方是按心口所向,左方是按左手所向,右方是按右手所向,后方是按背所向。"妇女们说:"是。"规定宣布清楚,便陈设斧钺,当场重复了多遍。然后用鼓声指挥她们向右,妇女们大笑。孙子说:"规定不明,申说不够,这是将领的过错。"又重复了多遍,用鼓声指挥她们向左,妇女们又大笑。孙子说:"规定不明,申说不够,是将领的过错;已经讲清而仍不按规定来动作,就是队长的过错了。"说着就要将左右两队的队长斩首。吴王从台上观看,见爱姬将要被斩,大惊失色。急忙派使者下令说:"寡人已知道将军善于用兵了。但寡人如若没有这两个爱姬,吃饭也不香甜,请不要斩首。"孙子说:"臣下既已受命为将,将在军中,国君的命令有的可以不接受。"于是将队长二人斩首示众。用地位在她们之下的人担任队长,再次用鼓声指挥她们操练。妇女们向左向右向前向后,跪下起立,全都合乎要求,没有一个人敢出声。然后孙子派使者回报吴王说:"士兵已经阵容整齐,大王可下台观看,任凭大王想让她们干什么,哪怕是赴汤蹈火也可以。"吴王说:"将军请回客舍休息,寡人不愿下台观看。"孙子说:"大王只不过喜欢我书上的话,并不能采用其内容。"从此阖闾才知道孙子善于用兵,终于任他为将。吴国西面击破强楚,攻入郢,北威齐、晋,扬名于诸侯,孙子在其中出了不少力。

参考文献

[1] 孙洪义.孙子兵法哲理探要[M].北京:军事科学出版社,2010.

[2] 薛国安.世界兵学双璧:《孙子兵法》《战争论》研究[M].北京:西苑出版社,1998.

[3] 包维英.孙子兵法:制胜武经[M].北京:春风文艺出版社,1992.

[4] 庞齐.孙子兵法探析[M].西安:西安人民出版社,1986.

[5] 李效东.比较军事思想:部分国家军事思想比较研究[M].北京:军事科学出版社,1999.

[6] 吴如嵩.孙子兵法新论[M].北京:解放军出版社,1989.

[7] 卢林.战术史纲要(第二版)[M].北京:解放军出版社,2008.

[8] 于海波.孙子兵法思想体系新探[J].军事历史研究,1993(1).

[9] 任力.孙子全胜思想探析[J].海军工程大学学报(综合版),2011(7).

[10] 李佳森.孙子兵法中的战略哲学思想研究[J].滨州学院学报,2017(3).

[11] 葛荣晋.孙子兵法的战术思想体系[J].管子学刊,1998(1).

[12] 葛荣晋.孙子兵法的军队建设论[J].唐都学刊,1998(2).

[13] 朱加荣.孙子兵法治军思想的人本取向[J].军事历史研究,2005(3).

[14] 王玉仁,谢国恩,姜登.孙子兵法与现代战争[M].长沙:国防科技大学出版社,2002.

[15] 黄葵.孙子兵法的谋略应用[M].成都:四川人民出版社,1995.

[16] 富杰.孙子兵法中的商业智慧[M].北京:新世界出版社,2010.

[17] 张伟明.孙子兵法中的领导艺术[M].北京:海潮出版社,2014.

[18] 李世俊,杨先举,覃家瑞.孙子兵法企业管理[M].南宁:广西人民出版社,1984.

[19] 邓学鹏.孙子兵法对现代战争的启迪[M].哈尔滨:黑龙江人民出版社,1996.

[20] 焦平贵.孙子兵法的成功智慧[M].西安:三秦出版社,2014.

[21] 施芝华.孙子兵法与人生智慧[M].上海:学林出版社,2002.

[22] 夏书章.孙子兵法与现代管理[M].广州:中山大学出版社,1997.

[23] 雅瑟.三十六计大全集[M].北京:新世界出版社,2010.

[24] 赵中嫒.三十六计[M].南昌:江西人民出版社,2016.